当代中国的公路交通

CONTEMPORARY CHINA: HIGHWAY COMMUNICATIONS

当代中国出版社
Contemporary China Publishing House

2021年 · 北京

图书在版编目(CIP)数据

当代中国的公路交通 / 《当代中国》丛书编辑委员会编 . -- 北京 : 当代中国出版社 , 2021.4
(《当代中国》丛书)
ISBN 978-7-5154-0951-1

Ⅰ . ①当… Ⅱ . ①当… Ⅲ . ①公路运输—交通运输业—概况—中国—现代 Ⅳ . ① F542

中国版本图书馆 CIP 数据核字(2019)第 155290 号

出 版 人　曹宏举
责任编辑　宗　边
特约编辑　陈立旭
责任校对　康　莹
印刷监制　刘艳平
装帧设计　创世禧图文
出版发行　当代中国出版社
地　　址　北京市地安门西大街旌勇里 8 号
网　　址　http: //www. ddzg. net　邮箱: ddzgcbs@sina. com
邮政编码　100009
编 辑 部　(010)66572264　66572154　66572132　66572180
市 场 部　(010)66572281　66572161　66572157　83221785
印　　刷　北京润田金辉印刷有限公司
开　　本　787 毫米 × 1092 毫米　1/16
印　　张　32.75 印张　481 千字
版　　次　2021 年 4 月第 1 版
印　　次　2021 年 4 月第 1 次印刷
定　　价　230.00 元

ISBN 978-7-5154-0951-1

9 787515 409511 >

为了帮助各兄弟民族，不怕困难，努力筑路！

毛泽东

努力建設公路為造福
人民與鞏固國防而
努力

朱德

为巩固祖国的西陲国防而努力！

邓小平

《当代中国的公路交通》
编 审 委 员 会

主　任　王展意（兼主编）

副主任　蔡维之（兼副主编）　杨盛福　姚新民

委　员　（按姓氏笔画排列）

卫　里　王　雷　卢希龄　杨巨钧　陈炳麟　陈良勋

何　坚　张希凡　郑　健　金如霆　胡福久　顾敏浩

蒋宪章　戴　竞

《 当代中国的公路交通 》
编　写　组

（按姓氏笔画排列）

于文质　王唐生　刘以成　张希凡　杨巨钧　陈炳麟

陈良勋　李永馨　胡福久　黄京群　蒋宪章　董洪波

蔡维之　戴　竞

《当代中国的公路交通》

作　者

绪　　论　蔡维之

第 一 章　蔡维之

第 二 章　胡福久　戴　竞　王唐生　陈炳麟　蒋宪章

第 三 章　蒋宪章　王唐生

第 四 章　蒋宪章

第 五 章　王唐生　杨巨钧　蒋宪章

第 六 章　陈炳麟

第 七 章　戴　竞　陈良勋

第 八 章　陈良勋　王唐生　胡福久

第 九 章　胡福久

第 十 章　于文质　杨巨钧

第十一章　杨巨钧

第十二章　杨巨钧

第十三章　杨巨钧

第十四章　张希凡　杨巨钧

第十五章　董洪波

第十六章　刘以成　杨巨钧

第十七章　杨巨钧　陈良勋

第十八章　刘以成　王唐生

第十九章　陈炳麟　杨巨钧

结 束 语　蔡维之

大 事 记　于文质　戴　竞　杨巨钧　李永馨

《当代中国》丛书再版说明

《当代中国》丛书作为新中国成立以来第一套大型当代中国国史和国情丛书，是新中国国史研究领域的标识性作品。该丛书以无可辩驳的史实客观呈现了新中国成立以后近40年我们党带领全国人民所取得的社会主义建设的伟大成就，是改革开放前后两个时期有机衔接的忠实记录。

《当代中国》丛书是20世纪80年代初胡乔木同志提议，经中共中央书记处批准，由中宣部向全国部署，交由中国社会科学院规划和编辑出版，是新中国成立后由中央组织的首次大规模编写中华人民共和国历史的工程。《当代中国》丛书共150卷，208册，约1亿字，3万幅珍贵历史图片。丛书内容广泛，几乎涵盖新中国成立以来各条战线、各个地区社会主义革命和社会主义建设事业的发展过程、辉煌成就。按内容区分，有部门（行业）卷、地方卷、专题卷，还有不限于某个部门或某个方面的综合卷。

1999年6月30日，《当代中国》丛书完成总结大会在北京人民大会堂召开，时任中共中央总书记、国家主席江泽民，国务院总理朱镕基，副总理李岚清等党和国家主要领导同志亲切会见了与会代表。江泽民总书记对丛书的完成表示热烈祝贺和高度评价，同时发表重要讲话。他指出：《当代中国》丛书为研究有中国特色社会主义的伟大事业的发展进程、经验和规律，为在广大干部和群众中开展爱国主义、集体主义、社会主义思想教育，提供了丰富的史料和生动的教材。大家应该充分运用这部丛书的科研成果，为资政育人服务，为推进改革开放和现代化建设服务。同年，《当代中国》丛书荣获第四届中国国家图书奖荣誉奖。

由于本丛书第一版时间久远，版本陈旧，且至今市面无存，为服务广大读者，我们推出了该丛书的新版本。目前再版这套丛书，既是向2019年新中国成立70周年奉献的一份厚礼，也是向2020年全面建成小康社会和2021年中国共产党成立100周年敬献的贺礼。

本次再版的总体原则是在尊重史实和时代语境的前提下，保持丛书既有框架和内容，个别调整体例、订正错讹。本次再版，我们邀请专业人员对各卷英文目录做了全面修订，使之更加准确、简洁。我们还提升了用材、装帧质量，务使该丛书以更好的面貌呈现给广大读者。

本次再版得到了中国社会科学院哲学社会科学创新工程和当代中国研究所的鼎力支持与帮助，在此谨表诚谢。

2019年，习近平总书记对在“不忘初心、牢记使命”主题教育中学习党史、新中国史作出重要指示。我们真诚希望，通过本丛书再版，能为全国广大读者增添一套新的、更为全面系统的学习教材，起到进一步传承红色基因、坚定理想信念的作用，做到知史爱党、知史爱国。

当代中国出版社

2019年12月

总　　序

中华人民共和国，作为一个伟大的社会主义国家，屹立于世，已经整整35个春秋。

当此之际，我们决定把30多年来的历史经验，分门别类，加以总结，编纂成书，陆续付梓，以献给这一伟大事业的创业者和建设者，献给行将参加到这一事业中来的一代又一代新的建设者，献给全国各族同胞和世界上一切关心我们事业的朋友们。

在中华民族5000多年的文明史上，我们当代的历史——中华人民共和国的历史，是最辉煌的篇章。这个时期，中国大地上社会的发展，历史的进步，各项事业的兴旺，人民的团结，都是空前的。我们并不满足于既有的初步成就，并不想以此矜夸于人，但是我国人民通过30多年的实践，确实重新建立了充分的民族自信。实践本身向全世界宣告，有着古老文明的中华民族，在中国共产党领导下，恢复了和勃发着青春的活力，她完全有能力在比较短的时间内，扎扎实实，以比较高的速度，迎头赶上，跻身于世界先进民族之林。

中华人民共和国的历史，是一部艰苦卓绝的社会主义创业史。其所以艰苦卓绝，一则是由于我们的基础太差，起点太低；二则是由于我们没有经验。如何把一个贫困落后的半殖民地半封建的旧中国改造和建设成为一个富强先进的社会主义新中国，不仅在我国的历史发展中是前无古人的创新之举，而且在世界范围内也无成例可援。我们固然可以参考和借鉴别人的经验，但从根本上来说，却只有靠我们自己运用马克思列宁主义的普遍真理，独立地认识和分析中国的特殊国情，以无畏的革命创造精神和严格的科学态度，找出一条中国化的建设社会主义的道路。只有这样，振兴中华的大业才会事半功倍，卓有成效。在革命战争年代，我们把马克思列宁主义普遍真理和中国革命具体实践相结合，形成了适合中国情况的科学的指导思想，即毛泽东思想。是否坚持马克思列宁主义普遍真理和中国革命具体实践相结合，是决定新民主主义革命成败的关键。新中国成立以来的历史实践表明，这同样是决定我国社会主义事业成败的关键。30 多年来，中国人民为此贡献了智慧，付出了劳动，备尝了失误的苦痛和成功的欢欣。党的十一届三中全会以后，我们总结过去正反两方面的丰富经验，坚持和发展马克思列宁主义、毛泽东思想，逐步制定和完善各方面的方针政策，在探索建设有中国特色的社会主义的道路上，有许多新的创造，取得了重大的成就。在 1982 年党的第十二次全国代表大会上，邓小平同志提出："把马克思主义的普遍真理同我国的具体实际结合起来，走自己的道路，建设有中国特色的社会主义，这就是我们总结长期历史经验得出的基本结论。"建设有中国特色的社会主义，这是一个实践的过程，又是我们的认识不断提高和深化的过程，这是我们的出发点，又是我们的奋斗目标。我们完全可以自豪地说，沿着这条道路前进，通过全体共产党人和各族人民脚踏实地的艰苦奋斗，把我们的祖国建设成为一个高度文明、高度民主的社会主义的现代化强国，是指日可待的。

社会主义中国的历史还在发展。我们有责任把我国走过的道路和取得的经验，介绍给全国各族人民，介绍给世界人民。我国人民必能从中吸取到爱国主义和社会主义的可贵教益，国外一切关心中国的人也能够由此增进对社会主义新中国的了解。这就是我们编撰出版这套《当代中国》丛书的主要目的。

《当代中国》丛书，将遵循实事求是的科学的态度，不虚美，不掩过，用可靠的事实资料，如实地写出新中国 30 多年的建设史，为世人为后代留下一部科学的信史。我们深信，只要把 30 多年建设的成功和挫折的经验，运用马克思列宁主义、毛泽东思想一一加以科学的总结，那就会使之成为传诸后世的国宝。

当然，任何珍贵的历史经验，都不应变成妨碍人们继续前进的沉重负担。我们不仅不能重复过去的错误，也不能为成功的经验所束缚，而故步自封。历史经验的可贵，在于提供给人们继续前进的力量，在于给人们研究和解决新问题以智慧。现在，为了实现社会主义现代化，全面进行经济改革和技术革命的历史任务，已经提上了议事日程。这些在新的历史条件下面临的重大的新课题，显然是不可能从既往的历史经验中找到现成答案的。我们的任务在于，正确运用历史经验，从中得出规律性的认识，以便用科学性和革命性紧密结合的革新精神，去迎接我国社会主义现代化建设的新高潮。

《当代中国》丛书编辑委员会

1984 年 5 月 3 日

序

40年来，中国公路交通的面貌发生了巨大变化。各级交通部门和广大职工群众，在中国共产党和人民政府的领导下，做出了艰苦卓绝的努力，取得了很大成就。我曾经与交通部门的广大职工风雨同舟，一起工作了12个春秋。1964年离开交通部门以后，对交通运输事业的发展仍很关心并寄予厚望。在为《当代中国的公路交通》写这篇序的时候，回想过去，环顾现在，展望未来，不禁心潮起伏，思绪万千。

新中国成立的时候，公路交通的基础十分薄弱。那时，在960多万平方公里的国土上，能够勉强通行汽车的公路不过7.5万公里。到处是亟待抢修的危桥，完好无损的桥梁寥若晨星。从表面上看，有1/3左右的县不通公路，整个西藏地区公路交通还是一片空白。汽车全赖进口，为数甚少的汽车都已破旧不堪。经过长达10年的恢复、建设和发展，到20世纪50年代末，在全国的公路运量中，以骡马大车等非机动运输工具完成的运量仍高达62%，而机动车完成的运量仅占38%。从这里可以看出，在20世纪50年代，我们虽然修建了举世瞩目的川藏、青藏等重要干线公路，但那时公路运输的主力，实际上还是民间运输工具。

1958年，经过多次酝酿讨论，交通部门曾制定了依靠地方、依靠群众、普及为主的“地、群、普”交通建设方针。这个方针的贯彻执行，在全国范围内产生过较为广泛的影响。那时，国家财力有限，不可能拿出大量资金修建公路；国产汽车刚刚问世，而又不可能大量进口汽车；石油工业也很孱弱，尚未摆脱依靠“洋油”的困境。因此，发展公路交通只好眼睛向下，充分调动地方和群众的积极性，一方面多造一些人力、畜力车，搞“车子化”；另一方面与之相配套，多修一些简易公路。把这两者结合起来，借以改变肩挑背负的运输方式，减轻劳动强度，提高运输效率。当时曾流传一首歌谣：“昔日挑重担，汗流如雨浇；如今使车子，喜气扬眉梢”。组织数以万计的人力、畜力车大军，奔走于新修的简易公路，完成了大量的城乡物资交流的运输任务，这的确是当时的历史事实。

经过几十年的实践，公路交通的普及工作已经达到了一个新的水平。现在，全国通车里程已达百万公里，除西藏自治区的墨脱县外，其他的县和90%以上的乡都已通了公路。汽车运输事业更是发展迅速，全民的、集体的、个体的运输业者都能各抒其长，共同完成运输任务。同时，大家在实践中也深刻认识到，公路交通是流通领域的重要一环，又与农业生产和农村经济的发展息息相关。因此，它具有多层次、多成分、多渠道的特点。在加强公路建设、发展公路运输的过程中，必须充分注意这些特点。就各个层次而言，既要强调依靠地方、依靠群众，充分调动他们的积极性；同时，对直属的专业队伍，包括公路测设、施工、养护，公路运输以及科研、教育等方面的骨干作用，亦必须给予足够重视。就全国情况来说，不仅要发挥公路交通部门的积极性，还要鼓励各行各业修路、建桥、办运输。许多事实还表明，公路交通的普及工作与提高工作是紧密相连的，普及了跟着就会要求提高。因此，在延伸线路、扩充运力、抓好普及工作的同时，又要根据当地经济发展的需要，及时地抓好改造提高，以实现货畅其流、人便于行的目标。

在中共十一届三中全会精神指引下，以经济建设为中心，坚持四项基本原则，坚持改革开放，中国已出现了一个国民经济持续增长、社会主义商品经济迅速发展、国家经济实力大大增强的新局面。现在，公路交通和其他几种运输方式一起，已列为国家经济建设的战略重点。公路交通在整个国民经济中的地位和作用，越来越受到各级领导和广大人民群众的重视。在公路建设和养护的资金方面，国家在政策上给予了重大支持。“要想富、先修路”，已经成为大家的共同语言。公路交通的外部条件也发生了很大变化：石油工业取得了长足进展，中国已成为世界上的重要产油国；汽车工业也不断壮大，形成了相当规模的汽车工业制造体系。在改革开放的新形势下，公路交通普及的速度大大加快，质量迅速提高。许多公路加铺了黑色路面，行车条件显著改善。不少渡口改建成永久式桥梁，“天堑变通途”夙愿得偿。特别令人高兴的是，不少地区已经开始修建高等级的一、二级公路以至高速公路。可以预料，再过 40 年，随着中国逐步迈入中等发达国家的行列，公路交通必将建成一个连接全国重要城市、工业中心、交通枢纽和对外口岸的由高速公路和一、二级公路组成的国道主干线系统。这在公路交通的普及和提高方面，在快速和安全保障方面，都将达到一个更高的水平。公路交通的现代化，是国家现代化的一个重要标志。让我们更紧密地团结起来，发扬优良传统，群策群力，为登上新的台阶做出更大的贡献。

编写《当代中国的公路交通》一书，把 40 年来的发展变化记录在册，很有必要。各省、自治区、直辖市交通厅（局）为此书提供了宝贵资料，许多专家、学者参加了这项工作，经过几年来的辛勤耕耘，终于集腋成裘，胜利脱稿。在大家的努力下，这本书基本做到了资料丰富、内容翔实、图片醒目、文字通顺，可读性较强。一卷在手，我们对 40 年来公路交通的发展历程，哪些是成功经验，哪些是失误教训，都可了如指掌。这对于我们做好今后工作是很有帮助的。

《当代中国的公路交通》出版了，这是一件盛事。作为一名老战士，我谨向交通系统的广大职工表示热烈祝贺，并向作者、编者致以敬意。

王首道

1989 年 8 月

目录

Contents

绪　论

中国是一个历史悠久的文明古国。远在公路和汽车出现以前，各族人民经过几千年的辛勤开拓，在道路、桥梁、隧道修建，车辆制造，以及交通管理等方面，都取得过辉煌成就。《史记·夏本纪》中“陆行乘车”的记载，说明在4000多年以前，中国已经有了车和行车的道路。西周，将城乡道路按不同等级进行统一规划，修建了从都城镐京（今西安附近）通往各诸侯城邑的道路，开创了以都城为中心的道路体系，建立了被认为是世界道路史上最早的比较完善的路政管理制度。秦始皇统一中国以后，实行了“车同轨”的重大改革，并大修驰道、直道，建立了规模宏伟的道路交通网。西汉开通了连接欧亚大陆的丝绸之路，为东西方经济、文化交流做出了巨大贡献。东汉在陕西汉中到四川的褒斜道上修建的七盘山行车隧道，长15.75米，宽4.15米，高3.6米，距今已有1900多年的历史。当时火药尚未发明，采用火烧水激法开凿，在世界交通隧道史上实属创举。1300多年前，隋代修建的赵州桥，净跨达37.02米，桥面两端宽9.6米，中部宽9米，全长50.8米，是世界上最早出现的空腹式石拱桥。它的结构新颖，雄伟壮丽，宛如“初月出云，长虹饮涧”，是科学和艺术的结晶。唐代是中国古代文化的昌盛时期，也是对外最开放的时期，驿传制度完善，在紧急时，驿传速度每昼夜可达500里（折今227公里）以上。诗人杜牧“一骑红尘妃子笑，无人知是荔枝来”的诗句，既揭露了唐玄宗和杨贵妃骄奢淫逸的生活，也充分反映了驿运的快捷。金代修建的卢沟桥（石拱桥，共11孔，1192年建成），全长266.5米，宽9.3米，造型美观，石雕精细，为中国古代桥梁建筑的杰作。在《马可·波罗纪行》一书中被列为世界名桥，蜚声国际。元代，在原有驿道的基础上，进一步开辟了以元大都（今北京）为中心通往全国各地的道路网，发展了驿站（“站赤”）制度，使驿运达到了极盛时期。这些记述充分说明，中国古代道路交通的许多领域都具有相当先进的科学技术水平，尤其在桥梁建筑技术方面，更是做出过巨大贡献。这些重大成就和宝贵经验，不仅为世界道路交通史谱写了光辉篇章，而且为中国和世界文明增添了光彩。

清道光二十年（1840年）鸦片战争以后，随着近代工业的产生，中国出现了电报、电话，开始废驿兴邮，并在驿道主干线上逐步兴建铁路、公路。这样，中国古老的驿道、驿运就逐渐被这些新兴的通信和运输方式所取代。

公路和汽车在中国出现始于20世纪初，距今已有80多年的历史，但发展极为缓慢。直到1949年10月中华人民共和国成立以后，才开始进入一个新的发展时期。

一、旧中国公路交通概况

清光绪二十七年（1901年）以后，中国先后出现了汽车和公路，到宣统三年（1911年）清政府被推翻，全国共有汽车200多辆，公路1100多公里（均未含台湾省，以下同）。1912年1月，中华民国建立。同年4月，袁世凯窃取政权，建立了北洋政府。这个时期，北洋政府虽曾颁布《修治道路条例》，主管公路交通的内务部也制定过《修治道路条例施行细则》《长途汽车营业规则》等法令规章，在京兆尹公署设立了京兆国道管理局，一些地方政府也设立了军路处（局）、省道局等机构。但是，由于军阀割据，各自为政，实际上公路交通的管理、修建无法统一；为了争权夺利，各地军阀只是在各自的辖区内修过少量公路。到1926年，全国仅有公路2.61万公里，而且绝大部分为土路，缺桥少涵，晴通雨阻；全国民用汽车共有1.49万辆，汽车运输开始从经营大城市的客运转向长途客货运输。

1927 年 4 月，国民党政府在南京成立。到 1937 年抗日战争爆发以前，国民党政府主管公路交通的先后有交通部、铁道部和全国经济委员会。自 1932 年全国经济委员会成立公路处专管公路建设和汽车运输以后，公路交通发展较快。除制定《全国道路网规划》外，还先后颁布《道路工程标准及规则》《公路汽车载客通则》《公路汽车货运通则》等规章法令，实行国道由中央统一规划、修建和管理，其他路线由各省、市负责。到 1936 年年底，共新建京（南京）杭（州）、沪（上海）杭（州）等公路 8.65 万公里，全国通车里程增加到 11.57 万公里。桥梁建设最有代表性的是 1937 年建成的钱塘江公路、铁路两用大桥，全长 1450 余米。民用汽车也发展到 6.89 万辆（未含日伪占领区，以下同），其中有私营汽车 1.77 万辆，官办营运汽车 2900 多辆，其余均为机关、工厂和私人的自备车辆。

1937 年 7 月全面抗战开始后，公路交通的变化很大。抗战初期，华北等地区修建过一些公路。但在国民党军队败退时，为阻止日军进攻，又下令进行了破坏。次年 10 月，广州、武汉相继沦陷，海运、铁路被切断。从此整个抗战后方的陆上交通，主要依靠公路运输。当时，在西南地区，除改善了以贵阳为中心通往邻省的 5 条干线公路外，最主要的是修建了通往缅甸和越南的滇（云南）缅（甸）和河（池）岳（圩）2 条国际通道。在西北地区，则重点改善川（四川）陕（西）、西（安）兰（州）、甘（肃）新（疆）等线。另外新建了汉（中）渝（重庆）、川（四川）滇（云南）西、川（四川）滇（云南）东、甘（肃）川（四川）等线，以加强南北交通，加速军援物资的转运。1942 年，日军侵占缅甸，滇缅公路中断后，又修建了通往印度的保（山）密（支那）公路（中印公路的一段）。8 年抗战期间，共计新建公路 1.27 万公里；桥梁建设，除修建了少数钢桥和悬索吊桥外，其余多为木桥。抗战初期，车辆和设施受到很大损失。为了适应战时需要，1938 年，国民党政府交通部先后成立了直属的西北、西南、滇缅 3 个运输管理局和新疆运输委员会以及西南进出口物资总管理处，共有汽车 4102 辆。其后，运输管理体制虽然迭有变更，车辆也有所增减，但承担军需物资的运输任务始终未变。据1945年统计，全国民用汽车保有量约3.4万辆，其中官办汽车运输企业约有7200辆，私营汽车有9200余辆，其余为机关、工厂和私人的自备车辆。为了弥补汽车运力的不足，还恢复了驿运。

在沦陷区，1931年“九一八”事变以后，日本帝国主义为了把东北地区作为征服全中国的基地，大力强化了交通建设。到1945年8月，共修建各种道路3.55万公里。这些道路大部分为单车道的土路，标准很低。民用汽车保有量，1941年曾一度达4422辆。至于华北、华东等沦陷区，虽然汪精卫伪政权也有过整修公路、办理汽车运输的打算，但因财政困难，特别是在解放区军民反复破坏袭击之下，最后只修复了钱塘江大桥和少数公路，增加了少量汽车，绝大部分计划落空。

1945年8月，日本投降。由于铁路一时难以修复，水运船只又极其缺乏，后方的大批机关、学校、工厂的复员迁返，主要依靠公路交通。国民党政府制订了公路抢修计划，命令各省紧急修复公路，恢复汽车运输。到1945年年底，修复了榆树湾至衡阳、南宁至钦州、长沙至南昌等30条路线，全国公路通车里程达13万多公里，民用汽车保有量约3.4万辆。1946年年初，国民党政府军事委员会战时运输管理局撤销，交通部重新成立公路总局，下设8个区局和9个运输处，负责国道的修建、养护和汽车运输等事宜。但是，当年计划由于内战影响和财政困难，绝大部分没有实现。

在解放战争期间，随着中国人民解放军的胜利前进，解放区的不断扩大，各地人民政府先后建立了交通局、公路管理局和运输公司等机构，负责抢修公路和运输粮食、弹药等物资支援前线。在著名的辽沈、淮海、平津三大战役中，组织动员的群众数以百万计。仅在平津战役中，河北省各解放区就动员民工154万人，各种人、畜力车40万辆和大量驮畜参加支前，共计运送粮食等物资25万多吨。平津战役结束后，华北人民政府又立即动员群众整修了平汉（今北京经河北省石家庄到河南省武陟）、平大

（今北京经河北省大名到河南省新乡）、津浦（今天津经山东省德州到河南省濮阳）3条干线和一些支线共2000多公里，架设了黄河浮桥，支援中国人民解放军第四野战军顺利南下。同期，解放区的汽车运输也有较大发展，拥有汽车1.51万辆，其中包括私营汽车7443辆。

另外，在解放战争期间，特别是1947年7月人民解放军转入战略进攻以后，国民党军队在节节败退中，对公路、桥梁、车辆设备以及车站设施，疯狂地进行了破坏。据统计，1949年年末，能通车的公路只有8.07万公里，汽车5.1万辆。这些公路缺桥少涵，路况极差，汽车也大部分破旧不堪。新中国的公路交通事业，就是在这样薄弱的基础上开始起步的。

二、新中国公路交通的巨大成就

1949年，中国人民革命的胜利和中华人民共和国的诞生，为公路交通事业的发展开辟了广阔前景。在中共中央、政务院（1954年以后改称国务院）和各级人民政府领导下，公路交通部门在修复原有公路、恢复运输生产的同时，广泛深入地进行了民主改革和生产改革，对私营运输业和私营公路进行了社会主义改造，建立了以国营运输企业为主体的社会主义公路运输体系。与此同步，还从1950年开始，进行了以国防公路为重点的大规模公路建设。38年来，新中国的公路交通尽管受过“左”的思潮影响，出现过曲折，但从总体上来说，成就仍然是十分巨大的。特别是中共十一届三中全会以后，随着改革、开放总方针的贯彻执行，公路交通所取得的成就尤为突出，显示了社会主义制度的优越性。

——以首都北京和各省省会、自治区首府、直辖市为中心的公路交通网初具规模，线路布局有了很大改善，汽车分布渐趋合理。1987年，全国公路通车里程达到98.2万公里，为1949年的12倍；民用汽车保有量为408万辆，为1949年的80倍。除西藏自治区墨脱县外，全国2200多个县（旗）都通了公路，建立了汽车运输企业，设置了站点，配备了运力，90%以上的乡镇开办了汽车运输业务。另外还有400多万辆拖拉机和大量的人畜力车活跃在城乡公路运输线上。昔日缺路少车的西南、西北地区，公路交通已成为主要的运输方式。西藏和平解放前，没有公路，也没有汽车运输。据1987年统计，全区有公路2.17万公里，拥有客货汽车2.33万辆。新疆的公路交通状况也大为改善，共有公路2.5万公里，客货汽车12.72万辆。新中国公路交通的发展规模、布局都是旧中国无法相比的。

——全面完成了支援前线、抢险救灾以及发展国民经济的各个五年计划所规定的公路客货运输任务。新中国成立以后，公路交通在支援解放战争、抗美援朝战争和以后的历次自卫反击战中，在救援突发性的雪灾、水灾、震灾和森林火灾中，在全面恢复国民经济以及社会主义经济建设的全过程中，充分发挥了快速、机动和适应能力强的特点，全面及时地完成了各项紧急艰巨的运输任务。公路交通部门汽车运输企业广大职工，服从大局，不怕困难，不怕牺牲，承担了最艰巨的运输任务，显示了主力军的作用。另外，随着国民经济的发展，商业、粮食、外贸、冶金、林业、石油等系统的厂矿企业自备车辆承担的货运量也日益增多，有力地促进了工农业生产与建设的发展。进入20世纪80年代以后，随着改革、开放总方针的贯彻执行，厂矿企业自备汽车增长很快，并积极参加了社会营业性运输，对搞活公路运输市场，缓解公路运量大于运力的矛盾，促进社会主义商品经济的发展发挥了积极作用。公路交通部门汽车运输企业，也依靠深化改革，加强经营管理，改善服务态度，较好地完成了各项运输计划。尽管公路交通部门的客货营运车辆在全国民用汽车保有量中所占的比重1987年已下降到7.4%，但它却承担了全社会汽车客、货运量的85.8%和12%，客、货周转量的86.6%和15.8%。

——建立了门类基本齐全、修理和制造大体配套的公路交通工业。公路交通工业是在汽车维修业的基础上逐步建立起来的。除商业、粮食、外贸、石油等系统的汽车运输企业各自拥有一批车辆维修企业外，公路交通部门在70年代末初步建成了一个门类基本齐全的部门工业体系，其中包括公路客车、挂车、各种专用车、筑路养路机械、保修机械、汽车配件以及水泥、石料等路用材料制造工业，还有车辆设备维修和轮胎翻新工业等。中共十一届三中全会以前，公路交通工业主要是为本部门本系统服务，改革、开放方针贯彻以后，转为面向社会，为全社会服务。到 1987 年年底，公路交通部门共有工业企业 1329 家，职工 35 万多人，年总产值 24.7 亿元。主要产品的年生产能力分别达到：公路客车 2.3 万辆，汽车挂车 2.5 万辆，筑路、养路机械 1.2 万台，大修汽车 10 万辆，汽车配件年产值 4 亿余元。

——基础设施和技术装备水平显著提高。1949 年年末，在全国能够勉强通车的 8.07 万公里公路中，没有一、二级公路；路面铺装率只有 39.7%，且绝大部分为砂石路面。其中高级次高级路面只有 315 公里；桥梁则以临时性木桥居多；公路的修建、养护几乎都是手工操作。经过 38 年的建设，公路基础设施、技术装备水平大为提高。到 1987 年年底，在 98.2 万公里公路中，有一级公路 1341 公里，二级公路 2.8 万公里，三级公路 14.8 万公里。路面铺装率增加到 82.5%，其中高级次高级路面有 21.6 万公里。临时性木桥基本上都进行了改造，永久性桥梁占 97% 以上，高等级公路和桥梁工程的施工基本实现了机械化，县级养路段也都装备了汽车和以拖拉机为动力的多种养路机械。汽车运输企业的基础设施和技术装备也日臻完善。1987 年，全国有汽车客运站点 16 万多个，其中县以上客运站 2190 个。80 年代新建的客运车站设计新颖，造型美观。一些省、自治区首府的客运站，建筑面积都在 1 万平方米左右，停车场地宽阔，站内设施齐全，有的还安装了闭路电视。客货汽车更新周期缩短，并向柴油机、大吨位发展。集装箱运输车、专用车、小吨位轻型货车日益增多，缺重少轻的情况有所改善，车辆构成渐趋合理。人畜力车逐步被汽车和拖拉机所取代。

——建立了一支政治、技术、业务素质都比较好的公路交通队伍。1987 年，全国公路交通系统职工达 273 万人。这支队伍在川藏、海南岛、天山等重点公路工程的勘测施工中，在严寒酷暑的日常公路养护中，在抗震救灾、防洪抢险或支援边防物资运输中，在长期的公路科学实验中，都经受过严峻考验。他们服从大局，不怕苦，不怕累，哪里需要就上哪里去，为新中国公路交通的发展立下了汗马功劳。

三、公路交通在国民经济中的重要地位和作用

交通运输是国民经济的命脉，是物质生产活动和商品流通的支柱，也是国民经济现代化的重要组成部分和必要条件。高度发展的交通运输是一个国家经济繁荣、文化发达、国防巩固、人民生活富裕的重要前提。所以，交通运输必须先行。特别是在改革、开放的形势下，交通运输的先行作用就更为突出。公路交通是交通运输体系的重要组成部分。根据马克思关于交通运输是“第四物质生产领域”[①] 和“旅客和货物是和交通工具一起运行的，而运输工具的运行，它的场所的变动，也就是它所进行的生产过程”[②] 的论述，公路运输和其他运输方式一样，是物质生产部门，是属于基础产业和生产力范畴的。由于汽车运输具有机动灵活、迅速方便和公路建设投资少、建设周期短等特点，在整个交通运输体系中，它是唯一能够深入城市大街小巷和农村山区各个角落的一种运输方式。它除了直接承担工农业生产和城乡物资交流等大量客货运输任务外，还要为铁路、水运、航空等运输方式承担起点和终点的客货集散任务。甚至铁路、港口、机场、管道等建设工程，也往往需要先修通公路而后才能开工建设。至于在国防、军事方面，公路交通更是国防现代化和部队机械化、快速化的重要条件。在经济发达国家，随着公路网的建设和汽车、石油工业的发展，尤其从20世纪50年代中期高速公路的大量修建与集装箱运输兴起以后，公路运输不仅在客运方面而且在货运方面也成为运输的主力，成为一个国

---

① 见《剩余价值理论》，《马克思恩格斯全集》，人民出版社1972年版，第26卷第Ⅰ分册第444页。

② 见《资本论》第2卷，《马克思恩格斯全集》，人民出版社1972年版，第24卷第66页。

家或地区经济和社会发展的重要标志之一。公路交通和其他运输方式相比，具有以下优势：

一是便于普及。在中国960多万平方公里的土地上，不可能每个县、区都通铁路，由于自然条件的限制，大部分地区没有水运，而公路交通则不然，它点多、线长、面广，可以深入城镇、农村和山区的各个角落。

二是能实现直达运输。送货上门，取货到家的直达运输，明显地弥补了公路运输成本高于铁路、水运的不足，从而使它在中短途运输和部分长途运输中取得了较好的综合效益。这就是：汽车运输送达时间比铁路、水运快所带来的商品投放市场及时、资金周转快、流动资金减少等好处的时差效益；汽车运输装卸次数比铁路、水运少所带来的节省装卸、包装费用和减少货损货差等好处的质差效益；由于公路网密度大，很多地区公路运输可以抄近路，使公路运输的客货运费比铁路、水运低所带来的运距差效益等。随着经济发展水平的提高，精密高档商品比重的增大，鲜活易腐货物的增多，公路直达运输在商品流通中的综合效益将更加显著。

三是适应性强。公路运输能结合所运货物的不同种类、特点和不同的作业机具，组成不同的专用车辆。如冷藏保温车、液罐车、粉粒散装车、家禽牲畜车、集装箱运输车等，实行专业化运输与专业化作业，可以大大提高运输效率，降低运输成本。

四是方便群众。公路修通以后，不仅国营、集体、个体的汽车可以行驶，而且拖拉机，人、畜力车，自行车和行人等也可以通行（汽车专用公路除外），既方便了群众，又促进了当地工农业生产的发展和群众生活的改善。公路是名副其实的富国利民的基础设施。

公路交通在国民经济中的地位和作用，主要取决于它自身的优势。随着社会主义商品经济的发展和公路交通技术装备设施的改善提高，公路交通的优势，包括它的潜在优势，表现得越来越明显，从而使人们清楚地看到它在巩固国防、开发边疆、促进国民经济发展中的重要地位和作用：

——公路运输已承担了全社会80%左右的客、货运量，在整个交通运输体系中，已成为中短途运输的主力。据统计，1949 年公路运输完成的客运量为 1809 万人，旅客周转量近 8 亿人公里，货运量为 7963 万吨，货物周转量为 8 亿吨公里，分别为同年全社会客运量的 13.2%，旅客周转量的 5.16% 和货运量的 49.5%，货物周转量的 3.14%。到 1987 年，公路运输完成客运量为 70.1 亿人，旅客周转量为 2697 亿人公里，货运量则为 71.10 亿吨，货物周转量为 2621 亿吨公里，分别占全社会客运量的 81.47%，旅客周转量的 45.51%，货运量的 74.6%，货物周转量的 11.8%。但是，应该指明的是，在上述公路货运量中，城乡个体（联户）运量数字，并未包括人畜力车的运量；非交通部门（厂矿企业）项内的运量数字中仅为汽车运量，也未包括其他机动车、拖拉机和人畜力车的运量。据交通部公路规划设计院对公路货运量所作的全面测算（含以上所缺部分的运量），1987 年的公路货运量与货物周转量为 87.15 亿吨与 2839 亿吨公里，分别为同年全社会货运量与货物周转量的 78% 与 13%。按此计算，1950 年到 1987 年客货运量与客货周转量的平均增长速度则分别为 17%、13.2% 与 16.6%、16.7%，均高于铁路和水运的发展速度。

——公路交通在增进各民族间的团结，巩固人民民主专政，维护社会主义祖国的统一方面起着重要作用。在西南、西北等边疆地区，不仅在省、自治区内需要依靠公路交通连接地（盟）、县（旗）、区、乡，有些还要依靠公路交通与祖国内地紧密相连。毛泽东主席对康藏公路的题词："为了帮助各兄弟民族，不怕困难，努力筑路！"和为康藏、青藏两公路胜利通车到拉萨的题词："庆祝康藏、青藏公路的通车，巩固各民族人民的团结，建设祖国！"最集中地说明了公路交通在这方面的重要作用。

——公路交通在开发山区，发展农村商品经济，提高农村广大人民群众的物质文化生活水平，缩小城乡差别方面，起着关键性的作用。全国 67 万余公里的县乡公路，像毛细血管一样联结着城乡的各个角落。它是向城市供应农副产品，向农村输送各种生产、生活资料的主要纽带，起着其他运输方式无法取代的作用。很多山区在公路未修以前，由于交通闭塞造成了愚昧、落后，治贫治愚工作开展很困难。当县乡公路修通以后，生产发展了，商店、学校、卫生院办起来了，群众生活和精神面貌迅速发生变化。“要致富，先修路”，“公路通，百业兴”，这是广大群众从亲身体验中总结出来的真理。许多山区人民还亲切地把公路称之为“解放路”“富裕路”“幸福路”。

——公路交通在抢险救灾中起着前哨兵和主力军的作用。1976 年唐山大地震后，大批公路交通职工昼夜兼程，赶赴灾区，以最快的速度抢修公路，恢复通车，不仅运送了大量抗震救灾物资，而且及时地转运出许多受伤的灾民；数以万计的前往救灾的人民解放军指战员和抢修铁路、电讯的工程队伍，也都是通过公路迅速进入唐山的。又如河南等省的特大水灾，云南和四川的震灾，以及内蒙古的严重雪灾等，也都是公路交通职工最先把大批的救灾人员和物资送往灾区，把中国共产党和人民政府的关怀和温暖送给了灾民。

——公路交通在反击侵略、加强国防方面具有重要作用。公路交通是连接祖国边疆地区和战略后方的重要纽带，也是连接边防哨所和检查站的重要条件。在现代战争中，汽车本身就是部队现代化的重要运输工具，在部队的机械化和快速运动中起着重要作用。当海南岛公路通车之际，毛泽东主席题词：“加强国防，巩固海南”；朱德副主席题词：“好好建设公路，为造福人民与巩固国防而努力”。他们的题词充分体现了公路交通在国防和战备中的重要地位。

——在援外和承包公路工程中，为加强中国和第三世界国家的友谊和合作发挥了积极作用。从 1956 年开始，中国为蒙古、北也门、南也门、尼泊尔、巴基斯坦、苏丹、索马里、缅甸等 23 个国家提供了 84 项援助工程，其中公路工程 52 项，桥梁工程 21 项，公路养护 11 项，财务总支出达人民币 18.37 亿元。到 1987 年年底，已完工交付使用的有公路 48 条，共长 7729.6 公里；独立大桥 17 座，共长 3375.8 米。这些项目的实施，既有利于这些国家发展工农业生产，又进一步加强了这些国家与中国之间的友谊和技术经济合作。

1979 年 2 月，交通部成立了中国公路桥梁工程公司，开始承包国外的公路与桥梁建设工程。到 1987 年年底，先后在北也门、伊拉克、卢旺达等国家签订了 200 项合同（已完成 191 项），累计金额 7.03 亿美元。这个公司本着“守约、保质、薄利、重义”的原则，加强经营管理，树立了良好的国际信誉，并跻身于世界大型承包公司的行列。

第一章
新中国公路交通发展的主要历程

新中国的成立，揭开了公路交通事业新的历史篇章。38 年来，公路交通工作在中国共产党和中央人民政府的正确领导下，依靠政策，依靠技术进步，依靠科学管理，更主要的是依靠全体职工和广大人民群众的自力更生，艰苦奋斗，取得了辉煌成就，建成了一个初具规模的近百万公里的公路运输网，为沟通城乡物资交流，发展工农业生产，提高人民的物质和文化生活水平，巩固国防做出了巨大贡献。但是，38 年来公路交通的发展也不是一帆风顺的，它所经历的是一条曲折而又不断胜利前进的道路。

第一节　人民公路交通的创建时期
（1949 年 10 月至 1957 年）

新中国成立初期，西藏、云南等边疆地区和沿海一些岛屿尚未全部解放，1950 年开始抗美援朝，1953 年又开始实施发展国民经济的第一个五年计划（简称“一五”计划），公路交通面临的任务是：既要组织力量继续支援解放战争和抗美援朝，又要大力修复被破坏的公路，恢复公路运输，以支援工农业生产的恢复和发展。为此，公路交通部门不得不在支援前线、恢复生产，开展民主改革和生产改革的同时，进行大规模的公路建设。尽管困难很大，但是，在中共中央和政务院的正确领导下，不仅战胜了困难，创建了人民公路交通事业，而且使它获得了比较全面的发展。

一、建立公路交通管理机构

1949年11月，交通部部长章伯钧主持召开了第一届全国航务、公路工作会议，就1950年航务与公路工作任务、交通管理体制和一系列方针、政策问题进行了讨论。朱德副主席和陈云副总理到会作了重要指示。周恩来总理听取了交通部领导对会议情况的汇报。次年1月，交通部成立公路总局，负责全国公路的规划、建设与管理工作。3月，政务院作出了《关于一九五〇年公路工作的决定》（简称《决定》）。《决定》指出，公路工作的方针是继续支援解放战争，争取全国彻底胜利，恢复生产。要求各地组织力量，修复原有公路，整修运输工具，提高运输能力；对公路实行分级管理，国道由交通部公路总局直接管理，经费由中央开支，省道由各大行政区交通部门督导，各省交通部门管理。《决定》对公路交通管理体制、民工建勤、用路者养路以及车辆管理等重大问题也都作了明确规定，为新中国的公路交通工作指明了方向。4月，交通部组建了汽车运输总公司，负责全国的公路运输工作。

随着人民解放战争的胜利推进，各地军事管制委员会先后接管了原国民党政府所属的公路交通机构、人员、车辆及其全部设施，使其成为社会主义全民所有制的企、事业单位。在此基础上，根据《决定》精神，各大行政区先后组建交通部，下设大区公路局和运输公司；各省、自治区、直辖市建立交通厅（局），下设公路局（处）和汽车运输公司（局）；各地县也成立了相应的管理机构，全面加强了公路交通工作的领导。1950年，公路交通部门广泛开展了民主改革运动，废除了行业的封建把头制度，严厉打击了扰乱运输市场的不法分子，同时实行民主管理，建立工会和企业管理委员会。许多优秀工人被提拔到各级领导岗位，参与生产管理，为公路交通事业的发展创造了必要的条件。

二、在修复原有公路的同时，开展大规模公路建设

新中国成立初期，各地公路交通部门组织人力、物力在完成各项支前任务的同时，迅速修复了原有公路，其中包括《决定》所提出的西安经兰州到塔城等 6 条主要干线公路。与此同时，为了巩固国防，开发边疆，1950 年，政务院决定修建以福州为中心的 12 条华东支前公路和通向“世界屋脊”的康（西康）藏（西藏）公路。此后，相继在华东地区修建了上饶至南平、福州至温州等线；在西南地区修建了成都至阿坝、黑河至阿里等线；在西北地区修建了西宁经格尔木至拉萨、叶城至噶大克等线；在中南地区修建了海口至榆林等 10 条华南国防公路；在东北地区修建了沈阳至丹东（原称安东）、盖平至庄河等线。从 1950 年到 1957 年的 8 年中，中央对公路交通的投资为 9. 27 亿元，新建、改建干线公路 1. 21 万公里；各大区和各省、自治区、直辖市也投资 9. 73 亿元，新建和改建了本地区工农业生产发展急需的一些经济干线和县乡公路。1955 年冬，在《全国农业发展纲要（草案）》指引下，县乡公路建设出现高潮。仅 1956 年和 1957 年 2 年就修建了县乡公路约 10 万公里，其中，简易公路占 85% 以上。这些公路的标准较低，但对推动当时农村运输车子化，为腾出运输劳动力投入农业生产发挥了积极作用。截至 1957 年，全国公路通车里程达到 25. 4 万多公里，使原来没有通公路的 185 个县通了汽车，提前一年实现了“一五”计划规定的指标。在此期间，由于缺乏钢材、水泥，公路桥梁建设以木桥为主，除改建了甘肃省的兰州桥、福建省的南平桥、江西省的南昌“八一”桥等桥梁外，在山区公路上就地取材修建了一些石拱桥，同时，还新建了少量就地浇筑的钢筋混凝土梁式桥。因此，桥梁永久化的程度仅占 34. 9% 。

三、整修原有运输工具，扩大运输能力

国民经济恢复时期，工农业生产开始复苏，城乡物资交流渐趋活跃，

公路客货运输日益繁忙。1950年，国营、公私合营和私营运输企业拥有的汽车虽已达2.63万辆，但多数破旧不堪，难以适应客货运输增长的需要。为此，国家采取了几项重要措施。

一是成立全国废旧汽车整修委员会，各大行政区设立整修分会，大力整修国民党政府遗弃的大批废旧汽车。从1951年到1954年，通过旧车修复、改装或拼装，重新参加营运的客货汽车达5000多辆。另外，还进口了一些苏联和东欧国家的客货汽车，使国营公路运输企业的运输能力有了较大幅度的提高。1956年，首批国产解放牌汽车诞生，从而为新中国汽车运输事业的发展奠定了可靠的物质基础。

二是为战胜帝国主义经济封锁，汽车修理部门自力更生，艰苦奋斗，在设备简陋、原材料短缺等困难条件下，针对维修需要，制造了部分汽车配件。同时，还研制、生产了数以千计的以白煤为代燃料的煤气发生炉，仅1951年，全国即改装各种煤气汽车4172辆。湖南省因地制宜，把全部汽车改装为木炭车。从而使全国汽车运输行业度过了配件奇缺、汽油匮乏的难关，维持了汽车运输业的简单再生产。

三是从政策、资金、物料供应等方面扶持私营汽车运输业，使其尽快恢复活力，积极投入社会运输。

四是鉴于公路交通部门的运输企业所拥有的汽车，绝大部分都是国民党政府遗留的从国外进口的旧车，厂牌复杂，分散使用，维修困难。为此，省际之间通过协商，相互进行了调整，使同型车辆相对集中于一个地区。这样，即使车辆一旦报废，其中有些零部件仍然可以拆卸充作其他车辆维修之用。

五是为了挖掘运输潜力，减少物料消耗，公路交通部门的运输企业于1952年第四季度开展了“安全、四定、车吨月产2000吨公里”[①] 运动，调动了广大职工学习技术、改进操作、赶超各项定额的积极性。到1954

① 安全、四定、车吨月产2000吨公里：即在保证安全，完成轮胎、燃润料、大修间隔里程和修理工时四项定额的前提下，每车吨月产指标达到2000吨公里。

年初，与运动开展以前相比，车吨产量提高 93.21%，燃料消耗降低 11.4%，轮胎行驶里程增加 43.85%，大修间隔里程延长 60.9%，运输成本下降 37.71%。1956 年 1 月，艾肇昌等 100 位公路运输先进生产者又倡议开展“安全、节约、十万公里无大修”[①] 运动。各地公路交通运输企业的广大职工热烈响应，效果显著。在不到两年的时间内，全国公路交通运输企业超过 10 万公里无大修的汽车达到 7934 辆。与此同时，创造了不少新经验，其中被誉为汽车运输三大改革的变单车运输为拖挂运输，变一班生产为双班生产，变旧车修理为总成互换修理，就是在这次社会主义劳动竞赛中总结出来的。

到 1957 年年末，全国公路交通部门所属运输企业的营运汽车达 4.4 万辆，并建立了相应的修理网点，成为公路运输的骨干力量。它所完成的客货运量及周转量分别比 1950 年增加 9.4 倍、2.2 倍和 5.9 倍、4.1 倍，提前超额完成了“一五”计划的客货运输任务。

这个时期商业、粮食、外贸、石油等系统的自备汽车也有很大发展，以国营公路运输企业（包括公路交通部门和非公路交通部门两部分）为主体的公路运输体系已基本形成。全国民用汽车保有量已增加到 12.6 万辆。

四、对私营公路和运输业实行社会主义改造

新中国成立前，据统计，全国私营公路共有 1.61 万公里。其中，广东省有 1.22 万公里，浙江省有 2245 公里，其余分布在福建、江苏、安徽、广西、湖北等省。新中国成立后，各地公路交通部门在抢修支前公路的同时，修复了许多遭受破坏的私营公路；有的还给予贷款扶持，使业主得以继续经营。1956 年，私营工商业社会主义改造进入高潮，有关省根据交通部关于“私营公路由国家交通机构接管养护，路权暂不处理，人员适当安

① 安全、节约、10 万公里无大修：即在保证安全、节约行车消耗的前提下，汽车大修间隔里程超过 10 万公里。

排”的指示，对仍由私人经营的1582公里公路，分别由当地公路部门接管养护。

对私营运输业的社会主义改造，公路交通部门认真贯彻了“公私兼顾、劳资两利”以及“利用、限制、改造”等一系列方针政策，除加强领导外，积极引导私营汽车运输业和民间运输业组织起来，使它们分别走上联合经营和互助合作的道路。还通过“三统”（统一货源、统一运价、统一调度）管理，以限制私营运输业的消极因素。1956年年初，在私营工商业社会主义改造高潮的推动下，私营汽车运输业和私营汽车维修业迅速实现了全行业公私合营。与此同步，私营畜力车和驮畜实现了合作化；各种人力车也在1957年全部纳入了运输合作化的轨道。

五、建立健全各种规章制度

随着公路交通的恢复、发展，各地公路养护、施工单位和公路运输企业相继成立。为使公路交通工作循序渐进，有章可依，公路交通部门参考苏联经验，逐步建立了一套比较完整的规章制度。在公路养护方面，1950年交通部颁布了《公路养护暂行办法》《公路养路费征收暂行办法》等规章、条例。在公路基建方面，1951年政务院颁布《基本建设工作暂行办法》以后，交通部制定了《公路工程设计准则》以及其他多种规定、规范，加强了勘测设计工作，推行了工程监理制度和施工单位企业化管理等。在公路运输方面，交通部制定了《汽车运输企业暂行技术标准与定额》（简称“红皮书”）、《汽车运价计算暂行办法》和安全监理等多种规定。同时，在企事业单位内部还推行了计划、技术、财务管理，建立了原始记录，加强了统计、财务成本分析等基础工作。

六、组建公路建设专业队伍

从1950年4月开始，政务院先后决定修建华东、华南、康藏、青藏等国防公路，任务极为繁重。不仅因为这些公路里程长，工程艰巨，技术复杂，自然条件恶劣，施工异常困难，而且正值新中国刚刚成立，没有专业建设队伍，没有设备，更谈不上开展公路建设前期工作，一切都要从头开始。各有关大行政区和省、自治区、直辖市交通部门为此抽调了大批技术干部、工人和施工设备，连同成建制的人民解放军共同组成公路测设施工队伍。在毛泽东主席“一面进军，一面筑路”的号召下，以叫“高山低头，河水让路”的革命气概，战胜了重重困难，终于按期完成了各项公路建设任务。在工程逐步完成的过程中，交通部先后组建了6个公路勘测设计院和7个公路工程局，共有职工7万余人。在此期间，各省、自治区交通厅（局）也组建了公路勘察设计院（队）、工程局（处），除负责地方财政拨款修筑的公路外，还承担了部分中央投资的建设项目。

从新中国成立到1957年的8年中，不但创建了人民公路交通事业，彻底改变了旧中国公路交通半封建半殖民地的性质，而且因为中央有投资，国家有计划，各级地方政府和广大群众充分发挥了积极性，公路交通获得了比较全面的发展。从国防公路到经济公路，从汽车运输到人、畜力车运输，从国营、集体运输企业到个体运输等都得到了很大发展，基本上适应了国防、经济和社会发展等各方面对公路交通的需求，并为以后的发展奠定了良好基础。

这个时期的工作，也存在一些缺点。如在学习苏联经验时，出现过技术上“一边倒”的倾向，影响了学术民主的发扬；在私营运输业社会主义改造中，要求过急，工作不够细致，有的地方把资金较多的个体经营者当作资本主义成分看待；在组织人、畜力车运输合作社的工作中，有规模偏大，急于向国营过渡的缺点；特别在运输市场的管理上，过多地依靠行政手段，过分地强调统一管理，限制了各方面办运输的积极性，新中国成立初期一度出现的那种国营、私营、集体、个体都来办运输的景象，也就逐步消失了。

第二节　曲折发展时期

（1958 年至 1978 年 11 月）

新中国成立后，国民经济经过三年恢复和“一五”建设，出现了一派兴旺繁荣的景象。公路交通也有了较全面的发展。1956 年中国共产党第八次全国代表大会虽曾作出将工作重点从革命转移到经济建设上来的战略决策，可惜没有得到贯彻实施。从 1957 年到 1978 年的 20 年间，在全国范围内，大部分时间处于一个接一个的政治运动中。反映到公路交通方面来的，主要是管理体制下放上收，变动频繁；公路建设和运输生产片面追求数量，忽视质量，出现了大起大落。公路交通事业是在曲折起伏中前进的。这个时期大体上可以分以下 3 个阶段：

第一阶段，1958 年至 1962 年。

1958 年上半年，交通部在武汉和北京召开的地方交通片区座谈会上提出依靠地方、依靠群众、普及为主发展地方交通的“地、群、普”方针。对地方交通来说，这一方针对调动地方和群众的积极性，共同搞好交通建设，无疑是正确的。但由于“左”的思潮影响，这个方针是作为与所谓主要依靠国家投资、依靠部直属的专业队伍、依靠专家、高标准发展公路交通的“直、专、高”思想相对立而提出来的。后者被认为是完全错误的，不是“多、快、好、省”，而是“少、慢、差、费”，因而受到了批判和否定。这样，在 1958 年下半年，国家对经济体制试行改革时，交通部就把直属的公路建设队伍连同公路的计划投资体制，一起下放给省、自治区。之后，绝大多数省、自治区交通厅（局）又相继把公路交通企事业单位和干线公路的养护体制，也下放到地（即专区）、县，形成层层下放。由于当时正处于“大跃进”和人民公社化运动，公路交通急需“先行”，加上体制下放后地方力量有所加强，地方财政对公路交通的拨款增加较多（“大跃进”3 年中全国地方财政拨款比前 8 年增加了 1.89 倍）。因此，在“地、群、普”方针指导下，结合贯彻执行“民办公助”“民工建勤”政策，公路交通有较大发展。从1958年到1960年的3年中，新建公路26.48万公里（大部分为县社公路），全国不通公路的县，从1957年的151个减少到20个。公路桥梁建设，按照“因地制宜、就地取材”的原则，继续修建了很多石拱桥。湖南省黄虎港大型石拱桥的建成（单孔跨径达60米），解放了人们的思想，对推动大跨径石拱桥建设，起了很大的促进作用。先后建成的有湖北省高岚河大桥、浙江省白沙大桥、河南省洛阳龙门大桥等。其中，云南省的长虹桥单孔最大跨径达112.5米。在此期间，全国共计修建大中型石拱桥217座，长1.79万米，为前8年的3.22倍。

公路运输在“大跃进”年代压力很大。为确保大炼钢铁的物资运输，各地从省（自治区、直辖市）到地、县普遍成立了运输指挥部，实行物资排队，首先保证矿石、生铁、焦炭、炼钢设备和器材等物资运输。钢铁物资分布广、运量大、要求急，汽车运输部门拥有的货车严重不足。为此，中共中央发出《关于征用政府机关载重汽车支援钢铁生产运输的指示》。1959年3月，交通部又号召开展“安全、节约、车吨月产万吨公里”[①]运动。各地汽车运输企业普遍推行双班运输，实行人歇车不歇；广泛开展拖挂运输；综合利用各种交通运输工具，组织接力运输、循环运输或直达运输，力求最大限度地提高车辆运输效率。此外，还组织了大量人、畜力车等非机动车辆参加运输。到1960年年末，公路交通部门的营运汽车比1957年增加了2.52万辆，厂矿企业的自备汽车增加了7.26万辆，分别增长了57%和88%。许多公路交通部门的工业企业开始从修理转向制造，形成了修造结合的模式，制造了一些汽车、挂车和专用机具，有些厂还制造了汽车。

但是，在高指标、浮夸风等“左”的思想影响下，由于不尊重科学、不讲究质量、不重视公路养护和车辆保修，导致一些新建公路工程质量很

① “车吨月产万吨公里”是指按汽车的标记吨位，每车吨月产指标达到1万吨公里。

差，有的甚至不能通行汽车，造成浪费；在桥梁修建中，发生过一些不应有的伤亡事故；公路养护工作削弱，路况普遍下降；汽车运输不顾客观条件，大搞“车吨月产万吨公里”和所谓百吨列车，车况日益恶化；制造挂车缺乏钢材，有的地方就用竹木代替，一经投入使用，迅即解体，浪费了人力、物力和财力，挫伤了群众的积极性；规章制度破而不立，物质奖励废除，造成消耗无定额、经济无核算、操作无规程的混乱局面，企业管理失控，服务质量下降。特别是许多汽车由于长期失养、失修，带“病”行驶，不少车辆停驶待修，甚至有些进口不久的新车也因关键部件损坏过度而不得不提前报废。1960 年年末，全国平均完好车率仅 60% 左右，汽车运输企业元气大伤。另外，由于长期集中大批运力，突击运输钢、煤、粮、棉，致使不少物资、商品积压在码头、仓库和产地，造成市场供应十分紧张。

1961 年，公路交通部门开始贯彻执行“调整、巩固、充实、提高”的八字方针。第一，各省、自治区交通厅（局）收回了下放的公路运输企业和干线公路养护体制；第二，调整了投资方向，把资金集中到现有公路的养护改善、车辆设备的维修和重点厂房的建设上；第三，贯彻《国营工业企业工作条例（草案）》（即《工业七十条》），恢复各项管理制度，加强了企业管理；第四，按农、轻、重的次序调整了运力布局，大力支援农业；第五，按“以修为主、修造结合”的原则，调整了公路交通工业；第六，在人民公社化运动中过渡为全民所有制的民间运输企业，仍然退回集体所有制，对平调集体所有的公积金和生产资料进行退赔；第七，对公路里程进行普查核实，到 1962 年年底，全国公路通车里程核实为 46. 36 万公里，虽比 1960 年的 51. 95 万公里减少了 5. 59 万公里，但公路技术状况有所改善。同时，公路交通部门所属运输企业的管理水平，以及车辆完好率、车吨月产量和运输成本等主要技术经济指标，通过贯彻“八字方针”以后，都有显著回升。1962 年的公路交通工业产值为 4. 24 亿元，虽然低于“大跃进”期间的水平，但产品质量提高了，更适合使用要求。

第二阶段，1963 年至 1966 年。

1962 年夏季，东南沿海地区形势紧张，中央临时拨款整修了福建省和内地连接的公路，并开始修建水（口）漳（平）公路。同时，还从一些省、市临时抽调了部分技术人员和汽车，支援福建前线。主管公路交通的副部长潘琪率领部分干部参加了福建前线的运输指挥工作，并总结了东南沿海地区公路交通"通不过、联不上"影响国防安全的教训，中共交通部委员会据此向中央战备领导小组专门写了报告，得到了有关方面的重视。1963 年，国家计划中开始对国防、边防公路建设列专项投资。1964 年，公路交通虽然被划入 19 个非工业生产部门，造成了各省、自治区、直辖市地方财政对公路交通拨款的下降（全国 1966 年比 1965 年下降 9.8%），但中央对国防、边防公路建设的投资再未中断。这个阶段先后修建了浙江省的东坑到西坑、云南省的小孟养到勐拉、福建省的水口到漳平等公路，以及云南省允景洪澜沧江大桥、新疆叶尔羌河大桥、西藏拉萨河大桥和青海省通天河大桥。由于这个阶段各地养路费收入有所增加，不少省、自治区、直辖市开始有计划地从养路费中挤出部分资金作为自筹资金，用于公路建设、危桥改造、渣油沥青路面铺筑和县社公路修建补贴，加以"调整、巩固、充实、提高"方针的全面深入地贯彻执行，从 1963 年到 1966 年，公路交通又出现了正常稳定发展的好形势。

——恢复、组建了部分直属机构。经国务院批准，交通部于 1963 年重新恢复组建了 3 个设计院、4 个公路工程局，收回了以前下放地方近万人的公路建设队伍，同时组建华北、华东、西北 3 个汽车运输局。1964 年 8 月，3 个运输局下放所在省、直辖市以后，1965 年 10 月，为支援四川省攀枝花（原渡口市）钢铁基地的建设，交通部又成立了直属的第一汽车运输总公司，下辖 5 个分公司（由北京、辽宁、山东、安徽、河南五省、直辖市组建）和一个大型车队（由云南省组建），与四川、云南两省的汽车运输职工一起，在极其困难的条件下，按时完成了攀枝花市工业基地建设的各项设备和物资的运输任务，开创了用汽车运输来建设大型钢铁企业的先例。这期间，各省、自治区、直辖市交通厅（局）也成立了厅（局）直属的汽车队，以担负紧急运输任务。由于上述机动力量的适当恢复和发展，基本适应了后方战略基地建设[①]和工农业生产对公路交通的需求。

——路况明显改善，技术开发获得重大突破。从 1962 年年末开始，交通部会同有关部门按大区分片对公路建设进行了规划，并按国家基建程序加强了公路建设的管理。1963 年，各地公路交通部门认真贯彻执行了中共中央和国务院《关于加强公路养护和管理工作的指示》，在广大养路职工的积极努力下，公路路况迅速得到改善。1965 年，中共交通部委员会成员王西萍在南昌主持召开了公路与汽车运输会议。会上制定了以国防和后方战略基地为中心加速公路网建设，积极改善现有公路技术状况，以适应国防建设和经济发展需求的方针；总结推广了山东省坚持民工建勤，不断改善现有公路的经验和湖南、江苏等省依靠地方政府，依靠群众，3 年基本完成危桥改建任务的经验；以及利用国产渣油铺筑路面表处的经验等，有力地促进了公路建设的发展。这期间的科技开发工作也获得了重大的突破：1963 年，河南省公路部门试验成功了钻孔灌注桩桥梁基础；1964 年，江苏省无锡县交通局建桥职工创建了双曲拱桥；同年，交通科学研究院与北京、河北等省、直辖市公路部门协作试验，利用国产渣油铺筑路面获得成功。这三项成果被广大公路职工誉为公路建设的“三大法宝”，在全国推广以后，对加快公路建设、危险桥梁的改造和改渡为桥等项工作都发挥了显著作用。同期还采用推广了国外悬臂浇注与预制悬臂拼装等新工艺，修建了多座 T 型刚构等新型桥梁，也有力地促进了大跨径桥梁的建设与发展。在从 1963 年到 1966 年的 4 年中，全国新增公路里程 1.52 万多公里，新建特大桥梁[②] 30 座，共长 1.87 万米。到 1966 年年底，公路通车里程达

---

① 后方战略基地建设也称三线建设。

② 《公路工程技术标准》规定：单孔跨径≥100 米，总长≥500 米为特大桥；单孔跨径≥40 米，总长≥100 米为大桥；单孔跨径≥20 米，＜40 米，总长＞30 米＜100 米为中桥；单孔跨径≥5 米＜20 米，总长≥8 米，≤30 米为小桥。

到54.36万公里。与1962年对比，有路面的里程增长了26.9%，其中，高级次高级路面增加了7595公里，增长了3.6倍；桥梁永久化的水平达到了57.2%，提高了25.6%。公路技术状况有了明显改善和提高。

——汽车运输各项技术经济指标创历史最好水平。1962年5月，中共中央和国务院发出了《关于民间运输调整工作中若干政策问题的指示》。同年7月，国务院又批转了国家计委、国家经委和交通部《关于汽车运输工作若干问题的请示报告》。据此，交通部制定了若干具体规定、办法，要求各地交通部门对民间运输业进行调整，以巩固集体所有制；对汽车运输企业则要求面向农村，加强为农业服务。1962年年底，交通部又召开了全国地方交通支援农业会议，王首道部长作了题为《把交通工作转移到以农业为基础的轨道上来》的报告，提出了"继续进行调整、巩固、充实、提高的工作，面向农村，调整运力，大抓保修，改进经营，加强短途运输的组织和建设工作，提高综合生产能力，广泛开展以支援农业为中心的增产节约运动，全面完成国家计划"的工作方针。会后，各地公路交通部门重新安排了运输计划，本着支援农业、方便群众的原则，修订了企业管理的有关制度和规定，并认真贯彻"合理使用，科学管理，强制保养，计划修理"的原则，重点加强了车辆保修工作，提高车辆完好率。到1966年年底，全国公路交通部门营运汽车的完好率平均达到89.5%。这是贯彻调整方针取得的一项重要成就。其他各项技术经济指标和服务质量也均创历史最好水平。1966年年末，公路交通部门的营运汽车达到8.29万辆，比1962年增加了22.6%，但所承担的客货运量却增加了77.1%和60.2%。此外，各地还积极组织厂矿企业的自备汽车和人、畜力车参加支农运输。在这4年中，公路运输不仅顺利地完成了调整的任务和国家运输计划，而且出现了稳定发展的趋势。

——公路交通工业开发了一些新产品。1963年，国家计委确定公路客车的改装由交通部负责，列入国家机械产品计划，并供应相应的汽车底盘和钢材。此后，交通部组织部分省、直辖市交通厅（局）在总结过去公路客车改装经验的基础上，联合设计试制了 JT 660 型公路客车，并投入批量生产。同时还统一设计和定点生产 3 吨和 4 吨的全挂车。西安筑路机械厂生产了沥青洒布机、凿岩机、压路机和沥青洒布车。一些省、自治区、直辖市交通厅（局）也建立了筑路机械修造厂，生产了一些筑路、养路机械和专用机具。1965 年，汽车配件制造重新划归第一机械工业部管理，交通部门有 29 个汽车配件制造厂同时划归一机系统，为支援和发展中国的汽车工业做出了贡献。但同时也削弱了公路交通工业，挫伤了各省、自治区、直辖市交通厅（局）办工业的积极性。到 1966 年年底，全国公路交通部门共有工业企业 396 个，年产值 4.72 亿元。

第三阶段，1967 年至 1978 年 11 月。

1966 年 5 月，“文化大革命”开始。1967 年，动乱有增无已。公路交通只能在比三年“大跃进”期间更为艰难的道路上前进。大批领导干部和业务技术专家被批斗、下放，生产指挥系统遭到破坏，许多行之有效的规章制度也被当作资产阶级的“管、卡、压”破除了。为害最大的 1968 年，全国汽车货运量比 1966 年减少了 23.8%，车吨年产量从 42473 吨公里下降到 28180 吨公里。1970 年 7 月，铁路、交通、邮电 3 部门合并以后，绝大多数省、自治区、直辖市公路交通管理机构也相继撤并、下放，绝大部分公路运输企业再次下放到地、县，进一步造成车辆调度失灵，港口和火车站经常堵塞。特别在客运方面，加剧了地方割据，给群众乘车带来许多不便，使生产和建设遭到了破坏。但另一方面，由于广大干部、工人和技术人员，出于对中国共产党、社会主义祖国和公路交通事业的热爱，在非常困难的情况下，仍然坚守岗位，辛勤劳动；加上公路交通直接关系到工农业生产和群众生活，维护公路交通完全符合群众，尤其是广大农民的愿望；这样，在“山、水、田、林、路”实行综合治理的统筹安排下，县社公路建设仍然继续进行。特别是在周恩来、邓小平主持中央工作期间，要求把生产搞上去，得到广大群众的普遍支持。尽管这个时期的干扰很多，破坏很大，但公路交通仍有明显发展。

在公路建设方面，“文化大革命”期间，民用汽车增加较快，养路费收入有了较大增长。不少省、自治区交通部门每年从养路费收入中拿出约20%的资金，继续用于公路建设、危桥改造、渣油沥青路面铺筑和县社公路修建补贴。中央每年还有2亿元左右的国防、边防公路建设投资。再加上渣油、沥青等材料供应比较宽松，公路建设不论新建、改建均有发展。这个阶段，新增公路通车里程34.66万公里；新建特大桥梁157座，共长9.9万米，桥梁永久化水平，从1966年的57.2%提高到1978年的92.6%，危险桥梁的改造任务基本完成；铺筑高级次高级路面13.34万公里，比1966年增加了14.2倍。到1978年年底，全国公路通车里程达到89万多公里，基本实现了社社通公路的目标。这个阶段建成的主要公路有：楚雄至勐捧、北京至原平、临汾至宜川、宜都至来凤、五常至白城等线；新建的大桥有：福建省乌龙江大桥、山东省平阴黄河大桥与滨州黄河大桥等。在此期间，叶飞部长根据发达国家交通建设的经验，为配合国内现代化港口建设，扩大港口的集疏能力，积极倡导修建高速公路。后经交通部决策，对京（北京）、津（天津）、塘（塘沽）高速公路进行测量设计工作，并于1978年当年完成了初步设计和终点塘沽10公里的施工设计图等，为做好高速公路建设的前期工作积累了经验。

在汽车运输方面，到1978年年底，公路交通部门的营运汽车发展到18.15万辆，比1966年增加了1.2倍，基本上保证了后方战略基地建设、支援工农业生产、抢险救灾等运输任务的完成。但车辆完好率、车吨年产量、上缴利润等主要技术经济指标尚未全部达到历史最好水平。这个阶段，厂矿企业的自备汽车发展到117.69万辆，比1966年增加近4倍，每年平均增长14.32%，比公路交通部门营运汽车每年平均增长6.7%快1.1倍。自备车辆虽然增加很多，但利用率不高，公路运输紧张的局面仍未得到缓解。

在公路交通工业方面，随着公路和汽车的增加，公路交通专用机械的需要量越来越大。1969年到1970年，交通部在湖南、四川两省新建了2

个筑路机械厂和1个汽车保修机械厂。各省、自治区、直辖市公路交通部门也先后扩建、新建了一些工厂，专门生产客车、挂车和筑路养路机械。到1978年，公路客车和挂车的生产能力分别超过5000辆和1万辆。为了适应石油、化工、电力、钢铁等部门引进的特大、特重设备的运输需要，从1966年开始，上海、江苏、河北、北京、山东、辽宁、四川等省、直辖市公路交通部门先后制造了100至450吨的大型平板车，同时，国家还从法国引进了载重200至600吨的超重型车组。由于国产汽车供不应求，一些省、自治区、直辖市公路交通部门的汽车修理厂还自制汽车，累计产量达到3.78万辆。此外，汽车配件和水泥等筑路材料的生产也都有所发展。到1978年年底，全国公路交通部门共有工业企业1348个，年产值16.1亿元。

在1958年到1978年的20年中，公路交通事业在“左”的错误思潮影响下，经过了几次曲折，遭受了不少损失。但是，从整体上来看，仍然有所发展。1978年与1957年相比，全国公路通车里程增加2.5倍；高级次高级路面增加250倍；桥梁永久化水平提高了55.7%；全国民用汽车增加9.78倍，其中公路交通部门的营运汽车增加3.13倍，厂矿企业的自备汽车增加8.65倍；公路交通工业总产值增加2.62倍。1965年交通部召开的公路与汽车运输会议和1970年全国交通工作会议所提出的“三五”“四五”期间公路交通的主要任务是：改建干线公路上的危险桥梁；完善提高8万公里的国防、经济干线；公路通车里程达到80万公里；发展汽车运输和民间运输。这些任务到1978年年底基本都实现了。这个时期工作上的主要失误：一是1958年下放时，中央停止了对公路交通的基本建设投资，影响了“二五”期间干线公路的建设和公路网的形成，使已建成的公路联不成网，不能发挥其应有的经济效益和社会效益。1963年，中央对国防、边防公路建设投资以后，虽然每年大体上只有2亿元左右，数量很少，但它在公路交通建设上却起着主导作用。因为有了这笔投资，才有可能从全局出发，安排一些干线公路和重要桥梁的修建。二是全部下放了交通部所属的公路建设专业队伍。公路交通的发展依靠地方政府和广大群众，无疑是正确的。但在人烟稀少、条件艰苦的边疆、高寒地区修建公路，以及在一些高等级公路、大型桥梁和隧道等工程的测设、施工中，如果没有一支训练有素、装备精良的专业化建设队伍，那是无法保证工程质量并按期完成的。加上当时的下放，主要着眼于权力的转移，而没有很好地解决国家、企业和劳动者个人之间的关系，即调动企业和劳动者的生产经营积极性。因此，这种下放并没有达到预期的目的，反而导致以后的上收下放，反复折腾。实践证明：中国的公路建设实行专业队伍修建和群众修建相结合，是行之有效的，这是中国的自然条件和公路工程本身的技术要求所决定的。三是国家对厂矿企业自备汽车实行谁有钱谁买车的政策，有积极的方面，即调动了工矿企业、机关团体购置自备车辆的积极性，增加了汽车运力，对缓解公路运力不足的矛盾也有一定的作用。但是，另一方面，由于在宏观上没有按全社会的运量与运力平衡的原则制定相应的政策，对自备汽车的发展进行必要的调控，结果形成非公路交通部门的汽车增长过快，空驶浪费的情况也日趋严重。与此同时，为全社会服务的公路交通部门营运汽车却因地方财政投资不足而长期得不到应有的发展，使它在全国民用汽车保有量中的比重，由 1957 年的 34. 9% 下降到 1978 年的 13. 36%。公路交通部门的营运汽车和厂矿企业的自备车辆，在构成的比例上越来越不合理。

第三节 开创新局面时期

（1978 年 12 月至 1987 年）

1978 年 12 月，中国共产党召开了第十一届三中全会，中国开始了建设有中国特色的社会主义新时期。公路交通工作在改革、开放、搞活总方针的指导下，也开始进入开创新局面的时期。

根据中共中央的统一部署，各地公路交通部门对“文化大革命”所造成的混乱局面，进行了一系列拨乱反正和调整改革工作。通过对“四人帮”的揭、批、查，把工作重点转移到运输生产上来，公路建设实现了以经济线路为重点的转轨。通过机构体制的调整，加强了生产指挥系统，使运输生产和公路建设开始走上健康发展的道路。

1979 年，中共中央提出“调整、改革、整顿、提高”的方针以后，曾生部长提出在交通工作的指导思想上要进行调整。他强调指出：地方交通，包括公路交通和内河航运，像人体的毛细血管一样，遍布祖国大地的每一个角落，是重要的“循环”系统，在社会主义建设中起着重要的作用。他还要求充分注意地方交通存在的问题，加强公路交通和内河航运工作。在交通部 1980 年召开的全国交通工作会议上，彭德清副部长作了题为《继续贯彻调整、改革、整顿、提高的方针，为实现交通运输现代化而奋斗》的报告。会议讨论了厂矿企业自备汽车大量参加营业运输的新情况和如何实现交通运输现代化等问题。会后，各级公路交通部门认真清理“左”的思想影响，贯彻实事求是的思想路线，对公路运输、公路建设等企事业单位进行了整顿，恢复了各项规章制度，加强了思想政治工作，调整了领导班子，逐步推行政企分开，扩大企业自主权，调动了职工的积极性。

1981 年，国务院授权国家计委、国家经委和交通部联合颁发《国家干线公路网（试行方案）》。1982 年，国务院又发出了《关于限期接通国家干线断头公路的通知》。同年，交通部制定了“全面规划，加强养护，积极改善，重点发展，保证畅通”和“普及与提高相结合，以提高为主”的公路建设方针，要求各省、自治区、直辖市加强国家干线公路网建设。所有这些，对扩大国家干线公路的通过能力，提高经济效益，全面加强公路养护、管理，都起了重要作用。

中共十二大把交通运输列为国民经济发展的战略重点后，1983 年 1 月，中共中央在《关于印发〈当前农村经济政策的若干问题〉的通知》中，又允许农民个人或联户购置拖拉机和汽车，从事生产和运输，为公路交通的进一步改革、搞活指明了方向。根据中央指示的精神，在 1983 年全国交通工作会议上，李清部长提出了“有河大家走船，有路大家行车”的改革设想，并把进一步发挥公路运输的作用，提高公路运量的比重，列为打开交通运输工作新局面所必须抓好的3个重点之一，有力地调动了各方面办公路交通的积极性，使城乡个体运输得到迅速发展。

1984年8月，中共交通部党组根据中共十二届三中全会《关于经济体制改革的决定》的精神，提出20世纪末交通运输要“增产双百亿①，适应翻两番”的总奋斗目标和逐步实现“转、分、放”② 与“两个转变”③ 为主要内容的改革设想，随后钱永昌部长向中共中央书记处和国务院作了汇报。中共中央书记处、国务院认为《交通部党组汇报提纲》中所提出的改革设想是正确的，表示原则同意，并作了重要指示：要求交通运输部门努力探索具有中国特色的社会主义交通运输的发展道路，开创交通运输工作的新局面；树立全心全意为人民服务的思想；从中国交通运输多层次、多形式、多渠道的特点出发，放宽政策，搞活运输；调动各方面的积极性，加快交通基础设施建设的步伐；进一步实行开放政策，放手引进先进技术，大胆利用外资等。各地公路交通部门认真贯彻执行了上述重要指示，继续深化体制改革，加强了行业管理，加快了公路基础设施建设，搞活了公路运输，开创了公路交通工作全面稳定发展的新局面。

一、公路建设资金来源有所扩大

新中国成立后，公路建设虽然有了很大的发展，但与国民经济的发展仍很不适应。特别是1958年以后，由于国家投资不足，经济公路的修建长期没有摆在应有的位置上，致使很多经济干线和大中城市的进出口公路行车拥挤，事故增多，效益下降。一些老革命根据地、少数民族地

---

① 根据预测，到20世纪末，公路、水运的年货运量将达到143.4亿吨，年客运量将达到137.5亿人次，故称“双百亿”。

② 转，为转变职能；分，为政企职责分开；放，为下放权力给企业，下放企业到中心城市。

③ 政府交通部门要从抓直属企业转向整个交通运输行业，要从直接抓企业和生产事务转向抓好行政管理。

区和边疆地区也因交通闭塞而长期得不到开发。公路交通已成为整个交通运输这个薄弱环节中最为薄弱的环节。为此，从1980年以后，中共中央和国务院领导对发展公路交通的方针政策，作过多次指示，强调动员各方面的力量，加强公路建设，是让农民富裕起来的一条重要措施，是个很重要的战略思想，要求提高公路运量在整个交通运输中的比重。国家科委、国家经委、中国交通运输协会、中国公路学会等有关方面，也一再建议调整运输结构，搞好各种运输方式的合理分工，发展综合运输。在中共中央和国务院领导重视下，对扩大公路建设资金来源，采取了一些重要措施：一是从1984年冬开始，在3年内从商业库存中拿出部分粮食、棉花、棉布，拨给贫困地区，用以工代赈的方式兴建道路和水利工程，帮助群众脱贫致富。据统计，3年中用于道路修建的粮、棉、布共折合人民币约17亿元。二是提高养路费标准。三是开征车辆购置附加费。四是集资或贷款修建的高速公路和主要的交通建筑物，允许收取过路费和过桥费等。特别是养路费费率的提高和车辆购置附加费的开征，为公路建设提供了部分稳定的资金来源，为国家干线公路的建设，提供了一定的资金保证。

车辆附加费于1985年下半年开始正式征收。据统计，到1987年年底共征得42亿余元；养路费收入，由于费率的提高和汽车的增加，1987年比1984年增长了98%。在中共十一届三中全会以来的9年中，养路费用于公路改建、新建（包括用于桥梁建设）和县乡公路修建补贴（不含养护补贴）的金额，平均每年约为养路费收入的25%和6%。养路费已成为发展公路事业的主要资金来源之一。

各省、自治区、直辖市政府也把交通建设作为振兴经济、搞活流通的战略来抓，在资金、材料、拆迁征地、劳力组织等方面，采取了许多具体切实的措施，“国家补助、地方自筹、单位集资、群众投劳”的方针得到进一步的落实，调动了各方面的积极性，扩大了资金来源，开始改变了公路建设主要依靠国家投资的格局，为加快公路建设创造了良好的条件。四川省政府把发展交通运输作为开创经济工作新局面的战略决策，采取了提高预算内交通投资比例等措施。广东省利用外资，在广（州）珠（海）线上修建了4座大桥，并采用征收过桥费的办法偿还外资。另外，还与港商签订了合作修建广州到深圳高速公路的协议。福建省政府对运输企业的上缴利润实行二八分成，80%留给交通部门使用，以增强交通部门自身发展的能力。

在公路建设的资金使用上，交通部为了更好地发挥地方的积极性，从1982年开始，除国防、边防公路仍全部由中央拨专款进行建设外，对具有重要经济意义的线路和桥梁工程，则采取以地方自筹资金为主与中央补助相结合的办法进行建设。据统计，从1982年到1986年，交通部补助地方修建的特大桥梁有：广东省南渡江桥，浙江省温州瓯江桥，宁夏回族自治区石空黄河桥，湖南省常德沅水桥，黑龙江省哈尔滨松花江桥，四川省阆中嘉陵江桥和江苏省阜宁灌河桥，总长6683米。另外还有104国道安徽省滁县汊河集至江苏省南京泰山村段公路13.58公里。中央仅投资补助7300万元，就完成了总投资2.99亿元的工程，只占工程总投资的24.4%。从1986年开始，用汽车购置附加费修建的公路和一些特大桥梁，也都是采用这种办法进行的。

二、公路建设取得了历史最好水平

中共十一届三中全会以后，各地公路交通部门新建、改建了许多运输繁忙、等级标准较高的公路。其中，按三级标准新建的有：宜川至兰州，晋城至张路口、新房洼至青龙潭（晋煤外运分流线），独山子至库车（也称天山公路）等线。按二级标准新建、改建的有：乌鲁木齐至喀什，呼和浩特至包头，呼和浩特至喇嘛湾，长春至吉林，沈阳至山海关，南京至徐州，南昌至赣州，广州至深圳，西宁至拉萨（全线平均海拔4000米以上）等线。按一级公路标准新建的有：南京至扬州，天津至塘沽新港（疏港公路），沈阳至鞍山，北京至密云，西安至三原等线。基本按高速公路要求修建的有北京至深圳线北京六里桥至赵辛店段（个别指标未达高速公路要求）。正在施工修建的高速公路有：上海至嘉定，上（海）杭（州）线莘庄至松江段，西安至临潼，北京经天津至塘沽，广州至深圳，广州至佛山和广州环城线等共390余公里。沈（阳）大（连）线（375公里）也确定按高速公路标准建设。至于县乡公路的修建和加宽改造，在交通部召开的山西省长治市（1982年）和四川省眉山县（1984年）两次现场经验交流会的推动下，也取得了很好的成绩。1979年到1987年，全国新增公路通车里程9.2万公里，其中一、二级公路增加1.76万公里。仅1986年和1987年2年，就新建一、二级公路7724公里（其中一级公路919公里），是新中国成立以来，修建高等级公路最多的2年。公路的标准、质量有了显著的改善和提高。在桥梁建设方面，建成了湖北省黄柏河桥、山东省济南黄河桥、河南省郑州黄河桥、西藏自治区达孜拉萨河桥、贵州省剑河桥、湖南省常德沅水桥、黑龙江省哈尔滨松花江桥、天津市永和桥等特大桥梁97座，总长6.24万米。桥梁永久化水平达到97.3%。在沿海开放地区，桥梁建设的发展尤为突出。地处珠江三角洲的广东省，过去渡口星罗棋布，严重影响城乡商品经济的发展。在改革开放以来的9年中，通过国家贷款、群众集资、侨胞捐献等途径，共为公路与桥梁建设筹集资金人民币81亿余元。除新建部分公路外，新建桥梁1190余座，共长7.35万米（其中大桥和特大桥梁56座，共长2.5万余米），实现了全省公路主要干线无渡口，成为广东省贯彻改革、开放政策以来的重大成就之一。在公路和桥梁建设获得新发展的同时，公路科技工作也取得了一系列新成果。1981年到1987年期间，山东省济南黄河斜拉桥、青藏公路多年冻土路基路面的试验研究、公路桥梁钻孔灌注桩的推广，获得国家级科技进步奖，另有45项成果获交通部部级科技进步奖。

这个时期，公路和桥梁的建设项目，绝大部分是为改革、开放，发展商品经济服务的。从地区上来说，大部分项目特别是高等级公路的建设，多数在京津唐（唐山市）和长江三角洲、珠江三角洲、山东半岛、辽东半岛等沿海地区。这是符合国务院1984年12月第五十四次常务会议上所提出的“公路建设要以经济发达地区为重点，从大小经济中心向外辐射，从沿海向内地辐射”的要求的。

三、公路运输多家经营，兴旺繁荣的局面基本形成

中共十一届三中全会以后，在改革、开放、搞活方针指导下，公路运输市场出现了各部门、各地区一起干，国营、集体、个人和各种运输工具一起上的大好形势。1987年年末，公路交通部门的营运汽车发展到30.32万辆（含集体所有制运输业的汽车9万辆）。各地公路交通部门所属运输企业面对运输市场的激烈竞争，为了求得生存和发展，迅速改变经营决策：自筹资金或向银行贷款更新车辆，调整车辆结构；采用电子计算机，提高现代化管理水平；努力扬长避短，开拓新的业务领域，使企业从单纯生产型转变为生产经营型，力争从“人无我有，人有我优，人优我创”中闯出一条新路。

一是以优质服务加强竞争地位。运输市场开放以来，经常发生一个货源基地多家抢运的局面。有车单位和个体运输户各显神通，采用各种手段招揽货源。各地公路运输企业为了摆脱困境，普遍增设货运网点，便利货主就近托运。同时改善经营作风，变“坐商”为“行商”，开展登门受托，或通过电话、电报和函件代办货运业务，努力做到热情周到、方便及时、信誉第一、客户至上，以优质服务去赢得货主信任。在旅客运输中则坚持“旅客第一、服务第一、信誉第一”的方针，以最佳的服务把旅客吸引过来。

二是大力推行合同运输。合同运输是确保运输生产正常进行的重要手段，既相互促进，又相互制约，使货物运输能够建立在可靠的基础上。为了稳定货源，许多公路运输企业在加强与老货主联系的同时，对长期的大宗货物，或临时性的批量大的货物，通过与货主协商，共签运输合同或包运合同。20世纪80年代中期，安徽省通过签订运输合同完成的货运量约

占货运总量的30%，上海市则高达50%以上。

三是开拓新的客货运输领域。公路交通部门的运输企业拥有很多站点、仓库和场地，基础设施齐全，专用车辆较多，管理经验也比较丰富等优势，为发展省内和跨省（自治区、直辖市）的零担货物运输提供了良好的条件。据统计，1987年全国零担货运班车营业路线有3400多条，营运里程达10万多公里，完成货运量420万吨，货物周转量17.1亿吨公里。为适应外贸进出口和大型厂矿建设的需要，部分运输企业还开拓了国际、国内集装箱运输以及超限物资运输。不少客运车站充分利用汽车运输方便、直达的特点，从增加班次、增设站点、简化乘车手续、减少候车时间等方面下功夫，积极为铁路分流旅客，既减轻了铁路运输压力，又使不合理的运输结构开始有所改善。据统计，1987年年末，公铁分流的客运路线有2800多条（段），日分流旅客达93万人次。此外，一些客运车站结合当地秀丽河山、名胜古迹增辟客运新线，大力开发旅游业务，千方百计提高运输市场占有率，以达到人便于行的目的。

四是开展横向联系，促进联营、联运。各地公路交通部门遵照国务院《关于推行经济联合的暂行规定》的精神，从有利生产、方便群众、经济合理和专业化协作的原则出发，组织推动不同层次、不同所有制的公路运输企业，包括个体运输专业户，在自愿、平等、互利的前提下，在所有制、隶属关系和税利上缴渠道不变的基础上，通过协商，组织联营、联运。同时开展不同运输方式之间的联运业务。公路、铁路、水运企业紧密协作，从方便货主着想，为加速流通服务，以不断提高企业经济效益和社会综合效益。据统计，1987年年末，全国有26个省、自治区、直辖市建立了联运公司250家，不少地区还推广了江苏省江都县开展货物联运工作的经验，以“乡邮化”的办法，做到“送货到家，取货上门”。

五是坚持以运为主，发展多种经营。改革为公路运输企业“松绑”，以运为主、多种经营就是“松绑”后的产物。各地汽车运输企业跳出了原来单一从事客运或货运的圈子，进入与运输相关的服务市场，开设旅馆、商店、食堂，实行跨行业多种经营，为旅客、货主提供食、宿、购物等综合性服务。这样，既便利旅客、货主，又安置了企业多余人员，还解决了职工子女的就业问题。

在全国公路运输职工的共同努力下，“六五”和“七五”头两年的公路客货运输计划都提前超额完成。

厂矿企业的自备汽车，中共十一届三中全会以前，除少数车辆在交通部门的统一组织下，参加了社会营业性运输外，多余的运力没有得到充分利用。1979 年国务院批转交通部《关于统一组织机关企业事业单位汽车的情况报告》以后，在各级公路交通部门的具体组织下，在人、财、物三权不变与自愿的原则下，按行业、部门、地区组成汽车运输公司或车队，这对活跃运输市场，缓解公路运输的紧张局面，发挥了积极作用。据统计，1987 年年底，全国厂矿企业的自备车辆达到 337. 9 万多辆，占全国民用汽车保有量的 82. 8% 。

集体所有制运输业的机械化程度大为提高。据 1987 年统计，拥有汽车 9 万辆，在其完成的运量中，机动运输工具承担的运量和周转量分别为 86. 6% 和 99. 2% 。这说明原来以人、畜力运输工具为主的集体所有制运输业已基本上实现了运输机械化。

城乡个体（联户）运输业是 1983 年以后才迅速发展起来的。1987 年年底，全国个体运输专业户共拥有客货汽车 41 万辆，大、中、小拖拉机 400 多万台，另外还有大量的人、畜力车，活跃在广大农村和城镇的短途运输线上。全年完成货运量 10. 4 亿吨，货物周转量 158. 03 亿吨公里（未含人、畜力车的运量）。就连西藏自治区的个体农牧民，也有汽车、大型拖拉机和手扶拖拉机 5748 辆（台）。全国个体运输专业户拥有的汽车已经超过了公路交通部门的营运汽车数量，成为一支重要的公路运输力量。

四、公路交通工业取得了新成绩

为了适应公路交通的发展，1978 年，交通部在石家庄召开公路交通工业座谈会，对客、挂车产品归口管理和加强公路交通工业规划等问题交换了意见。1980 年到 1982 年，交通部又在太原、北京先后召开了公路交通工业座谈会，根据“调整、改革、整顿、提高”的方针，总结并肯定了新中国成立以后，公路交通工业所取得的成就和它作为公路交通物质与技术基础的重要作用，结束了公路交通部门长期存在的究竟要不要办工业的争论，提出了公路交通工业发展的目标和任务，制订了《全国公路交通工业调整工作的意见》。会后，各省、自治区、直辖市交通部门对公路交通工业进行了一系列调整改革工作，使产业结构和产品结构逐步合理化，改变了过去那种部门、地区封闭，自我服务的模式，开始面向市场、服务社会，向开放式、商品化的方向发展。同时，还开展围绕骨干企业与名牌产品的配套协作及科研与生产等多种形式的横向经济技术联合，有力地促进了新产品的开发和经济效益的提高。为了增强产品的竞争力，维护用户的利益，有些客车制造厂规定了产品出厂保修期，建立维修服务中心，积极开展售后服务。1985 年，在国家计委统一领导下，还进行了全行业的规划工作，进一步推动了重点企业的技术改造。到 1987 年年底，全国公路交通部门共有 1329 个工业企业，年总产值达到 24.7 亿余元，比 1978 年增长 1.09 倍。

五、“两个转变”基本实现，行业管理有所加强

根据中共中央和国务院关于国家机关改革的指示，交通部机关于 1982 年进行了精减调整，将原来的 21 个厅、局合并调整为 16 个，正副部长由原来的 12 名减少为 5 名，正副厅局长由原来的 80 名减少为 41 名。在年轻化、知识化方面也有明显改善。交通部直属的企事业单位和各省、自治区、直辖市交通厅（局）的体制机构、领导班子也相继进行了调整改革，实行了政企职责分开，并给企业下放了权力，增强了企业活力。1984 年，中共交通部党组关于“转、分、放”和“两个转变”的改革设想提出后，各省、自治区、直辖市交通部门普遍结合本地区的情况，制订了实施方

案，加快了改革步伐。同年秋季，一些省、自治区交通厅（局）开始在扩权的基础上，把运输企业下放到中心城市（专区）管理。到1987年年末，全国有26个省、自治区交通厅（局）将企业全部或大部下放到中心城市；企业本身实行了多种形式的经济承包责任制，开始向相对独立、自主经营、自负盈亏的经济实体过渡，并有60%以上的运输企业与上级主管部门签订了承包合同，90%以上的企业实行了内部承包。河南省交通厅还实行了公路建设养护大包干。工程建设项目普遍实行了投资包干和招标承包制。公路交通基础设施建设也开始由交通部门一家办逐步转向由社会各方面来办，包括吸收外资参加建设。

公路交通行业包括多层次、多渠道、多形式的公路交通事业和企业单位，政府公路交通主管部门从宏观方面一视同仁地加强了管理和指导。首先抓了公路交通的法规建设，加强了法制管理。这期间，国务院颁布了《中华人民共和国公路管理条例》，交通部和国家经济委员会联合颁布了《公路运输管理暂行条例》，交通部还制订并颁发了《汽车运价规则》《公路运输合同实施细则》等多种重要公路交通法规。各省、自治区、直辖市交通厅（局）在企业下放以后，也在调查研究的基础上，制订了有关公路管理、客货运输管理以及农民个人或联户购置机动车辆从事运输等一系列具体的实施细则，加强了客货运输和汽车维修市场的管理。根据统一领导、分级管理的原则，中央、省、市（专区）、县、乡五级政府的交通行政管理机构，到1987年年末已基本建立起来，并充实了人员。同时，各地政府公路交通主管部门还根据“寓管理于服务之中”的原则，积极汇集交流运输经济信息，抓全行业的统计分析，组织技术培训，疏通油料、配件等物资供应渠道，引导个体运输专业户参加联营、联运，充分发挥了政府职能部门的作用。

六、加强了社会主义精神文明建设

公路交通点多线长，流动分散，接触面广，服务性强。为此，中共中央曾多次要求把交通行业建成社会主义精神文明的“窗口”。中共交通部党组在1982年全国交通工作会议上，作了统一部署。之后，颁布了《交通运输职工道德准则》。1986年又作出了《关于加强交通系统思想政治工作的决定》。各地公路交通部门结合自己的情况，先后开展了以“五讲、四美、三热爱”① 以及以“四有”（有理想、有道德、有文化、有纪律）为主要内容的思想教育，通过学习云南省文山公路总段麻栗坡管理段职工在对越自卫反击战中英勇护路架桥的大无畏精神；武警交通筑路部队不怕艰难险阻，热爱祖国，献身高原公路建设的高尚品格；以及河北省邯郸运输公司司机、全国劳动模范焦红拼搏进取等先进事迹，有效地纠正了行业不正之风，推动了公路交通经济体制改革和生产建设事业的健康发展。与此同时，还开展了以“树行业新风，创优质服务，建文明窗口”为主要内容的创建文明单位、争当文明职工的活动，涌现出一批文明建设先进单位、集体和个人。据统计，1985年至1987年，全国公路交通系统荣获中华全国总工会五一劳动奖章的就达110人之多，获共产主义青年团全国新长征突击手称号的45名。各省、自治区、直辖市公路交通部门也评出了一大批文明建设先进单位、集体和个人。广大公路交通职工的精神面貌产生了深刻变化，职工队伍素质也有了明显提高。

从1979年到1987年的9年，是公路交通在不断改革、积极探索中开创新局面的9年。公路交通基础设施的建设规模和发展速度都是新中国成立以来前所未有的。但是，前进中的问题也不少。如公路交通体制的改革有待深化；运输市场的整顿与宏观调控有待进一步加强；公路交通职工队伍的文化、技术业务素质普遍有待继续提高等。尤其是对厂矿企业自备汽车的发展，仍然没有制定出从宏观上进行适当调控的政策，以致增长过快，利用率不高，而公路交通部门的营运车辆增长缓慢，面临一些新的困难。这些企业一方面在改革、开放总方针指导下，开辟了新的经营领域，

① 五讲：讲文明、讲礼貌、讲卫生、讲秩序、讲道德；四美：心灵美、语言美、行为美、环境美；三热爱；热爱祖国、热爱人民、热爱社会主义。

把暂时困难作为企业深化改革，加强内部经营管理的一种契机，激发了企业的活力和竞争能力。但是，另一方面，由于厂矿企业自备汽车参加营业运输，一般均不单独计算盈亏，没有向国家上缴利润的义务，造成公路交通部门运输企业处于不平等的竞争地位。再加上物料价格调整，运输成本上升，导致企业上缴国家的利税普遍下降，甚至有的还陷入了亏损的困境。这种不平等的外部竞争环境，亟待从加强宏观管理上予以改善。此外，有些运输企业在两个层次的承包中，由于对固定资产的扩大、增值和车辆设备的技术管理缺乏明确的目标要求，因而承包后产生了一些只图企业、班组和个人的眼前利益，任意超载、超拖或者失保、失养等损害国家利益的短期行为，给汽车运输业造成损失。实践证明，承包制是好的、成功的，但有待进一步完善。

第二章
公路管理

第一节　公路管理体制

1950 年 1 月，中央人民政府交通部公路总局成立。3 月，政务院作出《关于一九五〇年公路工作的决定》。其中，对公路管理体制原则规定如下：

——交通部公路总局负责全国公路建设和管理工作。

——大行政区和省设局或处，办理公路事宜。

——县以下由地方负责完成本地区的公路计划和修养任务。

——公路划分为国道和省道，国道由交通部公路总局直接管理，其修建任务得委托各大行政区办理，经费由中央支付；省道由大行政区交通部督导各省交通部门管理。

这个决定为新中国的公路管理体制奠定了基石，指引着公路交通事业迈开了艰难创业的第一步。据此，各大行政区先后建立了交通部，下设公路局；各省也相继组建交通厅（局），有的设置公路局（处）。北京、天津和上海 3 个直辖市的公路管理体制则隶属市政工程局或城市建设局。专区和县两级公路管理机构大都没有单独设立，而是附设在有关科处之内。

20 世纪 50 年代初期，为了支援解放战争，巩固国防，一些大行政区交通部临时成立了公路建设指挥机构，如华东支前公路修建委员会等，专门负责重要的干线公路建设。在此期间，交通部公路总局和大区交通部按专线设立了少数国道养护机构，如京塘国道管理段，沈大、沈安线公路养路总段等。1954 年年末，各大行政区及其所属机构的建制撤销，部分单位和人员分别下放所在地区的公路交通部门。

1954 年，在大区一级行政机构撤销的同时，为适应国民经济建设的需要，交通部分别在成都、武汉等地正式成立直属第一至第七公路工程局；在北京成立公路设计局（后改为院），并分别在上海、沈阳、西安等地成立直属第一至第五公路设计分局（后改为分院）。这些测设、施工单位主要担负中央投资的干线公路建设任务。“一五”期间，各省、自治区交通厅（局）对公路交通工作进一步加强了领导，普遍成立了公路工程局（处、队）和公路勘察设计院（总队或队），主要负责省财政投资的公路建设任务。同时，也接受交通部委托，承担一些中央投资的公路建设项目。

在“一五”时期，各省、自治区交通厅（局）对公路交通事业一般实行垂直（或称条条）领导，人员配备、财务开支、物资供应、计划投资以及技术业务等方面，都归省、自治区交通厅公路局直接管理。实践证明，这种集中统一的管理体制，对贯彻执行国家制定的公路建设方针、政策、技术标准和规章制度，确保重点工程质量及其进度，都发挥过积极作用。并在“一五”期间获得明显效果：公路通车里程翻番，路面铺装率及其平整度有较大幅度提高，整个公路交通事业稳步发展。

1958 年，国家试行经济体制改革。在“大跃进”的形势下，交通部将直属的 7 个公路工程局和 5 个公路设计分院的建制撤销，7 万多职工全部下放各省、自治区。交通部公路设计院与水运设计院合并改组为交通部交通工程设计院，仅保留 60 多人担负公路规划设计工作。随着公路交通管理体制的改变，国家对公路建设的计划投资体制也全部下放到省、自治区。与此同时，绝大多数省、自治区交通厅（局）也相继下放直属的企事业单位，撤销了省级专业管理机构，并且形成从省到地、县的层层下放，有的甚至把干线公路的养护道班交给公社分段管养。公路交通管理体制开始从垂直领导为主演变为以地、县（即块块）管理为主。1960 年 12 月，交通部撤销公路总局，另行组建基本建设总局，设公路处主管公路业务，领导力量大为削弱。

1958 年公路交通管理体制下放，带来了一系列不良后果：

——不少干线公路失修、失养，路况下降；

——公路建设计划投资体制下放地方，省际间、地区间干线公路建设资金失去保证，出现了一些“断头路”；

——新建的县、社公路标准低，质量差，后遗症很多；

——技术骨干力量和装备分散，难以保证完成边远地区、高等级公路、大桥和长隧道的建设任务。

1962 年 6 月，中共中央、国务院发出《关于加强公路养护和管理工作的指示》，强调公路养护管理由省、自治区、直辖市统一安排，并切实加强领导。根据这个指示，各省、自治区、直辖市先后恢复或重建了各级公路交通管理机构，实行统一领导，分级管理。同时，从下放地、县干部中调回部分技术力量，建立或充实勘测、设计、施工等机构。1963 年 4 月，交通部调整了内部机构，撤销了基本建设总局，另行组建公路工程管理局，对公路建设工作加强了领导。同年年末，在北京、西安、福州、成都重新组建第一至第四公路工程局；在西安、武汉重新组建第一、第二公路勘察设计院，同时恢复交通部公路设计院。

1966 年，“文化大革命”开始。各级公路交通部门遭受严重冲击，基本陷于瘫痪，尤以中央和省、自治区、直辖市两级为甚。绝大多数领导干部和业务技术人员下放“五七”干校劳动，仅留少数人参加各级“生产班子”，公路交通管理体制破坏无遗。1970 年 7 月，铁道、交通、邮电 3 个部门合并为交通部。当时已虚有其名的公路工程管理局被撤销，取而代之的是公路组，公路组之下又设工程养护组，形成大组套小组的畸形机构。1971 年，交通部公路设计院并入交通部第一公路工程局，改为设计所。出于战备和援外需要，交通部第一、第二公路勘察设计院，交通部第一、第二公路工程局没有被撤销。“文化大革命”期间，多数省、自治区公路交通管理机构被再次裁并、下放，但基层管理单位基本保留，公路建设工作并未停顿。1972 年，交通部从“五七”干校逐渐抽回人员充实公路组，并于 1973 年重建公路局。交通部公路规划设计院也于 1974 年恢复。1975 年，交通部再次改组，铁道、交通分开，交通部仍设公路局主管公路工作。各省、自治区交通厅（局）的情况也大体类似。

粉碎“四人帮”以后，通过拨乱反正，全面落实干部政策和知识分子政策，大批干部陆续回到公路交通部门。公路交通管理体制逐步恢复。到 1985 年，全国公路交通管理体制均已健全起来，除个别省外，各省、自治区交通厅都建立了全能的公路局或公路管理局，按地、市设公路分局或总段（段），县（市）设公路段或站；北京市交通局、天津和上海市市政工程局设全能的公路管理处，县、区设公路管理所。这些专业机构均以管理、养护干线公路为主，同时具有一定的公路勘测、设计和施工力量。

随着经济体制改革的不断深入，许多省、自治区都在探索怎样改革公路交通管理体制。1986 年，山西省按照分级管理和简政放权的原则，改革了干线公路按行政区划设总段，由省、地（市）双重领导的旧体制，取而代之的是：按主要干线公路设 9 个公路分局、91 个公路管理段和 715 个道班，由省直接管理；一般干线设 19 个县养护段和 176 个道班，由地、市交通局管理；县乡公路由县交通局管理，不设专业机构。山西省公路管理体制改革尚在初始阶段，但通过一年的实践表明，改革后的干线公路好路率已跃居全国第一。其他省、自治区也有采取类似管理体制的。

此外，为适应边远地区和高寒山区公路建设的需要，1966 年 8 月 1 日，中共中央批准组建中国人民解放军基建工程兵。这个部队的 851 大队和 852 大队在四川、西藏、青海、甘肃等省、自治区专门承担干线公路的新建、改建任务。1974 年，中国人民解放军基建工程兵交通部办公室成立。1981 年，改称中国人民解放军武警部队交通部指挥部，任务仍然是担负国防、边防以及其他干线公路的建设。

第二节　公路技术标准和规范

一、公路技术标准

公路技术标准是公路工程建设在技术方面的基本法规，是根据国家技术经济政策，自然、地形条件，以及汽车荷载及其运行特征等制定的，在一定时期内保持不变。

1951 年 9 月 1 日，交通部颁布的《公路工程设计准则（草案）》（简称《准则草案》），是新中国首次制定的适用于全国公路建设的统一准则。它是按不同交通量划分公路等级和制定设计标准的。

《准则草案》包括道路设计和桥涵设计两编。它将公路划分为 5 个等级。各个等级的公路都规定了相应的设计行车速度，以及按不同设计速度要求的路线、路基和路面标准。桥涵设计按公路等级规定了 4 个等级的汽车车辆荷载标准，即汽－6 级、汽－8 级、汽－10 级和汽－13 级。永久性桥梁、涵洞规定采用汽－13 级或汽－10 级车辆荷载，临时性桥梁、涵洞规定采用汽－8 级或汽－6 级车辆荷载。根据实际需要，用总重 60 吨或 30 吨的拖拉机验算其通过的可能性。采用汽－6 级车辆荷载设计的桥梁、涵洞，不验算上述拖拉机通过的可能性。

随着中国公路建设的发展，积累的实践经验日益丰富。为使公路技术标准更能适合国情，1954 年，交通部在总结公路建设经验的基础上，借鉴了苏联 1947 年国家标准和 1953 年技术规范草案的经验，对《准则草案》作了补充修订，同年 9 月 1 日正式颁发《公路工程设计准则（修订草案）》。修订的内容是：

——采用苏联公路技术分级方法，修改了公路分等和选用等级的规定。对于一条公路通过丘陵和山岭区时，根据地形和远景交通量，可将该段的公路等级降低 1 至 2 级，对改变等级的路段长度，作了低限的规定。

——结合中国山区多的特点，增加了交通量较少，车速较低的六级公路标准。

——由于在公路交通中有重型汽车行驶，增加了汽－18级汽车车辆荷载。

——强调就地取材和分期修建的原则。

——考虑到中国幅员辽阔，各地条件差异甚大，允许结合当地实际情况，对《公路工程设计准则（修订草案)》中个别指标作有依据的调整。

1956年，根据增产节约、反对浪费的精神，交通部对《公路工程设计准则（修订草案)》再次作了修订。

——扩大了各级公路所能适应的交通量。

——降低了六级公路的个别指标，并扩大了六级公路的使用范围。

——为节约公路建设资金，过分强调了就地取材的原则。

——各级公路在不同的路段内，如因交通量或地形相差甚大时，除可降低公路等级外，在工程特别艰巨的路段，还可降低设计车速。

为了适应农业合作化的需要，1956年6月，交通部颁发了《简易公路设计准则（草案)》。简易公路的技术指标低于六级公路，可以通行农业机械、畜力车和少量汽车。

1959年3月，交通部在全国公路基本建设会议上，提出将简易公路改称六级乙，原六级公路改称六级甲；适应的交通量从每昼夜的50辆次和100辆次一律提高到300辆次。交通部以《关于公路工程设计准则主要技术指标的修改和补充意见》下达各省、自治区、直辖市执行。

60年代初期，在“调整、巩固、充实、提高”方针指引下，交通部组织力量分赴南、北各省，对《公路工程设计准则（修订草案)》中涉及的交通量、行车道宽度、纵坡度，以及桥梁、涵洞、汽车车辆荷载标准中的车辆排列方案等主要技术指标，进行实地测试，并提出专题报告和修正建议。“文化大革命”中，修订工作中断。但是，为了适应公路交通重型车辆日益增多的需要，1967年7月，交通部颁布《公路桥涵车辆荷载及净空标准暂行规定》，其中规定汽车车辆荷载标准为汽－15级和汽－26级。这个规定实质上降低了公路桥梁、涵洞的荷载标准，导致1967年到1972年修建的一些公路桥梁，尤其是大型桥梁，有荷载能力偏低的弊病，对公路交通的发展产生了不利影响。

1972年，交通部为改革不合理的规章制度，在以往调查研究的基础上，制订并颁布《公路工程技术标准（试行）》。1965年颁布的《公路工程设计准则（修订草案）》《简易公路设计准则》和1967年颁布的《公路桥涵车辆荷载及净空标准暂行规定》同时废止。

《公路工程技术标准（试行）》简化了公路的分等，将公路分为4个等级。一级公路为分向行驶的4车道公路，平丘区设计行车速度为每小时100公里；二级公路为双车道或加宽的双车道公路，设计行车速度为每小时80公里；三级公路为双车道公路，设计行车速度为每小时60公里；四级公路为单车道或双车道公路，设计行车速度为每小时40公里。

鉴于《公路工程设计准则（修订草案）》对公路纵坡规定过陡（9%—11%）、过长（2000米），导致汽车行驶不便，并易发生行车事故，《公路工程技术标准（试行）》对此作出较大修正。最大纵坡改为9%。纵坡长度改为：纵坡为5%—6%时，长度限为800米；纵坡为6%—7%时，长度限为500米；纵坡为7%—8%时，长度限为300米；纵坡大于8%时，长度限为200米。对于越岭路线增加了平均纵坡的规定，即二、三、四级公路越岭路线的平均纵坡一般以接近5.5%（相对高差为200—500米时）和5%（相对高差大于500米）为宜；任何相连3公里路段的平均纵坡，不宜大于5.5%。这就改善了公路纵坡过陡过长所带来的行车困难，并可减少行车事故。

桥梁、涵洞的汽车车辆荷载标准则修订为汽-10、汽-15和汽-20级3个等级。

进入70年代，公路沥青路面里程大幅度增长，重型汽车在公路运输中所占比重日益增大，集装箱运输也正在开展。为检验《公路工程技术标准（试行）》各项技术指标是否适应，并考虑公路建设向高等级公路发展的趋势，1977年，交通部组织了黑龙江、陕西、北京等8省、直辖市公路交通部门对公路汽车运行进行实际测试，总结了《公路工程技术标准（试行)》使用以来的经验和存在的问题，探讨了合理的汽车荷载标准。在此基础上，交通部于1981年正式颁布了《公路工程技术标准》。新标准对公路等级的划分，除保留原来的4个等级外，另外增加了1个等级，即高速公路；汽车车辆荷载也增列了超20级；考虑到车速提高、交通量增大等问题，增加了有关保证行车安全等方面的要求（各级公路的主要技术指标见表1)。至于超大、超长、超重等特殊货物运输，由于不是经常性的，《公路工程技术标准》未作规定。

30多年来，中国制定的公路工程技术标准，开始是参照苏联的模式，这是从无到有的创始阶段。其后，在实践中通过不断总结经验，结合国情进行过多次修订，使之比较切合实际。但是，直到70年代中期，公路建设仍以普及为主，包括少数干线在内，均属低等级的公路。因此，研究、制定公路工程技术标准的重点，也放在较低等级公路上。进入80年代，公路建设已向提高阶段发展，技术标准也日臻完善。但有些技术问题，如公路上的混合交通，保证高速行车安全，以及提供沿线服务设施等，都有待补充修订。

二、公路工程技术规范

公路工程技术规范是为了达到公路技术标准要求而制定的具体实施性规定，它可以根据技术发展情况及时修改补充，属于法规性技术文件。

新中国成立初期，公路工程技术人员不多，且缺乏具体实践经验，编制公路工程技术规范的时机尚不成熟。因此，只在1951年交通部颁发的《公路工程设计准则（草案)》中，对技术要求作了一些基本规定。同时翻译了苏联有关公路工程设计、施工、养护等技术规范供工作参考。1956年，交通部公路总局组织了部分省、直辖市公路工程技术人员编制公路木桥、涵洞设计施工规范，公路木桥防腐须知，公路砖、石、混凝土、钢筋混凝土桥梁、涵洞设计施工规范，公路路基以及公路工程施工安全技术规范。这些规范虽然吸收了国内公路建设的经验，但大部分还是以苏联的经

表1

1981年《公路工程技术标准》主要技术指标

公路等级	高速公路		一		二		三		四	
适应的年平均昼夜汽车交通量（辆）	大于25000		5000—25000		2000—5000		2000以下		200以下	
地形	平原微丘	山岭重丘	平原微丘	山岭重丘	平原微丘	山岭重丘	平原微丘	山岭重丘	平原微丘	山岭重丘
计算行车速度（公里/时）	120	80	100	60	80	40	60	30	40	20
行车道宽度（米）	2×7.5	2×7.0	2×7.5	2×7.0	9	7	7	6	3.5	
路基宽度（米）	26	23	23	19	12	8.5	8.5	7.5	5	
极限最小平曲线半径（米）	650	250	400	125	250	60	125	30	60	15
停车视距（米）	210	110	160	75	110	40	75	30	40	20
最大纵坡（%）	3	5	4	6	5	7	6	8	6	9
桥涵设计车辆荷载	汽车-超20级；挂车-120		汽车-超20级；挂车-120；汽车-20级；挂车-100		汽车-20级；挂车-100		汽车-20级；挂车-100；汽车-15级；挂车-80		汽车-10级；履带-50	
桥面车道数	4		4		2		2		2或1	

验为主。

1972年，交通部颁发新的《公路工程技术标准（试行）》之后，随即组织了公路设计、施工、养护、科研、院校等方面的专家，分别着手编制以中国实践经验为主的公路工程技术规范。到70年代中期，先后颁发了有关泥结碎石路面、级配碎石路面、沥青表面处治路面、沥青贯入式路面、渣油路面、石灰土路面等施工技术规范，桥梁钻孔灌注桩施工操作规程，以及双曲拱桥设计施工规范等多种①。同时还编制出版了一些辅助性的设计、施工手册，作为公路工程建设的参考资料。公路工程标准规范的编制工作，是在交通部公路局主持下，有计划、有步骤地开展起来的。截至1987年年底，共完成公路工程标准规范36种，其中有20种被交通部评为优秀公路工程建设标准规范。

许多省、自治区、直辖市的公路设计、科研部门，大专院校，中国民航和部队等单位，都参加了标准规范的调查、总结、专题试验和科学研究工作；有的还直接参加编写，如《公路养护技术规范》就是由山东、辽宁、河南、甘肃、湖南、云南、福建、广东8省公路交通部门派员编写而成的。在36种公路工程技术规范中，《沥青路面施工技术规范》《道路交通标志和标线》《公路工程名词术语》《厂矿道路设计规范》，已纳入国家标准。公路工程标准规范见表2。

三、公路工程标准图

公路工程标准图是根据技术标准和技术规范的规定，对公路桥梁、涵洞、挡土墙等构造物编制的标准设计。采用标准设计图，可以节省大量设计力量，提高工程设计质量，加快施工进度。

20世纪50年代初，交通部公路总局除译印苏联有关混凝土版、肋版、四梁式、悬臂梁和轻型桥台等公路桥梁标准图8册外，并于1953年12月颁

① 这些规范后来分别归并到表2所列的36种标准规范中。

公路工程标准规范

（1987 年）

表 2

序号	统一编号	名　称	主编单位
1	JTJ001－81	公路工程技术标准（试行）	交通部公路局
2		公路工程抗震设计规范	交通部公路规范设计院
3		公路桥涵施工技术规范	交通部第一公路工程局
4	JTJ062－82	公路桥位勘测设计规程（试行）	交通部公路规划设计院
5	JTJ052－83	公路沥青及沥青混合料试验规程	交通部第二公路勘察设计院
6	JTJ053－83	公路工程水泥混凝土试验规程	交通部第二公路勘察设计院
7	JTJ054－83	公路工程石料试验规程	交通部第二公路勘察设计院
8	JTJ055－83	公路工程金属试验规程	交通部第二公路勘察设计院
9	JTJ032－83	公路沥青路面施工技术规范	交通部公路科学研究所
10	JTJ056－84	公路工程水质分析操作规程	交通部第一公路勘察设计院
11	JTJ012－84	公路水泥混凝土路面设计规范	交通部公路规划设计院
12	JTJ011－84	公路路线设计规范	交通部第一公路勘察设计院
13	JTJ021－85	公路桥涵设计通用规范	交通部公路规划设计院
14	JTJ022－85	公路砖石及混凝土桥涵设计规范	交通部公路规划设计院
15	JTJ023－85	公路钢筋混凝土及预应力混凝土桥涵设计规范	交通部公路规划设计院
16	JTJ024－85	公路桥涵地基与基础设计规范	交通部公路规范设计院
17	JTJ073－85	公路养护技术规范	交通部公路局
18	JTJ061－85	公路路线勘测规程	交通部第一公路勘察设计院
19	JTJ063－85	公路隧道勘测规程	交通部第二公路勘察设计院
20	JTJ071－85	公路工程质量检验评定标准	交通部第一公路工程局
21	JTJ051－85	公路土工试验规程	交通部公路科学研究所
22	JTJ034－85	公路路面基层施工技术规范	交通部公路科学研究所
23	JTJ057－85	公路路面基层材料试验规程	交通部公路科学研究所
24	JTJ013－86	公路路基设计规范	交通部第二公路勘察设计院
25	JTJ033－86	公路路基施工规范	交通部第二公路工程局
26	JTJ025－86	公路桥涵钢结构及木结构设计规范	交通部公路规范设计院
27	JTJ014－86	公路柔性路面设计规范	交通部公路规范设计院
28	JTJ003－86	公路自然区划标准	交通部公路规划设计院
29	JTJ064－86	公路工程地质勘测规程	交通部第一公路勘察设计院
30	JTJ002－87	公路工程名词术语	交通部公路规划设计院
31		公路工程概算定额（1982 年颁发）	交通部公路规划设计院
32		公路工程预算定额（1982 年颁发）	交通部公路规划设计院
33	GBJ92－86	沥青路面施工及验收规范	交通部公路科学研究所

续表

序号	统一编号	名 称	主编单位
34	GBJ97－87	水泥混凝土路路面施工及验收规范	浙江省交通厅
35	GBJ22－87	厂矿道路设计规范	交通部公路规划设计院
36	GB5786－86	道路交通标志和标线	交通部公路科学研究所

注：统一编号为 JTJ 者系交通部部颁标准。
统一编号为 GBJ 者系国家工程建设标准。
统一编号为 GB 者系国家产品标准。
统一编号中未列号者系交通部部颁标准，暂未编号。

发了自行编制的木桥、石拱桥、钢筋混凝土桥标准图 15 册。1955 年，为适应农业合作化需要，又编制了地方道路桥涵标准图 8 册。1956 年，交通部公路设计院成立，主要任务之一是编制标准设计图，到 1958 年，会同有关单位共编制标准图 54 册。为了调动各方面的积极因素，从 1959 年到 1965 年，在全国范围内组建了西南、西北、中南、华东、东北 5 个片区设计组。各片区设计组除完成本地区重要桥梁的设计任务外，主要力量集中编制不同桥型、不同结构和不同跨径的标准设计图。多样化的桥型、结构、跨径，涉及圬工、钢筋混凝土和预应力混凝土梁及拱式体系，并且考虑到装配化工艺，以及弯、坡、斜拱桥。

1972 年，交通部颁发《公路工程技术标准（试行)》之后，又颁布了相应的技术规范。考虑到更新公路标准图设计任务繁重，交通部公路规划设计院为此成立了标准设计室，具体负责标准图设计的组织、编制、审核、管理工作。标准图设计的编制工作，以交通部公路规划设计院为主，参加的单位有：交通部直属公路勘察设计院和部分省公路设计院以及有关大专院校。标准设计图的内容包括：不同桥型、不同结构和不同跨径的石拱桥、钢梁桥、钢筋混凝土桥、预应力混凝土梁桥、桥墩台和涵洞、挡土墙等。截至 1987 年年底，共完成标准设计图与通用设计图 84 册。

有些桥梁设计图作为标准图在技术上虽有待进一步完善，但尚可重复使用的，则作为通用设计图使用。

关于较大的桥梁，由于地区情况各异，一般不采用标准设计图，而是本着因地制宜的原则，参照通用设计图进行设计。

第三节　公路建设资金

38 年来，新中国公路建设的投资格局大体有：地方道路建设投资以民工建勤、民办公助为主；干线公路建设投资以养路费和车辆购置附加费为主；国防、边防公路建设以国家投资为主。据统计，从 1949 年到 1987 年，全国用于公路建设的资金总计为 197.37 亿元，为同期国家基本建设总投资的 1.5%，所占比重很小。这是中国公路数量少，标准低的主要原因之一。

一、国家投资

新中国成立以来，公路建设资金主要来自国家基本建设投资。具体渠道有二：一是中央财政投资，大多用于国防公路、边防公路建设；二是地方（省、自治区、直辖市）财政投资，主要用于本地区干线公路建设。

二、车辆购置附加费

1981 年 11 月，国家干线公路网划定后，国务院要求各省、自治区、直辖市限期修通国家干线公路和省干线公路的断头路。交通部据此提出了具体意见，同时还拟定了“六五”和“七五”国道建设规划。但经反复测算，投资来源无法解决。中央对公路建设投资，每年只能维持 2 亿元左右的水平；地方投资也很有限，主要从养路费收入中安排部分公路改建资金。因此，缺口甚大，交通部所定计划难以实现。为扩大公路建设资金来源，1984 年 12 月 25 日，国务院第五十四次常务会议决定，对所有购置车辆的单位和个人，包括国家机关和军队，一律征收车辆购置附加费，作为公路建设资金的一项长期稳定的来源。征收标准，国产汽车加价 10%，进口汽车加价 15%。1985 年 4 月，国务院发布了《车辆购置附加费征收办法》，规定从 5 月 1 日起实施，并把它作为国家公路发展基金的一项来源，由交通部统一安排使用。同年4月6日，交通部、财政部、中国工商银行联合发布了实施细则。截至1987年年底，全国汽车购置附加费收入达42亿多元。

此外，在各县农业税附加费中，有一部分属于发展地方交通的事业费，大多投入建设大车道、驮道、人马吊桥等交通基础设施。尽管资金不多，但在50年代却起了很大作用。

三、公路养路费投资

早在1950年3月，政务院就制定了“用路者养路”的政策，对汽车、拖拉机征收公路养路费。50年代，民用汽车不多，公路养路费收入较少，只能维持干线日常养护和小修、小补。随着中国汽车工业的崛起，全国民用汽车的保有量逐年增多，养路费收入也逐年增加。到1963年，多数省可以抽出部分养路费投入公路改善，或补助县乡公路建设。1963年2月，国务院批转交通部《关于在现有路面上加铺沥青磨耗层的请示报告》和《关于改建公路和农村道路上的木桥的请示报告》，但由于中央和地方对公路投资逐渐减少，加铺沥青磨耗层和改造木桥的资金，绝大部分是从养路费中抽出的。此后，养路费逐渐成了公路建设资金的主要来源之一。特别是在70年代后期，养路费用于公路干线建设的比重，一度高达30%，显然超过了养路部门的承受能力。1982年，国务院决定以养路费征收额的10%上缴中央作为能源交通建设基金，1983年又增为15%。养路费收入大为减少。因此，用于公路建设的比重也有所调整，一般维持在25%左右。

养路费用于公路建设，是在国家投资不足的情况下的一种权宜之计，但在一定程度上影响了公路养护维修质量。一些早期铺筑的渣油路面，由于缺乏及时维修保养，其中有不少处于逾龄超负荷使用状态，路况日益恶化。因此，如何妥善协调公路养护与建设的关系，值得慎重研究。

四、国家专项拨款

为帮助贫困地区尽快改变面貌，1984 年 11 月 6 日，国务院决定，自 1984 年冬季开始，在 3 年内，从商业库存中拿出粮食 100 亿斤、棉花 200 万担、棉布 5 亿米，拨给贫困地区，重点是严重缺粮、缺衣和交通十分闭塞的县、乡，主要用于修筑由县到乡以及从乡到农产品集散地的道路，整修可以通航的河道以及一些中小型农田水利工程，不得挪作他用。国家调拨贫困地区的粮棉布等物资，采用以工代赈的方式，作为参与上列工程的民工工资补助。兴办这些工程所需其他开支，由各省、自治区从地方财政，国家支援经济不发达地区发展基金，地方留用的能源交通重点建设资金，以及救济费等项中统筹安排解决。物资和炸药的运费也由地方财政解决。据 25 个省、自治区（京、津、沪和江苏省无此任务）统计，用于道路修建的粮食为 63 亿斤，棉花 125 万担，布 3. 3 亿米，共折合人民币 17 亿元，约占国家拨给的粮、棉、布折款总额的 61％。计划修建公路、机耕道、驮道共 6. 9 万公里，分布在 25 个省、自治区的 880 个县，涉及 6000 多个乡。3 年来共用粮棉布修建公路、机耕道、驮道 12. 1 万公里，其中符合等级的公路达 5 万余公里，新建各种桥梁 7200 多座，总长 1. 63 万余米。国务院还决定，从 1987 年起，用中低档工业品以工代赈修路。首批试点的有四川、江西、宁夏 3 个省、自治区。

五、多渠道集资

为发展公路交通寻求更多的建设资金，除通过上述途径筹资外，还有下列渠道：

一是民办公助修建县乡公路。发展农村商品经济的经验证明，欲致富，先修路。许多地区采取国家给予少量补助，其余由地方筹集补足的办法，加上民工建勤，群众投劳，建设了不少县、乡公路。集资方法因地而异，多种多样。

河北省建设县乡公路采取的办法是：本村的路由村民自筹资金修建；本乡的路，由乡、村联合集资修建；县、乡公路则由国家补助一部分，受益单位和乡、村企业筹集一部分，再加上群众捐献一部分。1985 年，河北省县乡公路和农村道路建设资金总额达 1 亿多元（国家粮、棉、布资助在外），其中养路费补助 5604 万元，地方财政、地方农业税附加、能源交通建设基金返回、厂矿企业和农村工副业资助，以及群众献料捐资，共 4436 万元。

广东省为加快县乡公路建设，根据省情，采取了灵活措施，并且提出谁投资谁受益的原则。从 1979 年到 1984 年的 6 年中，除省投资外，地方自筹公路建设资金总计达 2.44 亿元，其中包括各地、市财政拨款 8600 万元，养路费补助 4700 万元，受益单位集资 2600 万元，其余 8500 万元均为当地群众、华侨、港澳同胞资助或捐资。

四川省政府为加宽扩建公路，从 1983 年到 1985 年，在省财政中增加了公路建设投资的比重，并适当提高了养路费率。同时在国家补助"老、边、少"和不发达地区建设的资金中，拿出一部分优先用于交通建设。

二是借用外资。进入 80 年代以来，在改革、开放的新形势下，一些省、自治区、直辖市采取借用外资的办法发展公路建设事业，并用收取通行费、分期还本付息等方式予以偿还。80 年代初，广东省向澳门南联公司借用港币 1.5 亿元，将广（州）珠（海）线上 4 个公路渡口改建为桥梁。1984 年，山东、安徽、陕西、福建、四川、云南 6 省向世界银行借款 7260 万美元，修建国道上的"断头路" 7 条，共 266 公里；借款额约占全部工程造价的 26%。同年，浙江、安徽、江西、四川、云南、广西 6 省、自治区向世界银行借款修建农村公路 59 条，共长 1371 公里。借款金额约占全部工程造价的 35%。1987 年，四川和陕西两省向世界银行借款 1.5 亿美元，修建成都到重庆、三原到铜川两条公路。为修建京津塘高速公路，交通部也于 1987 年与世界银行达成借款 1.5 亿美元的协议。

三是联合国世界粮食计划署以粮油援助开发山西省山区公路。从 1984 年 10 月到 1987 年 4 月，共建成 9 条乡村公路，全长 294 公里，56 个乡、

900 多个村、18 万人直接受益。

四是发行交通建设债券。

五是征收过路费、过桥费、过渡费。

第四节　路政管理

路政管理是公路管理部门的一项重要的行政工作。它以国家的法令、法规为依据，管理和保护公路、公路用地及公路设施，使之免受侵占和破坏，以维护公路完好和正常的交通秩序，保证公路运输安全畅通。

随着公路交通量的增长和路政纠纷的增多，60 年代初，各级公路管理部门开始配备路政管理专职人员，基层则实行管养合一。1979 年以后，多数省设立了路政专管机构，一些省还设立了专管路政的公安派出所。未设公安派出所的，也采取专职路政管理人员穿着监理人员服装，上路解决路政管理问题。到 1987 年，有 24 个省、自治区、直辖市公路主管部门设立了路政管理机构，专职人员达到 9026 人；有 16 个省、自治区、直辖市公路主管部门设专管路政的公安机构，共有公安干警 2445 人，形成了一支初具规模的路政管理队伍。

新中国成立初期，公路等级低。北方各省的公路，大多是天然土路，没有铺路面；南方各省的公路，一般也只铺了碎石或砾石路面。这些公路在雨后行车往往被碾压形成车槽，尤以人、畜力车和铁、木轮车的破坏性最大。1950 年 7 月，交通部颁发《养护公路暂行办法》，禁止铁、木轮车上公路；雨中雨后临时禁止汽车在土路上通行，有些地区为此设置路栏，下雨封闭公路，雨后待公路干燥后再行开放。《养护公路暂行办法》还规定公路沿线设施不得破坏、搬移，公路界线内禁止有妨碍公路交通的堆积物或建筑物。

为了明确公路用地的范围，1950 年 10 月，中央财政经济委员会和交通部联合颁发《公路留地办法》，规定在公路两侧边沟外，每侧保留 1 米作为养路取土之用；一旦提高公路标准，则按新建工程办法专案办理。此后，各省结合辖区土地情况，分别制定了公路留地标准，一般定为两侧边沟外各 1 米，有的定为 2 至 3 米。

随着公路、铁路、电讯、电力和农田水利事业的发展，相互之间时有矛盾发生：

——公路行道树与沿路设置的电杆、电线相互干扰，电信、电力部门经常以行道树的生长有碍架线为由而动辄砍伐；

——铁路、水利等建设工程占用公路；

——兴建农田水利工程擅自挖掘公路边坡，或把边沟当作引水渠道，影响路基稳定。

为使公路、公路用地及其设施不被侵占、破坏，确保公路畅通，国家采取了下列措施：

——1956 年 4 月，交通部、邮电部、电力工业部联合发出关于处理电线与行道树互相妨碍的通知，保护了公路树木免遭不合理砍伐。

——1957 年 5 月，铁道部、农垦部、水利部、交通部联合发出关于各部门基本建设工程占用公路暂行规定的通知，对各种占用公路的情况规定了合理的补救措施。

——1958 年 1 月，水利部、交通部联合发出关于兴修农田水利时注意保护公路的通知，明确规定了保护公路不受损害的各项措施。

随着石油和天然气工业的发展，输油（气）管道建设与公路的干扰也时有发生，并发生安全事故多起。为此，交通部和石油部联合颁发关于处理石油管道和天然气管道与公路相互关系的若干规定，妥善地解决了油、气管道与公路相互干扰的问题，保证了油、气的输送和公路交通的安全。

1958 年，各省、自治区公路管理体制下放，规章制度破而不立，养路组织不健全，养路队伍不稳定，使路政管理工作大为削弱。在人多地少地区，很多社队为扩大耕地，不仅在公路用地和边沟上种农作物，甚至扩展到路基边坡和路肩。公路行道树被盗伐，桥栏杆、标志牌和路用砂石料等失窃事件也时有发生。为加强路政管理，中共中央、国务院于 1962 年 6 月发出《关于加强公路养护和管理工作的指示》，强调公路及其附属设施，包括两旁已划定的用地，都是国家财产，任何人不得任意侵占或破坏。据此，1962 年 8 月，交通部颁发了《关于公路养护和管理工作的若干规定（试行草案）》（简称《养路 40 条》）。除重申有关路政管理事项外，针对“大跃进”以来发生的新情况、新问题，作出下列补充：

——公路两旁的用地，凡在土改时已划定的，在修建或改建时已征用付价的，或退赔时已作价赔偿的，其界限范围内的土地均属国家所有。凡界限不清的，可根据 1950 年颁发的《公路留地办法》，由省、自治区、直辖市交通厅（局）提出用地宽度及所有权问题的处理意见，报省、自治区、直辖市人民委员会核定。

——在公路地界内禁止建筑房屋，搭盖厂棚，筑坝蓄水；公路路肩上和排水沟内不准堆积杂物、放牧牲畜和种植农作物。公路占地过宽的，可将暂不使用部分经公路交通主管部门同意后，适当加以利用。

——大、中桥梁和渡口的上下游附近河床上，非经养路部门同意，不准挖取砂、石、土或修水坝。

——重型车辆超过桥梁载重标准时，必须事先与养路部门联系，采取保证安全措施后，方准通行。

许多省、自治区、直辖市公路管理部门在贯彻执行《养路 40 条》的过程中，制定了有关路产保护奖惩办法；有些省人民委员会为教育群众爱路护路，还印发张贴加强公路管理的布告。到 1965 年，路政管理工作基本恢复到 1957 年的水平。但是，时隔不久，“文化大革命”席卷全国，路政管理工作再次遭到冲击，许多地区公路秩序混乱，侵占和破坏公路及其设施的违法行为屡有发生。1971 年山东省革命委员会和济南军区联合发出《关于禁止利用边沟作灌渠以稳固路基利于战备的通知》；1972 年辽宁省革命委员会发布《关于加强公路管理的通知》；1973 年河北省革命委员会发出《关于严禁乱砍滥伐铁路、公路行道树木的通知》；1975 年吉林省革命委员会再次颁布《关于加强公路管理的通知》，重申 1963 年省人民委员会的通告。所有这些都对纠正路政管理失控发挥了一定作用。

1975 年 9 月，交通部对《养路 40 条》作了修改补充，重新颁发《公路养护管理暂行规定》（简称《养路 34 条》）。当时，由于公路渣油路面发展较快，农民利用公路打场晒粮以及拦路阻车等危及公路交通安全事件时有发生。因此，《养路 34 条》中补充了“不准在公路上打场晒粮”、“不得任意设置路栏阻碍行车”等条款。

粉碎“四人帮”后，各省、自治区、直辖市公路主管部门除参照《养路 34 条》制订实施细则外，普遍加强了路政管理工作的领导，充实了专职路政管理人员，大力宣传爱路护路的重要性；有的地区在各级政府直接领导下，组织公安、交通、工商行政部门，共同查处违反路政管理规章制度事件。这些措施虽然取得一时效果，但是，随着农村经济体制改革的深化，农村商品经济发展迅速，集市贸易兴旺不已，在路政管理方面又出现了许多新情况、新问题。侵占公路搭棚盖房、摆摊设市、堆肥堆草、打场晒粮、挖沟放水、开山放炮、挖土取砂等现象日益增多。据贵州省 1982 年对 9000 多公里公路干线的调查统计，侵占公路盖房的有 1763 处，占边坡和路肩种庄稼的有 1.2 万处，公路两旁的砖瓦窑、石灰窑及挖煤、采石点多达 3938 处。在公路上搞集市贸易、打场晒粮和挖沟引水的则更为普遍，既妨碍交通，又严重影响行车安全，以致汽车失火、翻车、撞车、人身伤亡等恶性事故不断发生。为此，1983 年 7 月，国务院发出《关于加强路政管理保障公路安全畅通的通知》（简称《通知》），除重申以往路政管理的各项规定外，严禁在公路上和两侧留地范围内建房搭棚、挖沟引水、埋设管线和电杆、烧窑、开山采石，已被侵占的公路两侧留地限期退还；严禁在公路上和排水沟内打场晒粮、摆摊贸易、堆放物料、积肥制坯、放牧牲畜、种植农作物、设置路栏，已有的各种路障限期清除。要求各级公路交通部门认真行使职权，对抗拒和阻挠公路管理人员执行任务、殴打公路管理人员者，司法部门应依法惩处。《通知》下达后，各省、自治区、直辖市结合本地区情况，制定了路政管理办法或公路管理条例，有力地推动了路政管理工作。据四川省1984年统计，收回或重新划定用地的县级以上公路达3.7万多公里，占总里程的72.6%，不但解决了取土养路和堆料等老大难问题，而且为以后拓宽改造公路和植树绿化准备了条件。广东省在1984年共拆除影响交通的房屋1.1万多座，围墙509处，清理路边堆积物2.1万多处，封闭路边砂石场、砖瓦窑336个，迁出农贸集市892个。同时还收回公路用地3.15万平方米，处理砍伐路树事件275宗。通过整顿，改善了路况、路容，减少了交通事故。河北省由于开展创建“文明路”① 活动，1984年夏秋两季，全省1万多公里的干线公路和主要的县公路基本上解决了“以路代场”问题。据这一年的不完全统计，全省公路上共迁移摊点8500多个，集市2万多处；县级以上公路基本清除了路阻路障。

1987年10月，国务院发布了《中华人民共和国公路管理条例》（简称《条例》），对公路建设、公路养护、路政管理、法律责任等都有明确规定。有关公路沿线建设永久性设施问题，《条例》规定：“在公路两侧修建永久性工程设施，其建筑边缘与公路边沟外缘的距离为：国道不少于20米，省道不少于15米，县道不少于10米，乡道不少于5米。”《条例》是国家法制建设的一个组成部分，是新中国成立以来第一个比较全面而又系统的行政法规。它的制定，为实现公路现代化创造了更为良好的外部条件。

① “文明路”标准：路况路容好，路政管理好，交通秩序好，工班文明生产好。

第三章
干线公路

第一节　干线公路网的划定

干线公路包括国家干线公路（简称国道）和省级干线公路（简称省道）。国道是以首都为中心，连接各省、自治区、直辖市，各大军区，重要大中城市，港站枢纽，工农业基地的主要干线公路。省道是以省会、自治区首府、直辖市为中心，联系本地区重要城市，交通枢纽，工农业基地的干线公路。

新中国成立以来，中国的干线公路网曾经多次草拟方案，但因涉及投资、体制等诸多方面，一直没有作出决定，以致公路建设未能完全按照统一规划进行。

1979 年 6 月，交通部和各省、自治区、直辖市交通部门一起，对全国公路开展了全面普查。普查的目的，是摸清全国公路的基本情况，为划定国家干线公路网和编制公路建设与养护的长远规划提供基础资料。

交通部公路规划设计院在公路普查和历次草拟的干线公路网方案的基础上，提出了干线公路划分国、省道布局方案，并在交通部召开的全国国道公路网规划座谈会上作了修正。1981 年 6 月，交通部向国务院提出了《关于划定国家干线公路网问题的报告》。同年 11 月，根据国务院授权，由国家计委、国家经委和交通部联合发出《关于划定国家干线公路网的通知》（简称《通知》），同时附发《国家干线公路网（试行方案）路线布局图》。

《通知》划定的国家干线公路（简称国道）共计 70 条，除去重复里程和城市管辖里程，总计 110037 公里。国道分为 3 类，采用 3 种统一编号。

第一类是首都放射线 11 条，由北京分别通往沈阳、哈尔滨、塘沽、福州、珠海、广州、深圳、昆明、拉萨、银川和加格达奇，另外再加上一条北京外围环线，共 12 条，全长 23178 公里（已扣除重复和市管路段里程，下同）。按顺时针方向统一编号为 101 至 112。

第二类是由北向南的纵线，如鹤岗—大连，烟台—汕头，包头—南宁，兰州—景洪等 28 条，全长 38004 公里。自东往西排列，编号为 201 至 228（其中 228 在台湾）。

第三类是由东向西的横线，如绥芬河—满洲里，荣城—兰州，上海—伊宁，厦门—成都，上海—畹町等 30 条，全长 48855 公里。自北往南排列，编号为 301 至 330。

国家干线公路网路线的编号、路线名称、主要控制点和里程见表 3、表 4、表 5。

国家干线公路（国道）网之一：首都放射线

表 3

编号	路线名称	主要控制点	里程（公里）
101	北京—承德—沈阳线	密云，承德，朝阳，彰武	858. 31
102	北京—山海关—沈阳—长春—哈尔滨线	通县，丰润，山海关，锦州，新民，沈阳，铁岭，四平，长春，德惠	1245. 63
103	北京—天津—塘沽线	通县，安平，天津	134. 54
104	北京—济南—南京—福州线	廊坊，沧州，德州，济南，泰安，徐州，滁州，南京，宜兴，湖州，杭州，绍兴，临海，温州，福鼎	2217. 74
105	北京—南昌—广州—珠海线	廊坊，沧州，德州，济宁，商丘，阜阳，金寨，潜山，九江，南昌，吉安，赣州，从化，广州，中山	2412. 09
106	北京—兰考—黄冈—广州线	任丘，衡水，兰考，淮阳，黄冈，通山，平江，醴陵，韶关	2553. 72

续表

编号	路线名称	主要控制点	里　程（公里）
107	北京—郑州—武汉—广州—深圳线	保定，石家庄，邢台，邯郸，安阳，郑州，信阳，孝感，武汉，岳阳，长沙，衡阳，郴州，连县，清远，广州	2453.70
108	北京—太原—西安—成都—昆明线	涞源，原平，太原，侯马，韩城，西安，周至，汉中，广元，成都，雅安，西昌，永仁	3346.10
109	北京—银川—兰州—西安—拉萨线	阳原，大同，东胜，石嘴山，银川，中宁，白银，兰州，西宁，格尔木，那曲	3894.49
110	北京—呼和浩特—银川线	张家口，集宁，呼和浩特，包头，临河，乌海，石嘴山	1154.43
111	北京—通辽—乌兰浩特—加格达奇线	丰宁，赤峰，通辽，乌兰浩特，布特哈旗，莫力达瓦旗	2040.42
112	北京环线	赤城，丰宁，滦平，兴隆，遵化，丰润，霸县，新城，紫荆关	866.81

国家干线公路（国道）网之二：南北纵线

表4

编号	路线名称	主要控制点	里　程（公里）
201	鹤岗—牡丹江—大连线	佳木斯，牡丹江，敦化，通化，丹东	1806.44
202	爱辉—哈尔滨—吉林市—沈阳—大连线	北安，哈尔滨，吉林市，梅河口，沈阳，海城	1733.95
203	明水—扶余—沈阳线	安达，扶余，长岭，法库	681.18
204	烟台—连云港—上海线	青岛，日照，连云港，盐城，南通，常熟	991.06
205	山海关—淄博—南京—屯溪—广州线	唐山，黄骅，滨州，淄博，莱芜，临沂，淮阴，南京，芜湖，屯溪，南平，梅县，增城	2965.42
206	烟台—徐州—合肥—景德镇—汕头线	蓬莱，潍坊，临沂，枣庄，徐州，淮北，蚌埠，合肥，安庆，景德镇，鹰潭，瑞金，兴宁	2309.71
207	锡林浩特—张家口—长治—襄樊—常德—梧州—海安线	太仆寺旗，张家口，涞源，阳泉，长治，济源，南召，老河口，沙市，常德，邵阳，道县，梧州，高州，海康	3672.19

续表

编号	路线名称	主要控制点	里　程（公里）
208	集宁—太原—长治线	丰镇，大同，原平，太原	525.63
209	呼和浩特—三门峡—柳州—北海线	清水河，偏关，离石，大宁，远城，卢氏，十堰，巴东，恩施，永顺，吉首，怀化，通道，柳州，横县	3292.07
210	包头—西安—重庆—贵阳—南宁线	东胜，榆林，延安，西安，宁陕，万源，重庆，遵义，贵阳，罗甸，南丹	3073.00
211	银川—西安线	吴忠，庆阳，三原	637.62
212	兰州—广元—重庆线	武都，广元，南充	1234.03
213	兰州—成都—昆明—景洪线	临夏，若尔盖，成都，犍为，昭通，东川，昆明，玉溪，思茅	2986.95
214	西宁—昌都—景洪线	玛多，玉树，昌都，芒康，德钦，大理，临沧，澜沧	3125.00
215	红柳园—敦煌—格尔木线	敦煌，大柴旦	653.04
216	阿勒泰—乌鲁木齐—巴仑台线	奇台，乌鲁木齐	1001.60
217	阿勒泰—独山子—库车线	克拉玛依，独山子	1005.90
218	伊宁—库尔勒—若羌线	巴仑台，库尔勒	1022.07
219	叶城—狮泉河—拉孜线	麻扎，甜水海，日吐，仲巴	2197.70
220	北镇—济南—郑州线	济阳，济南，平阴，菏泽，兰考，开封	547.73
221	哈尔滨—富锦线	方正，佳木斯	586.00
222	哈尔滨—伊春线	绥化，铁力	351.00
223	海口—榆林（东）线	琼海	321.50
224	海口—榆林（中）线	琼中	296.50
225	海口—榆林（西）线	儋县，东方	430.10
226	楚雄—墨江线	双柏，水塘	298.00
227	西宁—张掖线	大通，俄博，民乐	338.88
228	台湾环线		

国家干线公路（国道）网之三：东西横线

表 5

编号	路线名称	主要控制点	里　程（公里）
301	绥芬河—哈尔滨—满洲里线	牡丹江，哈尔滨，安达，齐齐哈尔，喜桂图旗，海拉尔	965. 00
302	图们—吉林—长春—乌兰浩特线	延吉，吉林市，长春，大安，白城	957. 40
303	集安—四平—通辽—锡林浩特线	通化，辽源，四平，通辽，巴林左旗	1230. 82
304	丹东—通辽—霍林河线	本溪，沈阳，新民，通辽，扎鲁特旗	784. 95
305	庄河—营口—翁牛特旗线	庄河，营口，沟帮子，义县，敖汉旗	666. 55
306	绥中—克什克腾旗线	建昌，陵源，喀拉沁旗，灯笼	554. 78
307	岐口—石家庄—太原—银川线	沧县，石家庄，太原，绥德，定边，永宁	1218. 94
308	青岛—济南—石家庄线	潍坊，淄博，济南，高唐，南宫	627. 35
309	荣城—济南—宜川—兰州线	潍坊，淄博，济南，邯郸，涉县，黎城，临汾，宜川，庆阳，固原	2210. 57
310	连云港—徐州—郑州—西安—天水线	徐州，商丘，开封，郑州，洛阳，三门峡，潼关，西安	1161. 47
311	徐州—许昌—西峡线	亳县，许昌，鲁山	787. 95
312	上海—南京—合肥—西安—兰州—乌鲁木齐—伊宁线	镇江，南京，合肥，六安，潢川，信阳，南阳，商南，西安，长武，平凉，定西，兰州，武威，酒泉，安西，哈密，乌鲁木齐，精河	4736. 46
313	安西—敦煌—若羌线	敦煌，索尔库里，墩力克	821. 00
314	乌鲁木齐—喀什—红其拉甫线	托克逊，库尔勒，库车，阿克苏，喀什，莎车，塔什库尔干	1969. 20
315	西宁—若羌—莎车线	德令哈，大柴旦，茫崖，若羌，且末，民丰，和田，叶城	2728. 58
316	福州—南昌—武汉—兰州线	闽清，邵武，抚州，南昌，大冶，武汉，襄樊，安康，汉中，天水，会川，临洮	2355. 88
317	成都—昌都—那曲线	灌县，道孚，甘孜，德洛，昌都，丁青	1894. 08

续表

编号	路线名称	主要控制点	里 程（公里）
318	上海—武汉—成都—拉萨—聂拉木线	平望，长兴，广德，安庆，英山，武汉，宜昌，恩施，万县，南充，成都，康定，巴塘，芒康，林芝，拉萨，日喀则	5221.07
319	厦门—长沙—重庆—成都线	漳州，龙岩，瑞金，井冈山，萍乡，长沙，常德，吉首，秀山，涪陵，重庆，简阳	2689.79
320	上海—南昌—昆明—畹町线	杭州，建德，玉山，上饶，鹰潭，南昌，高安，萍乡，株洲，湘潭，邵阳，怀化，都匀，惠水，胜境关，沾益，昆明，楚雄，下关，保山，潞西	3589.54
321	广州—桂林—贵阳—成都线	肇庆，梧州，荔浦，桂林，三江，从江，都匀，贵阳，毕节，泸州，内江	2183.96
322	衡阳—桂林—南宁—凭祥线	零陵，桂林，柳州，南宁，宁明	1059.10
323	瑞金—韶关—柳州—临沧线	赣州，韶关，连县，贺县，柳州，河池，百色，开元，普洱	2346.61
324	福州—广州—南宁—昆明线	莆田，泉州，漳州，汕头，广州，肇庆，玉林，南宁，百色，册亨，兴义，路南	2444.00
325	广州—湛江—南宁线	佛山，阳江，湛江，钦州	815.29
326	秀山—毕节—个旧线	遵义，毕节，威宁，宣威，陆良，开远	1245.96
327	菏泽—济宁—连云港线	济宁，曲阜，临沂	384.15
328	南京—扬州—海安线	扬州，泰州	169.15
329	杭州—宁波—沈家门线	绍兴，慈溪，定海	180.09
330	寿昌—温州线	兰溪，金华	314.33

为掌握国道的技术状况，沿线自然条件以及交通量等情况，交通部于1982年12月汇编了《国家干线公路网路线技术资料手册》，内含下列主要数据：

——国道总长116768公里，其中除去重复里程5201公里和城市管辖里程1530公里，实际规划里程110037公里。

——在规划的里程中，不能通车的断头路段有5019公里，占4.56%，晴通雨阻路段有5806公里，占5.28%，不符合技术标准的等外路有14912

公里，占 13.6%。

——在国道等级公路 90105 公里中，有一级公路 177 公里，占 0.2%；二级公路 9885 公里，占 11%；三级公路 42787 公里，占 47.5%；四级公路 37256 公里，占 41.3%。

——在通车的国道 105018 公里中，高级次高级路面（主要是沥青、渣油路面）占 65%，中级路面占 20%，低级路面占 10%，无路面的土路占 5%。

——在通车的国道上，有桥梁 20647 座，总长 758766 米。其中，有待改建的危险桥梁 302 座，长 14554 米；有大中型桥梁 5086 座，长 502551 米。在大中型桥梁中，车辆荷载为汽－10 级和汽－10 级以下的有 378 座，长 36655 米，占大中桥梁总长的 7.29%。

——国道穿越城镇（指乡、镇）共 5993 处，影响车辆顺利通行。

——在通车的国道上，尚有渡口 87 处，与铁路平面交叉 765 处，过水路面 1189 处。

此外，各省、自治区、直辖市公路交通部门在国道上还设立了 3000 个间隙式交通量观测点和 102 个连续式观测站，逐年积累国道交通量实测数据，为推算远景交通量以确定国道的技术等级，有计划地进行国道网的建设提供科学数据。

关于省干线公路（即省道），则由各省、自治区、直辖市公路交通部门根据国家干线公路网的规划布局，结合本地区经济发展情况进行规划，经省、自治区、直辖市人民政府审批后，报交通部备案。到 1987 年年底，绝大部分省、自治区、直辖市都划定了省干线公路路线。

第二节　干线公路建设

新中国成立以后的前 8 年，为支援解放战争，巩固国防，全面恢复国民经济和发展工农业生产，干线公路建设在极其困难的条件下，取得了很大进展。

一是修复被战争破坏的公路，使其尽快通车。根据政务院的指示，公路交通部门从1950年开始，在修复西安经兰州至塔城等6大干线公路的同时，还修复了天津至保定、石家庄至德州、烟台至潍坊、太原至焦作、归绥（今呼和浩特）至宁夏、南昌至赣州、汉口至沙市、贵阳至昆明、成都至重庆、沈阳至大连等线。

二是为了支援解放战争，巩固国防，在华东地区新建支前公路12条；在东北地区，为抗美援朝，新建边境公路11条；在西南地区，新建川藏、昆洛、滇藏等线；在西北地区，新建青藏、新藏等线；在中南地区，继抢修广（州）海（安）线之后，新建海（口）榆（林）等线。

三是为了开发矿山、水利、工农业生产基地而新建的许多重要经济干线，如独山子至克拉玛依、敦煌经冷湖至茫崖等线。

在此期间，干线公路建设具有以下特点：

——任务重，要求急，上马快，工期短。

——除沿海地区外，其他地区的干线公路的工程技术标准普遍偏低。

——施工设备简陋，基本上依靠人力，使用的工具是扁担、箩筐、锄头和铁锨，筑路群众形象而又诙谐地把自己喻为“1079”部队。

——工程艰巨，自然条件恶劣，广大筑路职工每时每刻都要与大自然拼搏，生活极为艰苦。

截至1957年年末，干线公路里程达8.7万多公里。这些公路技术标准不高，但多数铺有泥结碎石路面。在公路建设投资少、技术人员缺乏、且交通量不大的情况下，采取先求其通、后求其畅的分期修建方针，已被证明是富有成效的。

从1958年开始的三年“大跃进”中，新建干线公路5万多公里，大部分标准低、质量差，后遗症不少。进入60年代，新建的干线公路一般都按五级公路标准（相当于现行标准三级）设计。但是，随着国民经济的发展，民用汽车保有量的逐年上升，干线公路交通日趋密集，不仅危桥、木桥和中、低级路面难以适应，而且在一些城郊干线和通往港口、铁路枢纽的路段上，经常发生交通堵塞。为此，在60年代中期，对部分穿越城镇的干线公路进行改线，或在某些路段裁弯、降坡、加宽、提高路基，增建、改建路基防护工程，铺筑渣油路面，整治局部病害，以及把木桥、危桥改造为永久式桥梁，等等。许多干线公路通过技术改造提高了通过能力，基本上适应了日益增长的汽车客货运输需要。在此期间，公路施工技术有了重大突破，双曲拱桥、钻孔灌注桩和用渣油铺筑黑色路面先后问世；筑路机械、运输车辆也有所增加，但公路施工还是以手工操作为主。到了70年代，新建干线公路大多数仍然采用五级公路标准。如北京至原平，军渡至银川，宜川至兰州等线。在新建的干线公路中，1974年建成的沈（阳）抚（顺）南线是中国最早出现的一级公路。之后，相继建设的还有北京至密云、南京至六合等一级公路。此外，按二级公路标准改建的干线公路有哈尔滨至明水、北京至天津、北京至任丘等线。公路工程机械的发展，为公路建设施工机械化提供了物质基础，压路机、推土机、挖掘机在干线公路建设中有所增加。到1978年年末，全国干线公路里程达到23.7万公里。其中有一级公路178公里，二级公路1万多公里，三级公路7.9万多公里，其余的都是四级公路和等外公路。

中共十一届三中全会以来，在改革、开放总方针指引下，干线公路建设步入了新阶段。

一是改善了干线公路网络。根据1982年国务院限期接通干线公路断头路的指示，“六五”期间，新建断头路630多公里。一些省为开发地区经济，还新建、改建了不少出省干线公路。山西省为晋煤外运，先后新建晋城至大口村复线，改建了大同至倍加皂、阳泉至地都等线；贵州省为进入四川，打开煤炭销路，新建了习水至合江干线公路；湖南、江西两省也分别改建了通向广东的衡阳至清远、泰和至从化的出口干线公路。

此外，为缓和铁路短途客货运输的压力，继1983年建成徐（州）商（丘）公路分流铁路客运取得成效之后，郑州至开封，兰州至西宁，沈阳至山海关，呼和浩特至包头，广州至深圳等平行于铁路的干线公路相继改建完成，不但社会效益显著，干线公路网络也日趋完善。

二是原有干线公路等级普遍提高。进入80年代，干线交通量每年递增7%—8%，公路集装箱和拖挂运输不断发展，重型车辆也日益增多，为了治理混合交通，改善行车条件，各地公路部门开始按三级以上的公路技术标准，改建了一些重要的交通繁忙的经济干线。安徽省于1984年按二级公路标准改建了合肥市6条出口干线公路之后，紧接着又按二级公路标准改建休宁至歙县、阜阳至插花、宿县至烈山、肖县至徐州、六安至霍山等干线公路，总里程近2000公里。蜿蜒于“世界屋脊”之上的青藏公路，大部分路段也按二级公路标准于1985年改建完成。另外，按三级或二级公路标准改建的干线公路还有：西宁至享堂，西宁至果洛，石嘴山至中宁，贵阳至开阳，昆明至畹町，烟台至潍坊，南昌至赣州，福州至厦门，杭州至温州，长沙至常德，汉口至沙市，北京至大名，西安至延安等线。

三是试建汽车专用公路。[①] 中国公路长期存在混合交通，据统计，在北方平原地区干线公路交通流组成中，汽车交通量约占50%—70%，拖拉机、自行车和人、畜力车的交通量约为30%—50%，导致交通拥挤，车速慢，事故多，运效低。1983年交通部规定，新建和改建一、二级公路，应保留原有公路作辅道。1985年6月，河北省公路交通部门在107国道邯郸至马头段试行将该段70年代新建的二级公路改为快车道，专供汽车行驶，称为汽车专用公路；原有废弃的公路则作为其他车辆行驶的慢车道。试行结果表明，公路通过能力扩大，汽车时速提高，交通事故减少，社会效益显著。1987年，又将104国道沧州至桑园段、107国道涿州至高碑店段建成为汽车专用公路，总计全长237公里。山西、辽宁、河南等省也都修建了汽车专用公路，同样取得类似效果。但是，这些汽车专用公路并没有解

① 汽车专用公路包括高速公路、一级公路和专供汽车行驶的二级公路，本处系指后者。

决横向干扰问题。

四是新建的一级公路大幅度增加。到 1987 年，已建成的一级公路有：南京至扬州，北京至密云，沈阳至鞍山（后按高速公路改建），石家庄至正定，天津张各庄至塘沽，福州至马尾，乌鲁木齐至昌吉，以及天津外环路等。一级公路的里程比 1979 年增加 5.6 倍。

五是高速公路建设开始起步。高速公路具有安全、车速高、通过能力大、运输成本低等优点，为适应社会主义建设的需要，交通部于 1981 年制定了高速公路技术标准。随后，不少地区开始新建高速公路。据 1987 年统计，在建的高速公路有：上海至嘉定，西安至临潼，广州至佛山，广州至深圳，上海至杭州，北京经天津至塘沽，沈阳至大连以及广州环市高速公路 8 条。另外，在建的还有 107 国道定州至石家庄段和北京至石家庄段。其中，北京六里桥至赵辛店段 14 公里基本按高速公路标准于 1987 年建成。

六是机械化施工发展较快。采用机械化施工是建设高等级公路和大型桥梁必不可少的手段。80 年代兴建的北京八达岭过境公路、塘沽疏港公路、沈大公路，以及哈尔滨松花江大桥等工程，都全面推行了机械化施工。这些筑路机械以国产居多，但也引进了一些大吨位的沥青混合料拌和设备，摊铺宽度 6 米以上的沥青摊铺机，大马力的稳定土拌和机，振动压路机以及桥梁基础钻机和混凝土输送泵等。截至 1987 年，干线公路施工的主要工序，如路基、路面压实，稳定土拌和，沥青混合料的拌和、摊铺以及运输等环节，基本上都实现了机械化。

38 年来，特别是中共十一届三中全会以来，干线公路建设成绩巨大。到 1987 年年底，干线公路里程达 26.7 万多公里，其中一级公路 1184 公里，二级公路 25463 公里，三级公路 93467 公里，大部分铺有渣油路面，行车条件大有改善。但是，应该指出，在干线公路中，仍然有一部分没有达到四级公路标准，个别路段甚至不能全年通车，这表明中国干线公路建设尚处于较低水平。

第三节　几条各具特色的干线公路

一、川藏公路

川藏公路原称康藏公路，起自四川、西康两省交界的金鸡关，经雅安、康定、甘孜、马尼刚果、昌都、邦达、林芝至拉萨，全长 2271 公里。1955 年 10 月，西康省建制撤销后，此路随之改称川藏公路，起点改自成都，全长 2432 公里。

1950 年年初，中央决定修建康藏公路。西南军政委员会交通部（简称西南交通部）组建工程处于同年 8 月修复金鸡关至马尼刚果段，长 699 公里。10 月，西南交通部组建康藏公路工程处。1951 年 3 月，与进藏部队联合成立康藏公路修建指挥部，陈明义任司令员，穰明德任政委。新线全长 1572 公里。其中，马尼刚果至昌都段 450 公里，竣工于 1952 年 11 月；昌都至拉萨段 1122 公里，经数万藏汉职工和部队指战员艰苦奋斗，于 1954 年 12 月建成。这是一条举世瞩目，与青藏公路齐名的“世界屋脊”之路。

康藏高原地质、地形复杂，气候恶劣，人烟稀少，还有原始森林、草原沼泽、岩堆、冰川和地震区。川藏公路平均海拔 3000 米以上，翻越海拔 4200 米以上的山垭 12 处，其中雀儿山高达 5047 米，甲皮拉、敏拉山和矮拉山等山垭的海拔都在 4600 米以上。在这高海拔地区兴建公路，难度之大，不言而喻。西藏和平解放后，藏汉两族人民在毛泽东主席“为了帮助各兄弟民族，不怕困难，努力筑路”的号召下，同心协力，东西并进，大大加速了公路施工进程。据西藏地方政府 1953 年 1 月统计，参加筑路的近万名藏族民工，来自 46 个宗（相当于县），其踊跃程度，由此可见。

在“世界屋脊”上筑路，既惊险，又艰苦。广大筑路军工以攻无不克的坚强意志和不怕牺牲的大无畏精神，排除万难，把公路推向前进。为了优选一段线路，勘测人员翻越一道道高山雪岭，踏遍一条条崎岖险径，越是没人走过的雪山垭口、悬崖陡壁，越要涉险反复细勘，还得不辞辛劳，寻访当地稀少的居民。他们常在风雪荒原、茂密森林中熬过难眠的长夜，有时还在岩洞、古刹、牛毛帐篷里挑灯夜战，绘制地形图，比较线路优劣，制订次日工作计划。粮食告罄，挖野菜，食野果，甚至饥肠辘辘也不停止工作。当公路修到波密地区时，齐树椿工程师带领了一支由 10 人组成的志愿踏勘队，深入古乡冰川源头，初步摸清冰川活动规律，给公路线路设计提供了可贵的第一手资料。他们从不考虑自身安危，只有一个共同的目的，也是唯一的心愿，就是多走、多问、多比较，从千山万水中找出理想线路。在昌都至拉萨段中，他们先后勘察的里程为实际施工里程的 5.5 倍；公路虽然只翻越 10 座雪山垭口，但足迹却踏遍了 200 座大山。更为感人的是，他们唯恐遗漏可能更好的线位，积极主动地增勘了不少比较线。马尼刚果至昌都段矮拉、格拉两处越岭线，达马拉、甲皮拉之间的山脊线，以及昌（都）拉（萨）段西溪沟上坡线，都是在详测完成以后，又主动复测予以改进的。这种不畏艰险、反复追求的精神，表现了中国公路勘测者的高尚品德。

新线施工开始，首先就碰到了雀儿山攻坚战。这里的垭口海拔 5000 多米，空气稀薄，“一步三喘气，头晕加目眩”，不少筑路军工高山反应严重；加上气候严寒，开凿石方，抡锤者和扶钎者双手都冻裂出道道血口，而且不容停锤片刻，否则钢钎就会冻结在钻孔中。筑路英雄张福林改进爆破技术，超工效 26 倍。1951 年 12 月 10 日，他在工地不幸被巨石砸倒，临终前还念念不忘早日修通公路。为克服怒江天险，一等英雄李文炎首先强渡怒江成功。当江面架上溜索后，李文炎等 6 人在西岸临江陡岩上匍匐爬进，探清了尚未勘实的冷曲河口的奥秘，为后继者开辟了施工战场。然乌沟是一条阴冷陡窄的深谷，石方集中，一等模范杨茂武等利用岩底石穴，一次炸出石方 7000 立方米，以平均超工效 98% 的进度，提前打通了这段峡谷。

处于波密地区深涧峡谷全长 540 公里的邦达林芝段，受喜马拉雅山新构造运动和印度洋湿暖气候影响，地震频繁，雨量充沛，岩层节理发育，沟床切割剧烈，大量泥石流、冰川、大坍方、边坡坍塌等自然灾害，经常危及公路通车。1966 年以来，交通部和西藏交通厅组建了工程队进驻邦林段，以整治病害为主，增建路基上、下防护工程；对为数众多的泥石流溪沟，一方面采用大跨、单跨桥梁通过，另一方面控制上、下游河床侧蚀、深切，并时刻准备抢修突发性自然灾害对公路造成的破坏。川藏公路通车后，国家继续进行了整治和改建。1987 年，全线大部分达到了四级公路标准，其中还有 400 多公里达到了三级公路标准，全部桥梁永久化，并在东段铺筑沥青路面 300 多公里。

二、青藏公路

青藏公路起自青海西宁，经香日德、格尔木、黑河，终于西藏拉萨，全长 1937 公里。青藏公路平均海拔 4000 米以上，其中，线路穿越的昆仑山口和唐古拉山口高达 4600 米和 5300 米，气候恶劣，高寒缺氧，是多年冻土地区，施工十分艰难。

青藏公路西宁至格尔木段为旧有公路，但湟源以西，部分路段早已湮没。1950 年青海省交通厅即组织技术力量进行整修，1953 年，西宁至格尔木通车。格尔木至拉萨，长 1283 公里，为新建路段。1951 年 8 月，西北军政委员会交通部派出技术人员勘察香日德经黄河源头、曲麻莱，越唐古拉山的郭由拉山口至西藏聂荣、黑河一线，终因大部分地段处于沼泽地区，严重缺乏砂石材料，修路计划暂被搁置。1953 年 11 月，西藏运输总队组成探路队自格尔木出发。他们赶着大车沿着驼运路线，闯过杳无人迹的青藏高原，顺利地抵达黑河，以“远看是山，近看是川，山高坡度缓，河宽水不深”18 个字向领导电告新路线特征，从而为修建青藏公路拉开了序幕。

1954 年，青藏公路筑路总队成立，慕生忠任政委兼总指挥，工程师邓郁清率领民工 1200 多人，采用宽处过河，遇山绕行的办法逐步推进，重点地段则进行勘测。全段工程进展迅速，仅历时 198 天，就把公路修到拉萨。1954 年 12 月，青藏公路全线通车。初建的这条公路虽然十分简陋，但却把西藏和内地紧紧地联系起来。1954 年秋，公路刚修到五道梁，就迎来了十世班禅大师从这里换乘汽车上北京。

青藏公路承担着80%以上的入藏物资运输任务，被藏族同胞视为“生命线”。它是在原有旧路和驼运道的基础上抢修初通的，技术标准很低。为此，采取了“按照经济适用原则，就地取材，分段改善行车困难地段，加修必要桥梁，达到低等级正常通车”的办法，一面加强养护维修，一面择要改善。到1973年，西宁至格尔木段的线型，基本达到旧五级公路标准，实现了桥梁永久化，50%左右的路段铺筑了渣油路面。格尔木至拉萨段则重点整治水害、翻浆、冰冻等病害路段，并进行局部改线。

为了进一步提高全线通过能力，从1974年起，青藏公路开始全面改建。格尔木至拉萨段由交通部第一公路勘察设计院测设，基建工程兵和西藏自治区、青海省交通厅施工。1977年，西宁至格尔木段按三级公路改建完成，由青海省交通厅测设、施工。1985年8月，青藏公路全线改建竣工，并全部铺筑了黑色路面。

三、天山公路

天山公路北起新疆独山子，南抵库车，全长563公里。交通部第一、二公路勘察设计院测设，基建工程兵12支队和乌鲁木齐军区36105部队、36135部队施工。这条公路开工于1974年，按三级公路修建，1983年建成通车。

这条公路穿越天山，地形险峻，地质复杂，气候恶劣，冬季严寒，冬春风雪交加，多有积雪阻碍交通，并有雪崩危及安全，只有夏秋宜于施工。天山公路约有73%的路段蜿蜒于山岭重丘区，峭壁断续相间，长达100公里，并有6公里“飞线”[①] 和3座海拔3000米以上终年积雪的冰大坂，20余处碎落塌方，10多处泥石流，近百公里的冰冻层，以及到处遍布的冰雪冻害和沼泽。土石方每公里平均达4万立方米，工程

① “飞线”系指因地形险峻等原因，勘测人员无法到达而用间接方法测得的路线。

极为艰巨。1981 年 8 月，彭德清部长率领工作组翻越天山，登上空气稀薄、终年积雪的冰大坂，视察天山公路新建工程，和基建战士一起座谈，并向坚持在生产第一线的、不畏艰险的公路建设者表示敬意。

天山公路在工程技术上有许多新的难题亟待解决，其中主要的有：在高山陡坡修筑黑色路面，隧道衬砌工程的冻涨，排水构造物的冻害，以及面广量大、持续期长、类型较多的雪崩、风吹雪害等。为此，交通部将"天山高山积雪地区公路修筑"列为重点科研课题，组建了"黑色路面修筑"、"雪害防治"和"隧道建筑"3 个专题科研组，并把全路最突出的雪害问题列为重点。为探清雪害规律，雪害防治科研组广泛调查了不同积雪成因，通过不断探索、总结，分别提出对策，对防治雪崩、风吹雪作出了较为合理的设计，并在雪崩严重地段设置了"防雪走廊"。路面科研组通过系统观测大量不同基层、面层的结构类型，以及不同施工方法铺筑的试验路面，为设计施工提供了比较翔实可靠的数据资料。隧道科研组针对海拔高、洞身长、地质复杂、冰冻渗水等特点，采取了先治水后施工的有效措施。

天山公路建设过程中，测设、施工人员紧密配合，反复研究，改进方案。三岔河至乔尔马一段长达50 公里的线路设计，经过3 个多月的调查了解，终于制订出合理路线方案，缩短里程 3 公里，隧道长度缩短 1200 米，节约投资 1200 多万元。

天山独库公路的建设，谱写出一曲曲壮丽凯歌。四届人大代表、中共中央军委命名的"雷锋式的好干部"姚虎成，以及优秀指导员李善国等151 位烈士的光荣牺牲，代表了无数筑路英雄的崇高思想境界和献身精神。新疆各族人民为缅怀先烈，在绿草如茵、雪松滴翠的乔尔马建立了一座纪念碑。英雄们的业绩，永远铭记在人民心中。

四、昆畹公路

昆（明）畹（町）公路旧称滇缅公路，盘旋于崇山峻岭之中，全长

876公里。早在20世纪30年代，就成为中国与缅甸、印度之间的重要国际通道。它为中国人民抗击日寇侵略做出过贡献；新中国成立后，又为巩固民族团结，发展沿线经济发挥了重要作用。

昆畹公路技术标准较低，难以适应滇西南地区工农业生产不断发展的需要。云南省公路交通部门为此决定对全线进行改建，把重点放在陡坡、急弯、路窄和线型迂回曲折的路段上，自东向西，逐年分段实施。60年代初，主要改建了昆明至下关段的天子庙坡，全长36.9公里，纵坡普遍大于10%，且有不合理的反坡，平曲线也差，半径在10—15米的回头曲线就有15处。改线工程历时3年，变越岭线为沿溪线，新路比原路缩短10.4公里，线形直捷，坡度缓和，平均纵坡仅4.24%；且路线经过较多村镇，经济效益较为显著。1965年，开始改建全长21公里的级山坡路段，提高了线路标准，缩短了里程8.9公里。60年代后期，改建重点放在下关至畹町段。其中平坡至永平、瓦窑至老营两段路线的改建工程，大都处在横断山脉起伏深切的地形中，悬崖陡壁交错，工程极为艰巨，直到1980年4月才全部按三级公路标准改建完成。昆畹公路的技术等级，到1984年年末，已有96%以上的路段达到国家等级公路标准，其中二级公路52公里，三级公路766公里；全部桥梁永久化；大部分路段铺筑了黑色路面，从而改变了全路低标准的旧貌。

五、宁扬公路

宁（南京）扬（州）公路起自南京市，经六合、仪征至扬州市，全长95.5公里。这是一条东连泰州、盐城，北通淮阴、海安，远及皖北、鲁南的重要经济干线。1968年12月，南京长江大桥通车以后，宁扬公路汽车交通量与日俱增，车流堵塞，交通事故时有发生，形成长江下游南北交通的瓶颈路段之一。1976年实测表明，每昼夜汽车交通量达3600多辆次，远远超过原四级公路的设计能力。为此，江苏省交通厅决定把这条公路按一级公路改建，先建宁（南京）六（合）段，然后继续延伸。

1976年，宁六段由南京工学院土木工程系师生结合“开门办学”进行测设。在江苏省交通厅组建的宁六公路建设指挥部领导下，路基工程分别由南京市浦口区和六合县承担；沥青路面工程由南京、徐州等7市、县公路管理处（站）工程队分段施工。1976年11月，宁六段开工。

原有宁六公路线型曲折，多处穿越村镇，公路技术状况差，通过能力低，于是决定原路留作辅道，供行人、拖拉机和其他非机动车使用，另按一级公路标准修建一条专供汽车行驶的新路。新线长24.47公里，比原线缩短3公里多，设4个半径大于2000米的平曲线，纵坡除1处为2%外，其余的都在1%以下，最小凸曲线半径为1万米。路基宽23至25.5米，行车道为2幅，各宽10米，中间分隔带宽1.5米，两侧土路肩各宽0.75至2.0米。桥涵载重标准为汽－20、挂－100。路面结构为石灰土垫层，厚15至40厘米，石灰土基层30至55厘米；沥青面层第一期工程为5厘米厚的贯入式和2厘米厚的细粒式沥青混凝土，共厚7厘米。1979年10月，第一期工程完工，当月开放交通。次年，冬春雨雪多，加上排水设施不够完善，部分路面出现较大面积病害。1980年8月，第二期工程开工，在原有7厘米面层上，加铺7厘米沥青贯入层，外加3厘米细粒式沥青混凝土面层；同时在16公里附近路基较低路段，修建了485米长的水泥混凝土路面，厚26厘米；并增设排水设施。1981年9月，第二期工程竣工通车。其后，六合至扬州段动工兴建。为了保证工程质量和工程进度，公路建设指挥部与各施工单位签订施工合同，与材料供应单位签订供销合同，与县乡签订拆迁、征地协议书等，并经仪征市公证处公证，以加强各方面的责任感。1987年年底，宁扬公路以良好的质量，通过验收，交付使用。全线线型顺直，纵坡平缓，视距良好，标志清晰，车辆双向分道行驶，快慢车道分开，汽车时速从35公里提高到70公里；昼夜车流量超过7000辆次，最多时突破1万辆次。由于保留了原路作辅道，对解决混合交通，提高公路通过能力，开创了一条新路。

六、京深公路

京（北京）深（圳）公路是一条贯穿中国南北的公路干线，1981 年划定为 107 国道。它起自首都北京，经石家庄、郑州、武汉、长沙、广州抵达终点深圳，全长 2621 公里。

107 国道与京广铁路紧密平行，交通量较小。因此，在 50 年代，仅就原路整修改善，维持通车。六七十年代，增建、改建桥梁，全线达到桥梁永久化，并逐步铺筑沥青、渣油路面，使路面黑色化的比重达到 83.4%。另外，北京至郑州段还加宽了路基路面。1979 年公路普查表明，在公路交通部门管养的 2453 公里公路中，有二级公路 489 公里，三级公路 831 公里，四级公路 933 公里，等外公路 200 公里。这就说明 107 国道的技术等级仍处在较低水平。中共十一届三中全会以后，城乡商品经济发展很快，公路交通量逐年迅速增长。据 1985 年调查，京、冀、豫、粤境段年均日交通量分别达到 6000、5000、3500、7500 辆次，个别路段高达 1 万辆次以上，交通阻塞，事故频繁。为此，沿线各省、直辖市加快了 107 国道的改建步伐。在公路交通部门的统筹规划下，依靠地方，依靠群众，对一般路段进行以拓宽为重点的改造工程；重点路段，则列入基建计划，全面改建提高。交通部还将 107 国道北京至广州段列为“七五”计划的重点项目之一，计划修建规模达 1048 公里，其中一级公路 231 公里，余为二级公路。到 1987 年年末，107 国道基本情况如下：

——北京市境段。全部达到二级公路以上标准，其中六里桥至赵辛店段基本按高速公路标准建成。107 国道北京市境段是首都西南方向的重要出入口干线，起自广安门，经六里桥、岳各庄、卢沟桥、良乡，至琉璃河出境，全长 52 公里。这段路的扩建工程起自六里桥，终于赵辛店，全长 14.04 公里。1985 年年底开始设计，1986 年 4 月开工，1987 年 11 月竣工通车。北京市将这段公路定名为全封闭、全立交的快速路。

这段公路的原线技术标准低，路面宽仅 5 至 6 米。随着城乡经济和旅游事业的发展，交通流量猛增，公路堵塞十分严重，有时阻车长达 6 公里，公路扩建刻不容缓。扩建工程经过多次技术经济论证后，北京市人民政府批准了另辟新线的设计方案。新线位于北京至保定和北京至周口店公路之间，永定河以东为 6 车道，永定河以西为 4 车道。除主线 14.04 公里外，还设有辅道长 12.98 公里，方砖步道 10 万多平方米，公路与铁路立交桥 4 座，公路与公路立交桥 8 座，人行通道 14 座，人行天桥 1 座，中央防撞隔离墙 14.8 公里，防撞护栏 8 公里，防护栏网 17 公里，并设有收费亭 12 个，收费监察管理室、公安交通检查站和管理所各 1 处。为确保行车安全，路面为粗糙式面层，在进入主线的辅道过渡段上设振颤式路面。路两侧护栏立柱和导流柱上贴有反光胶带，中央隔离带上安装定向反光路钮，沿线还设置了反光标志和标线，凡无路灯照明的路段，在中央隔离墙顶部设防眩板。

六里桥至赵辛店公路通车后，昼夜交通量达 1.5 至 1.8 万辆次，高峰小时近 1500 辆次。小型客车和货车各占交通总量的 30%，行车时速达 80 至 120 公里，一般载重货车时速可达 60 公里。车流通畅，交通事故大幅度降低，行车条件大为改善。

——河北省境段。涿州至高碑店、邯郸至马头两段为二级公路标准的汽车专用公路；石家庄至正定为一级公路；石家庄至定州正按半幅高速公路修建。石家庄以南 213 公里的二级公路，部分路基、路面宽度不足。

——河南省境段。漯河以北路段均系二级公路，其中新乡至郑州段正按一级公路标准改建。漯河以南至武胜关 218 公里为三级公路，正在改建之中。

——湖北省境段。有二级公路 201 公里，其他路段正在改建。

——湖南省境段。有二级公路 300 公里。

——广东省境段。花县以北正按二级公路改建。花县以南路段已达到二级公路以上标准。广东省公路交通部门在公路改造中从实际出发，本着量力而行、远近结合、分期改造、逐步提高的原则，对广州至深圳段按一级公路标准规划、测设。除广州和深圳市郊两端路段为一级公路外，其余路段均按二级公路标准施工，并尽量利用老路进行技术改造。对桥涵构造物的利用与改造，凡经调查鉴定载重标准达到汽－13、挂－60或汽－15、挂－80，净宽7米而技术状况完好的，一律加以利用；不符合上述标准的，则予改造或改建，改建标准为汽－20、挂－100。

广深路段全长158.96公里，改造工程于1979年12月开始，1984年9月竣工。这段公路技术改造完成后，交通运输量迅速增长，加快了深圳经济特区的建设进程，使公路沿线的东莞、惠阳和珠江三角洲的商品经济更加活跃，为广东省发展外向型经济开辟了一条康庄大道。

七、沈大公路

沈（阳）大（连）公路起自沈阳，经辽阳、鞍山、营口至大连，长422公里。全线有10处与铁路相交，109处与公路交叉，300处与农村道路相会，多次穿越城镇，虽经辽宁省公路交通部门一再整治，这条线路也只是达到三级公路标准。80年代以来，沈阳、鞍山、海城、大石桥、熊岳等区间汽车交通量每昼夜达到5000至7000辆次，大连附近高达1万辆次，加上其他机动车辆和非机动车辆，交通拥挤不堪，事故频繁。为了改变公路交通状况，辽宁省人民政府决定自筹资金，把沈大公路列入省重点技术改造项目。1984年5月，经国务院批准，按一级公路改建、扩建（其中100公里按二级公路标准）。线型设计按高速公路标准，设计时速为100至120公里。选线原则是：近市不进市，靠村不进屯。沈阳至鞍山段利用原路，另设辅道；鞍山至大连段另建新路，原有公路作为辅道。改建后的沈大公路全长375.5公里，比老路缩短46.5公里。

1984年3月，辽宁省人民政府组织了以副省长为总指挥的辽宁省沈大公路改扩建工程总指挥部，沿线5市分别成立了以副市长为首的分指挥部。整个施工任务采取承包方式。路基土石方和中小桥梁、涵洞，由沿线5个分指挥部公开招标，或由市、县公路施工单位承包。全线路面工程、大桥和互通式立交主要由省公路工程局承包施工，也有部分工程由省总指挥部对外发包。1986 年，国务院同意全线按一级公路标准改建、扩建，并要求为建设高速公路创造条件。

沈大公路是“七五”期间重点工程项目之一。全线实行机械化施工。到 1986 年年底，沈阳至鞍山、大连至金县两段已先后按一级公路标准建成通车。线路平坦宽阔，通过能力大幅度提高。但是，横向干扰没有完全排除，沈阳至鞍山段仍有 102 处路口交叉，以致车速达不到设计要求，交通事故也时有发生。1987 年，辽宁省请示国务院拟将沈大公路按高速公路标准扩建。

八、厦门海堤公路

厦门是中国东南沿海的一颗明珠。这座海岛城市风光绮丽，景色宜人，是著名的旅游胜地之一。

过去，从陆上前往厦门，不论是从福州方向或是从漳州方向，都要换乘跨海轮渡，交通很不方便。新中国成立后，爱国侨领陈嘉庚先生建议在厦门海峡建设海堤公路，把厦门岛与陆上的集美连接起来。厦门市人民政府提出了建设方案。1953 年，经政务院批准，并拨专款兴建。同年 6 月，厦门市海堤工程指挥部正式成立。

海堤公路测设过程中，实地勘测了海峡地质及其承载强度，以及水深、潮差、流速、风速、浪高等有关情况，并按公路、铁路并行和桥孔通航净空等要求进行堤身设计。海堤顶宽 19 米，加设灌溉渠道后，总宽为 20. 3 米；东侧为公路，西侧为铁路，全长 2212 米。堤顶标高集美端为 9. 6 米，高崎端为 10. 86 米。通航桥梁采用沉井基础，重力式桥台，上部暂设贝雷式公路桥 2 座。公路路面以方整块石铺砌。在测设的同时，对海堤工程开展了试验性施工，主要是利用潮差抛石、砌石，探索筑堤的施工工序、劳动组合以及操作方式的最佳方案。

1954 年 1 月，高崎至集美海堤公路全面开工。抛石填海是连续性很强的作业。怎样把近万名不同工种的劳动大军合理地组织起来，需要周密部署，要求石料开采、运输、抛填、安砌环环相扣，以确保施工进程。海堤工程指挥部根据试验性施工提出的第一手资料，制订了施工组织计划和实施作业计划，强化管理，有力地保证了施工工序的连续进行。

当高崎至集美海堤即将竣工之际，鹰厦铁路建设工程正向厦门推进。原计划铁路线从角尾向东北延伸，沿杏林湾东下至集美，然后经海堤通向厦门。陈嘉庚先生建议再建一条杏林至集美的海堤，这样可缩短铁路里程近 20 公里，并可围垦良田 4 万亩。这个方案经中央批准后立即付诸实施。

高崎至集美海堤于 1955 年竣工。这是中国第一条海堤公路。同年 10 月，全长 2320 米的集美至杏林海堤开工，1956 年 12 月初通后继续加固拓宽，公路、铁路、人行道、引水渠并列通过，堤顶宽达 60 多米。为把海堤公路管好，福建省交通厅公路局设海堤管理所专司其事。1958 年 10 月，海堤管理移交铁道部门。

第四章
县乡公路

县乡公路建设对发展农村生产，繁荣城乡经济，改善人民生活，发挥着积极作用。新中国成立初期，广大山区、边远地区交通闭塞，农副土特产品运不出去，农业生产资料和日用百货也运不进来；探亲访友安步当车，货物运输肩挑人扛。据统计，1952 年全国仅有县乡公路 4.7 万多公里。30 多年来，经过广大公路职工和亿万群众的艰苦奋斗，到 1987 年，全国县乡公路增加到 67.2 万多公里，初步改变了农村，特别是山区交通的落后面貌。

县乡公路的发展，不仅表现在数量上的增长，而且表现在质量上也普遍有所提高。在 67 万多公里的县乡公路中，符合国家等级的公路近 41 万公里，路面铺装率约为 77%，其中高级、次高级路面达 6.5 万多公里。

在县乡公路发展进程中，出现过几次高潮。从 20 世纪 50 年代中期起，较为明显的有 3 次。县乡公路建设带动了地区经济发展，群众普遍得到实惠，亲昵地把它称为“致富路”“幸福路”。

第一节　县乡公路建设的几次高潮

一、第一次筑路高潮

1955 年，全国农业合作化步伐加快，短途运输紧张，地方交通矛盾突出。在各地召开的人民代表大会上，要求修路的呼声很高。河北省第一届人民代表大会有关修路的提案就达 230 多件。1955 年 12 月，交通部召开全国地方交通会议，结合全国农业发展纲要提出的建设地方道路网的要求，制定了“依靠群众、就地取材、因地制宜、经济适用”的方针，计划在1956年和1957年2年修建地方道路15万公里。之后，交通部颁发了《简易公路设计准则》和大车道、驮道标准，编制了适于农村修筑的砖石结构的小型公路构造物定型图纸24套。各地也培训了一些初级技术员工，以适应修建地方道路需要，从而在全国范围内形成了一个县乡公路建设高潮。据统计，两年内新建公路约10万公里，使全国不通公路的县从1955年的336个减为1957年的151个，初步改善了部分山区的交通面貌。甘肃省武都地区山大沟深，自古以来交通闭塞，经过广大群众2个春秋的艰苦奋斗，新建县乡公路909公里，使整个地区的6个县，75%的区和31%的乡都通了公路，仅就节约运输工日计算，每年即达100多万个。

第一次县乡公路建设高潮是在地、县交通机构刚刚组建，技术人员缺乏，施工管理没有经验的条件下开展起来的。尽管当时技术管理工作薄弱，有些路段质量不高，但对改善农村交通闭塞状况仍然发挥了积极作用。后来，这些县乡公路通过不断改善提高，大部分也都成为国家公路网的组成部分。

二、第二次筑路高潮

1958年春夏之交，交通部在南、北地方交通工作座谈会上，总结了8年来的交通工作，王首道部长、李运昌、潘琪副部长分别在会上讲了话，提出了依靠地方、依靠群众、普及为主的地方交通建设方针。这个方针反映了广大农村迫切要求修建地方道路的普遍愿望。在农村人民公社化，特别是大炼钢铁运动的迅猛推动下，一个新的筑路高潮如火如荼地开展起来。各省、自治区、直辖市参加筑路的群众，一般都在10万人以上，有的多达数十万人之多，声势之浩大，规模之壮阔，前所未有。从1958年到1960年，全国公路骤增26.8万多公里，不通公路的县减少到47个，不通公路的公社也减少到50%左右。

第二次筑路高潮，是在“大跃进”的形势下兴起的，是在缺乏统一规划，前期工作准备不足，资金、材料和技术人员短缺的情况下仓促上马的。虽然它把全国县乡公路网的雏形勾画出来了，但却留下了许多后遗症，其中最主要的是公路标准过低，质量很差。另外，有的平原地区的人民公社，盲目修筑了一些又宽又直的公路，还有个别地区修筑的公路实用价值甚微，不得不改路为田，浪费了大量人力、物力和财力，挫伤了群众积极性。

三、第三次筑路高潮

1975 年 9 月，国务院召开全国农业学大寨会议。为学习大寨，大规模的县乡公路建设高潮在全国范围再次兴起。1976 年，潘琪副部长在河南省辉县主持召开全国公路交通支农现场会议。次年，交通部号召各地积极推广辉县自力更生，发展支农交通和甘肃省实现社社通公路的经验。各省、自治区、直辖市公路交通部门相继召开了以路支农、以农带路的交通支农经验交流会议，再次形成了一个筑路高潮。与历次不同，这次筑路高潮是结合农业技术改造和农田水利建设进行的，要求山、水、田、林、路统一规划，综合治理。在这次县乡公路建设中，一般都不采取大搞群众运动、昼夜突击的筑路方式，土方工程利用农闲发动群众进行，石方和桥梁、隧道等构造物则组织专业队伍施工。公路标准和公路质量都有较大提高。到 1978 年年末，全国县乡公路达到 58.6 万多公里，其中符合等级公路标准的约 26 万公里，不通公路的县减少到 2 个。

四、80 年代的县乡公路建设

进入 80 年代，农村经济体制改革取得了很大成就。单一的农业生产结构发生了深刻变化，商品经济发展迅速。城乡集体、个体拥有的汽车、拖拉机大幅度增长，公路上的车流量日益增多，对县乡公路的数量、质量和路网功能提出了更高要求。1982 年 11 月，交通部在山西省长治市召开全国县乡公路建设现场会议，交流晋东南地区经验。此后，各地公路交通部门普遍注意把修建、改建县乡公路与发展地区经济紧密结合起来，以充分发挥公路建设的社会效益。四川省眉山县为适应农村经济发展的需要，1983 年第四季度拓宽公路 31 条，共计 274 公里，还铺筑碎石路面 31 万平方米，做到投资少，改路多，收效快。1984 年 12 月，交通部又在眉山县召开了全国交通发展问题座谈会，推广眉山县拓宽改造县乡公路的经验。据不完全统计，1985 年全国共拓宽改造县乡公路 3 万多公里，另外还加宽了一部分干线公路。

80 年代县乡公路建设具有以下特点：

一是重视公路技术标准。河北省和上海市规定，县级公路按三级标准、乡级公路按四级标准新建或改建，同时讲究经济效益。

二是把拓宽公路作为旧路改造的突破口，缓解混合交通的矛盾。

三是群众思想有明显转变，从“要我修路”转化为“我要修路”，变被动为主动，出现了不少自筹资金修路的动人事迹。

为了帮助贫困地区脱贫致富，国家计委于 1984 年 11 月发出通知，用库存粮、棉、布采取以工代赈方式，兴修县乡道路。据统计，从 1984 年冬至 1987 年年末的 3 年中，除北京、天津、上海 3 个直辖市和江苏省以外的 25 个省、自治区，用于道路建设的粮、棉、布折合人民币约 17 亿元。另外，交通部在“七五”计划期间拨款 1. 4 亿元用于县乡公路建设。各级地方政府和公路交通部门也从地方财政、各专项基金以及公路养路费中，投入巨额配套资金，用来购买钢材、水泥、炸药等物资。据不完全统计，约占粮、棉、布折价总额的 1/3。到 1987 年年底，3 年来，全国共计修建扶贫公路、机耕道和驮道 12 万多公里，其中新建符合等级标准的公路约 5 万公里，新建桥梁 7285 座，总长 16. 3 万多米，工程质量都比较好。云南省在 3 年扶贫道路建设中，投入粮、棉、布折款 1. 76 亿元，省财政配套投资 2. 2 亿多元。共新建县乡公路 1. 11 万多公里，改建公路 1. 3 万多公里，新建大中桥梁 141 座。对一些无力修建公路的边远山区，因地制宜，修建驿道6000多公里和人、马吊桥400多座，大大改变了县以下农村交通运输状况，缓解了部分山区行路难、乘车难的问题。

从1980年到1987年，县乡公路增长8.5万多公里。在全国67万多公里县乡公路中，符合等级公路标准的比重上升到61%。1987年年底，全国不通公路的县减少到1个（西藏自治区墨脱县），94%的乡（镇）和67%的村都通了公路。县乡交通面貌有了明显改善。

为加快贫困地区经济开发，国务院又决定从1987年9月开始，采用库存低档工业品折价的办法，以工代赈修筑公路。同时决定在四川、江西、宁夏3省、自治区先行试点，然后推广。

第二节　县乡公路建设的几个典型

一、蓟县

蓟县原属河北省，1973年划归天津市。这个县1955年荣获交通部授予的全国公路建设模范县称号。新中国成立前，全县仅有2条总长不过72公里的过境公路，中部平原地区有大车道65公里，北部山区有驮道55公里。新中国成立后，当地群众首先修复2条原有公路，紧接着又大修地方道路。在1955年基本建成全县道路网的基础上，继续改善路况。到1957年，全县有公路15条、288公里，大车道182条、391公里，并新建驮道80多公里，使全县206个合作社、216个山区自然村都有道路可通。由于道路成网，运输发展很快，北京市汽车运输公司在县内设立了2个汽车站和16个代办点。商业部门原来只能收购、外运果品19万斤，到1957年增至1580万斤。工农业产品交流活跃，剪刀差渐趋缩小。1953年每百斤红果仅能换回细布12尺，1957年增到80尺。全县生活物资销售总额，1957年比1953年增长1倍多，其中棉布一项竟增长31倍。同期，山区大牲畜增长75%，生猪增长91%，不少秃山也栽种了果树。处于洼地的青甸洼、太和洼约10万人口的粮食、燃料供应也得到了改善。

二、延吉县的两个乡

吉林省延吉县明东、白金两乡三面环山，南临图们江。这里盛产粮食、药材、山果，还有丰富的木材、煤炭等资源。但是群众的生活却很困难，纷纷外流谋生。1950 年到 1955 年，人口一度下降 17%。原因何在？当地政府经过反复研究，终于意识到：关键在于交通。他们开始动员群众整修原有小道，让牛车畅通无阻，可是问题仍未解决。1955 年实现合作化以后，农民要求开水田、办小水电站，但要办成这些事情，首先得有公路，否则机械设备运不进来，于是决心修建公路。1955 年冬，两乡群众利用农隙选线、定线，破土动工，还就地培训爆破人员。他们起早贪黑地干，很快劈出一条简易道路。之后，又利用 3 个冬季的农闲时间，终于在 1958 年建成了一条全长 37 公里的山区公路。全部工程费用仅 1300 元，还是用来购买炸药和钢钎的。从此，公路沟通了城乡物资交流，山乡面貌逐步改观，农副业生产日益发展，外流群众重返家园。

明东、白金两乡是 50 年代初期自力更生发展公路交通的典型之一，被誉为群众自己动手修建公路的先驱。他们的经验对吉林省县乡公路建设起了很大的推动作用。

三、昭平县

昭平县位于广西壮族自治区东部山区，山地面积占 80%，有“昭平不平”之称。新中国成立之前，全县没有一条公路，交通十分闭塞。

1957 年，昭平至源头公路建成通车。这是全县第一条公路。之后，又修筑蒙山至昭平、八步至黄姚等公路 17 条，共 300 多公里，使昭平可以西通蒙山，北至源头，东达八步，交通面貌大为改观。到 1987 年，全县公路达 500 多公里，17 个乡镇、75% 以上的村寨都通汽车。

1968 年以来，昭平县采用飞机播种造林 150 万亩，到 1982 年，已有 108 万亩成材。林区多在不通公路的边远山区，间伐材运不出来，林农得不到收益，影响林业生产。1983 年，新华社记者在《经济参考》上发表题为《谁要木材，谁投资昭平修路》的报道之后，湖北省有 12 个县派代表与昭平县签订投资修路互惠合同，投资总额达 210 多万元。利用这笔资金，采取县、乡、行政村和村寨 4 级层层负责的办法，结合民工建勤，全县新建林区公路 6 条，全长近 60 公里，从而使林木资源优势转化为商品优势。

随着县乡公路的延伸，山区经济不断发展。九龙乡大龙村黄连寨交通闭塞，在 10 户人家中，一度有 8 户要求外迁。公路修通后，他们看到前景光明，“思迁”变成“思变”，植树造林，种植油茶等经济作物，努力发展多种经营。公路建设的发展，有力地带动了汽车客货运输的兴起。1987 年，全县拥有汽车 400 多辆，货运量 26 万多吨，周转量近 420 万吨公里；开辟客运路线 19 条，每天发车 36 个班次，客运量达 4000 多人次，实现了乡乡通客车。运输难、乘车难的问题基本获得解决。

四、天水地区

天水地区位于甘肃省南端。这里山峦重叠，地形复杂，公路盘旋于峭壁之上，俯视深渊，惊险万状。70 年代以前，整个地区只有公路 855 公里。1971 年，全区开始修筑山区公路。到 70 年代末，地区公路迅速增加到 3000 多公里。这些山区公路都是以民办公助的方式兴建起来的，为自力更生建设县乡公路树立了榜样。

礼县江口至大滩公路是一条全长 40 公里的沿江线路。修筑这条公路，首先要凿通青石崖、张爷池、手爬崖、莲花崖等 11 处耸立江畔的悬崖陡壁。千百年来，这里仅有 1 条从半山腰上凿出的小径，人、畜只能勉强通过。以前，大滩附近的龙山、王坝、滩平等 5 个乡每年从外地调入的农用机具、化肥、日用品不得不远道绕行西河县何坝乡，而较大的农用机械、排灌设备则无法运入。群众渴望开辟一条能跑汽车的通道与县乡公路相连。1971 年，这条公路在资金、料具两缺的困难条件下开工了。全线投资预算 180 万元，而礼县政府只能先安排 7 万元，缺口很大。当地群众表示：

困难再大也要干，工程再险也要修，自己力所能及的事自己解决，决不向国家伸手。他们自造工具，自备木料，自己培养技工，反复研究、改善设计方案和石方爆破方法，不论盛夏酷暑，或是隆冬严寒，不停顿地一段一段地开拓前进。青石崖是上大下小的倒悬崖，原设计是将上端的岩头削去，但石方量太大。龙林乡民多次察看岩情，提出了开凿半山洞方案，减少工程量80%。经过3个月的奋力拼搏，青石崖终于被征服。莲花崖是风吹石滚的塌方区。放炮炸石开通后，曾接连发生两次塌方。他们花了半年时间排除险情，使全线工程按计划于1973年胜利建成。2年多来，几个乡的群众共投入83万多个工日，完成土石方110多万立方米，新建石拱桥16座。像这样艰巨的工程，国家仅投资39万元。

五、辉县

河南省辉县山区面积占70%，丘陵区面积占21%。山区群众长期处于行路难、用水难、生活难的境地。60年代中期，在制订全县经济规划时，提出了“三通”的目标，即路通、渠通、电（电力线）通，并指出“三通”的关键，首先是路通。1965年8月，辉县组建了一支拥有200名技工的直属专业工程队，又名愚公移山工程队。在缺少机械设备的条件下，他们发扬了当地群众掌握石工技术的优势，克服种种困难，坚持不懈地奋战在县乡公路建设第一线，开凿了10多座隧道，有的长达1760米。在他们的带动下，不少乡镇也纷纷组建各自的专业队，成年累月开山修路，架桥凿洞，并在农闲季节带领广大建勤群众修路，成为发展山区公路交通的骨干队伍。进入80年代，各乡筑路的热情仍然不衰。1982年，全县投入49万个工日，12万多个人，畜力车和机动车1700多辆次，用来改善公路，共裁弯取直26公里，新砌挡墙、护岸5公里多，疏通边沟650公里，整修路基870公里。1984年以来，辉县又利用国家扶助贫困地区的粮棉布折款，在深山区新建公路32条，总长167公里，使全县每一个行政村都通汽车。到1987年，全县公路里程达1668公里，铺筑渣油和水泥路面300多公里，开凿公路隧道42座，总长1.4万多米，新建永久式桥梁115座，总长5535米。

山区公路大发展，把辉县的经济搞活了。乡镇企业从1984年的2000多个，发展到1987年的6000多个；年产值从700多万元上升到1亿多元；人均收入从129元提高到365元。全县机动车也从3900辆发展到9000辆，货运量增加3倍多，还开辟了汽车客运路线20多条，年运量约500万人次。

六、晋东南地区

1981年8月，中共中央总书记胡耀邦在山西省晋东南地区视察工作时指出：多修路，打开出口，发挥地区优势。地区领导研究分析了当地黑（煤炭）、白（化肥）、黄（硫黄）、赤（铁矿石）等主要产品的产销流向，找到了外运不畅的关键，决定进一步发展公路交通，形成干支线配套网络，把建设重点放在对外联系的公路上。他们详细地测算了晋城至大口村复线，晋城至张路口，阳城县三窑至河南省济源县三条出省公路修通后的效益账，不仅原煤可以大幅度增产、外运，而且山货、土特产也能打开销路，全部公路投资3年即可收回。这个细账使各级领导深受启发，于是决定内接外联，修好出口公路，发展地方经济。在省人民政府和交通厅的支持和具体帮助下，地、县、乡各级政府同心协力，统筹规划，自筹资金，经过1个冬春的奋斗，新建公路1004公里。公路建设持续到1985年，全区公路增加到5089公里，使99%的乡和90%的村通了公路。其中有沟通邻省、邻区的出口公路9条，大大增强了路网机能，搞活了地区经济，煤炭外运量年均递增14%以上，1987年通过公路直接外运的煤炭达450多万吨。

晋东南地区的襄垣县，具有年产80万吨煤炭的生产能力，由于交通不便，每年就有20万吨煤运不出去，形成以运定产。玉米芯是生产糠醛的主要原料，遍地皆是，也因交通不便，商业部门不愿收购；而糠醛厂却因缺乏原料减产、停产。特别令人难以理解的是，同在产煤区，竟有100多个村的1.7万多户人家缺煤烧。为此，襄垣县决定以县城和6大集镇为中心，各乡为基点，产粮区、林业基地、产煤区为重点，大力建设城镇与乡村、矿区与农区、平川与山区之间的横向公路，同时还新建环路多条。仅1981年即新增公路336公里，当年煤炭外运量就增加了1倍。

七、眉山县

中共十一届三中全会以来，四川省眉山县各种机动车辆每年以10%的速度递增。“七里一场镇，三天一赶集”，公路交通人多、车多，路况又差，矛盾突出。群众埋怨公路“三通三阻”：没有铺路面，晴通雨阻；重车爬不上坡，空通重阻；路窄错不了车，单通双阻，要求改造公路的呼声很高。眉山县政府为此成立了以县长为首的民工建勤加宽改造公路指挥部，各区、乡、村也组建了相应的领导班子。1983年，加宽改造公路274公里，拓宽后的公路，国道宽12米，省道宽6.5至8.5米，乡道宽6.5米。全县98%的乡都通客运班车，基本上解决了乘车难的问题。到1985年，全县33条公路加宽改造告一段落。眉山县还吸取山西省晋东南地区内接外联、打开出口通路的经验，投入60万个建勤工日，新建联网路、断头路23条，全长129公里，并使全县80%的公路达到等级公路标准。公路交通面貌一新，推动了全县农业、养殖业和乡镇企业的发展，特别是乡镇企业，已从1982年的2204个迅猛增加到1985年的10316个；年产值也从5533万元上升到近1.5亿元。

八、无锡县

江苏省无锡县位于长江三角洲的水网地区，是一个名副其实的村村有河道的江南水乡，历来以水运为主。随着商品经济发展，广大群众从实践中认识到，水运虽有优势，但也有缺陷：航道受自然条件制约；汛期涨水，桥梁净空小，妨碍通航；冬季水枯，又搁浅难行，特别是水运速度慢，环节多，难以适应生产发展的需要。1969 年，无锡县走民办公助的路子修筑县乡公路。到 1978 年，全县有公路 271 公里，使 33 个乡、镇都通了客运班车。中共十一届三中全会以后，无锡县乡镇和村办企业迅速兴起，要求开展批量小、速度快、门到门运输，这就需要具有更为发达的公路交通条件。通过 9 年来的不断建设，使境内原来辐射形的路网逐步转变为蛛网结构，1987 年，全县公路增加到 1300 多公里，其中干线公路 83 公里，支线公路 200 公里，乡村公路 1034 公里，不但实现了村村通公路，而且形成了干支相连，公路、铁路、水运相互衔接的交通运输网。

1987 年，无锡县拥有汽车 5677 辆，乡乡都建立了汽车队。另外，还有运输用拖拉机 5487 台，摩托车 5732 辆。自 1984 年 12 月县航运公司停办水上客运航线之后，城乡旅客运输全部由汽车承担，公路货运量也逐年上升。

水乡修公路，水陆运输取长补短，比翼齐飞，进一步促进了乡镇、村办企业的繁荣昌盛。1987 年，全县有乡镇企业 1301 个，村办企业 3719 个，工业总产值高达 70 多亿元，其中乡镇企业产值占 88%，亿元乡达到 33 个。

第五章
旅游公路

第一节　旅游公路的兴起

中国是一个历史悠久、山川秀丽的国家，古代文物星罗棋布，旅游资源遍及各地。中共十一届三中全会以前，不少名胜古迹所在的地方，公路交通基础设施落后；有些景区甚至与外界处于隔绝状态。

在 20 世纪五六十年代，各地公路交通部门在大规模进行干线公路建设的同时，新建了少量旅游公路。其中，比较著名的有：从湘潭通往毛泽东故居韶山的公路，从北京通往“中国猿人”遗址周口店的公路，从九江通往避暑胜地牯岭的庐山登山公路，以及从拉萨通往珠穆朗玛峰山麓绒布寺的公路，等等。

公路建设过程中，公路交通部门对保护沿线名胜古迹和自然景观十分重视。长治至邯郸公路整修之际，就及时作出保留太行山隘口古建筑的决定；1958 年，交通部、文化部又联合发出保护古代桥梁的通知。这些有关规定，都为建设旅游公路指出了应该遵循的准则。

中共十一届三中全会以后，实行了改革开放政策，旅游事业蓬勃开展，旅游公路建设也被带动起来。各地公路交通部门都把建设旅游公路提到议事日程，大力进行开拓。凡运输繁忙的旅游热线，结合干线公路建设计划优先安排。一般旅游公路，由地方财政和当地公路交通部门共同筹资建设。旅游区内的道路，则由旅游部门和当地政府负责规划修建。北京市公路交通部门先后投资 1.5 亿元新建旅游公路 11 条，共长 100 多公里。湖北省公路交通部门拨出专款 600 万元新建武当山旅游公路。甘肃省还采用以工代赈方式，新建改建通往贵清山、庆阳北石窟等旅游公路多条。到1987年，全国新建改建旅游公路约4000公里，使几千个旅游点，如黑龙江省的镜泊湖、五大连池，吉林省的长白山、松花湖，辽宁省的千山、凤凰山，河北省的避暑山庄、清东陵，内蒙古自治区的呼伦湖、成吉思汗陵，北京市的十渡、上方山、慕田峪长城，山西省的五台山、恒山，甘肃省的麦积山石窟、千佛洞，青海省的塔尔寺、日月山，新疆维吾尔自治区的天池、火焰山，四川省的乐山、峨眉山、九寨沟，贵州省的龙宫溶洞、黄果树瀑布、遵义会议旧址，云南省的石林、苍山洱海，广西壮族自治区的阳朔、伊岭岩，以及其他各省、自治区、直辖市许许多多的名胜古迹和游览景区，都有公路可以通达。

随着旅游事业的阔步前进，对公路交通提出了越来越高的要求。各地公路交通部门从旅游者的心态出发，从两个方面做了许多工作。

一是在改善公路技术状况的同时，努力为旅客提供方便、舒适、快速的交通条件。不少旅游公路建成了标准较高的一、二级公路，更多的旅游线路都铺筑了沥青或水泥路面，行车时速和通过能力成倍提高，交通条件大为改善。如北京至八达岭的原有公路，标准很低，特别是南口到八达岭段，不仅弯多、坡陡，路面狭窄，视距不良，而且还有两处与铁路平面交叉，车流拥挤，行车困难，交通事故时有发生。新建改建以后，德胜门至南口段为四车道一级公路；另外从昌平经十三陵到延庆一段按山区二级公路标准新建，称之为八达岭过境公路，使北京至张家口的车辆不再经过八达岭；同时在南口到八达岭之间修建复线，并将铁路线局部外移，消除平交道口，从而使北京至八达岭旅游公路畅通无阻，行车时间比以往缩短3/5。

在景点较多的地区，有关公路交通部门统筹规划，不断延伸旅游线路，并使之成网。皖南地区旅游资源十分丰富。景色如画的黄山，佛教宝地九华山，道教圣地齐云山，自然保护区古牛降，太平人工湖，以及宣城、石台间的溶洞群都相距不远。安徽省公路交通部门新建公路七条，总长392公里，把这些名胜古迹连成一片，给游客提供了十分便利的条件。

二是在线路布设方面下功夫，让游客在途饱览风光之余，能够得到更多美的享受。公路设计部门精心设计，提出了“串联、接近、保景、增景”的布线原则。

串联：即利用地形迂回展线，连接控制点，使线路所经之处，能把各个重点名胜古迹和古建筑群连接起来。

接近：即线路接近景点而不穿越景点，若即若离，忽隐忽现，既靠近各个景点，又能保持深山庭院的幽静。

保景：即线路设施与古建筑群以及其他景观尽可能协调，不让风景、地貌因筑路而遭受破坏。

增景：即通过筑路给景区增添色彩。或布线于深沟峡谷，让游人身在其中，有曲径通幽之感；或布线于云端，能从不同角度欣赏古树、奇峰和绮丽风光；或使线路迂回上下，犹如仙女身系的彩带，在崇山峻岭中飘荡，以期达到步移景添的效果。

第二节 几条著名的旅游公路

一、八达岭旅游公路

八达岭长城是举世闻名的游览胜地，位于北京市通往张家口的110国道线上。原有的南口至八达岭公路是由大车道改建的，技术标准很低，路窄、弯急、坡陡，视线不良，交通不畅。特别是旅游事业发展以后，国内外游人纷至沓来，汽车客运量大幅度上升，车流更为拥挤。北京市公路交通部门为此决定改建八达岭地区公路。为避免影响旅游交通，确定了先建新线，后改旧线的原则，即先在德胜口沟内新建八达岭过境公路及联络线，再改建关沟内原有八达岭公路。1982年6月，八达岭过境公路建成通车，随即改建八达岭旅游公路。

这条旅游公路起自昌平县南口镇，经居庸关在三堡以北与旧线相接，长15.25公里，另有副线4处共长3.76公里。路基宽9.5米，路面宽7.5

米，双车道；挡土墙，护栏等防护设施设在路基有效宽度以外。设公共汽车停靠站 5 处，汽车停车场 2 处，还有隧道、大中桥梁和小桥涵多处。这条二级公路在平原微丘区的设计时速为 80 公里，山岭重丘区的设计时速为 40 公里，另外，在两者之间还增设了 60 公里的设计车速过渡段，使设计采用的技术指标比较经济合理，且有利于司机安全行车。沿线设置的港湾式公共汽车停靠站和停车场，均设计了加、减变速车道，以不影响主线行车条件，确保交通安全。

八达岭游览区地势险峻，自然景色优美，文物古迹众多，且伴有不少动人的民间传说。其中，对中外游客最富吸引力的，当然是耸立在丛山之脊的古长城了。长城，气势雄伟，工程艰巨。公路设计的构思主题，是怎样突出关沟的地势险峻，使长城显得更为壮观。因此，在公路选线时，尽量将路线设在河谷底部，一方面可以减少对地形的破坏，另一方面，游客从底部仰视景区，可以把关沟衬托得更为险峻。为突出表现古代关隘的险要，局部路线经过多次比较之后，才选出了较为理想的位置。此外，选线时还注意了以下方面：

——为使游客左右顾盼皆有景，尽可能地把关沟内其他景点串联起来。

——细致研究各处古迹的不同特点，选出既无损古迹，又与之协调的路线。

——挡土墙、导流坝、护栏以及停车场、停车带、登山梯道等附属设施外观，同样考虑了与景点相协调的问题，让游客处身于安全、舒适、美好的环境中。

1985 年 10 月，八达岭旅游公路竣工通车，工期历时 3 年多。

二、济（南）曲（阜）旅游公路

济南至曲阜公路是 104 国道的一部分。闻名遐迩的名胜古迹，如曲阜的孔府、孔庙、孔林；泰安的岱庙、五岳之首的泰山，以及大汶口遗址；

长清县东南的灵岩寺、墓塔林等，都在这条旅游热线上。过去，这条公路迂回曲折，标准很低，交通不便。80 年代以来，为了适应旅游事业蓬勃发展的需要，山东省公路交通部门在沿线各级政府的大力支持下，修建了一条从济南经泰安直达曲阜的高标准公路。

这条公路长 135.1 公里，比原有公路缩短了 10 多公里。济南至泰安段 63.5 公里，路基宽 20 米，铺设的沥青路面宽 18 米，设有 4 个车道，与铁路和主要公路交叉处还修建了立交桥。泰安到曲阜段，路基宽 27 米，设中间隔离带，宽 1.5 米，两侧各设宽 7.9 米的快车道和 4.5 米的慢车道，快车道为水泥混凝土路面，慢车道为沥青路面；快慢车道之间设水泥混凝土隔离墩。通过村庄的路段，还设置了钢丝网隔离栅。全线均设反光标志，为车辆安全畅通创造了良好条件，小轿车的最高时速可达 100 公里。为改善旅客的候车条件，公路两侧各停车点都建有小巧玲珑、风格各异、造型美观的候车亭。

从泰安到泰山的中天门，还修建了一条 11.2 公里的登山公路。它从泰山西溪盘旋而上，平均纵坡 4.8%，最大纵坡 8%，最小平曲线半径 20 米，路基宽 8 米，铺筑双车道水泥混凝土路面。游人乘汽车可直达泰山之腰，然后改乘缆车上南天门，登临岱顶，观日出，赏奇景，其乐无穷。

三、庐山登山公路

“匡庐奇秀甲天下”。1000 多年前，唐代诗人白居易就这样赞美这座名山。从古迄今，登山览胜的游人不绝。

历代上庐山的道路，都是从小径攀登，计有东、南、西、北 4 条：东道自净惠寺上山，南道自栖贤寺、含鄱口上山，西道自云峰寺上山，北道自化成寺上山。明初，朱元璋称帝，派人送御碑上山，辟九十九盘路，在东林寺又多了一条上山的道路，称西南道。清光绪年间，又从莲花洞方向，沿剪刀峡开辟好汉坡新道，长约 9 公里。仅好汉坡一段，就有 1116 级石阶。尽管上山道路已有 6 条，但条条陡峭险峻，步履艰难。直到新中国成立，庐山仍不通汽车。

1952 年，国家决定开工修建登山公路。1953 年 8 月 1 日竣工通车。这是一条从北面上山的公路，全长 24 公里。这条公路从庐山山麓威家开始登山，盘旋而上，向西经关帝庙到马尾谷口，再转向东南，经黑洼、九里、松树林、王家坡、小天池直至牯岭新街口。公路登山路段有弯道 429 个，最大纵坡小于 9%，沿线筑有石砌护栏，并种植梧桐、松、杉和婆罗宝树，绿荫夹道，清静幽雅。

1954 年，为沟通山上南北交通，在牯岭一侧的日照峰下，开凿隧道 1 座，长 90 多米。与此同时，还在山顶兴建环山公路：从牯岭新街口向西，沿大林寺、花径至仙人洞，折向南行，经园佛殿、电站大坝、再转向东，经牧马场、植物园、含鄱口、五老峰到育种场；从新街口往东，穿过日照峰隧道，经长冲向东南行，沿博物馆、芦林大桥至牧马场与西路会合。此外，山上还有通向汉阳峰、天池寺、黄龙寺、汉口峡等公路支线。

1970 年，江西省又决定在庐山南面新建一条登山公路。同年 10 月开工，1971 年 7 月竣工，全长 35 公里，其中登山线为 22 公里。为确保旅游旺季行车安全，当地政府规定：每年 7 至 9 月，由山北上庐山，山南下庐山，单向行驶，以避免交通事故。

中共十一届三中全会以后，旅游事业蓬勃发展，公路条件也不断得到改善。每逢旅游旺季，每天上山旅游的汽车多达 500 辆以上，每年接纳中外游客 200 多万人次。

四、武当山公路

巍然屹立在湖北省丹江市境的武当山，是全国名山之一。方圆 800 里。入山但见奇峰如削，山峦起伏，古建筑布局巧妙，气势雄伟。1979 年，湖北省决定从襄渝铁路老营镇车站修筑登山公路，全长 25 公里。1980 年兴建，1984 年竣工。

这条旅游公路结合武当山景观的特点，在线路布局上，本着串联、接近、保护景点和增加景观的原则，力求与公路自身的美融为一体。为串联景点，全线共连接回龙观、太子坡等古建筑40余处，使游客感到处处有景，景景相连。为保持景点的完整和宁静，线路只是接近而不穿越景点。特别是公路终点停车场的布设更为巧妙，坐落在偏僻的老鸦岭山沟内，车行至此，初似一无所见，待稍登数级台阶，豁然开朗，所有南岩宫、真庆宫、万寿宫等宏伟建筑及古树奇峰，尽收眼底。为使景观不受损害，公路部门精心设计，妥善施工，保留了大量古桥、照壁、古神道以及碑刻等文物。同时，还把公路本身也作为景源之一来考虑。蜿蜒于小溪沟峰峦上的七道回头弯，宛如飞天冉冉上升；横卧回龙观、剑河的线路，又犹如游龙引颈作饮水之态，放眼远眺，公路酷似仙女飘带，给风景增添了不少色彩。由于线型和风景协调，这条公路获得湖北省优秀设计奖。

武当山公路建成后，改善了交通条件，中外游客接踵而来。据统计，1987年接待旅游者80多万人次。

五、桂林至阳朔公路

桂林至阳朔公路全长65公里。这条公路始建于1927年，等级低，路况差，虽经历年养护、改善，仍然摆脱不掉弯多、路窄、坑洼不平的落后状态。1979年，桂林对外开放以后，中外游客络绎不绝，成了国内几大旅游热点之一。顿时，桂林、阳朔道上，车流量迅猛上升，1980年日交通量达到1000多辆次，交通拥挤不堪，阻车现象时有发生。

为了改变桂林地区的公路交通面貌，1981年，广西壮族自治区公路交通部门决定：按二级公路标准，全面改建桂林至阳朔旅游热线。1982年动工。由于资金不足，采取了逐段改建的办法，直到1987年年末，全线始告竣工。

桂林至阳朔公路基本上循旧路改建。为确保不因施工影响旅游交通，在逐段施工过程中，采取了半幅进行施工作业，另半幅维持通车的措施，并组织专人指挥交通，引导过往车辆。整个施工期间，全线日交通量达

2000 车次左右，旅游旺季高达 3000 多车次，没有发生任何交通事故。

改建后的桂林阳朔二级公路，坡度平缓，线型顺适，路基宽 15 米，沥青路面宽 12 米。黑色路面镶砌着乳白色路缘石，用石料铺砌的边沟、路基挡墙和水田边墙逶迤相接，闪光的金属护栏、悬挂式反光标志、路幅两侧 2 米多宽的绿化带和沿途的果园、村舍、青山、绿水交相掩映，各种款式的旅游车在平坦宽阔的公路上奔驰，使桂林这个旅游热点的交通条件，得到了明显改善。

六、黑龙江省旅游公路

1982 年，国家将黑龙江省的镜泊湖和五大连池定为重点风景名胜区，向全国开放。坐落在哈尔滨市附近的二龙山和齐齐哈尔市近郊的扎龙自然保护区，也成为夏季游人向往的地方。伴随着旅游事业的发展，旅游公路建设同步前进。

——镜泊湖旅游公路。镜泊湖位于黑龙江省东南部，距牡丹江市 105 公里，是中国著名的高山熔岩堰塞湖，形成于全新世中期，距今 8000 年左右。全湖南北狭长，牡丹江水穿湖而过，面积约 90.3 平方公里。镜泊湖风光绮丽，每年夏季，游客接踵而来。据统计，1987 年达到 36 万人次以上。

原牡丹江经杏山至镜泊湖公路等级不一。其中牡丹江至杏山段，长 79 公里，为三级公路标准，路基宽 9 米。杏山至镜泊湖段，长 26 公里，为四级公路标准，难以适应日益发展的旅游客运需要。1981 年，黑龙江省公路勘察设计院对杏山至镜泊湖段公路进行了勘测设计。主要的设计构思：一是合理地运用原有旧路和构造物，尽量不破坏自然景观；二是在地形条件允许情况下，尽量提高公路的技术标准；三是为避免村镇车马人流干扰，将原来穿过东京城的路段改设城外。这就使改建后的公路线型顺直，路容整洁，保持了自然风貌，增加了游客乘车的舒适感和美的享受。

这段公路的改建工程由宁安县交通局施工，1983 年完成路基、桥梁、涵洞和碎石路面，1985 年又加铺了沥青路面，共计投资 444 万元。

——五大连池旅游公路。五大连池位于黑龙江省西北部德都县境内，距县城 23 公里，它不仅以旖旎的风光著称于世，而且以它特有的火山群和矿泉水闻名中外。

五大连池坐落在药泉山下，是中国著名的硫黄矿泉疗养地。有疗养院 48 家，每年来此饮矿泉水、沐矿泉浴的人们多达数万人。1987 年夏季到五大连池旅游、疗养和考察的达 30 多万人次。

北安至五大连池 68 公里。这条公路路基宽 8.5 米，1957 年建成。30 年来，沿线工农业生产有很大发展，特别是旅游事业开发以后，交通流量密集，原有公路很不适应。1985 年，黑龙江省公路交通部门着手从蔡家岗火车站另行新建通往五大连池的公路，全长 35 公里。它的建成，为前往五大连池旅游、疗养的人们提供了更为方便的交通条件。

——二龙山旅游公路。二龙山位于哈尔滨市以东 59 公里处，由东北向西南并列西行的大小两座山峰组成，因像两条苍龙奔腾飞跃，争相扑向湖心的珍珠岛而得名。山口是水库大堤，长 800 米，有“八百长堤”“长龙锁蛟”之美称。水库灌溉着万亩良田，从堤上望去，水平如镜，碧波万顷，群山环绕，峰峦叠翠，景色如画。盛夏季节，从哈尔滨市来此旅游的多达 60 万人左右。

从哈尔滨市至二龙山公路，几经改建，已经达到二级公路标准。1982 年，黑龙江省机械化公路处又在这条公路上加铺了沥青路面，旅游条件大为改善。

——扎龙旅游路。扎龙自然保护区坐落在齐齐哈尔市东南 20 多公里处，是中国第一个大型水禽综合自然保护区，面积近 20 万顷，栖息着珍贵水禽 100 多种，其中以鹤类最为著名。统计资料表明，世界上共有鹤 15 种，中国占有 8 种，而在扎龙保护区就有 6 种。闻名中外的丹顶鹤就栖息在这里，故有“丹顶鹤之乡”的美称。

齐齐哈尔市至扎龙公路长 21.8 公里，系三级公路。因长期失修失养，路基翻浆，路面破坏，车辆难行。1982年，齐齐哈尔市人民政府把改建扎龙公路列为全市13件大事之一，由市交通局、林业局、财政局投资，改建加铺渣油路面和砾石路面14.7公里，并将从扎龙屯中穿行的旧路移至屯外，另行新建公路4.9公里。这段新线周围是洼地，土方量大，而且取土困难。市人民政府为此决定将新建公路工程列为全市工厂、企业公益劳动的重点项目，开展公益劳动大会战。同时在距工地2公里外的山上爆破取土，用推土机推、铲车装、汽车运，各单位分段包干，最后由专业筑路队整型压实，共完成土方6.5万立方米。当年全线竣工通车。

七、四川省旅游公路

70年代末期，一个公路总里程居全国之首，以“奇山丽水，人杰地灵”著称于世的四川，竟没有一条高等级的旅游公路。为了改变这种状况，四川省公路交通部门抓住每一个契机，在80年代短短几年间，就在巴山蜀水版图上，有力地勾画出以成都为中心的一条条辐射全川各大风景区、纵贯南北、横连东西的旅游公路980多公里，其中新建公路200多公里，改建公路700多公里。

——改建后的成（都）灌（县）高等级公路，犹如一条“银色玉带”，把千年古堰与成都武侯祠、杜甫草堂等连为一体，有云：“游了草堂再上山（青城山），成都灌县弹指间。”客观地反映了公路路况明显改观，游客在途时间大为缩短。

——新改建的成都经乐山、峨眉至夹江公路，构成了“三角旅游圈”，优化组合了川西众多的旅游点，把大批游客吸引到“圈”中乐山大佛和峨眉山两大旅游区。除可就近游览眉山三苏祠，夹江千佛崖，五通小西湖，沙湾沫若旧居外，还可通过水、陆两路分流到：西北方向的贡嘎山海螺沟、康定跑马山景区，西南方向的邛海、螺髻山、泸沽湖景区，以及川南自流井、蜀南竹海、兴文石林、大足石刻等景点。

——重点改造九寨至黄龙旅游公路。投资1600万元，改造了这条

"不与秦塞通人烟"的古道，使它基本上达到了等级公路标准。在通往"童话世界"九寨沟和"人间瑶池"黄龙寺途中，不仅可以饱览"风吹草低见牛羊"的高原风光，领略风格独特的藏族风情，还可乘汽车经江油游览沿线李白故里、海灯武馆，以及拔地而起"用一根铁索连接"的窦圌山寺庙。

新开辟的旅游公路，唤醒了与世隔绝的"世外桃源"。这些公路最长的28公里，最短的只有2公里，如灌县青城后山旅游公路，邛崃天台山公路，大邑原始森林公路，江油窦圌山公路等。随着旅游公路的兴起，昔日在这些山区"足踩黄土背朝天，一脚一步把马牵"的情景一去不返。

第六章

公路路面

新中国成立初期，没有路面的土路占公路总里程的60%以上，北方有些省的土路甚至超过95%。在全国公路中，铺有中、低级路面①的公路里程还不到40%，铺有高级、次高级路面②的只有315公里，仅及公路总里程的0.4%。此后，随着新建公路的逐年增多，铺有路面的里程也在不断上升。到1987年年底，铺筑中、低级路面的里程达59万多公里，为1949年的18.8倍；铺筑高级、次高级路面的里程达21万多公里，为1949年的600多倍。38年来，公路路面里程虽然有很大增长，但高级、次高级路面仅占全部路面里程的27.7%。

第一节　中、低级路面

整个20世纪50年代，在公路路面建设和养护中，大都采用当地廉价材料，如山皮土、碎砖、贝壳、炉渣、矿屑、沙砾等与土混合铺成的低级路面，或用碎石、级配砾石铺成的中级路面。这类路面是在比较稳定的路基上铺筑的，厚10至15厘米。当时，车辆载重轻，交通量小，这种以解决晴雨通车为目标的薄层路面基本上都能满足行车要求。铺筑中、低级路面可以充分利用当地材料，造价低，工艺简单，利用石磙和行车压实，施

---

① 中级路面主要指用碎、砾石铺筑的路面，如泥结碎石路面、级配路面等；低级路面主要指用各种当地材料，如砂、砾、废渣等加固土铺成的路面。

② 高级路面主要指沥青混凝土或水泥混凝土路面，次高级路面主要指用沥青或渣油铺筑的各种较薄的路面，如沥青表面处治、沥青贯入式路面等。

工方便，群众易于掌握。因此，在公路建设中得以大量推广。

为使中、低级路面不致过早地被行车磨损或破坏，广东、山东等省养路职工创造了在中、低级路面上加铺磨耗层和保护层的经验。磨耗层是用砂、小砾石、碎砖、炉渣、矿屑等当地廉价材料加入适量黏土，经过拌和、整型、压实而形成的一层平坦、坚实、厚度约2厘米的硬壳，既能消灭路面搓板现象，维持路面平整，又能延长路面使用寿命，而且成本很低，社会效益也好。同时，根据需要，还可在磨耗层之上，随时铺上一层不到1厘米厚的保护层，用来减少汽车对磨耗层的直接磨损，以延长磨耗层的大修周期。实践证明，中、低级路面加铺磨耗层和保护层，经济效益十分显著。福建、广东、河北、山东以及新疆等省、自治区用这种方法养护的中、低级路面，日交通量最高达500车次，汽车时速从30公里提高到40公里，相当于增加运力10%—20%；汽车燃料和轮胎消耗也有所下降；路面寿命得以延长，有的还达到120万车次无大修，养护成本降低40%—65%。

泥结碎石路面属于中级路面，是中国传统采用的一种路面型式。50年代中期，一些线路由于施工不善，一度被否定，取而代之的是级配碎石路面。许多地区不顾当地石料生产条件，硬性推广，不惜耗费大量人力，将石料锤成不同尺寸颗粒，再按比例掺配成级配碎石混合料，然后用来修筑路面。实践表明这样筑路的经济效果并不理想。后来，对传统采用的泥结碎石路面进行深入调查研究后认为，如严格控制用土量，并按规定要求施工，仍然不失为一种较好的中级路面，从而规定泥结碎石与级配碎石路面并存，要求因地制宜，泥结碎石路面适用于有采石场地区，级配路面适用于盛产砾石地区，否定了用人工敲打级配碎石的做法。

中国有大片不产砂石地区，路用砂石材料奇缺。从外地运来的石料几乎与粮食等价。因此，华北、东北、淮北等平原地区和西北黄土地区的公路，绝大部分都是土路。晴天尘土飞扬，乘客难以忍受，沿线农作物蒙尘减产；雨天泥泞，行车受阻，物资积压，行旅艰难。为了改善这些土路的不良状况，确保公路晴雨畅通，广大公路职工采取了以下办法，有成功的经验，也有失败的教训。

一是发动群众，寻找地面或地表浅层埋藏的可用材料。其中包括碎砖、瓦块、炉渣、煤渣、矿渣、贝壳、山皮土、风化石等大量当地材料，被普遍用来修筑低级路面。但在淮北和黄泛区却发现大量砂姜[①]，且分布在地表，历来影响农业生产。开始，用它来修路，担心强度不高，有透水性，是否能保证晴雨通车，没有把握。后来，在蚌埠试铺，经过行车观察，效果良好。既能实现晴雨通车，降低公路造价，又有利于农业生产，一举数得。1956 年到 1958 年，仅在阜阳专区就铺筑砂姜路面 944 公里，彻底解决了淮北地区长期存在的筑路材料奇缺的问题，开创了不产砂石地区修筑晴雨通车路面的新局面。按当时材料价格计算，每公里造价比远运石料节约 1.5 万元。

二是试用人造材料筑路。1958 年，北方一些省、自治区试用当地土烧制铺路砖或陶粒作为路面材料，终因煤耗大、质量差而未能推广应用。

三是从改善土的物理性能着手，采用石灰土修筑路面。这是 50 年代的一个新的尝试。1954 年，交通部公路总局工程技术人员率先在河北、河南、黑龙江 3 省修筑试验路。河北省还在石灰土基层上，分别铺筑了 13 种磨耗层。这些不同种类的磨耗层是用沥青、水泥或黏土作结合料，掺入各种矿料之中组成的。经过三年使用观察，用黏土作结合料的磨耗层的石灰土路面，可供公路使用，但磨耗层的使用寿命较短，须经常养护补充；而用沥青作磨耗层的效果很好，使用寿命较长。在黑龙江省铺筑的试验路还表明，在非过分潮湿路段，石灰土也经得起冰冻的考验。

实践证明，用石灰土修筑路面，除造价低廉，施工简易外，还具有良好的板体性和水稳性，在公路建设中获得迅速推广。1963 年，河北省遭受特大洪水灾害，公路水毁严重。各种结构类型的中级路面均遭水毁而断绝

① 砂姜系一种含有黏土矽粒的钙质团聚物，形似生姜，故名。砂姜强度不一，其中较高的相当于 4 至 5 级石料。

交通，唯独石灰土基层的路面，却奇迹般地显示其优越性。如深县有一段石灰土路面，经受过1956年和1963年两次洪水考验。洪水退后，尽管磨耗层被冲掉，土基也遭受冲刷浸泡，且石灰土层已有局部悬空，但仍保持完整坚实的板体，照常维持通车。

第二节 次高级路面

中国的次高级路面，一般是指在坚实稳定的基层上，铺筑薄沥青面层的路面。大庆油田没有开发以前，国产沥青不多，1960年，全国公路沥青路面里程还不足1000公里。

随着大庆油田的开发投产，在炼油过程中剩余的大量残渣（称为塔底重油，后称渣油）引起了公路交通部门的关注。1961年，交通部科学研究院、北京市市政工程局和河北省交通厅分工合作，对渣油进行了一系列路用物理性能试验研究，发现它具有一定的黏结力，用渣油和砂、石组成的混合料磨耗层，抗剪强度也高于用黏土和砂、石组成的混合料磨耗层的最佳指标，抗水性良好，湿度对强度的影响甚微。随即在北京市铺筑了不同类型的试验路面10余处，证明渣油具有使用价值。1963年，河北省交通厅在天津至唐山公路泥结碎石路面上，铺筑了5种类型的渣油表面处治试验路面1200米，同时铺筑了渣油路面100多公里。次年夏季，全线严重泛油，影响行车。后经分次撒布粒料，泛油现象迅即消失，面层很快稳定成型，恢复了正常通车。在1963年全国养路会议上，交通部号召推广渣油路面。次年12月，渣油路面通过交通部部级鉴定，有力地推动了公路次高级路面的发展。

70年代以来，交通部公路局局长伍坤山曾多次主持召开全国渣油路面经验交流会议，着重解决渣油的运输、储存、稠化、用量配比、施工方法以及基层质量要求等关键问题。1964年年末，全国的黑色路面只有3000多公里，到1987年年底，迅速增加到21万公里，其中渣油路面就占20万公里，从而使中国的公路面貌大为改观。渣油路面一般使用寿命七八年，适应交通量达每昼夜2000辆次。同砂石路面相比，行车时速从40公里提高到50至60公里，燃料消耗减少20%左右，轮胎使用寿命延长3至5万公里，运输成本约降低20%，为汽车运输企业和全社会带来了巨大效益。

在原有公路上加铺渣油路面，一般都采取先改善线型，以适应铺筑渣油路面后提高车速的需要。因此，相应地提高公路等级至关重要。铺筑渣油路面还需要坚实稳定的基层，对原有路面进行补强也十分必要。绝大多数地区的补强材料采用石灰土或掺石灰的廉价材料，从而打破了非用优质石料不可的传统观念。渣油面层和石灰土基层配套的结构，其强度和稳定性已在实践中证明是可靠的。但是，应该指出，石灰土类结构的成败，在极大程度上取决于施工中能否严格执行规范中的各项要求，绝不能掉以轻心。这是一条十分重要的宝贵经验。

石灰土类结构难以克服的缺点是冷缩干裂，使沥青面层出现反射裂缝。这是国内外尚在探索解决的难题。然而填缝养护得法，可以弥补它的不足，甚至经过两三年后，可以完全愈合，并不影响行车质量和使用寿命；有的裂缝经过处理，还可以消灭遗留的痕迹，无损于外观。那种在石灰土底层上加铺一层厚约15厘米的碎石联结层，以消除反射裂缝的做法，经天津市实践证明，这只能减轻而不能完全消除裂缝。更因其造价高，收效又不大，已不再采用。

70年代末，一般渣油路面已难适应干线公路交通量日益增长的需求。许多地区采用“上层拌和，下层贯入”式沥青路面结构，可以适应一些干线公路昼夜交通量5000辆次的需要。

80年代初，阳离子乳化沥青在中国研制成功并用于筑路。阳离子乳化沥青是一种比较新的路面黏结材料，是以热溶状沥青经过高速离心、剪切、搅拌等机械破碎作用，使其微小液滴均匀稳定地分散在含乳化剂的水溶液中，成为水包油型的乳化状态材料，已在许多省、自治区、直辖市推广使用。它的优点是：乳化沥青在常温下具有较好的流动性，不需加热即可直接使用，既节约能源和沥青，改善施工条件，又能避免工人烧伤、烫伤，减少环境污染。用于养护黑色路面，作为解决低温、雨季修补油路坑槽的重大技术措施，效益尤为显著。在 1986 年 12 月浙江全省公路路况检查中，除个别路段外，绝大部分渣油路面都比较平整。检查组认为，采用阳离子乳化沥青及时修补、养护，是重要原因之一。

80 年代以来，公路汽车交通量迅速增长，重车比例日益扩大，不少渣油路面已超龄服役，难以适应新的交通强度，亟待加强和翻修。但是，沥青、渣油短缺。为此，山西等省从 1982 年起，把旧渣油路面材料再生利用的问题提到议事日程。通过对旧油路材料再生的机理分析表明，旧路渣油趋向于稠化而不是像沥青那样老化，热稳性比新渣油好，质量有所提高。旧料一般可以全部利用，掺入软化剂（沥青或渣油）后，与新料（包括矿料）拌和均匀，即可作为预拌材料摊铺。新旧材料的配合比视材料组成不同而异，通常旧料占 50%—70%，用马歇尔稳定度试验确定用油量。山西省利用再生渣油铺筑的路面，经过五年的行车观察，效果良好。据统计，修筑 1 公里再生路面（厚 3 厘米，宽 6 米），平均可节约沥青材料 10.9 吨，砂石材料 123.6 立方米。

沥青、渣油加热需要耗费大量能源。为了节约煤炭，湖北省公路交通部门于 1981 年 5 月在当阳、潜江两县相继建成太阳能和远红外综合加热沥青装置。之后，推广全省。截至 1987 年年底，全省共拥有这种装置 34 座，油池总容量为 5100 吨。6 年多来，先后化油 1 万多吨，每吨耗电约 100 度（相当于 42 公斤煤的热量），可节约煤炭 200 多公斤，加热成本降低 60% 左右。上海市崇明公路管理所还制造了远红外加热搅拌设备，利用远红外辐射加热技术，在工地拌和渣油混合料，出料温度可达 60 至 80 摄氏度，每台班生产能力为 70 至 80 吨。这种设备可用汽车拖挂运输，既可用于较大规模的公路改建工程，也可用于日常的维修养护。

50 年代后期，北京市明十三陵地区还试铺过块石路面，因造价高，在本地区未获推广。而浙江省在开采块石方面具有独特条件，熟练石工多，在全省条件适宜地区，先后铺筑了数以百公里计的造价低、易于养护且经济耐用的块石路面。

第三节　高级路面

80 年代以来，高等级公路建设发展迅速。到 1987 年年末，约有 3 万公里。这些高等级公路都采用沥青混凝土路面或水泥混凝土路面。沥青混凝土路面造价较低，使用寿命为 15 至 20 年，养护费用较高；水泥混凝土路面造价虽然较高，但一般使用寿命在 40 年以上，养护费用也低。从中国的具体条件出发，在新建的高等级路面中，仍然以沥青混凝土路面居多。

一、沥青混凝土路面

在沥青混凝土路面建设中，要求路基有良好的排水系统和足够的压实度，基层有足够的强度和稳定性，面层用优质沥青并具备耐磨、防水、抗滑等性能。为保证路面摊铺质量及其进度，各地在采用国产筑路机械的同时，还引进了部分较为先进的机械设备，如沥青混合料拌和设备及沥青摊铺机等。

沥青混凝土路面建设大多采用半刚性基层，石灰土类结构是其中之一。尽管它在次高级路面中取得成熟经验，但作为高级路面基层，各地普遍采取了提高其结构性能的措施。山西、北京等省、直辖市掺用粉煤灰，增强了水稳性，后期强度逐年增长。山东、辽宁等省外掺适量水泥和粒料，提高了早期强度，并认为片面追求强度而采用过量水泥，势必增加裂缝的出现。上海市利用含钙工业废渣修成优质基层，减薄了沥青面层厚度。此外，综合利用无机结合料的半刚性基层也取得不少进展。在半刚性基层上直接铺筑较薄的沥青混凝土路面，与国内外传统式柔性基层相比，可节约造价 40%—60%，且使用寿命较长。这是一种具有中国特色的路面结构。

为防止半刚性基层产生反射裂缝，各地采取了一些不同措施。广东省在半刚性基层上采用预先锯缝和使用土工布等办法，以避免或减少裂缝的产生。山东省泰安地区采用玻璃纤维薄膜处治沥青的反射裂缝。江西省从改善沥青性能着手，制成一种高橡胶含量的沥青橡胶薄膜，置于半刚性基层和沥青面层之间，以防止裂缝的反射。另外还用在已开裂的路面上，以罩面或夹层形式，来防止裂缝反射，延长罩面层的使用寿命。实践证明，沥青橡胶罩面和夹层具有良好的抗裂和防水性能，能有效地防止沥青路面的反射裂缝，且施工简便，造价低廉。

高等级公路的设计车速高。因此，沥青混凝土路面必须具有足够的抗滑能力，以避免由于路面滑溜而导致交通事故。进入 80 年代，随着高等级公路的兴建，路面防滑问题已引起广泛注意。交通部对沥青路面防滑指标，规定了用摩擦系数摆式仪测定摩擦系数、构造深度和石料磨光值 3 项指标，作为不同道路等级沥青路面抗滑标准。测定石料磨光值的石料加速磨光机，已由江苏省沭阳公路仪器厂研制成功，并通过鉴定投产。江苏省公路交通部门对全省石料进行普查测试之后，于 1986 年绘制了全省石料磨光值指标图，供修筑沥青面层选用。江西省公路交通部门认为，防滑磨耗层骨料级配，以采用主骨料占 60% 的骨架密实结构为宜；石料要求质硬耐磨，用软硬掺配的混合石料，采用 3∶7、1∶1、7∶3 的配比，都同样具有良好的防滑效果。黏结料要求采用符合规格的路用石油沥青，沥青稠度稀，则掺废旧橡胶粉 15% 改性。

二、水泥混凝土路面

50 年代初期，在北京至天津公路上修筑了就地浇注的和用预制块铺筑的水泥混凝土路面。嗣后，因供应筑路用的水泥不多，很少修筑水泥混凝土路面。到 70 年代，随着地方水泥工业的发展，为修筑水泥混凝土路面创造了条件。1987 年，全国水泥混凝土路面里程共有 6000 多公里，其中广东省达 2000 多公里，浙江省次之，河北省位居第三。

水泥混凝土路面通常用不低于 425 号水泥来修筑。但许多市、县水泥厂生产的水泥都是低标号的，一般为325号。公路交通部门把它作为路用材料，采取了不少措施。1983年，江西省铺筑了上层用300级混凝土、下层用200级混凝土的路面，经过四年的行车考验，效果良好。更多的单位则用干硬性混凝土混合料，或采用真空吸水工艺，降低水灰比，使用325号水泥配制的混凝土，其强度和耐久性能都能满足路用要求。

江苏省交通厅在水泥混凝土路面施工中，用真空机组和薄膜吸垫吸出混凝土中多余水分，以降低水灰比，用振动梁刮平表面并振实，用滚杠提浆拉平，然后用抹光机抹平、压纹（或以后用刻槽机刻纹），喷洒养护剂养生，再用切缝机切割假缝。这种以真空吸水工艺和相应的小型配套机械施工方法，改变了传统手工作业，形成了适合中国国情的小型机械化施工工艺，提高了工程质量，减轻了劳动强度，节约了原材料，综合经济效益显著，为实现水泥混凝土路面小型机械化施工开辟了新途径。

在修筑水泥混凝土路面过程中，公路交通部门已广泛使用外掺剂来达到提高混凝土性能、节约水泥、缩短工期的目的。外掺剂已成为水泥混凝土中和水泥、砂、石、水同等重要的第五种组成材料。浙江省台州公路总段用325号水泥，外掺FDN减水剂0.5%，一般均能达到设计要求的强度；金华公路总段用木质素硫酸钙减水剂0.2%，抗折强度可达50公斤/平方厘米，每立方米混凝土还可节约水泥15公斤。江西省实践证明，减水剂掺量为水泥用量0.5%时，可减少用水量10%—15%，仍能保持适宜的施工和易性，7天的抗压强度为设计强度的70%左右，在不影响设计强度的前提下，可节约水泥10%左右，且路面混凝土强度和质量都能获得保证。

混凝土路面接缝多，接缝施工不当，难以保证路面的平整度，以致引起行车跳动，影响使用质量。各地公路部门除改进伸缝模板和传力杆安装工艺外，对缩缝的施工工艺一般采用机械切割方法。机械切缝的关键是控制混凝土最佳切割强度。过早切割，容易造成缝边缺角；过迟切割，又易引起板面收缩裂缝，切片磨损也大。浙江省约80%的水泥混凝土路面施工采用机械切缝，主要的经验是：碎石混凝土的最佳切割抗压强度为 60—120 公斤/平方厘米，砾石混凝土的最佳切割抗压强度为 90—120 公斤/平方厘米；切割 1 条长 4.5 米、宽 3 至 4 毫米、深 4 至 5 厘米的缩缝，需 7 至 7.5 分钟。

对于水泥混凝土路面的填缝料，普遍摒弃了以往采用的沥青砂，改用橡胶沥青等弹黏性和热稳性都好的材料，既提高了伸、缩缝的平整度，还能预防雨水沿缝隙渗入基层。

检验水泥混凝土路面板的施工质量，传统的办法有两种：一是在工地制作小梁进行试验，二是从建成板面中切割小梁进行试验。前者代表性不足，后者又破坏了水泥混凝土板面。1984 年，在江苏省交通厅、中国民航机场设计研究所和南京工学院等单位的共同努力下，采用圆芯检验水泥混凝土板的劈裂强度与抗折强度的关系式，获得成功。这一方法已纳入国家验收规范。

至于水泥混凝土路面传统采用的砂垫层方法，因效果欠佳已被废除，取而代之的是石灰土类基层。这不仅避免了接缝渗水时对基层强度的影响，防止抽吸作用，而且加强了基层的承载能力和层间的连续性，有利于减薄混凝土路面厚度。

38 年来，中国公路路面等级、筑路材料、技术装备和技术水平等方面的发展历程，大致分为 3 个阶段：

新中国成立至 1964 年，公路路面的发展，是从大量土路过渡到中、低级路面的阶段。路面结构是采用就地取材的土、砂、石等材料组成的，目的是达到晴雨通车。当时，筑路机械很少，即使是必不可少的压路机也为数不多，路面施工、养护绝大部分是手工操作。广大公路职工虽然创造了许多人力工具，如月弓锤石、踏板夯、扫砂车等，但效率高、施工质量好并可大大减轻劳动强度的筑路机械几乎没有。在筑路材料方面，路用煤沥青产量不多，进口石油沥青有限，国产水泥也少，在这些客观条件制约下，公路路面徘徊在中、低级水平上长达 15 年之久。

1965 年到 1978 年，次高级路面发展很快。公路路面进入以发展渣油路面为主的阶段。大庆油田投产以后，国产石油沥青及炼油副产品——渣油逐年增多。这些沥青和渣油对公路路面的改善、提高，起到关键作用。加上国产沥青洒布机、沥青洒布车、轻型和重型压路机等筑路机械增多，为沥青和渣油路面施工提供了物质基础，从而加速了黑色路面的施工进度，施工质量也有保证，公路面貌得以改观。

中共十一届三中全会以后至 1987 年，公路路面建设步入以发展高级路面为主的阶段。高级路面的发展是伴随着高等级公路里程的不断增长而同步前进的。在此期间，筑路材料供应情况大有改善，国产沥青质量有所提高，还开发了新的优质沥青品种。地方水泥厂纷纷建立，水泥产量有较大幅度增加，质量也适于公路建设使用。这两种必不可少的筑路材料，为发展高级路面——沥青混凝土和水泥混凝土路面，提供了可靠的保证。同时，国产通用机械和筑路专用机械，不论在品种上或是数量上，都比过去多得多。大批工程技术人员经过现场工作的锻炼和培训，实践经验日益丰富，不但在建设中的高速公路上铺筑了高级路面，而且在一级公路和一些重要的二级公路上也铺筑了高级路面。

中国公路路面建设起步较晚。1987 年，许多次要干线公路和县乡公路铺筑的路面，仍然以中、低级路面为主，没有路面的土路还占全国公路总里程 17% 左右。中国公路工作者肩负的使命任重而道远。

第七章
公路桥梁

桥梁是公路的重要组成部分。在旧中国，由于经济技术落后，公路上建造的桥梁很少，永久式桥梁更少。至于大江大河上的桥梁，因为水深流急，地质复杂，河面宽阔，施工困难，投资又大，建造的更是寥寥无几。新中国成立前夕，全国公路桥梁的总长度仅约 30 万米。其中较大的永久式桥只有 130 余座。新中国成立后，随着公路建设的大规模进行，公路桥梁建设得到了很大发展。到 1987 年年末，全国公路桥梁达 15.59 万座，总长 455.3 万米，其中永久式桥 14.86 万座，总长 442.97 万米。

大江大河上的桥梁建设成就尤为引人瞩目。在古称“天堑”的长江上，在旧中国并没有建造过一座公路大桥，就是在其水系的主要支流上，也只是在赣江、乌江等江河上建造过少数公路桥梁。新中国成立后，不仅在长江主要支流上建成了公路大桥、特大桥 100 余座，总长近 4 万米，而且在其源头的沱沱河、通天河，上游的金沙江，以及长江干流上，共建成公路大桥、特大桥 24 座，总长 1.52 万米。长江干流上的泸州、重庆、葛洲坝（三江）、枝江、武汉、南京 6 座总长 1.11 万米的特大桥梁的建成（后 3 座为公、铁两用桥），充分反映了中国桥梁建设的技术水平。长江（含金沙江）特大桥概况见表 6。被称为中华民族的摇篮和文化发祥地的黄河，到 1987 年年末，已建和在建的公路大桥、特大桥共 46 座，总长 3.2 万米。黄河特大桥概况见表 7。珠江是广东省境内最大的河流，六七十年代，只是在东江、西江和北江上，修建了东江、西南、英德、青莲、澜石等大桥，共长约 2800 米。实行改革、开放方针以后，到 1987 年年末，仅在珠江各干流上就改渡为桥20处，总长1.13万米。珠江（含西江、北江、东江）公路特大桥概况见表8。除长江、黄河、珠江3大河流外，在其他一些大河上，也修建了多座大桥和特大桥，如在淮河上修建的有安徽省的五河桥、江苏省的盱眙桥等特大桥7座，共长8686米；在松花江上修建的有哈尔滨松花江等特大桥5座，总长5396米；在闽江上修建的有乌龙江等特大桥4座，总长2207米。另外，在辽河、滦河、京杭大运河、澜沧江、怒江等大河上，也建有特大桥梁27座，总长1.64万米。这些特大桥的概况见表9。

中国的公路桥梁建设，除施工机械、设备、检测试验手段与国外相比仍有差距外，在新桥型、新结构、新工艺和设计理论、计算方法等方面，已跻身于世界先进行列。这些成就对加速公路桥梁建设的现代化进程和改变中国公路交通的落后面貌起到了重要作用。

长江（含金沙江）公路特大概况

（1987年）

表6

桥　名	所　在省、区	主孔桥型结构	主孔最大跨径（米）	桥　梁全　长（米）	建成年份	备　注
伏龙桥	云南省	钢悬索桥	108.00	113.40	1959	在金沙江上
树底吊桥	云南省	钢悬索桥	111.00	125.80	1960	在金沙江上
金安桥	云南省	钢筋混凝土箱型拱	110.00	186.00	1982	在金沙江上
金江桥	云南省	钢悬索桥	136.00	222.20	1962	在金沙江上
宝鼎桥（07号桥）	四川省	钢筋混凝土箱型拱	170.00	392.00	1982	在金沙江上
荷花桥（05号桥）	四川省	钢筋混凝土箱型拱	110.00	252.20	1975	在金沙江上
河门桥（04号桥）	四川省	钢悬索桥	185.00	212.00	1968	在金沙江上
新庄桥（06号桥）	四川省	钢筋混凝土箱型拱	146.00	327.20	1972	在金沙江上
渡口大桥（02号桥）	四川省	栓结钢板箱型无铰拱	180.00	304.50	1966	在金沙江上
密地桥（03号桥）	四川省	栓焊钢桁架拱	180.00	299.00	1969	在金沙江上
红果桥	四川省	钢悬索桥	140.00	152.00	1982	在金沙江上
马鸣溪桥	四川省	钢筋混凝土箱型拱	150.00	245.00	1979	在金沙江上
泸州长江大桥	四川省	预应力混凝土T型刚构	170.00	1255.60	1982	
重庆长江大桥	四川省	预应力混凝土T型刚构	174.00	1120.00	1980	

续表

桥　　名	所　在 省、区	主孔桥型结构	主孔最大跨径（米）	桥　梁 全　长（米）	建成年份	备注
葛洲坝三江桥	湖北省	预应力混凝土 T 型梁和 T 型刚构	158.00	750.00	1981	葛洲坝水利枢纽工程附属工程
枝城长江大桥	湖北省	连续钢桁架	160.00	（公路部分）1750.10	1971	公路铁路两用桥
武汉长江大桥	湖北省	连续钢桁架	128.00	1670.60	1957	公路铁路两用桥
南京长江大桥	江苏省	连续钢桁架	160.00	（公路部分）4589.00	1968	公路铁路两用桥

注：各桥按河流上下游顺序排列。

黄河公路特大桥概况

（1987 年）

表 7

桥　　名	所在省、区	主孔桥型结构	主孔最大跨径（米）	桥　梁 全　长（米）	建成年份
尖扎马克扩桥	青海省	钢筋混凝土箱型拱	100.00	165.38	1983
积石吊桥	青海省	钢悬索桥	124.00	140.00	1979
八盘峡吊桥	甘肃省	钢悬索桥	174.00	180.00	1983
桑圈子吊桥	甘肃省	钢悬索桥	140.00	140.00	1980
什川吊桥	甘肃省	钢悬索桥	124.00	165.00	1971
平堡吊桥	甘肃省	钢悬索桥	133.00	192.40	1971
中宁石空黄河桥	宁夏回族自治区	预应力混凝土 T 型梁	40.00	926.98	1986
叶盛黄河桥	宁夏回族自治区	双曲拱	40.00	591.10	1970
包头黄河桥	内蒙古自治区	预应力混凝土连续梁	60.00	810.00	1983
保德黄河桥	山西省	预应力混凝土 T 型刚构	60.00	639.08	1972
禹门口桥	陕西省	钢悬索桥	144.00	167.20	1973
新安黄河桥	河南省	钢悬索桥	320.00	320.00	1982
白浪黄河桥	河南省	钢悬索桥	438.00	440.00	1986
洛阳黄河桥	河南省	预应力混凝土 T 型梁	50.00	3428.90	1977
郑州黄河新桥	河南省	预应力混凝土 T 型梁	50.00	5549.86	1986
平阴黄河桥	山东省	连续钢桁架	112.00	963.50	1970
济南黄河桥	山东省	预应力混凝土斜拉桥	220.00	2023.44	1982
滨州黄河桥	山东省	连续钢桁架	112.70	2931.50	1972
东营黄河桥	山东省	钢梁斜拉桥	288.00	2817.46	1987

珠江（含西江、北江、东江）公路特大桥概况

（1987年）

表8

桥名	所在省、市	主孔桥型结构	主孔最大跨径（米）	桥梁全长（米）	建成年份	备注
龙江桥	广东省	预应力混凝土T型刚构	52.5	554.30	1983	在珠江河网顺德水道上
三洪奇桥	广东省	预应力混凝土连续梁	54	697.84	1984	在珠江河网顺德水道上
容奇桥	广东省	预应力混凝土连续梁	90	1023.64	1984	在珠江河网容桂水道上
细滘桥	广东省	预应力混凝土连续梁	54	644.00	1984	在珠江河网桂洲水道上
沙口桥	广东省	预应力混凝土连续梁	90	916.50	1984	在珠江河网小榄水道上
新涌桥	广东省	预应力混凝土T型简支梁	51	590.40	1987	在珠江河网顺德支流上
英德桥	广东省	钢筋混凝土双曲拱	80	1013.70	1971	在北江上
清远桥	广东省	钢筋混凝土刚架拱	70	1058.00	1985	在北江上
马房桥	广东省	钢桁架（正交异性板）	64	919.60	1984	在北江上（公铁两用桥）
西樵山桥	广东省	钢筋混凝土斜拉桥	125	706.00	1987	在珠江河网顺德水道上
惠阳东江桥	广东省	钢筋混凝土箱型拱	75	805.73	1981	在东江上
中堂桥	广东省	预应力混凝土连续梁	45	522.00	1983	在东江上
江南桥	广东省	钢筋混凝土箱型拱	68	823.80	1984	在东江北干流上
广州人民大桥	广州市	预应力混凝土T型刚构	74	702.00	1976	在珠江上
广州大桥	广州市	预应力混凝土连续梁	110	979.00	1985	在珠江上

其他大河公路特大桥梁概况

（1987 年）

表 9

河流名称	桥名	所在省、区	主孔桥型结构	主孔最大跨径（米）	桥梁全长（米）	建成年份
京杭运河	武城桥	山东省	钢筋混凝土系杆拱	50.00	687.70	1959
	临清桥	山东省	钢筋混凝土系杆拱	50.00	579.60	1958
	台庄桥	山东省	钢筋混凝土微弯板工字梁	15.00	584.50	1968
	中运河桥	江苏省	钢筋混凝土 T 型梁	30.00	686.20	1965
	宿迁运河桥	江苏省	双曲拱	70.00	642.46	1976
	泗阳大桥	江苏省	双曲拱	80.00	521.00	1976
淮河	甘岸桥	河南省	钢筋混凝土 T 型梁	22.20	538.80	1970
	罗山淮河桥	河南省	钢筋混凝土 T 型梁	22.20	582.40	1969
	花埠桥	河南省	钢筋混凝土 T 型梁	22.20	625.70	1965
	淮南淮河桥	安徽省	连续钢桁架	96.00	3195.70	
	蚌埠桥	安徽省	预应力混凝土 T 型梁	48.80	789.50	1960
	淮河桥	安徽省	预应力混凝土 T 型刚构	90.00	1031.26	1977
	泗汙汉路淮河桥	江苏省	预应力混凝土 T 型刚构	70.00	1922.90	1978
闽江	闽清桥	福建省	钢筋混凝土箱型拱	75.00	733.70	1976
	新洪山桥	福建省	预应力混凝土 T 型刚构	110.00	363.36	1985
	解放桥	福建省	预应力混凝土 T 型梁	38.00	558.10	
	乌龙江桥	福建省	预应力混凝土 T 型刚构	144.00	552.22	1971
滦河	承德滦河桥	河北省	钢筋混凝土撑架连续梁	20.40	500.00	1977
	迁西洒河桥	河北省	钢筋混凝土 T 型梁	22.20	523.11	1975
	迁西郭沟桥	河北省	钢筋混凝土 T 型梁	22.20	637.20	1968
	滦县滦河北桥	河北省	预应力混凝土 T 型连续梁	40.00	979.51	1978
	滦县滦河南桥	河北省	钢筋混凝土 T 型梁	22.20	989.00	1978
	迁安爪村桥	河北省	钢筋混凝土 T 型梁	22.20	695.09	1973
辽河	通江口桥	辽宁省	结合梁	16.70	590.60	1970
	巨流河桥	辽宁省	钢筋混凝土 T 型梁	21.50	960.00	1970
	满都户桥	辽宁省	钢筋混凝土 T 型梁	22.20	870.64	1970
	马虎山桥	辽宁省	钢筋混凝土 T 型梁	22.20	622.26	1966
	红庙子桥	辽宁省	预应力混凝土 T 型梁	30.00	885.00	1976
	田庄台桥	辽宁省	预应力混凝土 T 型刚构	74.46	878.90	1977
	毓宝台桥	辽宁省	预应力混凝土 T 型梁	30.00	966.00	
	双安桥	辽宁省	预应力混凝土 T 型梁	30.00	606.00	

续表

河流名称	桥　名	所在省、区	主孔桥型结构	主孔最大跨径（米）	桥梁全长（米）	建成年份
松花江	松花江桥	吉林省	石拱桥	40.00	602.00	1971
	半拉山松花江桥	吉林省	预应力混凝土T型梁	40.00	602.00	1971
	前扶松花江桥	吉林省	预应力混凝土T型刚构	49.00	1389.00	1973
	哈尔滨东江桥	黑龙江省	钢桁架	96.00	1147.64	1934
	哈尔滨松花江桥	黑龙江省	预应力混凝土箱型连续梁	90.00	1656.00	1986
澜沧江	昂欠桥	青海省	钢筋混凝土箱型拱	100.00	126.00	1977
	功果桥	云南省	钢悬索桥	135.00	158.05	1962年修复
	澜沧桥	云南省	钢悬索桥	102.60	132.90	1959
怒江	茨开桥	云南省	钢悬索桥	117.00	121.00	1973
	六库向阳桥	云南省	钢悬索桥	136.00	140.00	1968
	东风桥	云南省	钢悬索桥	139.70	169.28	
	红旗桥	云南省	钢筋混凝土箱型拱	116	205.39	1974

第一节　石拱桥的革新

自古以来，中国各族人民在桥梁建筑方面，积累了丰富的经验，修建的桥梁遍布城乡，数以万计。石桥，特别是石拱桥，是中国桥梁建筑惯用的传统桥型之一。千百年来，历久不衰。石拱桥坚固耐久，雄伟壮丽，装点江山，到处增色。历代能工巧匠曾建成许多工程艰巨、造型优美、结构合理的石拱桥，其中有不少虽经风雨侵蚀千载，仍基本保持完好，至今依然闪耀着中国人民勤奋、智慧的光辉。

新中国成立以后的相当一段时期，钢材、水泥供应不足。50年代中期，交通部要求各地公路部门发挥中国修建石拱桥传统的优势，因地制宜，就地取材，推广修建石拱桥，以适应公路建设的需要。全国公路普查结果表明，截至1979年年底，在干线公路和县乡公路上，新建大、中型石拱桥达5000座以上，占新建大、中型桥梁总座数的32%左右。城市道路和厂矿专用公路上的石拱桥尚未统计在内。至于各地修建的小石拱桥和石砌拱式涵洞，更是难以胜数。浙江省从1958年起的5年中，在干线和县乡公路上就修建了石拱桥487座，总长1.12万多米；另外还在农村道路上修建了石拱桥200多座。50年代末，陕西省延河桥与湖南省黄虎港桥相继建成，解放了人们的思想，把石拱桥的建设推向一个新的阶段。石拱桥的发展除表现在数量上的迅猛上升外，还表现在石拱桥跨径的扩大，建拱材料和结构形式的多样化，以及建桥职工技术水平的提高。

一、大跨径石拱桥的崛起

石拱桥在中国虽有悠久的历史，但直到新中国成立以前，还未出现过一座跨径超过赵州桥的石拱桥，也未曾建成跨径较大的多孔联拱桥。1958年，陕西省在革命圣地延安，利用当地砂土石料做成“土牛拱胎”代替木拱架，建成了3孔跨径各30米，全长115.52米的延河桥。这座与宝塔山、延河水交相辉映的大石拱桥，节省了大量拱架木料，使广大建桥职工耳目为之一新。

然而，真正推动石拱桥，特别是推动大跨径石拱桥建设阔步前进的，却是由交通部组织的大桥设计组设计，由石清公路指挥部桥工所施工，于1959年建成的湖南省黄虎港桥。黄虎港桥是石门至清官渡公路的重点工程。在这石门县有名的“天险”处建桥，要跨越深约200米、自然陡坡80度以上的深沟峡谷。这座高出水面50米以上，主孔跨径达60米的石拱桥，连通了石、清公路，使过去的羊肠小道变成大道通衢。黄虎港桥的建成，不仅使中国公路石拱桥的修建在跨径上打破了赵州桥保持了1300多年的纪录，而且在设计、施工工艺上，也创造了宝贵的经验。例如分环、分段、分阶段的“拱圈三分砌筑法”，就为以后修建大跨径石拱桥提供了范例。

黄虎港桥的实践经验，消除了技术人员对修建大跨径石拱桥的种种疑虑，解放了思想。于是跨径更大的石拱桥相继出现在中国的公路上。1961年，云南省首先在南盘江上建成了单孔跨径112.5米的长虹桥。这座特大桥系云南省交通厅公路勘察设计院设计，由桥工大队修建的是中国第一座跨径突破100米的特大型石拱桥。后来，四川省又建成了由四川省交通厅公路勘察设计院设计，丰都县工交局施工，单孔跨径为116米的九溪沟大桥。这些特大型石拱桥的建成，使人们对修建大跨径石拱桥在技术上的可能性和经济上的合理性加深了认识，从而进一步提高了各地修建石拱桥的积极性。因此，石拱桥逐步成为中国公路大、中型桥梁中数量最多的一种桥型。到1987年，在中国公路上，单孔跨径等于或大于100米的石拱桥，有河南省的愚公桥、浒湾桥，湖北省的小渡船桥、通山新桥，安徽省的江津桥，四川省的龚滩桥，山西省的丹河桥等10余座。单孔跨径大于40米或多孔全长大于100米的大型石拱桥，已在千座以上。

二、拱圈石料规格的变革

石拱桥拱圈石料规格，其传统要求较为严格，备料费工费时，造价偏高，工期较长。因此，如何节省备料的劳动力，是发展石拱桥的关键之一。

1952年，江西省公路局监工员谭益生在南昌至小梅关公路上选用就地开采成层岩片和块石，建成1座单孔7米的石拱桥。以后，江西省又以开山岩片、块石用水泥砂浆或小石子混凝土砌筑了不少石拱桥、涵。经多年的运营考验，情况良好。1958年9月，交通部在江西省吉安召开的13省养路技术革命现场会上，介绍了这一经验，受到与会代表的极大重视。实践证明，简化和降低拱圈石料规格，在技术上、经济上都是可行的，只要采取适当措施，工程质量也可得到充分保证。辽宁省的富尔江桥，利用桥址附近的石灰岩块石砌筑拱圈，比采备料石节省了2/3的人力。从此以后，料石拱桥一统天下的局面被打破，用块石、片石和卵石修建拱桥之风在全国兴起。至此，石拱桥的修建跨进了一个崭新的阶段。

跨径最大的块石拱桥，是四川省的富顺沱江红旗桥和九溪沟桥。前者的跨径为111米，后者为116米。这两座桥的拱圈，采用块石和大块片石，数量各占一半，并用小石子混凝土砌筑。以小石子混凝土代替砂浆，是一项新的砌筑工艺，对促进块石拱桥、片石拱桥的发展起到了重要作用。

用块石代替料石，是对料石拱桥石料规格的一次重大改革，直接采用开山片石砌筑拱圈，则是对拱圈石料规格的又一项革新。江西省在1959年建成的3孔跨径各34米、全长132.4米的德安大桥，以及1965年建成的6孔跨径各40米、全长350米的弋阳大桥，均为修建大跨径片石拱桥树立了榜样。辽宁、湖南等省甚至用大爆破法取料，借以提高备料的工效。有些省、自治区、直辖市还采用大型片石预制块砌筑拱圈，或将整孔片石拱采用压力灌浆法施工，都取得良好效果，这就使片石拱桥得以普遍推广。

卵石拱桥修建得最多的是四川省彭县。当地盛产大河卵石，公路部门利用它作为建拱材料，在县乡公路和农村道路上修建了上千座卵石拱桥、涵，彻底改变了全县千百年来交通闭塞的状况。江西、浙江、福建、云南等省也相继建成了许多卵石拱桥、涵。

三、拱圈结构形式的改进

节省拱桥备料劳动力和减轻其自重的另一途径，是从拱圈截面中挖掘潜力，对拱圈结构型式进行革新。辽宁、湖南、湖北等省借鉴钢筋混凝土肋拱桥的经验，建造了一些石肋拱桥，即将主拱圈的矩形截面挖空以减小其体积，并减轻其重量。最早出现在中国公路上的大跨径石肋拱桥，是陕西省1960年建成的3孔跨径各65米的阳平关嘉陵江桥。另一座石肋大拱桥，是四川省合江县赤水河桥，它的两个主孔跨径各75米，全长223米。

将主拱圈截面挖空成Π形截面的，有河南省浒湾大桥，它比一般矩形截面的拱圈节省石料30%左右。湖南省还创建了一种拱圈为⊥形或凵形的石板肋拱桥，即在和主拱圈同宽的石砌板上加砌拱肋，既可提高主拱圈的抗弯刚度，又可较一般石拱桥节省大量石料，经济效益十分显著。到1984年年底，湖南全省共建造石板肋拱桥56座，总长约3800米。其中，跨径最大的是大庸县茅岗桥，两孔跨径各70米，全长176.5米。

石拱桥虽历经变革，但其固有的三大缺点仍难于全部克服：一是自身较重，不适于在软弱地基上修建；二是预制装配化程度差，不易采用机械化施工；三是拱架木料耗用量较多，且难免受洪水威胁。针对这些缺点，1965 年以后，又出现了多种新型拱桥，如双曲拱桥、桁架拱桥、刚架拱桥、箱型拱桥，以及与之相适应的施工工艺，如缆索吊装法、转体施工法和悬臂施工法，从而推动了中国拱桥建筑技术的进一步发展。

第二节　双曲拱桥的创建

50 年代后期，很多木桥“超期服役”，已成为危险桥梁，使运输生产和行车安全受到严重影响。因此，改建公路木桥就成为 60 年代公路部门的一项紧迫任务。修建石拱桥用工量大，工期长；修建钢筋混凝土桥，钢材、水泥供应不足，不可能大量修建。在这种背景下，双曲拱桥便应运而出。

一、第一座双曲拱桥的诞生

江苏省无锡县位于长江三角洲的水网地区，水道纵横，桥梁众多。据 1964 年普查，在全县农村道路上有桥梁 3505 座，其中 80% 是临时式木桥，年久失修，木质腐朽，桥梁建设任务极为繁重。当时，无锡县交通局桥梁工程队仅有 10 名工人，经费有限，建筑材料又少，一年只能修建一二十座钢筋混凝土梁桥或板桥。以此推算，改建全部木桥，至少需要一二百年。无锡县交通局桥梁工程队面对如此严峻的形势，以苏松源为主，另外还有蔡夕锦等老工人，从实地调查中得到启发，设想把传统的石拱桥结构和钢筋混凝土梁桥的分部预制装配工艺结合起来，采用预制的拱形曲梁代替拱架，再在其上砌筑横向小拱圈，形成多波曲面。根据这种设想，一座砖砌的模型桥于 1964 年试建成功，旋即在无锡县东亭南河上又成功地修建了一座跨径 9 米、宽 1.5 米的试验桥。由于这种新桥型的顺桥纵向（车辆行驶方向）有拱形曲梁（后称拱肋）若干条，横向（水流方向）曲梁间有小拱圈（后称拱波），因此，称为双曲拱桥。

二、双曲拱桥的推广与普及

无锡县交通局桥工队在建成第一座双曲拱桥后，通过不断实践，认真总结、改进，在短期内就修建了35座跨径10至55米的农村道路桥和1座跨径55米的干线公路桥。江苏省交通厅为此于1964年和1965年在无锡市召开过两次现场会议。此后，双曲拱桥推广全国，成为中国公路和农村道路上的主要桥型之一。

双曲拱桥用钢量少，施工简便，群众容易掌握，得到公路部门的普遍重视，从而逐渐取代了石拱桥的统治地位。据1979年全国公路普查统计，在全国干线和县乡公路上，已建成的大、中型双曲拱桥达4000余座，约占大、中型桥梁总数的25%，成为仅次于石拱桥的一种桥型。双曲拱桥遍及中国大陆，而以江苏、湖南两省最多。从1964年到1973年，江苏省就建成双曲拱公路桥1392座，总长约4.96万米，占全省新建、改建公路桥梁的70%左右。湖南省到1984年年底共建成大、中型双曲拱公路桥582座，总长5.36万米，分别占该省大、中型公路桥梁总座数的27%，总长度的38%，其中有大桥、特大桥223座，总长约3.42万米，约占其新建大桥、特大桥总数的60%。在援外工程中，中国为塞拉利昂共和国修建了两座双曲拱桥：一座是主桥4孔，跨径各53米，全长362.97米的曼格桥；另一座是6孔，跨径各53米，全长360.22米的坎比亚桥。

双曲拱桥在农村道路的桥梁修建中更为普及。江苏省苏州、扬州、南通、盐城4个地区在农村道路上所修建的双曲拱桥，据1972年不完全统计就有8700座，总长达16.1万米。无锡县从1964年至1973年，在农村道路上共建成双曲拱桥3977座，总长6.52万米，提前超额完成了以前估算需一二百年才能完成的桥梁改建任务。在中国其他地区的农村道路上，也修建了大量双曲拱桥梁。

双曲拱桥问世20余年来，在中国公路上建成的数量之多，几乎可与石拱桥相媲美。而这种桥型在公路大桥、特大桥上的应用，作用更大于石拱桥。就已建成的40多座双曲拱特大桥而言，单孔跨径等于或大于100米的有：由湖南省交通厅陆运公司测设大队设计，由湘黔、枝柳铁路会战湘西分指挥部施工修建的罗依溪桥（跨径116米），由安徽省佛子岭水库工程指挥部承建与设计的佛子岭大桥（跨径112米），以及由河南省交通厅公路局设计并指导施工修建的跨径150米前河大桥等18座。前河大桥是中国跨径最大的双曲拱桥，其照片在1979年国际桥梁会议上展出时，曾引起世界桥梁工作者的重视。双曲拱桥全长在1000米以上的，有湖南省长沙湘江桥、江苏省沭阳新沂河桥、南京长江大桥引桥、内蒙古自治区东山湾桥和广东省英德桥等。其中由湖南省交通勘察设计院设计、由大桥工程指挥部施工的横跨湘江两岸的长沙湘江大桥，正桥为17孔双曲拱桥，计长1250米，通往橘子洲的双曲拱支桥长528米。在烟水苍茫之中，墩台高耸，一桥飞渡，蔚为壮观。登上造型各异的3座回栏曲梯远眺，橘子洲的幽胜，岳麓山的巍峨，山光、水色与虹影交相辉映，湘江、大桥与长沙城三者异体交融，绝妙景色，尽收眼底。这座桥在照顾美观和当地景观的协调配合方面取得了良好的效果。

1972年，交通部在湖南省长沙市召开了双曲拱桥技术经验交流会，印发了《公路双曲拱桥设计、施工技术规范》(征求意见稿)，对双曲拱桥的结构型式、结构构造及施工工艺等方面的问题进行了讨论，使双曲拱桥的修建技术进一步得到了改进。《双曲拱桥设计施工技术规范》颁布以后，双曲拱桥的设计、施工走上了规范化。

三、双曲拱桥的改进与提高

双曲拱桥问世以后，得到设计、科研、施工等有关方面的大力支持和配合，在修建过程中进行了大量的试验研究工作，使它从设计理论、结构型式、施工工艺上逐步得到了改进、完善和提高。

（一）结构形式的改进。双曲拱桥主拱圈的拱肋，起初使用矩形截面，这不利于拱肋和拱波的结合。后来经改进成⊥型、I型、U型，以致改进为箱型截面，从而使主拱圈的整体性大为增强。多肋多波结构是双曲拱桥的原始结构型式。70年代以后，为了加强主拱圈的整体性和改善其受力性能，逐渐转变为少肋、少波结构型式。1973年，江苏省无锡县建成了第一座单孔跨径80米的双肋（⊥型截面）单波双曲拱公路桥，即新虹桥。陕西省公路局与西安公路研究所协作，通过模型试验后，在安康至火石崖公路上首次建成单孔跨径分别为60米和80米的箱型拱肋单波双曲拱桥——三岔河桥和吉河口桥。①

（二）建筑材料的多样化。双曲拱桥原为少筋混凝土结构，但在钢材供应紧张的地区，也有就地取材用砖、石料砌筑的。第一座全部用石料砌筑的双曲拱公路桥，是四川省万县的单孔跨径50米的巫山官渡桥。其后，有四川省江津县主孔跨径100米的游渡河大桥。位于广西壮族自治区境内的跨径100米的龙武大桥，则采用石砌拱肋、混凝土拱波。湖南省在1966年到1981年间，共建造石砌双曲拱桥35座。在无锡县的农村道路双曲拱桥中，也有不少是用砖砌的。

（三）施工工艺上的改进。双曲拱桥施工工艺的改进，着重于预制构件的安装方面。初期的双曲拱桥是搭设简单支架，用以拼装预制构件或进行现场浇注。据湖南省统计，支架所需木料比石拱桥可节省50%—80%。60年代中期以后，应用较广泛的是缆索吊装法。1967年，四川省在川（四川）鄂（湖北）线上用缆索吊装法建成跨径为30米的大清流双曲拱桥。1969年，黑龙江省依兰县用吊装法建成了全省最大的双曲拱桥——牡丹江大桥，共9孔，跨径各50米，全长483.6米。1974年，浙江省首先用桁架悬臂拼装法修建几座双曲拱公路大桥获得成功。1981年，贵州省学习四川遂宁县用转体施工法建成箱型拱桥的经验，修建了1座单孔跨径80米的鲤鱼塘双曲拱公路桥。从此，中国公路上拱式桥梁

① 这两座桥均采用无支架，分三段吊装法安装，分别于1975年和1976年完成。

的施工工艺日趋多样化。施工和营运的实践证明，对于无支架施工的大跨径双曲拱桥，主拱圈或拱肋采用箱型截面是较为有利的。

双曲拱的优点是用料省、造价低、施工简便、工期短。据湖南省的初步统计，与板拱桥相比，双曲拱桥主拱圈截面的挖空率可达50%—70%，从而可大量减少拱圈自身和桥台、桥墩的圬工体积，使整个结构物的重量大为减少，也就降低了上、下部构造对地基的承载要求。和钢筋混凝土梁式桥相比，又可节省钢材。无锡县曾就一些中、小型桥梁作过比较：双曲拱桥比同跨径的钢筋混凝土板式或梁式桥可节省钢材80%左右。双曲拱桥的另一优点是可以就地取材。构件可以用混凝土、钢筋混凝土浇制，也可用砖或石料砌筑，易于推广。双曲拱桥还具有装配式桥梁的特点，基本上实现了拱桥的预制装配化。各个预制构件可以并行作业，能大大加速施工进度。如湖南省长沙市横跨湘江，全长1250米的湘江大桥，仅用1年时间就全部建成。总之，双曲拱桥在中国公路与农村道路的桥梁建设中，在危桥改建与跨越深沟峡谷的大跨径桥梁的建设中，都起到了重要作用。

双曲拱桥有优越性，但在主拱圈未组成整体以前，由于拱肋刚度较小，纵、横向易于失稳；同时，它虽较一般板拱桥为轻，而当跨径较大时，或位于软弱地基上，墩台仍易发生不均匀沉降和变位。因此，它的应用受到一定的限制。在设计、施工时，必须特别注意保证其拱肋纵横向的稳定性、构件的结合强度、主拱圈的整体性和稳定性等。20多年来，中国已建成数以万计的双曲拱桥。既获得了成功的经验，也发生过个别不尊重科学、不按技术操作规程办事，而导致恶性事故的例子，但这是人谋之不臧，应永远引以为戒，而不应归咎于双曲拱桥结构本身。

第三节　混凝土拱桥和钢筋混凝土拱桥

一、混凝土拱桥

石拱桥备料费工，为了节省劳动力，各地公路部门在简化拱圈石料规格的同时，修建了一些现场浇筑的混凝土拱桥，其中最长的是河南省郑州至孟家楼线的汝河桥（全桥15孔，全长453.9米）。另外，还有用混凝土预制块砌筑的一些板拱桥，其中跨径最大的是广西壮族自治区跨越红水河的红渡大桥（主孔跨径100米，全长223米）。混凝土预制块的优点是可以浇筑成各种不同形状的截面，可做成空心的或实心的。但在50年代，用预制块砌筑拱圈时，和现场浇筑的混凝土拱桥一样，仍旧要用满堂支架，施工所用木料数量很大。

1961年，广东省公路部门试建了一种由搭接的混凝土预制块进行悬砌成拱的悬砌拱桥，使拱桥向预制装配化和无支架施工方向发展迈开了第一步。这不仅加快了施工速度，也节省了支架木料和铁件。1965年，交通部在广东省韶关对拱圈悬砌法作了技术鉴定并予以肯定。在已经建成的悬砌拱桥中，跨径最大的是广东省河源东江大桥，主桥6孔，跨径各50米，全长422米；最长的是山东省的堽城坝桥，主桥20孔，跨径各20米，全长612.9米。

二、钢筋混凝土拱桥

（一）肋拱桥。钢筋混凝土肋拱桥在新中国成立前就有所修建。1951年陕西省在褒城建造的鸡头关桥，是新中国成立后在公路上修建的第一座肋拱桥。

中国公路上最先建造的大型肋拱桥，是1961年湖南省建造的湘潭大桥。这是一座桥面行车道布置在拱顶之上，主桥8孔，跨径各60米，全长605.2米的上承式肋拱桥。该桥是由交通部大桥设计组主办，湖南省交通厅和湖南省城建设计院参加设计，湘潭市大桥工程指挥部负责施工的。这座大桥的建成，对促进湘中与湘西南地区的工农业发展和便利湘江两岸人民的来往，发挥了重要作用。

1963年，青海省在万里长江源头的通天河上建成了玉树通天河桥。这是一座3孔，跨径各50米的钢筋混凝土上承式肋拱桥。自从此桥建成后，通天河上春季流冰和汛期洪水都再也影响不了两岸人民的交往。藏族同胞将此桥赞为通天河上的“金桥”。

1964 年，江西省建成的赣州东河大桥，是继湖南省湘潭大桥之后修建的又一座特大上承式肋拱桥。主桥 9 孔，跨径各 60 米，全长 687 米，对连接以赣州为中心的赣南公路网和便利赣州市贡水两岸人民的来往起了重大作用。跨径最大的上承式肋拱桥是山东省跨越沂河的南埠东桥，单孔跨径 92 米。

此外，跨径在 70 米以上的上承式肋拱桥还有：山东省济宁至董口线上的凤凰台桥；江苏省宁（南京）丹（丹阳）线上的铁心桥；内蒙古自治区锡林浩特至赤峰线上的四道杖房桥；甘肃省兰（州）临（洮）线上的刘家峡黄河大桥等。

桥面行车道布置在拱顶、拱脚之间的钢筋混凝土中承式肋拱桥中，最大的是 1983 年由辽宁省交通厅派工程师指导，丹东市政设计科研所设计，由丹东市政工程管理处施工建成的丹东市单孔跨径 156 米的沙河口桥，采用半刚性骨架假载法施工。在此项新工艺中，钢骨架在浇筑拱肋混凝土时，当作施工的支架，在拱肋浇成后又成为拱肋的受力钢筋，这就简化了施工设备，节省了临时辅助性材料。其设计、施工都比较经济合理，在国内属首次。但是作为施工时临时支架的钢骨架，必须保证它在浇筑拱肋混凝土的各个阶段中具有足够的刚度，以避免发生纵向或侧向失稳。

在拱肋两端拱脚之间，布置桥面行车道的下承式肋拱桥的优点，是易于和桥头接线相衔接。陕西省鸡头关桥就是下承式肋拱桥。1972 年，在云南省昆（明）畹（町）线上建成的永保桥，是当时中国公路上跨径最大的下承式肋拱桥。该桥单孔跨径 80 米，全长 165.7 米。下承式肋拱桥就是系杆拱桥的正名。它是一种具有自行消弭水平推力的拱结构。山东、江苏两省在京杭大运河上修建得较多。1959 年建成的甘肃省兰州市跨越黄河的新城桥，是一座采用预应力混凝土结构的系杆拱桥，主桥 1 孔，跨径 66

米，全长246.27米。该桥系甘（肃）新（疆）公路的起点，把河西走廊和内地紧密地连在一起。

（二）箱型拱桥、桁架拱桥和刚架拱桥。钢筋混凝土箱型拱桥具有刚度大、材料省的优点。中国第一座大跨径的箱型拱桥为1972年建成的四川省攀枝花市跨越金沙江的6号桥。该桥主跨146米，全长327米。拱箱系单箱3室，在钢拱架上进行浇筑施工。该桥在设计上为了节省拱架的用钢量，虽然也考虑了拱圈与钢拱架共同受力，而钢拱架仍达740吨。为了节省钢筋混凝土箱型拱桥的施工支架材料，四川省公路部门在修桥老工人甘师傅的建议下，吸取双曲拱桥集零为整、逐步组合成拱的工艺优点，提出钢筋混凝土箱型拱圈缆索吊装的施工方法。他们建议在设计时，把主拱圈改由多个U形截面拱肋组成。吊装就位后，再加预制盖板和现浇混凝土顶板，使之成为闭合的单室多箱截面。这样就比双曲拱桥更能适应无支架施工。按此建议进行模型试验后，于1970年7月，在川藏公路上建成了一座跨径30米的无支架施工的箱型拱试验桥。在吊装过程中，这种改进了的箱型主拱圈截面充分显示出它的优越性，避免了双曲拱桥在吊装中所出现的一些困难问题。随后，四川省陆续修建多座箱型拱桥，都取得成功。由于这种改进的箱型主拱圈截面吊装安全、方便，所以在中国公路上得到广泛的应用。据不完全统计，截至1987年，已修建的大、中型箱型拱桥有70余座，其中有大桥、特大桥60座，总长约1.6万米。跨径在100米以上的有14座，其中跨径最大的是攀枝花市规划设计研究院设计、攀枝花市桥梁工程处施工修建的四川省攀枝花市的7号桥，主桥为单孔跨径170米。另外，还有云南省金沙江上的继红桥和金安桥，四川省攀枝花市的5号桥和宜宾市的马鸣溪桥，以及青海省的尖扎马克塘黄河大桥和甘肃省的玛曲黄河大桥。

大多数箱型拱桥都采用缆索吊装法施工，但随着跨径的增大，箱型拱桥吊装设备的用钢量剧增，吊装难度也增大，所以对大跨径桥梁的桥型和施工方案必须进行多方周密比较，不可忽视。1980年，浙江省用桁架式悬臂拼装法建成单孔跨径 60 米、单室箱型截面的兰江大桥中洲支桥和两孔跨径各 92 米、单室箱型截面的曹娥江清风大桥，显示出这种主拱圈截面形式和悬臂拼装法对修建大跨径拱桥不失为一种比较成熟的、经济的设计、施工方案。

拱桥结构自身的重量偏大，在一定程度上限制了它的使用范围。为了进一步减轻拱桥结构体系的自重，实现在软弱地基上建拱的设想，中国公路桥梁工程技术人员在总结圬工（砖、石和混凝土）拱桥、双曲拱桥及钢筋混凝土拱桥的基础上，着重从改革拱桥结构型式入手，进行探索，取得了明显的成绩。从 60 年代后期至 80 年代中期，已创建了两种适应于这一目的的钢筋混凝土拱桥桥型，即桁架拱桥和刚架拱桥。

桁架拱是由桁架和拱组合而成的一种混合结构体系。它兼具两者的性能、优点，能充分发挥各个构件的潜力。桁架拱桥的拱上构造和拱肋组成的桁架片，既是传力结构，也是受力结构，因而用料较省，自重较轻，对软弱地基的适应性也较双曲拱桥、肋拱桥、箱型拱桥为好。

60 年代中期，上海市嘉定、金山等县修建了一些不同型式的试验性的轻型农村道路桥，并创建成功一种把主拱圈的拱肋和拱上构造联成为桁架式拱片的桁架拱。1970 年，第一座跨径 26 米的桁架拱公路桥（在上海市金山县）建成。同年，浙江省修建了多座跨径 30 至 50 米的桁架拱公路桥。由此，逐步积累了桁架拱桥在设计、施工方面的经验。随后，各省、市相继修建。到 1979 年，在全国干线公路和县乡公路上修建的大、中型桁架拱桥达 140 座以上，同类的小桥和农村道路桥则为数更多，其中最长的公路桁架拱桥是江苏省的墩尚沭河桥（全长 684 米）。经过十多年的运营考验，虽然有些桥的受拉构件出现一些裂缝，但总的来看，桁架拱桥是一种成功的桥型。预应力的引入，更使这种桥型在设计和施工工艺上有更新的发展，整体性与耐久性都有所提高。

70 年代中期修建的预应力混凝土桁架拱公路桥，有浙江省宁海县的越溪桥和河南省的嵩县大桥。越溪桥单孔跨径 75 米，全长 138 米。嵩县大桥是9孔，跨径各50米，全长489米。这种桥在四川、江西、贵州等省也有修建。而贵州省在80年代所修建的长岩桥、白果沱桥（跨径100米）和剑河桥（跨径150米），则是预应力混凝土悬臂桁架拱桥采用桁架悬臂拼装法施工的最好范例。长岩桥单孔跨径75米，桥面高出河谷70米，桥位处深谷峭壁，两岸引道类似栈道，从半山腰挖成，出桥头就是急弯，地势十分险恶，施工场地极为窄小。主孔跨径150米的剑河桥，为贵州省交通规划勘察设计院设计，是中国公路上已建成的跨径最大、造价最低的桁架拱桥。该桥下临深谷，施工也极为困难。

刚架拱桥可以减轻拱桥自重，有利于在软基上修建拱桥。从1976年无锡县建成第一座单孔跨径45米的刚架拱农村道路桥（单车道）以后，1977年江苏省又先后修建两座单孔跨径各为50米的刚架拱公路桥——锡航桥和志公桥。这期间，上海市川沙县也曾修建了10多座刚架拱农村道路桥。实践证明，这是一种成功的桥型，既能充分发挥主拱圈和拱上构造的整体作用，又有构件数量和材料用量较少的优点。它的结构特征是没有受拉杆件，因而能较充分地发挥混凝土的抗压性能，可使结构自重减轻，整体性较好，因此，得到了广泛重视。江苏、甘肃、湖南、湖北、河南、广东、山东、黑龙江等省相继修建了30余座，其中最长的是广东省清远北江桥，全长1058米；而跨径最大的是江苏省金城桥，单孔跨径100米。1979年，交通部对刚架拱进行了技术鉴定，并充分肯定了这种桥型的优点。

由于桁架拱与刚架拱的研制成功，进一步解决了拱桥轻量化和软弱地基建拱两个难题。拱桥的应用范围就更加扩大了。

（三）壳体桥和新型拱桥。在中国公路上，除修建了很多各种结构型式的大跨径拱桥外，还修建了不少中、小跨径的壳体桥和新型拱桥。早在60年代初期，交通部交通科学研究院便与黑龙江、广东两省公路部门协作，分别在望奎县和湛江地区试建试验性的球面扁壳桥，并取得成功。1967年，湖南省常德地区在改建临时性公路桥涵时，又修建了6座。由于在壳体结构中，混凝土的抗压性能得以充分发挥，而且用钢量极少，施工又甚简便，易于推广。这种桥型修建得较多的有山西、甘肃、陕西、河南、辽宁、湖南、浙江、安徽、宁夏、新疆等省和自治区。1973 年，山西省曾用钢丝网水泥建成 1 座 3 孔跨径各 13 米的扁壳公路桥，壳体厚度仅 4 至 4.6 厘米。荷载试验证明，它的受力性能合乎设计要求。通过结构上的一些改进，1975 年以后，陆续在阳曲县东山河上、霍县汾河上和长治市汾河上建成 3 座跨径各 20 米的钢丝网水泥扁壳桥。甘肃省平凉地区也曾建成 1 座单孔跨径 25 米的少筋混凝土、双曲抛物面扁壳公路桥，使扁壳桥的使用跨径从 6 米增大至 25 米，从而成为中、小跨径公路桥梁经常采用的桥型之一。

对于在宽浅河床或在建筑高度受到限制的地区修建桥梁，山东省公路部门首建了二铰平板拱桥以后，从 1966 年到 1975 年，又陆续建成二铰平板拱桥 192 座，总长 1.92 万米左右。其中最长的一座是岚山头至兖州公路上的临沂沭河桥。这座二铰平板拱特大桥共 64 孔，跨径各 10 米，全长 911.5 米。其他省、自治区、直辖市也多有修建或采用作为拱上构造。陕西省安康公路总段和西安公路研究所协作，在汉中到白河公路上修建了微弯板坦肋拱桥。甘肃省张掖公路总段和西安公路研究所协作，又进一步把轻型桥台和微弯板坦肋拱结合起来，改建了总长达 1280 米的危险木桥，基本上实现了该地区公路桥梁永久化。这种桥型也在全国范围内得到推广。

第四节　钢筋混凝土梁桥和预应力混凝土梁桥

一、就地浇筑整体式钢筋混凝土梁桥

1951 年，东北地区开始按苏联规范自行设计钢筋混凝土桥。1953 年，交通部公路总局组织了一些省的公路工程技术人员，在苏联专家帮助下，编制钢筋混凝土梁桥标准图，颁发各地应用，从而使各地逐步掌握了钢筋混凝土桥设计与施工技术。1956 年以前，修建钢筋混凝土桥的施工方法，一般采用满堂支架支承模板，钢筋用绑扎法联结，在现场拌和混凝土浇筑

成型。采用这种方法，主要依靠人工操作，用料较多，劳动强度大，施工时间长，工程质量也难以保证。且在河中设立支架，妨碍通航，遇上洪汛，还往往被激流冲毁。因此，改进施工工艺，一直是桥梁工程界努力的方向。

陕西省咸阳渭河桥，是西北公路交通的咽喉。1953 年 4 月开始建造，由西北军政委员会交通部所属单位承担设计与施工任务，并确定为学习苏联先进技术的重点项目。该桥系钢筋混凝土悬臂梁桥，双柱式桥墩，共 25 孔，跨径 17.5 米，全长 447.8 米，桥面净宽 7 米，两侧人行道各宽 1.5 米。在设计上，首次采用苏联的水文、水力计算方法，确定桥梁长度与桥墩冲刷深度，并用高桩承台理论设计基桩长度。在施工上，建立施工计划与施工技术管理制度，借以保证工程进度与质量；并用高压射水法，将桥墩的钢筋混凝土桩沉入河床胶结灰黏土层中。在全体职工共同努力下，大桥于 1954 年 8 月建成，结束了“咸阳古渡”的历史。

在咸阳渭河桥建造的同时，其他地方也建造多座跨径 33 米的悬臂梁桥。到 1955 年年底，已建成的有海南岛东山桥与嘉积桥，福建省南平桥和吉林省松花江桥等，其中辽宁省鞍山跨线桥的悬臂梁桥跨径则达 37 米。中等跨径 15 至 20 米的钢筋混凝土梁桥，一般均采用 T 型简支梁。1964 年，广西壮族自治区建成的南宁邕江大桥，主跨 55 米，桥面宽 24 米，全长 395 米，是当时中国公路上跨径最大的钢筋混凝土箱型截面悬臂梁桥。1965 年，在世界屋脊西藏自治区拉萨市建成了 1 座主跨 44 米，全长 533 米的钢筋混凝土 T 型刚构桥。这座大桥的建成，成为西藏自治区桥梁建设现代化的重要标志。

小桥涵工程虽然简易，但为数甚多，一般占桥涵总数的 75%，占公路总造价的 10%—20%。跨径在 6 米以上的，多数采用钢筋混凝土板与轻型桥台，可大量节省桥台圬工体积，使工程造价显著降低。

二、装配式钢筋混凝土梁桥

装配式桥优于就地浇筑整体式桥，这不仅因为它比后者少用65%的劳动力和节省90%的木材，并可加快施工进度，节约工程投资，还因它可以使预制构件的生产工业化，提高质量、降低成本，对公路建设具有重大意义。参照苏联修建装配式钢筋混凝土梁桥的经验，中国第一座装配式钢筋混凝土公路梁桥，是1955年在广东省广（州）海（安）北线建成的西溪桥，计10孔，跨径各11.4米，全长124.11米。1955年至1957年间，在修建山东省潍（坊）荣（城）公路时，开始大规模建造装配式钢筋混凝土梁桥，其中最大的是26孔，跨径各20米，全长577.7米的潍河大桥。其后装配式桥在中国逐步得到推广，就地浇筑的整体式桥则很少修建。1961年，交通部公路设计院编制装配式钢筋混凝土板桥与T型简支梁桥标准设计图，由交通部颁发各地应用，为推广装配式桥创造了良好条件。

装配式钢筋混凝土梁桥的预制构件，虽然制造工艺要求较高，运输安装所用机械设备较多，但随着中国工业水平逐步提高和材料与机械设备供应情况的改善，使发展装配式桥成为可能。有关装配式桥的施工工艺与操作规程，如螺纹钢的多层焊接与骨架形成，翼缘板与梁肋的密实振捣，以及真空作业、蒸气养生、加添掺和料等，也均经建桥职工反复试验、探索，一一获得解决，达到了预期效果。

跨径10至20米的钢筋混凝土梁的预制构件自重较大，每片T型梁重12至32吨，运输、起吊、安装需要一套机械设备。各地施工单位对预制梁的架设，也总结出一整套经验：较小跨径的预制梁用木把杆起吊，跨径较大的用联合架桥机、导梁或浮运等方法，因地制宜，分别选用。

基础工程在桥梁建筑中是影响工期和造价的关键。装配式桥如采用钻孔灌注桩基础，可大大加快施工进度。

河南省于1964年修建的竹竿河桥，共22孔，跨径各15米，总长374米。该桥是双车道的钢筋混凝土装配式T型简支梁桥，双柱式桥墩，基础首次采用钻孔灌注桩，仅用 81 个工作日就建成了，成为以装配式钢筋混凝土 T 型简支梁、双柱式桥墩和钻孔灌注桩三者结合的快速施工范例，随即在全国得到推广。如辽宁省大凌河桥，共 53 孔，跨径各 20 米，全长 1181 米；河北省滦县滦河桥，共 44 孔，跨径各 20 米，全长 989 米；陕西省周至渭河桥，共 52 孔，跨径各 20 米，全长 1158 米，均属此例。

少数民族地区与边远地区，在材料供应困难、机械设备不足的艰难情况下，经过建桥职工艰苦奋斗，积极努力，也建成了多座装配式钢筋混凝土 T 型简支梁大桥。如云南省西双版纳于 1964 年在水深流急的澜沧江上，建成 10 孔，跨径各 30 米，全长 341.4 米的景洪桥。该桥跨径较大，每片预制梁重达 50 余吨，预制与安装均很困难。新疆维吾尔自治区于 1982 年建成的阿拉尔桥，是 80 孔，跨径各 20 米，全长 1600 米的装配式钢筋混凝土 T 型简支梁桥，是新疆最长的公路桥。该桥位于塔里木盆地北缘，是库车至和田公路的枢纽。西藏自治区于 1966 年建成的曲水河桥，共 33 孔，跨径各 20 米，全长 738.4 米，钻孔灌注桩基础。藏、汉人民团结奋战，仅用 5 个多月时间，就建成了这座位于雅鲁藏布江上的第一座装配式钢筋混凝土现代化大桥。

采用钢筋混凝土工字梁与少筋微弯板分别预制、安装联成整体的组合桥面系的微弯板工字梁桥，具有吊装重量轻、便于地方工程队伍施工的优点。河北省 1974 年用此法修建的白洋淀桥，共 74 孔，跨径各 16 米，全长 1184 米。1976 年用此法修建的子牙河桥，共 74 孔，跨径各 14.1 米，全长 1049.8 米。湖北省也用此法修建了几座桥，如东荆河桥共 40 孔，其中 36 孔跨径各 20 米，4 孔跨径各 40 米，全长 1104.64 米；跨越汉江分洪道的杜台桥，共 37 孔，跨径各 22 米，全长 829.57 米。其他地方应用此法修建的中、小型桥梁则更多。

三、预应力混凝土梁桥

装配式钢筋混凝土梁桥跨径超过 20 米的所需材料较多，既不经济，又难于保证工程质量。从五六十年代建成的20米跨径T型简支梁桥的工作状态来看，其中多数出现裂纹，即使增用钢材，也难完全避免。因此，跨径大于20米的桥梁，采用钢筋混凝土梁是不适宜的。另外，进入60年代以后，公路交通量增长很快，加上中央对国防、边防公路建设投资的恢复，国防公路建设也得到加强，在水深流急的大江大河上修建桥梁的任务越来越重。于是修建大跨径桥梁应选用何种经济合理的桥型，就成为亟待解决的问题。根据当时高强度钢材、机械设备的生产情况和桥梁设计与施工的技术水平，交通部决定逐步采用并推广预应力混凝土桥梁结构。

中国第一座预应力混凝土公路桥，是1957年由交通部第七公路工程局在北京至周口店公路上卢沟桥旁的清水河上建成的。该桥为单跨20米T型简支梁桥，采用苏联1956年标准设计图纸，并作为试验桥以求取得经验。此后，我国在援助蒙古人民共和国的工程中，也建造了几座跨径为33米的预应力混凝土T型简支梁桥。1959年在兰州市建成的七里河黄河桥及新城黄河桥①，前者为7孔主跨37.5米悬臂梁桥，后者为1孔66米系杆拱及5孔33米T型简支梁桥，均采用预应力混凝土结构。这些预应力混凝土桥梁在技术和工艺上都起了示范作用。中国公路上常见的预应力混凝土桥梁有下述几种形式：

（一）空心板。跨径较大的简支板，一般采用空心截面，以节省材料并便于施工。这种桥在江浙一带建造得较多，且遍及农村道路。其跨径多为8至16米，材料采用40兆帕混凝土②及Ⅳ级冷拉钢筋，并用先张法施加预应力。北京至山西原平公路上的永定河桥为20孔，跨径各12.5米的预应力空心简支板，总长412.14米。山东省大汶河桥则为3孔预应力叠合连续板，中跨10米，边跨8米，全长532米。80年代以后，高等级公路发展较快。为使桥梁具有较小的建筑高度和增大桥下净空，一般中、小跨

① 这两座桥均由铁道部第一工程局承建，交通部公路设计院协助设计。

② 1兆帕为10公斤/平方厘米，40兆帕混凝土即400号混凝土。

径的弯、坡、斜桥与立交桥，均采用预应力混凝土空心板，建造数量日益增多。

（二）简支梁。预应力混凝土简支梁跨径大，自重增加，需有大吨位的张拉设备和可靠的锚锭体系，以及起重能力很大的起吊安装设备。各地公路施工单位结合自身条件，采取有效措施，完成了建设任务。例如山东省公路部门修建的郯城高岚头桥和浙江省公路部门修建的临海桥，是中国公路上首批修建的预应力混凝土长桥。前者是一座16孔、跨径各30米的预应力T型简支梁，全长528.8米的特大桥（高桩承台基础，重力式墩，双排架桩桥台），1964年12月建成。后者为9孔、跨径各30米的预应力混凝土T型简支梁和两端共10孔、跨径各20米的钢筋混凝土T型简支梁，全长650米的特大桥（双柱式桥墩、钢筋混凝土空心桩基础），1965年建成。

为了推广预应力混凝土T型简支梁桥，交通部公路设计院根据已建桥梁的经验，于1959年2月编制了一套标准设计图，跨径自20至40米，由交通部颁发应用，成为干线公路桥梁建设中的重要桥型之一。至1985年，依此修建的预应力混凝土T型简支梁桥共计76座，共长4.6万多米，其中桥长超过500米的有36座。

陕西省自60年代起，建造了多座预应力混凝土T型简支梁桥。其中桥长超过500米的有耿镇渭河桥、城固汉江桥等5座（跨径20米至44米），共长4072.5米。1970年建成的安康汉江桥为9孔44米，2孔38.54米，全长562米，桥墩为钢筋混凝土X型，结构轻巧美观。

河南省洛阳黄河公路大桥，为67孔跨径50米预应力混凝土T型简支梁，50兆帕混凝土，全长为3428.90米。下部构造为双柱式桥墩，钻孔灌注桩（直径1.4至2.1米，桩长32.5至37米）基础。该桥于1973年11月开工，1977年1月建成通车。

黑龙江省在1984年建成的牡丹江桥，为13孔跨径40米预应力混凝土T型简支梁，全长520米，桥面宽20米，并采用天然基础，重力式墩台。

宁夏回族自治区在1986年也建成石空黄河大桥，系23孔跨径40米预应力混凝土T型简支梁，全长927米。

河南省郑州黄河大桥全桥137孔，由跨径20米、40米和50米预应力混凝土T型简支梁组成，桥面连续，全长5549.86米。1984年4月开工，1986年10月竣工，是当时中国公路上最长的预应力混凝土梁桥。由于这座特大桥地处京广和陇海两铁路的交会点，为中原地区的重要交通枢纽，也是晋煤汽车南运的主要通道之一，它的建成，在政治上、经济上都具有重要意义。该桥由河南省交通厅公路勘察设计院设计，河南省交通厅公路工程局等单位修建。

为了节省材料和便于施工，中国公路部门还设计修建了一些箱型简支梁桥，即采用先张法的组合箱型梁桥与采用后张法的整体箱型梁桥。前者是由交通部公路设计院与上海市公路管理处桥梁预制厂于1974年提出，先在上海郊区公路上试建数座，逐步改进，总结经验，然后编制了标准设计图，在各地使用推广。结构型式为开口槽型预制梁，行车道板为预制空心板，经安装后，在其上浇筑混凝土，使其整体化。所用预应力筋为冷拉Ⅳ级钢筋。与T型简支梁相比，可节省材料20%左右，运输与架设均较简易。如山东省济南黄河桥工程中，采用51孔跨径30米组合箱型梁，修建了共长1534.44米的引桥。后者是西安公路研究所与陕西、甘肃、湖北等省协作于1981年试验并修建的几座跨径分别为20米、25米和30米的预应力混凝土后张整体式箱型梁桥，也可节省材料20%左右，且抗裂性能较好。西安至三原一级公路上的草滩渭河桥即采用此种结构型式。该桥桥面宽度为27米，共41孔，跨径30米，总长1235.88米。

（三）T型刚构。在桥墩之间，每个桥墩两侧各以现浇的构件逐渐接长，并逐段施加预应力使之联成整体，这就是50年代中期出现于联邦德国的桥梁上部构造形成的方法。在中国称之为平衡悬臂施工法。当桥墩与主梁固结，形成T字时，即称之为T型刚构。两个T之间设铰或挂梁，则随桥位情况而定。悬臂长度，也因地而异。因此，在许多跨越大江大河的桥梁中，也采用了T型刚构与悬臂施工的方法，使中国大跨径桥梁的修建工作又跨进了一个新阶段。为了取得修建经验与确切数据，交通部公路设计院与江苏省交通厅于1964年在江苏盐河修建1座试验桥，主跨33米，跨中置铰，桥宽7.5米，1965年建成。这是预制构件平衡悬臂拼装施工方法与T型刚构相结合的建桥技术在中国公路桥梁工程中应用的开端。1966年四川省建成的主跨84米（跨中设铰）的石棉桥，进一步取得修建T型刚构的经验。1968年建成的广西柳州桥也是预应力混凝土T型刚构（主跨124米，跨中带挂孔），全长408米。该桥所在地区气候温和，采用悬臂浇筑方法施工，为以后建造更大跨径的预应力混凝土桥梁积累了宝贵的经验。

悬臂施工方法包括悬臂浇筑与预制构件悬臂拼装两个内容。前者适应于温暖地区，后者更宜于寒冷地区使用，既可用于T型刚构桥，也可在连续刚构桥中先成T后加铰或固结，甚至在连续梁桥中，也可先使梁与墩暂时固结而后放松成铰。所以，它是公认的桥梁技术重大革新。从此，在建筑大跨径桥梁上部构造时，可以完全避免洪水的威胁。70年代至80年代初，大跨径预应力混凝土桥梁，特别是T型刚构桥，得以在中国迅速发展，实与此项新工艺有关。1971年，福建省在福州市东南17公里清凉山与金牛山的500米宽峡口处建成的乌龙江大桥，是一座58＋3×144＋58米[①]、全长552米的预应力混凝土单箱截面T型刚构桥，主孔跨径达到144米（跨中有33米长的挂梁），是闽江上最大的公路桥。由于桥位处高潮水深达26米，夏秋又常受台风的袭击，水文地质十分复杂，潮差也很大，桥墩基础采用了16根直径为1.55米的管柱，取得成功，开创了管柱基础在公路桥梁建设上应用的先例。这座桥梁是由福建省革命委员会组建的大桥修建指挥部组织设计和施工的。它的建成，对提高福、厦干线公路的通过能力，缩短行车时间，促进沿线经济的开发与发展，都发挥了重

① 表示两侧的边孔跨径各为58米，中间3个主孔各为144米。

要作用。同时，也标志着中国公路大跨径桥梁建设又跨上了一个新台阶。此后，又连续建成了10余座同类型桥梁，积累了丰富的设计与施工经验，并有所创新。例如1981年建成的湖北省葛洲坝水利枢纽工程的附属工程——三江桥，桥梁布置为94+158+94米，全长346米，桥宽15米，由2个箱组成，主跨中有挂梁长30米，桥墩高54米，基础置于岩石上。这座桥梁是交通部第二公路勘察设计院设计，交通部第二公路工程局施工的。

1982年10月建成的四川省泸州长江大桥，是川、滇、黔3个省的交通枢纽。该桥全长1255.6米，主桥为105+3×170+105米，共长720米，跨中挂梁长40米，桥面宽16米，由单箱组成。梁高在桥墩处为10米，跨中处为2.5米，是用悬臂浇筑法施工的预应力混凝土T型刚构桥。桥墩为空心箱型，高达50米。主墩基础用12根直径2.30米钻孔灌注桩，先下钢围堰，再钻孔。施工时水深达10.80米，流速2—4.7米/秒，难度很大，是国内深水、高墩、大跨桥梁的修建范例之一。该桥由四川省交通厅交通设计院和交通部公路规划设计院共同设计，四川省交通厅工程处施工。

除上述诸桥以外，从70年代起，陆续建造的T型刚构桥尚有：湖北省光化汉江桥，主跨90米；丹江口桥，主跨77米；江西省吉安桥，主跨70米；安徽省五河桥，主跨90米；江苏省盱眙桥，主跨79米；山西省保德黄河桥，主跨60米；吉林省前扶松花江桥，主跨49米；辽宁省田台庄桥，主跨75米；广东省沙湾桥，主跨90米等。

为了减轻自重，便于安装，河南省交通厅与同济大学公路工程研究所协作，研究试验预应力混凝土桁架式T型刚构，于1977年建成主跨为70米的嵩县吴村桥。其后，湖北省修建了黄陵矶桥，桥梁布置为53+90+53米，全长196米。该桥系用预制的三角形构件拼成两片桁架，上盖空心桥面板。1985年，福建省公路部门建成的福州洪山桥，桥梁布置为2×25+67.5+110+67.5+2×30米，全长363.63米，采用三向预应力，使桁架式T型刚构在技术上有了进一步的发展。

各地从建造的预应力混凝土T型刚构桥的经验中体会到：这种桥型具有一定的优点，可用于大跨径桥梁。缺点是接缝多，跨中铰的两侧易有错位，或挂梁与主梁形成折线，使桥面平整度差，不利于高速行车。另外，结构体系的动力稳定性不良，抗震能力较差，有待进一步改进。

（四）连续梁桥。连续梁桥具有接缝少，挠度小，桥面平整而利于高速行车，结构刚度大，抗震能力强，耐久性较好，用料经济，可采用悬臂施工法修建等优点。为此，交通部公路规划设计院与河北省交通厅公路部门协作，修建了洺河试验桥并进行总结，以促进桥梁技术的进一步提高。洺河桥的主桥为30＋2×45＋30米一联的预应力混凝土箱型截面连续梁桥，长150米，两端各接有5孔20米的钢筋混凝土T型简支梁，全长为354.58米，按基本烈度7度地震设防。箱梁与桥墩临时固结，用移动式模板支架分段进行悬臂浇筑，梁体合龙后，拆除临时支座，使结构体系由T型刚构转变为连续梁。全桥于1977年7月竣工，为修建预应力混凝土连续梁桥取得了经验。参照洺河桥的经验进行设计、施工的兰州黄河桥，为47＋3×70＋40米的连续梁桥，1978年建成通车。再次证明采用悬臂施工法修建预应力混凝土连续梁桥在技术上是先进的，在经济上也是合理的，因而进一步推动了预应力混凝土连续梁建筑技术的发展。80年代，相继建成的多座大跨径预应力混凝土连续梁桥，几乎都是采用箱型截面连续梁。

位于湖北省汉口至宜昌公路上的沙洋桥，是一座横跨汉江的特大桥梁。该桥地处西通宜昌，南接荆沙，为江汉平原地区的交通枢纽，在国防及经济上均占有重要地位。这座特大桥全长1818.5米，主桥为62.4＋6×111＋62.4米、8跨1联的预应力混凝土箱型连续梁，[①] 长792米。两岸河

① 纵、横、竖三个方向均预加应力。

滩引桥为跨径 30 米、桥面连续的预应力混凝土 T 型简支梁，共 34 孔。桥宽 12 米，由单箱组成。桥墩为钢筋混凝土箱型，沉井基础，深达 32 米。桥墩上设置 2000 吨盆式橡胶支座。采用悬臂浇筑法施工。由于跨径大、孔数多，结构体系转换极为复杂，建筑技术达到新的水平。该桥由交通部公路规划设计院设计，交通部第二公路工程局施工，于 1985 年 7 月竣工。

继沙洋大桥之后，于 1986 年 9 月建成的大跨径预应力连续梁桥，有湖南省的常德桥和黑龙江省的哈尔滨松花江桥。这两座桥都位于市区，是城市与公路兼用的桥梁，都采用悬臂浇筑法施工。常德桥主桥结构布置为 84 + 3 × 120 + 84 米。引桥北岸 4 孔，南岸 7 孔，均为跨径 25 米的预应力混凝土 T 型简支梁桥。市区引桥则为预应力混凝土简支空心板，全桥长 1410 米，4 车道桥面。该桥由湖南省交通规划设计院设计，湖南省公路局施工。哈尔滨松花江桥全长 1656 米。主桥为 59 + 7 × 90 + 59 米 1 联的预应力混凝土连续梁，长 748 米，桥宽 24 米，由双箱组成。引桥为预应力混凝土 T 型简支梁和不等跨板。该桥由黑龙江省交通厅公路勘察设计院设计（南岸引桥为哈尔滨市政设计院设计），黑龙江省公路桥梁工程公司第一、五工程队施工。南岸有立交桥与城市马路相接，成为松花江最长的一座特大公路桥。该桥工程异常艰巨，在施工中不仅经受了零下数十度严寒的考验，还几次经受并战胜了大洪水和大流冰的袭击。这座大桥的建成，不仅使连通东北的哈尔滨到大连、哈尔滨到黑河、哈尔滨到罗北等主要干线公路进一步提高了通过能力，便利了边疆运输，而且与太阳岛的绮丽风光交相辉映，为被誉为“天鹅项下的一颗明珠”的哈尔滨市增添了一处新的景观。

中国公路上采用顶推法修建预应力混凝土连续梁桥，是在 1978 年开始的。其工艺主要是：梁段先在桥台后场地预制，后段梁的浇筑与前段梁首尾相连。当梁段混凝土达到规定强度时，即张拉预应力筋，使前后的两段梁连成整体，然后向前推进，循环操作，直至全桥完成。此项工艺所需的施工设备简单，仅用聚四氟乙烯滑块与不锈钢滑板、千斤顶、高压油泵及具有足够刚度的导梁等，不需大型的运输、吊装机械。此法兼有现浇与预制安装的特点，可达到工厂化生产的要求，能保证工程质量，加速工程进度，结构物的整体性也好。广东省交通厅公路工程处首次用单点顶推法建造的东莞县万江桥，为40+54+40米1联预应力混凝土箱型连续梁桥，全长135米，桥面宽20米，由双箱组成，于1979年1月竣工。

通过万江桥的建造，中国公路交通部门掌握了顶推法的施工工艺，并从实践中认识到此法的优越性，有效地推动了公路桥梁顶推工艺的采用。1980年，湖南省建成了6孔，跨径各38米，全长240米的沩水桥。桥面宽10米，由单个梯形箱组成，采用多点顶推法施工，较万江桥又提高了一步。

为探讨竖曲线上顶推工艺，广东省交通厅公路工程处在主桥为32.5+4×45+32.5米预应力混凝土箱型连续梁的中堂桥，实现了竖曲线上单点顶推施工工艺，并于1984年建成此桥。

在大型桥梁工程中引用顶推施工法的还有：1981年建成的贵州省卧龙桥，为2×30+2×25米4孔1联的预应力混凝土箱型连续梁桥，总长112.5米；1984年建成的六圭河桥，为28+4×38+28米6孔1联，总长209米。内蒙古自治区也于1985年建成喇嘛湾黄河桥，系64.5+4×65+64.5米1联，总长416.42米。

在特大桥工程中应用多点顶推法的有两例。一是由交通部公路规划设计院设计，交通部第一公路工程局施工修建的内蒙古自治区包头黄河桥。全桥分为3联，每联4孔，跨径各为65米，总长810米。桥面宽12米，由单箱组成。该桥于1983年建成，有力地扩大了包头市通往黄河南岸公路的通过能力，促进了伊克昭盟东胜煤田的开发。二是由广西壮族自治区交通勘测设计院设计、自治区公路桥梁工程公司施工，并于1984年建成的柳州2桥。该桥系9孔跨径各60米的箱型连续梁桥，主桥长540米。桥宽20米，由双箱组成。1联9孔单箱顶推重量达9000吨，主梁混凝土平均强度达 70 兆帕以上。

（五）先简支后连续的梁桥。采用预制梁先简支后连续的施工方法建桥，在中国有一个用于强震地区的特例。河北省滦县滦河桥在 1976 年唐山大地震时，原有公路桥被毁。震后重建该桥，即按地震基本烈度 10 度设防，在结构上采用漂浮体系的预应力混凝土 T 型连续梁。全桥分成 6 联，每联 4 孔，每孔跨径 40 米，每联设一制动墩，全长 979 米。施工方法是，每孔 4 片 T 梁预制后，架设于桥墩上成为简支梁，并在墩顶上浇筑横隔梁，使 4 孔 T 梁相连，然后张拉钢束，使之形成连续梁。支座采用了盆式橡胶滑板组合支座，上部构造的纵横向还安装了 D 型橡胶护舷，这在国内均属首次使用。墩台基础为直径 1.2 米钻孔灌注桩的群桩基础，桩深 28.5 米。该桥于 1978 年建成，并经上海同济大学进行现场振动试验，证实具有抵抗高烈度地震的能力。

1984 年，广东省广（州）珠（海）线上建造的三洪奇、容奇、细滘、沙口 4 座大桥，均为预应力混凝土连续梁。施工方法，采用大型浮吊吊装，先静定后，再经体系转换成多孔连续梁。容奇桥主桥为 73.5 + 3 × 90 + 73.5 米箱型连续梁，引桥为跨径 30 米的 T 型简支梁，桥面连续，全长 1023.64 米。沙口桥也是箱型连续梁，主桥为 73.5 + 90 + 73.5 米，全长 916.50 米。三洪奇和细滘两桥均为 T 型连续梁桥。三洪奇桥主桥为 42.5 + 4 × 54 + 42.5 米，引桥为跨径 30 米的 T 型简支梁，桥面连续，全长 697.84 米。细滘桥主桥为 42.5 + 3 × 54 + 42.5 米，引桥为跨径 30 米的 T 型简支梁，桥面连续，全长 643.64 米。上述 4 桥的主桥墩基础均采用钢管钻孔灌注混凝土组合桩，直径 1.2 米。承台用悬吊钢套箱施工。T 型梁每件重 170 吨，箱型梁每件重达 500 吨。载运预制构件的甲板驳载重为 7000 吨，用 500 吨起重船吊装，吊杆最高点距水面 35 米，每天能吊 1 根箱梁或 2 根 T 梁，施工进度很快。这 4 座桥的建成，使广州市通往珠海经济特区的汽车运行时间缩短一半左右；每昼夜的交通量由原来的 2000 多辆增加到 8000 辆以上，交通条件大为改善，有力地促进了城乡商品经济的发展和公路沿线地区投资环境的改善。

（六）连续刚构。特大跨径的预应力混凝土桥梁，如果桥墩较高，采用连续刚构结构型式则更为经济合理。它与连续梁的不同之处，只是梁与桥墩固结，桥墩应有一定的柔度。这是T型刚构的一种发展。在建的广东省番禺县洛溪桥就首次采用此桥型。这座跨越珠江的特大桥，主桥为65＋125＋180＋110米的预应力混凝土连续刚构，包括引桥共长1916米。桥宽15.5米，由单箱组成，采用悬臂浇筑法施工。桥墩高26米，为双壁式，具有较大的抗弯、抗扭刚度，而在纵向则有一定的柔度。该桥主桥由交通部公路规划设计院设计，引桥由广东省交通厅公路规划勘察设计院设计，广东省交通厅公路工程处负责修建。

第五节 斜拉桥

一、三座试验性的斜拉桥

斜拉桥是一种跨越能力很强的桥型。它所需用的钢材，比其他型式钢桥节省40%左右，能悬臂施工，而且施工速度快，不受洪水和通航影响，是跨越大江、大河与深沟峡谷的主要桥型之一。所以从70年代以来，国际上修建的斜拉桥日趋增多。中国是70年代中期才开始对斜拉桥进行探索研究的。

1975年，交通部交通科学研究院重庆分院与四川省交通厅公路部门协作，在四川省云阳县云安镇汤溪河上建成中国的第一座斜拉桥，主跨为75.84米。上海市也在同年建成新五桥，主跨为54米。1977年，山东省交通厅公路部门也在大沽河上修建了主孔跨径104米的斜拉桥。以上3座斜拉桥均属试验性桥梁，用悬臂施工法修建，从中取得设计与施工经验，为以后修建斜拉桥奠定了基础。

二、预应力混凝土斜拉桥

1981年以前，中国已建成的斜拉桥所具有的主跨跨径均未超过150米，且系钢筋混凝土结构。1981 年 9 月，辽宁省长兴岛预应力混凝土斜拉桥建成以后，才初步显示斜拉桥的优越性。长兴岛是辽宁省沿海较大岛屿之一，大桥建成后，使该岛与陆地连在一起，有利于该岛的开发。该桥位于海峡狭窄处，宽仅 350 米，水深 13 米。主桥为 83.2 + 176 + 83.2 米 3 跨连续梁，全长 355 米，桥宽 10.5 米。采用钢筋混凝土门式塔架，高 42.77 米，塔架与桥墩固结。斜拉索布置成两个扇型索面。每一塔柱设 13 对斜拉索，索距 6 米。主梁为单箱 3 室，呈鱼腹形，高度 1.48 至 1.75 米。斜拉索用直径 5 毫米高强钢丝组成平行束，钢丝在工地镀锌。斜拉索防护用聚氨酯橡胶保护层，外套用镀锌钢板制成的钢管，内注水泥浆。塔架用提升支架模板浇筑混凝土，主跨用挂篮悬臂浇筑，边跨则用吊机悬臂拼装。该桥是辽宁省交通勘察设计院设计，辽宁省公路工程局施工修建的。

济南黄河桥是一座重要的公路预应力混凝土斜拉桥。该桥是在吸收 3 座试验桥和陕西省安康汉江桥、四川省三台桥修建经验的基础上修建的，技术有进一步发展。全桥总长 2023.4 米，主桥为 40 + 94 + 220 + 94 + 40 米 5 孔连续梁。两端引桥 51 孔，为跨径 30 米先张预应力混凝土组合箱梁。桥面宽 19.5 米（4 车道）。这座桥主桥结构采用密索，A 型塔架，46 对间距为 8 米的斜拉索布置成两个扇型索面。全部主梁为漂浮体系，塔下以拉索悬吊主梁，代替刚性支座，从而改善了桥墩受力状况，减少温度变化影响，也有利于抗震。主梁的断面，采用带风嘴的半封闭双室梯形箱，高 2.75 米，混凝土为 45 兆帕级，三向预加应力。施工中，索塔采用万能杆件组装成支架，逐段现场浇筑混凝土；主梁采用移动式挂篮，平衡悬臂浇筑，每段长 4 米。主梁跨中合龙时，采取预顶法在空隙中增设工字钢梁的措施，以防止因温差导致的合龙间距和高差的变化，然后浇筑混凝土。同时根据各阶段的计算索力，主梁控制点高程，索塔位移及温度变化等控制数据，进行实地量测与校正。

高 68.4 米的索塔与桥墩基础承台固结，基础用 24 根直径 1.5 米钻孔灌注桩，桩长84米，嵌入风化岩中。斜拉索由67至121根直径5毫米的镀锌高强钢丝平行编制成束。由4至8束组成拉索。锚具采用冷铸墩头锚，有较高的抗疲劳性能。斜拉索锚固处设氯丁橡胶密封圈，用外套直径10厘米的铝管防护，损坏时可以更换。

该桥在设计时，用电算分析研究了整个结构的布置与内力、变形的关系。在工程完竣后，又进行静载与动载试验，其结果与设计计算的基本符合。济南黄河桥的建成，不仅进一步便利了黄河南北两岸的交通，有利于国民经济的发展，对中国桥梁建筑技术的进步，也作出了重要的贡献。

该桥由山东省交通规划设计院设计，山东省交通工程公司施工，于1978年12月开工，1982年6月竣工通车。

三、钢斜拉桥

山东胜利油田是仅次于黑龙江大庆油田的大型石油基地。为了加快油田的开发和建设，急需在东营市修建一座跨越黄河的大桥。该桥由山东省交通规划设计院勘测设计，山东省交通工程公司施工，于1985年12月开工。为了加快施工进度，主桥选用钢斜拉桥方案，这在中国是首次应用。主桥为60.5+136.5+288+136.5+60.5米5跨连续钢梁，长682米；引桥为71孔跨径30米先张预应力混凝土组合箱梁。全桥总长2817.46米。桥面宽19.5米。为了油田需要，桥面下设置4条529毫米油管。钢梁为双箱，高2.4米，箱宽3.0米，两箱间以正交异性板桥面联系。索塔为钢筋混凝土门式框架。桥墩基础用22根直径1.5米钻孔灌注桩，桩长86米。每塔有20对斜拉索，布置成双面扇型，索距12米。拉索用黑色聚乙烯保护层保护。钢梁边孔在支架上拼装，中孔则悬臂拼装，用高强螺栓连接，每段长12米。该桥于1987年9月30日建成通车。

斜拉桥的建设，在中国起步虽晚，但发展速度却较快。到1987年年末，全国已建成的斜拉桥共15座，主桥共长4084.5米。正在修建的7座，主桥共长2275米。各桥概况见表10。中国已成为世界上修建斜拉桥最多的国家。回顾中国修建斜拉桥的发展历程，从总体上说，成绩很大，设计、施工也都取得一些经验。但是，也出现了一种值得注意的倾向，即不顾桥位处的通航、地质、水文等具体条件，盲目选用大跨径的斜拉桥，增大了建设投资，给国家造成不应有的损失。实践表明，斜拉桥施工工艺要求高，部分材料、设备需从国外进口，一般造价比同跨径的其他桥型高20%左右，工期也往往较长，个别桥甚至长达七八年之久。这是值得桥梁工作者注意的。

已建成和正在施工的斜拉桥概况

（1987年）

表10

桥　名	所在省市	建成时间	主桥跨径（米）	结　构　型　式
云阳桥	四川省	1975	34.91+75.84+34.91	三跨连续箱梁，门式塔架，双面辐射型索
新五桥	上海市	1975	24+54+24	悬臂箱梁带吊梁，门式塔架，双面平行索
大沽河桥	山东省	1977	46+104+46	悬臂箱梁带吊梁，门式塔架，双面扇型索
安康桥	陕西省	1979	38+120+38	悬臂箱梁带吊梁，门式塔架，双面扇型索
三台桥	四川省	1980	56+128+56	悬臂箱梁带吊梁，门式塔架，双面扇型索
金川桥	四川省	1981	71+39	两跨连续箱梁，A型独塔，双面辐射型索
长兴岛桥	辽宁省	1981	83.2+176+83.2	三跨连续箱梁，门式塔架，双面扇型索
泖港桥	上海市	1982	85+200+85	悬臂箱梁带吊梁，门式塔架，双面平行索
济南黄河桥	山东省	1982	40+94+220+94+40	五跨连续箱梁，门式A型塔架，双面扇型索
章镇桥	浙江省	1983	72+54	两跨连续箱梁，门式独塔，双面平行索
东风桥	云南省	施工中	44.5+100+44.5	三跨连续T型梁，门式塔架，双面辐射索

续表

桥　名	所在省市	建成时间	主桥跨径（米）	结　构　型　式
永和桥	天津市	1987	25.15 + 99.85 + 260 + 99.85 +25.15	五跨连续箱梁，门式塔架，双面扇型索
蚌埠淮河桥	安徽省	施工中	38 +76 +244 +76 +38	五跨连续梁
建为岷江桥	四川省	施工中	52 +66 +240 +66 +52	
西樵山桥	广东省	1987	125 +110	两跨等截面钢筋混凝土矩形连续梁，门式塔架，双面平行索
东营黄河桥	山东省	1987	60.5 + 136.5 + 288 + 136.5 +60.5	五跨连续钢箱梁，门式塔架，双面扇型索
九江桥	广东省	施工中	160 +160	两跨连续箱梁，独塔门式塔架，双面平行索
凤台淮河桥	安徽省	施工中	38 +76 +244 +76 +38	五跨连续梁

第六节　钢　桥

一、公路钢桥的主要桥型

（一）梁桥。中国在1949年至1955年期间，采用工字钢梁或钢板梁与钢筋混凝土桥面板结合，建造过一些中等跨径钢梁桥。其原因是这种钢与钢筋混凝土联合梁的结构简单，制作安装方便，施工期短，造价低廉，且可节省钢材。交通部为此于1953年颁发跨径6至12米钢联合梁标准图供各地应用。1955年建成的浙江省黄岩桥，就是6孔跨径各28米，全长184.30米的钢联合梁桥。每孔有4片钢梁，用3号钢铆接而成，全桥用钢量为758.7吨。预应力混凝土梁桥发展后，钢梁桥很少修建。

（二）桁架桥。50年代较大跨径公路桥梁多数建成钢桁架桥，采用3号钢铆接结构。如贵州省赤水河桥，位于川、黔边界，是中国工农红军长征四渡赤水之战的地方。1953年在这里建造了一座3孔跨径各36米的半穿式钢桁架桥，沟通了川黔两省。60年代，随着钢桥建筑技术的发展，开始采用低合金钢焊接构件和高强螺栓连接的新结构。如1968年建成的河北省滦河桥，为5孔连续钢桁架桥，主跨55米，全长345米。1970年建成的山西省军渡黄河桥，正桥的结构型式、跨径与滦河桥相同，全长374米。1970年和1972年，在山东省平阴和滨州的黄河上，先后建成了2座大型钢桁架桥。平阴桥正桥是2联跨径为96+112+96米的3孔连续钢桁架，全桥长964米。滨州桥是继平阴桥之后高速度建成的又一座现代化大型钢桥。该桥正桥为4孔跨径112米连续钢桁架，北端引桥为7孔跨径33米的预应力混凝土T型梁和65孔20米钢筋混凝土T型梁（其中有30孔，跨径20米的钢筋混凝土T型简支梁是1984年至1987年加修的）。桥宽12米，全长2931.5米。钻孔桩基础，部分基桩长达97米。这几座桥的建成，标志着中国公路钢桥的建设技术达到了一个新水平。

此外，1957年建成的武汉长江大桥和1968年建成的南京长江大桥，都是公路铁路两用桥。其正桥主跨分别为128米和160米的连续钢桁架，前者的公路部分连同引桥全长1670米，而后者则为4588米（两桥的引桥部分均非钢梁桥）。这两座由铁道部大桥工程局设计与施工的特大桥，都是征服长江天堑的先驱，也是中国钢桥建设的范例。

（三）拱桥。1964年，四川省攀枝花市开始建设攀枝花钢铁基地时，在金沙江上迫切需要修建多座桥梁，以适应钢铁基地建设的需要。金沙江为峡谷河流，两岸陡峻，水深约30米，江宽在150米以上，适宜建造拱桥。当时工程要求急，又无大跨径拱架，不能采用圬工拱桥，钢拱就成为比较经济合理的方案。因此，2号桥选用箱型钢拱，主跨180米，拱矢度1/8，拱顶至拱脚高22.5米，桥宽11.5米。拱圈由两个钢箱组成。钢箱分为52段，总重546吨，采用低合金型钢铆接成箱，然后在工地用高强螺栓栓结成拱。拱圈安装则用悬臂吊装与缆索吊装相结合的方法，精度要求高，技术复杂，在国际上也属先进。全拱安装时间共计42天，于1966年12月建成通车。这是公路桥梁首次采用低合金钢铆焊、高强螺栓联结结构，也是公路钢桥向新技术迈进的开端。该桥由交通部公路设计院设计，交通部第四公路工程局施工（该局下放攀枝花市后，改称攀枝花市桥梁工程处）。

攀枝花钢铁厂为了选矿管道过江和车辆交通的需要，于1969年5月建成3号桥。该桥由交通部第二公路勘察设计院设计，攀枝花市桥梁工程处施工。主桥为180米钢桁拱，桥面宽12米，由两片桁架与纵横撑组成。构件在工厂用16锰低合金钢自动焊接而成，在工地用高强螺栓连接，是栓焊结构在中国公路钢桥施工中的首次应用。因有2号桥的工程经验，施工时钢拱桥的制造与安装均能顺利进行。

（四）悬索桥。新中国成立以来，在修建山区公路时，常常需在深谷急流上建造桥梁。钢悬索桥由于自重轻、用钢量少、跨越能力大、施工设备与安装简便而被采用。这种钢悬索桥在西南各省山区修建较多。如1951年在当年红军飞渡的老铁索桥上游，建成四川省泸定大渡河桥，跨径130米。同年在飞仙关又建成一座跨径67米的悬索桥。

云南省多崇山峻岭，河流湍急，公路桥梁宜于修建悬索桥。1956年，昆洛公路上修建了元江与把边江2座斜缆式网状悬索桥，跨径均为75.6米。1958年，在保山瓦窑至贡山公路上，建造了跨越怒江的柔性悬索桥，主跨98.4米。大桥建成后，在改变怒江峡谷山区人民生活面貌方面，发挥了重要作用。

贵州省于1958年建成的鸭池河桥，是有加劲桁架的悬索桥，跨径120米。大桥两岸均为悬崖绝壁，桥面高出水面68米，飞跨深谷，蔚为壮观。

四川省为了建设攀枝花钢铁基地，建造了2座钢悬索桥。1号桥在石华公路上，跨越雅砻江，于1966年建成。该桥跨径176米，全长240.78米。加劲桁架用16锰低合金钢铆接制成，塔架为钢筋混凝土结构，高19.20米。桥面为钢筋混凝土板，为了减轻重量，于1984年更换为钢正交异性板，这是中国首次将这种结构用于公路钢桥之中。4号桥位于煤矿区，于1968年建成。该桥采用轻型网架加劲钢桁架，主跨185米，全长210米。将这种结构用于公路悬索桥，也是一次新的尝试。

1969年在四川省重庆市建成的朝阳大桥，是连接嘉陵江两岸重点建设基地的重要桥梁。正桥为双链式悬索桥，跨径为186米，全桥长232.2米，加劲梁采用钢箱与钢筋混凝土板组合结构，箱梁用16锰钢，并系栓焊结构。此桥的加劲梁的抗扭刚度大，稳定性好，双链索又能有效地克服加劲梁的竖向变形，故全桥的结构性能好，有较强的承载能力。

甘肃省靖远县平堡钢悬索桥，是农民依靠集体力量自行建造的。他们敢于克服困难的英雄气概，受到多方面的赞扬。这座跨越滔滔黄河，全长为250米、主跨133米的钢悬索桥于1970年建成。

西藏自治区在技术力量不足、材料设备缺乏、自然条件较差的情况下，依靠地方力量，克服困难，于1984年建成主跨500米的达孜（在拉萨附近）钢悬索桥，为中国当时单孔跨径最大的桥梁。

（五）装配式钢桥。为了适应国防和水毁抢修等临时紧急任务的需要，交通部于1962年向公路设计院下达了装配式钢桥的设计任务。经多方研究、比较，决定采用英国的贝雷桥型式。其优点是构件轻巧，拆装方便，工具简单，架设迅速，适用于桥梁的紧急抢修。设计完成后，由上海华东钢铁建筑厂试制，构件均用3号钢焊接。经交通部组织设计、制造、科研和使用单位进行现场静载与动载试验，取得可靠参数后，1963年又修改设计，主要变更是改用16锰高强钢，在桁架上、下弦杆外增设加强弦杆，以增大其跨越能力。经第二次试制和试验后，于1965年开始大量生产。

装配式公路钢桥主梁由每节3米长的桁架用销子连接而成。主梁与主梁之间用横梁连接。在横梁上设置纵梁，纵梁上铺木桥面板。桥面宽3.7米。主梁可以2排或3排并列，并可双层叠置，桁架上、下弦杆可另设加强弦杆。荷载适用于汽车－10级、汽车－15级、汽车－20级，50吨履带车和80吨平板挂车。跨径可由9米至63米。

装配式钢桥也可用作桥梁施工的支架，使用轻便，效果甚好。山西省夏门汾河桥，利用装配式钢桥拼成索塔与加劲桁架，跨径100米，于1970年建成。这是扩大装配式钢桥应用的实例，各地公路部门已广泛采用。

二、公路钢桥的发展

新中国成立后，公路上修建的钢桥不多，但它在公路桥梁建设中占有重要的位置，并在几个方面有所发展。

在钢桥结构理论与结构构造方法上，以前是按各种不同的构件各自单独起作用的原则设计，桥面系与主梁不相联系。1953 年以后，开始考虑桥面系与主梁的共同作用，乃至整个结构体系的空间计算，因而可大幅度地减少钢材用量。60 年代，采用箱型截面构件，借以增大构件的抗弯、抗扭刚度和稳定性，提高其承载能力，减轻自重，但结构构造及加工工艺则较复杂。进入 80 年代以来，还采用钢板焊接加劲肋的正交异性板，以代替原来十分笨重的纵横梁桥面系或钢筋混凝土桥面板，进一步减轻桥面系自重。

在结构计算方法上，由于现代钢桥结构复杂，又需对结构中各个相互作用的杆件及其中的重要部位作精确的计算，以往对此仅以模型试验来求得答案。自电子计算机广泛运用于工程计算后，有关此类复杂结构的应力、变形状态易于求得，且可在弹性及塑性范围内，均能用比较精确的方法进行分析。

在材料方面，多年来用于钢桥的钢材均为 3 号结构钢，极限强度为 380 兆帕，屈服点为 220 兆帕，因之钢材用量多，结构自身较重。在 20 世纪 60 年代，中国自己生产出可用于桥梁建筑的高强度钢材，如极限强度为 520 兆帕、屈服点为 360 兆帕的 16 锰低合金钢，用于结构型钢和钢板。极限强度为 900 兆帕的 45 号优质碳素钢，用于铰和销子。极限强度为 1200 兆帕的 40 硼，用于高强螺栓。采用低合金钢的钢桥，自重轻，施工便利，已广泛应用。

在工艺方面，过去习惯用铆钉拼接构件和结点。20 世纪 50 年代，国外迅速发展焊接钢桥，钢材可节省约 20%，工时可节省 50%，生产效率提高，工期缩短。当时中国尚未完全掌握此项焊接技术。1965 年修建四川省攀枝花市 2 号桥箱型拱时，只好在工厂用铆钉拼接 16 锰钢箱段，运到工地后，再用高强螺栓连成拱圈。此后，中国焊接技术迅速提高，设备增多。1967 年，攀枝花市 3 号桥桁架拱在工厂制造时，即用自动焊接法焊成 16 锰钢构件，运至工地用高强螺栓拼装，这是钢桥施工工艺的跃进，使中国钢桥建筑技术有了新的发展。

第七节　桥梁基础

桥梁基础是传递桥梁结构的自重和所受的外力于地基，并支承整个桥梁的构造物。它是桥梁结构的一个主要组成部分。桥梁基础工程一般都建在水中，其成败不仅与桥梁结构的安危有关，且在一定程度上关系到整个桥梁工程的建设工期、造价以及国家投资的效益。如何因地制宜，修好桥梁基础，确保桥梁安全，成为桥梁建设的一个重大问题。尽管每座桥梁的地质、水文情况和选定具体基础形式各不相同，但在 30 多年来的桥梁基础施工中，大体上采用的有 3 种形式。

一、天然基础

新中国成立 30 多年来，公路上新建和改建了大量桥梁。有很多桥梁的墩、台基础奠基于天然地基之上，称为天然基础。天然基础开挖基坑时，排挡水土的围堰，根据不同条件，可采用土围堰、草袋或麻袋围堰、钢筋混凝土板桩围堰和钢板桩围堰。后两种主要用于深水挖基及开挖基坑较为困难的桥梁工程中，挖基一般采用水泵抽水。在土质较差、有严重流沙现象，或需降低水位较深时，也有用井点法排水的。例如 1978 年开工修建的山东省济南黄河桥，在主流中的两个高桩承台主墩基础，就是在钢板桩围堰内挖坑清基。为了满足不增加空心桥墩承台重量的设计要求，济南黄河桥没有采用一般的浇注水下混凝土封底的施工方法，而是在围堰内采用井点排水法降低水位进行清基的。在洪汛期到来之前，即将两个主桥墩基础修出了水面。

但天然基础采用挖坑奠基，仅适用于墩台的浅基础。

二、沉井基础

沉井基础是中国公路桥梁墩台基础的主要形式之一。新中国成立后，首次在公路桥梁工程中应用的是50年代初期修建的福建省建瓯水南桥和湖北省戴家山3号桥。以后，各处多有采用。如江西省的赣州西河大桥和东河大桥，湖南省的湘潭大桥和长沙湘江大桥，广东省的英德大桥，西藏自治区的拉萨大桥，甘肃省玛曲大桥，以及兰州市城关大桥等。大多数沉井是就地筑岛浇筑的。在河水较深、流速较大的河流中，有许多桥梁采用浮运沉井。如江西省南昌市八一大桥和广西壮族自治区南宁市邕江大桥等。就地浇筑的钢筋混凝土沉井，井壁厚度一般在80厘米到120厘米，浮运沉井的井壁则较薄。江西省吉安井冈山大桥的浮运沉井井壁厚为30厘米。广西壮族自治区雒容大桥所用浮运沉井的钢筋混凝土井壁厚仅10厘米。在水流平缓、覆盖层较浅、岩基倾斜度不大的深水基础中，不少桥梁还采用分层预制的装配式薄壳沉井。

为了减轻浮运沉井的自重，1973年四川省修建的宜宾岷江大桥采用厚仅3厘米的双层钢丝网水泥薄壁沉井。这是一项重大的技术革新。它是一个外壁直径为12米、内壁直径为9.4米的圆形沉井，吃水深度仅2米，下水、浮运、定位、下沉都非常方便。这项成功经验迅速地得到了推广。四川省南充嘉陵江大桥根据这一经验和自己的情况，使用了圆端形钢丝网水泥薄壁浮运沉井，进一步节省了圬工材料。其后，湖南省益阳资江大桥、福建省闽清大桥、吉林省桦甸白山大桥和西藏自治区贡嘎大桥等桥梁基础，也都采用了钢丝网水泥薄壁浮运沉井。

当有钢材可资利用时，很多桥梁的深水基础采用钢壳浮运沉井。如广东省广（州）湛（江）线上的龙江大桥和广（州）深（圳）线上的江南大桥，福建省郭坑大桥的中墩，湖南省祁阳湘江大桥的4号、5号墩等，其基础均采用钢壳浮运沉井施工。1985年建成的湖北省沙洋汉江公路大桥的14号墩和18号墩，为了在施工时不影响通航，沉井底节也采用了圆端形钢壳，并在沉井周壁上设置8个直径1.2米的预留孔，以便在下沉遇到困难时，在孔内钻眼放炮。同时考虑到沉井下沉深度较大，又自上而下地在井壁设置了12个直径为25厘米的纠偏孔，以备在沉井发生倾斜时，在孔内通以高压空气，借以加速刃脚下土体的崩解，纠正沉井偏斜。这就使高达30余米的14号墩的沉井，从浮运、定位、下沉到设计标高的岩基，仅6个月就顺利完成了。

1983年建成的内蒙古自治区包头黄河桥的1至6号墩，也都是浮运钢壳沉井基础，用气幕法工艺下沉。1至5号墩沉井全高为24米，6号墩沉井高32米。

在下沉较深的岸滩上的沉井或筑岛沉井，各地也有采用在沉井外周刃脚台阶以下与土层接触部分之间压注泥浆，形成泥浆润滑套，借以减少井壁摩阻力，加速沉井下沉。

三、桩基础

新中国成立后，中国公路桥梁的桩基础多采用锤击沉桩法施工。当在密实土层或卵石、砾石地层中，以锤击法或振动法沉桩发生困难时，常应用射水沉桩法施工。吉林省在1953年即在卵石层地基中，用射水沉桩法修建了一些桥梁。也有些桥梁是用射水法与锤击法或振动法配合使用建造起来的，使工效有显著提高。而对中国公路桥梁建设起到重要作用，并最引人注意的桩基础革新，则是钻孔灌注桩的开创。

1963年8月，河南省公路部门在安阳到楚旺公路上的冯宿桥工程中，第一次采用直径60厘米的钻孔灌注桩作为桥台基础，十几天就完成了1个桥台的工作，施工简便，质量良好。1964年春，在河南省信阳到潢川公路的竹竿河大桥施工中，将23个墩台基础从原设计的钢筋混凝土打入桩改为钻孔灌注桩。担任施工的河南省公路局第二工程队，仅用60个工作日就全部完成，较原设计缩短了近一年的施工期，节省投资约1/5，显示了这一新工艺具有设备较少、施工简便快捷、基本上避免水中作业和造价较低等优越性，与柱式桥墩结合使用，尤使桥梁建筑工程大为简化。1965年4月，交通部在河南省南阳市召开了钻孔灌注桩技术鉴定会议，认为这是一种容易掌握的多、快、好、省的公路桥梁基础施工方法，是一项重大的技术革新，决定全面推广。继鉴定会之后，交通部又于同年6月在河南省延津县盐场桥工地和内蒙古自治区呼和浩特市郊桥梁工地分片举办了钻孔灌注桩学习班。从此，钻孔灌注桩这种新工艺在全国范围内得到了应用，并在各施工、设计、科研等单位的共同努力下，经过不断地实践、总结和改进，钻孔灌注桩在工艺上、钻孔设备上以及钻孔灌注桩的设计计算方法上，都逐步得到了提高和完善，改变了中国公路桥梁基础工程施工的面貌。

钻孔灌注桩的施工，初期是依靠人力推动回转钻头钻孔，并用泥浆护壁而成孔的。但钻孔工效不高。嗣后，在推广应用过程中，屡经改进提高，逐步创建了各种类型的以机电为动力的正循环和反循环式的回转钻孔机，工效大为提高。1972年，用于山东省滨州黄河大桥钻成直径150厘米，长近百米之桩的SPJ300型正循环回转钻孔机，就是其中的机型之一。

钻孔灌注桩的施工工艺，也在推广过程中针对各种不同的地基情况，克服了多种多样的困难而扩大了使用范围。1965年，河南省在灵宝川口桥施工中，遇到了砂卵石夹杂粒径大于50厘米大漂石的河床地质，使用回转钻机成孔的施工工艺遭到了失败。施工技术人员参照抓泥斗的工作原理和构造，改制了冲抓锥具，依靠其自身重量产生的冲击动能切入地层，由锥瓣直接抓取砂石带出桩孔，克服了穿透漂卵石地层的困难。1972年，四川省在夹江青衣江大桥工程中，采用了冲抓成孔和孔内爆破三结合的方法，穿过紧密漂石地层，完成了全桥18个桥墩的钻孔灌注桩基础。

1965年，交通部第一公路工程局修建北京至原平公路时，曾用直径80至120厘米的十字刃口铸钢冲锤，以中速电动卷扬机作为动力，冲破沙砾、卵石、漂石等不同地层，成功地修建了多座钻孔灌注桩基础的桥梁。河北省公路部门在修建长桑大桥和滦河大桥时也引用此法。1966年，由湖南省交通厅科研所设计、交通厅筑路机械厂制造的一种冲抓兼用钻机，对需要通过一定厚度的砂卵石覆盖层并须嵌入基岩的嵌岩钻孔桩，交替使用冲锥和抓锥，冲抓成孔，在施工中取得了满意的效果。1983年，河南省公路部门在确山县桐树园桥、广西壮族自治区在跨越柳江的石龙大桥施工中，还攻克了在严重熔岩地层中钻孔的困难，修成了钻孔嵌岩桩基础。1973 年到 1975 年间，铁道部大桥工程局在洛阳黄河公路大桥施工中，全桥 66 个桥墩均采用钻孔灌注桩基础，桥位处的河床地质系在粉砂土覆盖层下，有一层紧密卵石层，粒径达 40 至 50 厘米，回转钻进和冲抓造孔等种种施工工艺，都无法钻透这层深达 30 米以上的紧密胶结卵石层。经多方探索、试验，终于以卷扬机提升重 4 吨左右的十字型钻头，在孔内反复冲击，砸碎卵石，钻成了直径 1.4 至 2.1 米、入土深度达 37 米左右的桩孔 264 个。这些桥梁的修建，为钻孔灌注桩在紧密卵石层和坚硬岩层中进行大直径钻孔灌注桩的施工开拓了道路。

二十几年来，各地公路部门对灌注桩的成孔工艺和设备，从“土”到“洋”，“土洋结合”，已总结和研制了 10 多种行之有效的钻孔施工工艺和钻机钻具设备。钻孔灌注桩已可适用于各种桥型结构的墩台和各种地基，成为最广泛应用的公路桥梁基础型式之一。根据河南、山东、湖北、辽宁、江苏、吉林、江西、黑龙江、福建、湖南和四川 11 个省的不完全统计，截至 1977 年修建的公路桥梁墩台基础钻孔灌注桩总长度已在 40 万米以上。1979 年全国公路普查资料统计表明，天津市有 2/3 的大中型公路桥梁基础采用钻孔灌注桩；应用最少的新疆维吾尔自治区，也已达到 1/3。在中国的大江大河上，不少公路桥梁的基础都采用钻孔灌注桩。例如四川省的重庆长江大桥和泸州长江大桥，青海省的循化黄河大桥，宁夏回族自治区的叶盛黄河大桥和中宁黄河大桥，内蒙古自治区的包头黄河大桥，山西省的保德黄河大桥，以及河南、山东两省的几座黄河大桥等。

这一新工艺的发展，还表现在大直径、深水长桩的设计、施工之中。从 60 年代初第一批直径 50 厘米、长度 5 至 15 米的试桩开始，发展到 80 年代中期的最大桩径 2.6 米，最大桩长 97 米，施工水深 10 米以上，在很大程度上解决了跨越大江大河的桥梁修建深基础的困难。由于大直径钻孔灌注桩的应用，有很多桥梁采用单根或两根大直径桩，组成了无承台桥墩，单桩承载力多在千吨以上，这就使桥梁下部构造型式开始出现变革的苗头。1981 年，四川省在铜街子大渡河桥单向推力墩的基础中，建成了 16 根直径 2. 3 米、嵌入岩层 2 米以上深度的嵌岩桩，每桩能承受水平推力达 3400 吨。

据统计，一般以钻孔灌注桩作为基础的墩、台，其造价仅占全桥总造价的 1/3 左右，节约投资的效果极为显著。

对于深藏在地面以下的灌注桩质量保证的问题，主要是依靠严格的施工管理制度与有效的质量检验手段。在中国公路桥梁施工规范中，已经制定了详细的操作规程，并用超声波测壁法、机械阻抗法和水电效应法等无破损检测手段，检验钻孔灌注桩的工程质量，取得了不少成果。但在确定钻孔灌注桩的承载力方面，仍有待进一步完善。

有关钻孔灌注桩的设计计算，公路交通部门根据创建以来所积累的大量资料，进行了分析研究，初步确定适合钻孔灌注桩特点的竖向承载力、水平承载力的计算方法，掌握了需要考虑的在各种土质情况下的各种参数，更多的试验研究工作仍在继续进行。

除钻孔灌注桩外，在中国公路桥梁基础工程中，还应用过一些其他基础型式。例如广西壮族自治区在无水或少水的较密实土层或岩石地层中，采用过挖孔灌注桩基础。甘肃省在黄土地区的大多数桥梁，陕西省的一些桥梁以及四川省泸州长江大桥引桥的一部分墩台基础，也都采用了挖孔灌注桩。又如福建省的乌龙江大桥、湖南省辰溪辰水大桥和石期市湘江大桥等桥的墩台还采用了管柱基础。全长 726 米的浙江省瓯江大桥的 1 个桥墩和广东省的外海大桥全部桥墩，都采用了钢管桩基础。这些例证说明，中国公路桥梁墩台基础的型式，是本着经济合理、因地制宜的原则，不拘一格、多种多样的。

第八章
公路隧道和渡口

第一节　公路隧道

新中国成立初期，公路隧道寥寥无几。主要原因是公路等级低，对公路线型标准要求不高，在山区翻越山岭路段，大多采用展线，甚至采用急弯、陡坡展线，以明挖方式通过。这虽延长了公路里程，使车辆运行时间有所增加，但因交通量小，车速要求不高，影响并不显著；而明挖方式比隧道工程造价低，无须复杂技术和设备，施工进展较快，能早日通车，故一般都不修建隧道，只是在悬崖陡壁难以绕越之处，才考虑修建它。据统计，在20世纪50年代的前8年，北京、四川、山西、河南、湖南、江西、辽宁、青海、广西9个省、自治区、直辖市的公路交通部门共修建公路隧道30座，总长2530米。

50年代末，山区农田基本建设兴起，推动了一些地区公路隧道的建设。其中具有典型意义的，是位于太行山区的河南省辉县。辉县三面环山，90%以上的地区岗峦起伏，沟壑纵横，山高土薄，气候干燥，广大群众一直处于“路难、水难、生活难”的境地。60年代初，辉县开展了大规模农田基本建设，结合水利灌溉、发电和劈山造田，提出以“三通”（路通、水通、电通）为特征的渠路配套建设规划。“三通”的关键在路通。因此，把公路建设列为首位。山区群众掌握石工技术的比较多。辉县人民政府充分运用了这个优势，提出了“能打洞、不爬山，能走直、不绕弯，能架桥、不下滩”的筑路设想，组织专业队伍常年干；农闲时，动员民工建勤干。1965年8月，辉县组建了筑路凿洞专业工程队，命名为“愚公移山工程队”（简称“愚公队”），作为山区公路建设的尖兵。在愚公队队长石宝庆率领下，他们首战告捷。在打通全长254米的石岭洞后，立即在1966年9月转入建设长达810米的愚公洞，并在洞内一侧开凿宽深各1米的引水暗渠，经过两年多的不懈努力，1969年4月，山区公路隧道——愚公洞建成通车。“愚公队”修路凿洞的事迹为山区人民树立了榜样。1969年还是“出门就爬山，路无三尺宽”的柏石头乡，自从组成筑路凿洞专业队以后，奋战7个春秋，修通公路92公里，农村简易公路300公里，建设公路隧道4座，全长820米，终于改变了全乡的公路交通面貌。辉县乡村公路上的郭亮隧道长1100米，基本上是由只有72户、330口人的沙窑乡郭亮村群众自己修建的。郭亮村位于海拔1200米高的牛角山上，上、下山的唯一通道盘旋于绝壁之上，宽不足1米，还有一个“天梯”，长达430级台阶。1972年，郭亮村组织专业队苦战7年，打通了这条“绝壁走廊”，并建成隧道两端公路7.5公里。从此，汽车开上了牛角山，郭亮人告别了“天梯”。到1979年，在辉县的干线公路、县乡公路以及农村简易公路上，新建公路隧道达40座之多，总长1万多米。在这40座公路隧道中，“愚公队”就完成了13座，总长7500米。其中著名的全长1760米的胜利隧道，为河南省之最。据1987年河南省公路交通部门统计，在全省干线公路及县乡公路上共有隧道74座，总长19253米，约占全国公路隧道总长的23%。

北京市为了缓和路线纵坡，减少弯道，使公路路线顺畅，行车舒适安全，在山区公路上开凿了32座隧道，总长4359米。其中，新中国成立后修建的有28座，技术标准较高，工程质量也好。弹琴峡隧道坐落在八达岭旅游公路上，其建筑颇具匠心，洞门拱顶镶有汉白玉浮雕龙头，洞身拱顶为双曲拱混凝土结构，两壁侧墙用混凝土衬砌，蘑菇石镶面，整个隧道造型别致，古朴大方，为旅游公路增添了一处景观。

福建省福（州）马（尾）一级公路上的双洞式鼓山隧道，1985年2月动工，1987年11月竣工。鼓山隧道宽9米、高7米、长1569米，洞壁全用混凝土堆砌。洞内设施包括：日光灯照明，吸音，防潮，防火装置，闭路电视监视系统和雷达测速系统。洞内行车时速可达60公里。两洞之间，每隔100米设人行或通行汽车的横行通道。施工单位为驻闽工程兵部队。这是中国第一座设施先进的现代化公路隧道。此外，双线公路隧道还有1987年落成的广东省深圳特区梧桐山隧道，长2314米。它的建成，大大缩短了沙头角至大亚湾的公路运输里程。

在新疆维吾尔自治区独山子到库车的公路上，有两座位于高海拔的公路隧道：一座是铁力买堤达坂隧道，海拔3200米；另一座是哈希勒根达坂隧道，坐落在雪线以上，海拔3400米，为中国公路隧道海拔高度之最。哈希勒根达坂隧道全长340米，宽7米。这里的自然条件十分恶劣，山上积雪终年厚达5米以上，最低气温为-35℃，空气稀薄，地质情况也很复杂，“冰夹石”遇热融化，经常碎落塌方，施工极为困难。基建工程兵部队不畏艰险，忘我拼搏，终于在高寒山区凿通了一道道冰雪达坂，把昔日的交通禁区，变成贯通南北的通衢。

在山区公路技术改造中，采用隧道改善道路营运条件，既可提高通行能力，缩短公路里程，节省用地，还可减少汽车油料、轮胎消耗，节约运输费用。在交通繁忙的104国道杭州至温州段上，部分线路技术标准偏低，其中临海至黄岩有一段长仅10余公里的线路上，却有62处弯道和17处回头曲线，且平曲线半径小于15米，最大纵坡达9.2%，内有4段路线需要进行改善。浙江省公路交通部门就这段线路的地形、地貌、公路标高、线型等因素综合分析比较认为，如就原有公路改建，不但工程大，投资多，还难以达到技术改造的要求；而在长石岭、杨梅岭、青岭和黄土岭各修1座隧道，则可使路线线型顺直，平曲线最小半径也可达250米，平均纵坡可降至1.24%—2.42%，最后决定采用修建隧道方案。4座隧道竣工通车后，经济效益十分显著。仅以长石岭隧道为例，除节省45亩用地外，按当时运量运价计算，每年可节约运费54万元，汽、柴油80万升，还可减少机械、轮胎损耗约18万元。隧道投资，半年即可回收。

在乡村公路上，采用民办公助的办法，也修建了不少隧道。河北省依靠地方、依靠群众修筑乡村公路隧道，在全国具有代表性。涉县王金庄乡，地势险恶，交通闭塞。1964 年修筑了一条经过桃花岭的盘山公路，路窄弯多，坡度陡，绕道远，车祸多。血的教训激发了群众改造旧路，修建隧道，打通桃花岭的决心。他们发扬了解放区人民的光荣传统，群策群力，在 1979 年就把这座全长 910 米（含明洞 100 米）、洞宽 7 米、高 5 米的隧道打通，计开挖土石方 10 万立方米，缩短路线长度 7.5 公里，通车能力几乎增长 1 倍。河北省磁县杨家堂乡处于万山之中，与其相邻的 4 个乡，彼此相距不到 3 公里，从一个乡到另一个乡，竟要绕道 10 多公里。1977 年，杨家堂乡采取山、水、田、林、路综合治理的办法，开山凿洞，修建公路。到 1979 年年底，打通了全长 356 米的庙岭隧道和全长 250 米的南蛟隧道，初步改善了交通条件。为加速乡村建设，1984 年，磁县公路交通部门在杨家堂乡一带矿区修筑了环形公路 12 公里，开凿了 2 座隧道，把 4 个乡的 54 个村联成一片，沟通了与涉县的公路交通，促进了山区商品经济发展。此外，像北京市熊儿寨到东长峪线上的全长 420 米的幸福隧道，山东省淄川到峨庄线上全长 550 米的黑峪隧道，浙江省永康县全长 1020 米的鹫岭隧道，以及全长 330 米的河南省卢氏县草沟隧道等，也都是由国家补助，县乡自筹，群众集资、投劳，自行设计施工开凿而成的。

新中国成立以来，公路交通部门在依靠地方，依靠群众开凿公路隧道的过程中，还采用了一些先进的施工工艺。1985 年，陕西省公路交通部门在秦岭山区老爷岭垭口修建的全长 1007 米的公路隧道，就是采用“新奥法”施工的。截至 1987 年年底，全国公路交通部门管养的公路隧道达 579 座，总长近 9 万米。中国公路隧道建设虽然取得一定进展，但技术水平仍然不高，应有的安全、照明、通风等设施也较为缺乏。所有这些都有待依靠技术进步去加以克服。

第二节　公路渡口

公路渡口是在公路跨越江河、湖泊、港湾、海峡处，因一时无力建桥（或水下隧道），为使汽车连续运行而设置的设施。北方各省、自治区季节性河流多，一般采取汽车涉水过河，或搭设临时便桥维持通车；冬季严寒，江河封冻，则在冰上行车。因此，汽车渡口很少。南方各省，河多水深，不设渡口，公路无法贯通。湖南、四川、广东、广西、湖北、江西等省、自治区因长江、珠江支流密布，河道纵横，渡口一直是公路工程的重要组成部分。特别是主干流上的渡口和海峡渡口，对保证干线公路运输畅通，起着更为重要的作用。

一、渡口的演变及其现状

新中国成立以后，到1957年，全国有公路渡口375处，其中机动渡仅占19.7%。“大跃进”期间，据1959年统计，公路里程增长近1倍，渡口却增到1243处，机动渡的比重则下降到15.4%。1962年，公路交通部门认真执行“调整、巩固、充实、提高”方针，公路里程通过核实有所减少，渡口也核减为921处，其中机动渡占30.4%。此后，随着国民经济的发展，民用汽车逐年增多，养路费收入同步增长，改造危桥、险渡提到议事日程。因此，渡口逐年减少。1980年，全国渡口降到655处，机动渡占55.5%。在改革开放新形势下，干线公路改渡为桥的速度加快。但是，另外，在山区新建的县、乡公路上，又增加了一些新的渡口，此消彼长，故渡口数量一直变动不大。到1987年年底，全国公路渡口共有659处，机动渡占69.6%。这些渡口约70%在县乡公路上；另外的30%则分布在于线公路，机动渡占87%，其中完全实现干线公路渡口机械化的有广东、湖南、江西、山东、山西、江苏、浙江、安徽、内蒙古、西藏、上海11个省、自治区、直辖市。中国公路渡口以南方居多。据1987年统计，占首位的是湖南省，共有110处，其次为四川，再次为湖北、广西、广东和江西等省、自治区。这 6 个地区的公路渡口数量之和，约占全国公路渡口总数的 2/3；北京、天津两市没有渡口，其余的 1/3 则分布在黑龙江、陕西、河南、宁夏、内蒙古、新疆和上海等 22 个省、自治区、直辖市。

38 年来，公路渡口面貌发生了很大变化。渡运船舶从木质向钢质化发展；渡运载车量从单车、双车扩大到 20 车；机动渡的比重从近 20% 上升到 70%；人力渡大部分从撑篙摇橹改为横缆牵引；汽车上下渡船从三角跳改为连船跳；渡运时间除洪水、大风外，从不能夜渡达到昼夜渡运；码头引道也从砂石结构改为水泥混凝土结构。1987 年，全国公路渡口共有渡运船舶 1756 艘，其中自行式机动渡船 346 艘，拖轮 648 艘，非机动渡船 762 艘，基本上适应了公路运输需要。

二、渡口技术状况的改善

渡口技术状况的改善涉及两个方面：一是码头引道的改建与新建。新中国成立初期，码头多为临时性建筑，常因水位涨落而移动跳板，枯水季节船舶不易靠岸，影响安全和渡运效率。1954 年，交通部颁发《公路工程设计准则》，规定了码头建设标准，使各地改建、新建码头有章可循。此后，一些干线公路渡口逐渐改建为永久性的直线式或锯齿式码头，纵坡、宽度、表面平整度和坚实度均达到标准要求。为适应连船跳和大型渡船的推广，渡运量的增长以及河床、水位的变化，不少码头引道都经过多次改建。湖南省长沙湘江渡口水陆洲西岸码头引道，就先后改建 3 次，才适应了不同时期的渡车需要；常德沅江渡口的码头位置也曾多次迁移、加宽。安徽省芜湖长江渡口，1957 年始建于裕溪口（北岸）至四合山（南岸），早期设施简陋，河床淤塞严重，枯水季节航道受阻，高水位期间又因码头被淹，渡船难以停靠，6 级以上大风即不能通航。1974 年，省公路处投资，将渡口移至二坝（北岸）至弋矶山（南岸），按现代化渡口标准新建，铺筑长 110 米、宽 12 米、纵坡为 10% 的水泥混凝土码头引道；随着交通量的不断增长，1984 年又增建副码头 2 处，并扩建码头引道，配备 14

车自航渡船3艘，使渡运能力提高1倍。到1987年，除了一些县乡公路渡口标准偏低外，全国绝大多数干线公路渡口的码头引道，都符合标准要求。

二是渡运船舶的改造与发展。50年代初期，渡运船舶绝大多数是单车和双车的木质船，一般拖轮多用小马力柴油机。50年代中后期，开始使用3车或4车钢木结构和钢质渡船，拖轮改用解放牌汽油机。进入60年代，发展6车、8车钢质渡船，并用40至80马力船用柴油机替换汽油机。十年动乱中，部分省一度推广钢筋水泥船舶，效果不好。中共十一届三中全会以后，钢质中、大型渡船日益增多，一次载车量从8车到20车不等，船用柴油机马力增大到240至600匹，海峡渡船则更大，并向自航式机动渡船发展，普遍采用整块式钢质连船跳板和液压起跳装置，机械化程度有较大提高。江苏省南通至沙洲长江渡口落成于1985年。这个渡口采用的渡轮具有较好的性能：

——抗风能力大于7级，主机马力为4×450马力及2×60马力；

——一次渡运20辆标准汽车，荷载等级为汽-20，拖-100；

——航速每小时不小于15公里，双向航行，双向停靠；

——主体尺寸：长（不包括跳板）70米，宽13.8米，最大吃水深度为2.5米。

南通至沙洲长江渡口装车多，航速快，每个航次可装大小车30多辆，渡轮上设有空调、彩电，通信和导航采用对讲机和雷达，是中国内河上设备先进的渡口之一。

三、渡运管理工作的改进

（一）管理规章制度的制定。50年代初期，各省公路局对渡口管理曾各自制订《过渡规则》或《渡口守则》。为加强公路渡口管理，确保安全渡运，1955年11月，交通部颁发《公路渡口管理暂行办法》，对渡口等级、设备、组织管理以及车辆过渡的顺序等，作了原则规定。各省据此制订了实施细则，使公路渡口管理工作步入正轨。“大跃进”期间，规章制度破而不立，管理松弛，事故迭有发生。1962 年 1 月，交通部颁发《公路渡口管理办法（草案）》。1975 年 8 月，又再次在修订颁发的《公路养护管理暂行规定》中强调：渡口上、下游附近，不准随意挖取砂石、修筑堤坝、流放竹木，重要渡口商请当地军事、公安部门指派专人警卫，维护渡运秩序，保证渡运安全，提高渡运效率，并且重申 1962 年交通部颁发的《公路渡口管理办法（草案）》，要求各地据此制订渡口管理规则。此外，各省制订的规章制度还有：《渡口安全操作规程》《过渡费征收办法》《渡口船舶保养、修理与报废办法》《渡运报表填报办法》等。

（二）渡口的组织管理。根据统一领导，分级管理的原则，各省、自治区、直辖市公路交通部门根据交通部颁发的有关规定，分别制订辖区公路渡口管理规章制度。具体管理责任，按渡口的大小和重要性，实行总段、养路段分级管理，个别特大渡口也有由省公路局直接领导的。县、乡公路上的渡口则分别由县交通局公路站或区、乡政府管理，个别的由村自办。厂矿专用公路上的渡口，一般都归专用单位自管。对于渡运繁忙的较大的干线公路渡口，大多设渡口管理所，人员配备视渡口大小、运量繁简、设备多寡而定。一般设 2 至 4 个渡班，每班 4 至 8 人；日渡车 1000 至 4000 辆的渡口，有的设 6 至 8 个渡班，以供 2 船或 3 船同时渡运。80 年代以来，为加强渡口管理，有的重要渡口设立了公安派出所。湖南省岳阳湘江渡口，经省公安厅、交通厅批准，于 1985 年 8 月率先成立公安派出所，在当地公安和公路交通部门的双重领导下，对维护渡运秩序，保障渡运安全，发挥了积极作用。

（三）渡口的资金来源。按照“以渡养渡”的原则，渡运车辆和人、畜征收过渡费。此项收入，一般只够维持日常支出，新建渡口则需另行投资。因此，长期以来，公路渡口的建设、维修、管理以及日常渡运开支费用，均列入养路费支出计划之内，征收的过渡费纳入养路费总收入之中。1960 年，交通部、财政部联合颁发《关于养路费征收和使用暂行规定》，将过渡费与养路费合并，凡已交养路费的车辆，过渡时不另收费。但在1963年的补充规定中又重申“以渡养渡”的原则，允许另行收取过渡费。从此，各地公路渡口收费情况颇不一致。安徽、江苏两省的公路渡口实行另收费，湖南省只对免收养路费的车辆征收过渡费，多数省仍然不收过渡费。进入80年代，情况有了变化，各地公路交通部门以提高经济效益为中心，坚持“以渡养渡”的原则，对过渡费的征收工作普遍有所加强。随着渡运量不断增长，过渡费收入也有所上升，为改造渡口码头、添置大型机动船舶提供了固定的资金来源。1987年，全国公路渡口首次达到收支相抵，略有盈余。但各省之间收支相差悬殊，安徽省的公路渡口收入为支出的4.5倍，湖南省为3.4倍，江西省为2.3倍，湖北、江苏两省略有盈余，其他省、自治区、直辖市入不敷出。

（四）渡运的安全和事故。公路渡口兼有航运性质，常年水上作业，洪水、大风、浓雾等自然干扰多，技术性比较复杂，安全责任重大。各地公路交通部门十分重视安全渡运工作，把它作为首要任务来抓，坚持不懈地贯彻执行“安全第一、预防为主”方针，建立、健全规章制度，制订安全操作规程，并对一般预防措施和意外事故的紧急处理都作了详细规定，有效地避免了多起事故的发生。30多年来，各地相继出现了不少安全无事故的先进渡口。湖南省茶陵县铁甲山渡口改渡为桥之前，在安全渡运和设备保养方面有一套比较完整的制度，曾连续14年没有发生任何责任事故，还创造了木质渡船11年无大修、6年无中修的记录，成为湖南省公路交通部门的红旗单位之一。广东省公路渡口严格遵守规章制度，开展建设文明渡口活动，渡运效率提高，码头秩序良好，服务态度改善，1987年全省安全渡运1241万辆次无重大责任事故。特别是一些大、中型公路渡口推广了广（州）湛（江）线上九江渡口科学管理经验后，码头交通管理大为强化，使人流、车流渠化畅通，缩短了待渡时间，社会效益显著。但是，也有少数渡工思想麻痹，或不按操作规程办事，导致发生渡船被洪水冲走、失火、翻沉、碰撞、汽车落水等大小事故。显然，减少事故频率，仍然是不容忽视的紧迫问题。

四、大江大河上的重要渡口

（一）长江渡口。在五六十年代，长江上的汽车渡口很少，一般设施简陋，渡船小，渡运能力不大。70 年代以来，特别是 1976 年以后，各省对原有的一些渡口，如江苏省扬州渡，安徽省芜湖渡、安庆渡，江西省湖口渡，湖北省鄂州渡等，曾多次进行扩建。并新建了南通至沙洲，镇江至扬州等大型渡口，大大提高了渡运能力，便利了大江南北交通。70 年代初，长江下游的江苏省仅有 1 处比较正规的长江汽车渡口，即由航运企业管理的江阴至八圩渡口。80 年代初，江苏省公路交通部门贯彻执行了“以渡养渡”和“以渡建渡”的方针，渡口发展很快。到 1985 年，全省有渡口 15 处，其中跨越长江的就有 5 处。1978 年，镇江至扬州渡口通航以后，两市之间的公路距离，比绕道南京长江大桥缩短 100 公里。1985 年，南通至沙洲渡口投产，使南通到上海的距离，比绕行江阴渡减少 130 多公里。江苏省辖区的 5 处长江渡口，共有钢质机动渡船 27 艘，1 次装载汽车能力达 257 辆，渡运时间约半小时，昼夜渡运汽车超过 5000 辆次。80 年代以来，随着县乡公路的发展，长江渡口仍在不断增加，一般都由两岸地方政府协商集资修建。湖南省从 1985 年到 1987 年就新增了 3 处。如华容县与湖北省监利县仅一江之隔，1985 年，两县自筹资金共建新沙洲汽车渡口，使华容附近各县直达武汉的公路里程，比绕道石首渡口缩短 134 公里，比绕道岳阳减少 68 公里，对搞活湘北、鄂南地区经济具有重要意义。

（二）黄河渡口。70 年代以前，黄河上的渡口较多；70 年代以后，绝大多数渡口已经改建为桥。如山东省的滨州、济南、平阴、垦利，河南省的郑州、洛阳，山西、陕西两省之间的禹门口、军渡、保德，内蒙古自治区的喇嘛湾、包头、磴口，宁夏回族自治区的石嘴山、仁存、中宁等地的黄河渡口。到 1987 年，黄河上下新建桥梁 40 多座，基本上消灭了渡口。

（三）珠江下游渡口。珠江三角洲河流纵横，渡口众多。1979 年，广东省实行改革开放以来，干线公路交通量迅猛增长，导致渡口拥挤，虽经大力加强渡运设施，待渡现象仍然十分严重。为改善公路交通面貌，广东省公路交通部门通过多渠道筹集资金，大大加快了改渡为桥的进程。到1987年，在十大干线公路上，仅有渡口3处，即广（州）湛（江）线上的九江渡、湛江海湾的外海渡以及广（州）汕（头）线上的汕头海湾渡。其他公路线上的49处较小渡口，也都全部实现了机动化。

公路渡口一般起着暂代桥梁（或水下隧道）的作用，常为过渡性设施。一方面原有渡口逐步为新建桥梁所取代，另一方面随着县乡公路的发展，新的渡口在不断增加。经验表明，干线公路和重要县道上的渡口，每日渡运量超过500辆次的，均宜改渡为桥；但在通过水深流急的宽阔江河、海湾或海峡，建设桥梁需要巨额资金，且技术上难度较大，因此有必要开辟新的大型渡口。为发展公路交通，加强渡口的技术改造，扩大渡运能力，改进渡口管理，仍然是公路部门的重点工作之一。

第九章
公路养护

第一节　公路养护工作概况

新中国成立后的前 8 年，在政务院《关于一九五〇年公路工作的决定》指引下，公路养护工作在多方面取得重大进展。

一是全国公路养护体系基本形成。1950 年 1 月，交通部公路总局成立，设养路处主管全国公路养护事宜。并按专线设立过几个国道养护机构，但时隔不久，大多于 1951 年下放到省。此后，干线公路养护统归地方管理。

继 1951 年 12 月和 1954 年 7 月交通部召开全国养路会议之后，遵循“通车必养，有路必护”的方针，大多数省都建立了省、专区、县 3 级公路管理机构，省设公路管理局（处），按专区设公路总段或公路管理处，按县设养路段（工区、站），承担国道、省道和主要县道的管理、养护任务。

道班是公路养护的基层组织，交通部在 1950 年颁发的《公路养护暂行办法》中规定了三种模式：

——凡高级路面（水泥、沥青）、碎石路面及主要军事经济路线，都实行道班制养护，每班 8 至 12 人。

——凡人烟稀少或边远特殊地区的重要路线，采用流动道班制；养护工作繁重的，得用机械养护。

——凡交通量较小的一般路线，采用半脱离生产的代表工，组织沿线群众负责养护；或利用农闲，发动群众义务养护。

1951年5月，交通部在总结公路养护经验的基础上，发布了《关于道群分工共养公路的指示》，要求道班养路和群众养路互相配合，以发挥两者更大的效能。

二是建立民工建勤制度。1951年5月31日，政务院发布了《关于一九五一年民工整修公路的暂行规定》的命令，规定每个农村劳动力全年修路的负担不超过10个工作日，自愿参加或变工者不在此限。一般地区对修路民工以不给口粮补助为原则，情况特殊地区或从较远地区动员时，可酌予补助。修路所用普通工具由民工自带。这个命令虽然限于1951年适用，但事实上在一直沿用。1955年11月，国务院对上述命令作了修正，颁发了《关于改进民工建勤养护公路和修建地方道路的指示》，主要内容是：

——规定每年每个劳动力的义务建勤，由过去的10个工作日改为至多不超过5个工作日，车、船等运输工具及兽力的义务建勤为每年2个工日，所需工具由民工自带。

——凡有劳动力的年满18岁至45岁的男性农民和年满18岁至40岁的女性农民都有建勤义务。因病不能劳动的，或是妇女怀孕的，在动员民工建勤时应予免除。

——动员范围，由于各地居民密度与地方条件不同，原则上以在道路两侧15公里以内为限，由各省根据实际情况具体规定。

——农业生产合作社以社为单位，指派一定的人员和运输工具，代表全社完成规定的建勤工日和车工日。

从此，民工建勤养路修路的制度以国家法令的形式确定下来。绝大多数省根据这个指示修正了原来的实施细则，改进了民工建勤养护公路的办法。特别是在实现农业生产合作化以后，北方各省普遍建立了以建勤代表工为主的养路道班，把原来以季节性整修为主的群众养路方式，改变为全年的经常性养护方式；把以固定工为主的道群共养道班（群众协助护路、备料和季节整修），改变为以一两个固定工为班长，以代表工养路员为主体的道群共养道班。

三是为公路养护开辟了长期的、可靠的资金来源。根据政务院的指示，本着用路者养路的原则，1950 年 7 月，交通部颁发《公路养路费征收暂行办法（草案）》，凡在公路上行驶的车辆，除规定免征者外，都要缴纳养路费。

四是公路养护有章可循，建立了正常的工作秩序。根据交通部颁发的各种规章制度，各省、自治区都制订了实施细则，公路养护工作基本上做到有章可循。各级养路部门按各自的年度、季度、月度计划进行工作，基层道班也都按旬、日作业计划执行。许多公路由于有人管养，都能及时进行修补。土路遇雨后有人负责控制交通，减少了雨中、雨后行车对公路的破坏。一般道班养护的路线，基本上路面平整，水沟畅通。1956 年 8 月，交通部在全国养路工作会议上提出“依靠地方，依靠群众，就地取材，以养好路面为中心，加强全面养护，重点修理，分期改善，逐步提高使用质量，以适应运输发展需要”的方针，各地养路部门加快了利用当地砂石材料在土路上铺筑中、低级路面的步伐。为了提高养路职工素质和公路养护质量，交通部还先后颁发《公路养护修理技术规范（草案）》和《养路工人技术标准》。

截至 1957 年年底，全国公路晴雨通车里程达到 13 万多公里。由于推广了在碎（砾）石路面上加铺级配磨耗层和保护层的养护措施，有效地改善了路面技术状况，基本上适应了汽车运输需要。

1958 年“大跃进”开始以后，在全国范围内掀起了修路高潮。但因技术指导跟不上，“瞎指挥”“浮夸风”盛行，新增公路大多不符合最低技术标准，旧路改建质量也差，后遗症很多，给养路工作带来不少困难。特别是管理体制普遍下放后，有的省撤销了省公路管理局，把省管的干线养护机构下放给专、县交通局管理；有的层层下放，把养路总段、养路段拆散并入修建队伍，甚至把原来就深感不足的养路技术人员和骨干工人大量外调给运输、水利等部门；有的干脆把养路道班撤销，全部包给人民公社分段养护。据1960年统计，全国养路技术人员减少到3690人，按道班养护里程计算，平均每百公里公路拥有技术人员仅2.6人。浙江全省原有养路工4000多人，其中被抽调到运输部门的达1000多人，部分房屋、材料、经费也被充作他用。此外，有些省的民工建勤几乎都投入公路新建、改建工程，原有公路的养护工作陷于停顿，固定的群众养路队伍大为削弱，致使公路技术状况不断恶化。

1961年3月，交通部在广东台山召开全国公路养护经验交流现场会议。交通部部长王首道在会上讲了话，强调公路交通部门要认真贯彻“调整、巩固、充实、提高”方针，要以养好现有公路为主，把保养维修工作放在首位，全面安排好干、支线公路的养护工作，以适应大力支援农业的需要。

调整期间，鉴于“大跃进”中公路的增加数量有浮夸不实之处，根据交通部颁发的《关于公路里程的统计范围及公路划分原则的规定》，各省、自治区、直辖市进行了普查核实，扣除了浮夸不实，以及部分属于城市街道、厂矿内部生产用路和田间生产道路之后，全国公路总里程，从1960年统计的519460公里核减为1962年的463501公里。

调整期间，中共中央、国务院于1962年6月15日颁发了《关于加强公路养护和管理工作的指示》。这个指示有七条：

——今后三五年内公路工作的方针是：切实整顿，加强养护，积极恢复，逐步改善。

——干线公路由省级交通部门设置专业机构（公路局、养路总段、养路段）直接管理。县公路由县管理，必要时也可由省的专业机构统一管理。公社公路由人民公社管理。对于过去下放得偏下过散的应即进行调整，明确各级管理部门的职责与权限，恢复和健全管理制度，切实分工负责管好养好公路。

——干线公路和运输繁忙的县公路，设置固定的专业道班养护。一般县公路也可实行道班养护、临时雇工养护或道班与群众共养。公社公路由公社组织社员自养。对于民工建勤，在农村形势较好的地区，经省人民政府批准后可以适当动用。

——养路工人是国家的专业工人，属于重体力劳动，各部门要在劳保用品以及口粮与食油的供应标准上给以适当解决。

——由省级交通部门统一征收养路费，实行专款专用，并严格控制使用范围，超越范围的按违反财政纪律论处。

——保护公路免遭人为破坏和占用，搞好公路绿化。

——切实整顿养路部门生产秩序，加强计划、技术、财务、生活管理，建立技术责任制，开展技术革新。

为贯彻这一指示，交通部于1962年8月颁布《公路养护和管理工作的若干规定（试行草案）》（简称《养路40条》），对机构体制，养护方式，计划、技术、财务、路政四大管理，以及职工生活福利等都有比较全面而又详细的规定。1963年3月，交通部在桂林召开了全国公路养护工作会议，进一步贯彻落实中共中央、国务院7条指示和交通部《养路40条》的措施，并提出“一网五化”（即一个四通八达的公路网和线路标准化、桥涵永久化、路面黑色化、路树林荫化、养路机械化）的奋斗目标，标志着通过养护来改善提高公路技术状况的工作已经起步。

随着《养路40条》的贯彻实施，各省、自治区、直辖市公路交通部门普遍恢复和健全了生产管理制度，各级领导和技术干部深入道班，与工人同吃同住同劳动，推广松散保护层回砂养护法，并发展渣油路面。对县社公路普遍试行沿线社队包养制，或恢复民工建勤代表工养护制，使公路失养失修状况得到改善。到1965年年末，全国养路职工总数达到27.4万多人，内含技术人员7888人；养护公路里程34.7万公里，其中道班养护里程25.6万公里；次高级路面（大部分是渣油路面）达到5547公里；路面铺装率上升到59.2%；永久式桥梁比重提高到45.4%，公路面貌有所改观。

1966年5月，“文化大革命”开始，全国陷入一片动乱之中。公路养护管理工作再次遭到严重破坏。许多省属养路机构被撤销，大批干部和技术人员下放农村，规章制度被“砸烂”。在为害严重的1968年和1969年，河北省大部分地区撤销了养路道班和群众养路组织，实行“贫下中农养路”，实际无人负责。辽宁省下放体制后，部分县把道班下放给社队领导，工人改为集体所有制，道班房被生产队挪用。在“重灾区”的江西省，公路下放生产队养护，由于机构撤销，人员下放，养路费被挪作他用，一些主要干线的公路交通几乎瘫痪。但是也有一些省、自治区所受的冲击不大，基层的公路养护工作仍然照常进行。1972年，交通部组织了全国公路分片联合大检查。次年，又连续召开了有关公路绿化、渣油路面、双曲拱桥、钻孔灌注桩、养路机具等专业会议，推动了公路养护工作。1975年，交通部重新修订了《养路40条》，提出“全面养护，加强管理，统一规划，积极改善”的方针，要求做到路基稳定，路面平整，水沟畅通，桥涵完好，标志和路树齐全，力争实现干线公路线路标准化，桥涵永久化，路面黑色化，路树林荫化，养路机械化。十年动乱中，尽管公路工作不断遭受干扰破坏，但在“备战、备荒、为人民”的号召下，公路交通的作用仍然受到重视。加上养路费收入逐年有所增长，民工建勤制度继续执行，渣油、水泥、钢材等主要材料的供应也比较宽松，公路养护维修改善工作仍然取得了一些进展。中共十一届三中全会以后，各地公路交通部门贯彻了“调整、改革、整顿、提高”方针，调整了管理体制，各省、自治区重新恢复了公路局、总段（分局）和段的3级养路机构；三个直辖市分别在交通局或市政工程局下设公路管理处，处下按县（区）设公路管理所，实行统一领导，分级管理。山东、河北等省提高了建勤民工的生活待遇，稳定了养路队伍；辽宁、湖南等省招收了大批集体所有制工人，充实了养路专业力量。为了加强技术管理，提高公路的服务水平，1979年5月，交通部颁发《公路养护质量检查评定暂行办法》，即把每公里公路的路面、路基、构造物、标号志、绿化5项按百分制分项评分，规定了各项所占的比重和优、良、次、差4个等级的分数范围，计分的具体标准，“好路率”和

"养护质量综合值"的计算方法等。既是考核各级养路部门工作成绩的主要指标，也是实行奖惩的主要依据。此外，还开展了全国公路普查，为编制公路建设和养护的长远规划和改革公路管理体制打下了基础。

1982 年 6 月，交通部在甘肃平凉召开全国公路养护工作会议，全面总结了 1963 年以来公路养护工作的经验教训，提出了"全面规划，加强养护，积极改善，重点发展，科学管理，保证畅通"和"普及与提高相结合，以提高为主"的公路工作方针，要求本着干支兼顾，以干为主，养改并重，平战结合和因地制宜的原则，大力进行挖潜、革新、改造，不断提高公路的通过能力和抗御灾害能力。围绕这些目标，各地公路养护部门普遍试行多种形式的养路经济责任制，开展了"好路段（站）"、"全优道班"以及"文明路"的竞赛活动，使公路养护工作稳步向前发展。截至 1987 年年底，全国共有地、市级公路总段（分局、处）335 个，县级公路段（站、工区、所）3082 个，养路道班 51319 个，拥有养路职工 75 万人，公路养护里程达到 89. 4 万多公里。

38 年来，公路养护事业之所以能够取得这样大的成绩，首先应该归功于第一线的广大道班工人。不论是严冬酷暑，还是雨雪风沙，他们长年累月坚持在漫长的公路线上，整天和泥土、砂石、沥青打交道，不断地和暴雨、洪水、雪阻、沙埋作斗争，工作条件十分恶劣。不少道班远离村镇，缺水少电，住房简陋，生活条件很差，特别是在西南、西北边远地区，生活尤为艰苦。为了保证公路的畅通，他们不惜把自己的青春献给戈壁沙漠、风雪高原。他们的模范事迹令人钦佩。青藏公路 107 道班，地处海拔 5300 米的唐古拉山顶，空气稀薄，气候严寒，一向是"天空无飞鸟，地上不长草，六月穿皮袄"的地方。1969 年春，罕见的暴风雪埋没了公路。当时，没有扫雪机，12 名藏族养路工在班长的带领下，不辞艰辛，排除万难，连续忘我奋战 23 天，终于在厚厚的积雪中开辟了一条雪廊，使车队源源通过。青藏公路格尔木至拉萨段有 100 多个道班，大多是当地唯一的人家。他们尽管自身生活十分艰苦，但对过往的汽车驾驶员和旅客却格外热情。一旦汽车“抛锚”，他们总是帮着修理，提供膳宿。有时，宁可自己到车上守夜，也要把热炕腾出来让给客人住宿。这些感人肺腑的事迹，赢得了入藏车队的一致赞誉。107 道班被评为全国工交系统先进集体，班长朱珠被评为全国劳动模范。

第二节 公路日常养护、维修和改善

一、日常养护与维修

养好路面是公路养护的中心任务，路面是否平整坚实，又与路基、排水有关。因此，对公路的日常养护与维修不能忽视。

（一）土路养护。新中国成立初期，无路面的土路占公路总里程的60%以上，特别是在北方的一些省、自治区，有的高达95%以上，表面凹凸不平，路窄、坡陡、弯急，缺桥少涵，路况极差。这些土路大多依靠春秋两季大整修。对于干线公路，一般实行道群共养，即道班工人承担日常养护，沿线群众则协助备料、整修。土路养护主要是在路上不断地铺砂、添土，平整车辙坑槽，整修路容，疏通水沟；下雨时临时停止交通，雨后指挥车辆通行，通过行车碾压，使公路保持平整。

（二）砂石路面养护。养路职工把砂石路面的养护方法概括为“久晴勤洒水，久雨勤疏沟，雨前扫浮沙，雨后铲路肩，补坑先清底，用土需控制”。凡是按照这些方法养护的砂石路面，都取得较好的使用效果。50 年代中期，养路职工在碎石路面上创造了加铺级配磨耗层的养护技术，极大地改善了原来泥结碎石路面的使用质量，不但达到平整、耐久、雨天不泥泞、晴天灰尘少的要求，而且行车时速普遍提高，运输成本也相应降低。此后，又成功地创造了加铺粗砂保护层（又名松散保护层）结合日常回砂的保养方法，既简化了养护操作，延长了磨耗层的使用寿命，还提高了公路的通过能力。为防止砂波浪的产生，山东省采取了定期消除粉砂的方法。辽宁省采用定期扫浆加砂铺筑稳定式保护层，然后再行回砂养护，也取得了较好效果。这个省的新金县金山道班养护的砂石路面，经过不断改进养护技术，承受的昼夜交通量达到500至1000辆次，仍然保持平整坚实。

（三）黑色路面养护。对黑色路面的养护，关键在于及时处理病害。一旦发生裂缝、麻面、松散、坑槽、车辙、啃边、泛油、拥包或波浪，立即采取针对性养护措施。70年代末，养护黑色路面开始推广阳离子乳化沥青，使用方便，不受季节制约，而且雨天也能照常施工。为提高黑色路面养护质量，80年代以来，各地养路部门开始对路面破损率、路面强度、平整度和摩擦系数4项指标进行综合分析，力求更科学地制定养护黑色路面对策。防滑措施在中修罩面中得到普遍重视。广东省采用加撒白色石屑强压嵌入的方法，既增加了路面的粗糙度，又提高了夜间行车的能见度，效果良好。

（四）加强全面养护。50年代后期，各地养路部门对公路逐步加强了全面养护。1958年福建省宁德工区开展了养路“十三无”① 竞赛，不久，在福建全省推广，使公路路况得到大面积提高。1959年，宁德工区获得交通部授予的“全国养路红旗”称号。1961年，山东省为全面评价公路养护质量，把它划分为优、良、次、差四个等级，将优、良等级的公路里程占全部里程的百分比称之为“好路率”。这种评比办法，已纳入1962年交通部制订的《关于公路养护和管理工作的若干规定（试行草案）》之中，为加强养路技术管理，进一步落实“以养好路面为中心，加强全面养护”的方针，发挥了积极作用。1979年，全国公路养护部门贯彻执行了交通部制订的《公路养护质量检查评定暂行办法》，除要求养好路面之外，还要求重视路基、桥涵、标志、绿化等诸多方面，使路况均衡提高，形成良性循环。80年代以来，全国公路平均好路率逐年递增，1987年为62.5%，其中干线公路好路率为70.2%。北京、山西、辽宁、黑龙江、山东、上海、安徽、福建、江苏、广东、湖北、湖南、陕西13个省、直辖市干线

---

① “十三无”是：路面无坑槽、无波浪、无露骨、无翻浆、无积水，路肩无缺口、无堆积物，路基无塌陷，边沟无淤塞，桥涵无跳车、无损坏，标志无缺损，绿化无缺苗。

公路好路率都在75%以上。

二、道班的小改善活动

中国公路底子太薄。大部分公路标准低，质量差。为了提高它的通过能力，“一五”期间，交通部提出“通过养护，分期改善，逐步提高公路使用质量”[①] 的方针。许多养路道班坚持不懈地通过小改、小革，改善了不少急弯、陡坡、窄路，加固了路肩、边沟，加长或增设了许多涵洞。养路工人把这些小改善活动，称为“三个一”：即在确保路况完好的前提下，一年之内，改1个弯，降1个坡，加宽1段路基（结合道班实际，或加固1公里路肩，或修1道涵洞等）；也有提“四个一”或“五个一”的，总之，量力而行。山东省泰安县水峪养路工班，在保持公路经常完好的基础上，提出了“叫陡坡低头、急弯伸腰”的奋斗目标。经过十多年的艰苦努力，改造了急弯7处，降低陡坡14处，调整纵坡2.8公里，累计填挖土石方1万多立方米，终于将7.5公里的干线公路通过小改善活动提高了技术等级。为表彰这个道班的养路成绩，1978年交通部授予“发展交通，当好先锋”奖状。此后，小改善活动更趋活跃，改善的项目也扩大到改路肩为路面、设置路缘石、补做弯道超高等，使路况稳步上升。

三、养路机械化取得进展

60年代以前，养路段和道班基本上没有机械，只有在养路总段一级才有少量汽车、压路机和推土机。养路作业主要依靠锨、镐、扫帚，改良的手工工具，以及畜力牵引的回砂器等。1973年，交通部在徐州召开养路机械化选型会议。之后，许多省、自治区、直辖市办起了筑养路机械厂，养路总段成立了养路机械修配厂，绝大多数养路段也都设置了机修车间，逐步形成了试制、生产、维修筑养路机械的基本力量。到1987年，全国养

---

① 这里所指的“养护”，包括公路大修和改建。如50年代的土路改善，加铺磨耗层，木桥防腐等；六七十年代铺筑渣油路面和旧桥改建也都包括在内。

路部门拥有推土机、压路机、拌和机、摊铺机、起重机等大型筑养路机械近2万台。在干线公路养护中，大多数地区的运料、压实、洒水、洒油、撒料、回砂、石料破碎等主要工序，基本实现机械操作，但与养路机械化的要求，仍然还有很大差距。

第三节　水毁预防和修复

中国地域辽阔，每年汛期或雨季，局部地区往往因为连降暴雨引发山洪而造成的灾害屡见不鲜。不少公路桥梁、涵洞、路基、路面毁于一旦，交通中断。水毁给公路带来严重损失，其中危害最大的有：

1954年7月，湖北省大部分地区遭百年不遇的特大洪水，在直接由省养的18条干线公路中，有11条被水毁；在县养的38条公路中，有30条也因水毁而阻车。同期，江西省北部沿江滨湖地区的许多路段被水淹没，中断交通2个多月。

1963年8月，河北省发生了历史上罕见的暴雨，海河流域一片汪洋。在受灾的114个县（市）中，有74个县的公路交通完全断绝，水毁公路6000多公里，占全省公路总里程的75%。

1975年8月，河南省驻马店地区遭受特大暴雨，洪水冲毁了公路和水库，水淹了许多城镇，波及河南安徽两省30多个县市，漯河、遂平间平地水深3至5米。这些地区的公路交通断绝了半个多月。

1981年，陕西省南部秦巴山区遭受特大暴雨袭击，33条干线公路、600多条支线公路被毁，许多路段的构造物荡然无存，中断交通一个半月，仅公路的直接经济损失就达7500多万元。

此外，80年代中期，辽宁、吉林、安徽、湖北、广西、云南等省、自治区的公路水毁情况都很严重。据1986年22个省、自治区统计，共水毁路基2652万立方米，沥青路面715万平方米，桥梁488座，涵洞9564道，护坡425万平方米，挡土墙78万立方米，驳岸45万立方米，上坍方2314万立方米，另外还冲毁养路用房2245栋，经济损失达8亿多元。

公路水毁日益严重，除了不可抗拒的自然因素外，还有一些人为的主客观原因。从客观上看，一是乱砍滥伐森林屡禁不止，使大面积茂密的森林成为荒山秃岭；任意开荒也破坏了植被，从而导致大量水土流失。二是盲目改河造田，侵占河床，影响河道排洪能力，造成洪水泛滥。三是洞庭围垸，鄱阳淤积，两湖湖面日益缩小，原有排洪、蓄洪功能大幅度下降。从主观上看，一是大多数公路修建时，因陋就简，路基高度不足，缺少防护构造物。二是排水系统不健全，防洪设施不完备，抗洪能力差。三是有些桥涵设计不合理，施工质量和基础处理都比较差。所有上述因素都加剧了公路水毁的严重程度，经济上的巨大损失不言而喻。

交通部历来对公路水毁的预防与修复十分重视，并把它作为公路交通部门的重要任务之一。1950 年 7 月，交通部在《雨季养护公路暂行实施办法》中，就对公路水毁的预防、抢修以及经费等问题作出明确规定，其中有关部分还列入了后来编制的公路养护技术规范。1963 年，国务院批转交通部和国家计委《关于公路水毁的修复和防治问题的报告》，提出了修复和预防并重的方针，要求各地公路交通部门采取 6 项措施：

——拟定预防和根治水毁的规划。

——对历年遗留工程作出分年修复的规划。

——安排养路大中修工程，以水毁预防工程为重点；每年还必须安排一定的水毁抢修经费。

——对水毁公路的修复和防治，分别轻重缓急，先重要经济、国防干线，后一般路线；先修复影响通车的路基和桥涵，后修复路面和其他构造物。国家补助的水毁经费实行专款专用。

——吁请农业、水利部门配合公路防治水害的要求，加固改善水利工程，加强水土保持，以防止和减少公路水毁的发生。林业部门流放竹木，事先与公路交通部门联系，防止毁坏桥梁。

——新建、改建公路，应具备良好的排水系统和必要的防护工程，路基高度和边坡设计按标准规范执行，桥梁建设一般以永久式为主。

根据国务院要求，养路部门在每年雨季和洪水来临之前，普遍对公路排水系统和构造物进行认真检查，摸清隐患，及时治理。各地养路道班也都建立了雨中上路检查制度，发现险情，立即采取紧急措施。1964 年，福建省养路部门贯彻“全面防，重点治”的方针，雨季前，在全省养路道班中，抽调 50% 以上的养路工人，集中投入防洪工作，先后清沟 232 万多米，疏浚涵管 3000 多道，添建排水涵管 108 道，加固桥梁 95 座，整修路肩 290 多万米。尽管当年雨季降水量集中、偏多，但水毁公路的损失比以往大为减少。

70 年代后期，各地养路部门在大中修、改善工程计划中，逐步安排改造排水系统的项目，以减轻水害。重点之一是加固、改造路肩，多采用小砾石或粗砂等加固。高填土路基纵坡较大的路段，除加固路肩外，还在路肩边缘筑小土埂，并设置集中排水槽排水，以防止路肩被雨水冲成缺口。山东、广东、福建、陕西等省还采用“路肩路面化”的办法，将路面加宽到路基边缘，砌上泄水槽和护肩石，防止冲刷路肩和边坡。重点之二是加固、改造边沟。许多地区用片石铺砌沟底，草皮加固边沟；边沟纵坡较大的，大多采用片石或混凝土预制块将沟底和沟壁全部加固。此外，各地养路部门普遍重视砌筑护坡、挡土墙、驳岸、挑流坝等防护工程，使不少重要干线公路有效地提高了抗灾能力。

洪水肆虐不以人的意志为转移。水毁公路、交通中断之日，正是养路职工全力以赴抢修公路之时。每当发生特大水毁时，养路部门都在当地政府的统一领导下，投入全面救灾工作。按照“先抢通，后修复”的原则，尽快使汽车能够通过。

水毁公路抢修通车后，紧接着就是修复公路，改善路况。五六十年代由于养路经费不足，一般的做法是：木桥毁了仍修木桥；路基冲了，还是按原样填充。70 年代以来，特别是进入 80 年代以后，各地公路养护部门普遍贯彻执行修复与改善提高相结合的方针，水毁发生后，立即组织力量深入现场，查明水毁原因，多方比较，制订合理方案，力求尽量避免重蹈覆辙。

公路水毁的抢修费，一般都在省、自治区、直辖市养路费年度支出计划中支出。发生特大水毁，养路费无力承担时，则由省财政或交通部和财政部拨专款补助。1957 年以前，中央补助金额每年都在 700 万元以上；1963 年高达 7530 万元。此后，这项支出主要由省财政承担，中央补助逐渐减少，每年 1000 万元左右。进入 80 年代，一些省、自治区水毁损失很大，尽管养路费收入逐年增多，自身可以解决部分修复经费，但缺口仍然不小。1986 年 22 个省、自治区向中央申请补助水毁工程修复费为 1.9 亿元，而中央仅拨专款 5570 万元，约为申请数额的 29%。由于修复改善经费不足，各地还有一些水毁遗留工程的“欠账”尚待“偿还”。

第四节　公路绿化

公路绿化是绿化祖国大地的重要组成部分。各级公路养护部门都把公路绿化作为一项重要工作来抓，每年都安排一定的绿化经费，依靠养路职工和沿线广大群众，植树造林，抚育管理，逐步地把公路宜林路段绿化起来。

新中国成立后，公路绿化工作得到各级政府的重视。在 1950 年交通部颁发的《养护公路暂行办法》中，就要求各级公路交通部门与当地农林部门相配合，发动群众，栽植或补植公路行道树。50 年代初期，由于缺乏林业技术指导，管理不善，许多地区栽植的行道树成活率不高，一度形成“春季栽树，夏季烧柴，今年已过，明年再来”的被动局面。1956 年，交通部为此颁发了《公路绿化暂行办法》，对路树的栽与养都有比较详细的规定。之后，中共中央号召“绿化四旁”①“绿化祖国”“实现大地园林化”，公路交通部门逐步配备专职干部主管绿化工作。到 1958 年，全国公路绿化里程近 10 万公里，占公路总里程的 23% 以上，许多干线公路基本上实现了全线绿化。但由于公路管理体制下放，放松了公路绿化工

① 四旁系指宅旁、村旁、路旁、水旁。

作，加上收益分配不当，公路绿化开始滑坡。如四川省的公路绿化率即从1956年的29.3%下降到1960年的16%。1961年，各级公路交通部门贯彻执行“调整、巩固、充实、提高”方针之后，次年6月，中共中央、国务院又作出关于加强公路养护和管理工作的指示，要求积极绿化公路两旁，多种速生林，有条件的地区可种植部分经济林。凡设有道班养护的公路，一般由养路部门种植，树权和收益归国家所有，并允许提出一定比例的收益作为对道班的奖励；没有道班养护的公路，分段划归沿线生产队按照公路交通部门的规定种植，树权和收益都归生产队集体所有，合理间伐，及时更新，严禁任意砍伐。各地根据中央指示精神，有计划地开展了绿化工作，到1965年，许多省、自治区、直辖市的公路绿化率都超过了历史最高水平。在此期间，湖北省各级地方党委都把公路绿化列入议事日程，并把它作为造林的重点，拨给投资，提供苗木，给予技术指导。各级公路交通部门在当地政府的支持下，发动群众，栽树、管树，平均年绿化公路约2000公里。经过3个冬春，使全省公路绿化率从8%上升到58%，其中干线公路绿化率达到70%左右。为了总结交流经验，进一步推动绿化工作，交通部和林业部在武昌联合召开了第一次全国公路绿化工作会议。会前，董必武副主席听了汇报，指出公路绿化不单是经济、技术问题，在政治、国防等方面都具有重要意义。要求把它形成制度，作为各级公路交通部门长期的经常性的工作。这次会议制定了“加强领导，依靠群众，狠抓育苗，积极营造，严格管理，保证质量”的方针，强调依靠群众搞好公路绿化，并照顾沿线社队的利益，以激发群众栽树、管树的积极性。在树种选择上，本着因地制宜的原则，以速生、优质成材树种为主，结合发展经济树种，以短养长，长短结合。会后，各地公路交通部门普遍增加了公路绿化投资，积极开办苗圃，调整收益分配政策，把公路绿化工作向前推进了一步。不久，“文化大革命”开始，公路绿化又一次遭到严重破坏。1970年，全国公路绿化里程仅13.7万公里，平均绿化率下降到21.6%。进入70年代以后，公路绿化有所发展，但不平衡，一方面，有些省、自治区乱砍滥伐的歪风一直未能得到有力的制止，照例每年植树不见树。另一方面，大多数省、自治区、直辖市由于较好地贯彻了1970年铁路、交通、林业三部联合发出的《关于加强铁路、公路绿化的联合通知》，基本上刹住了砍伐行道树的不正之风，并改进了栽、管、护各个环节，特别是推行了依靠和组织沿线社队“包栽、包管、包成活”的办法，收效十分显著。1973年，交通部在河南省周口地区召开了全国公路绿化经验交流现场会，着重推广这个地区实行国家与社队合作，加快干线公路绿化的经验。具体的做法是：由公路交通部门供应树苗，生产队派人种植和管理，树权归国家所有，收益分配按“国2队8”或“国3队7”比例分成，副材全部归队。70年代中期，凡是推广这种做法的地区，路树的成活率和保存率都有大幅度提高。由于植树收益较多，有些社队还主动在公路两旁划出较宽的土地，栽成4行、6行甚至8行以上的防护林带。到1978年，全国公路绿化里程增加到27.6万多公里，平均绿化率达到31%。

进入80年代以来，根据全国五届人大四次会议关于开展全民义务植树活动的决议，广大公路交通职工在各级政府和有关部门的支持下，大力开展植树造林，进一步落实路树收益分配政策，调动了群众的积极性，使公路绿化工作发生了许多新的变化。

一是更新了公路绿化的观念，突破了陈旧的格局。强调因地制宜，因路而异，不宜种植高大乔木的路段，就改种常青灌木和生命力强的花草。在重庆市新建的一级公路上，还出现了垂直式绿化和立体式绿化的新格局。许多养路段、站、道班的环境美化普遍开展起来，不少道班实现了“春有花，夏有草，秋有果，冬有青”。

二是在全民义务植树活动中，重点突出，着重抓新改建的干线公路的绿化、美化。

三是修路与绿化同步，在安排公路拓宽和新建公路的同时，落实绿化投资计划和施工组织计划，力求做到路成树就。

四是实行管护承包责任制，提倡各级公路交通部门与专业户签订栽、管、护经济责任合同，加强了路树的抚育和管理。

1987 年，全国公路专用苗圃约有 5.4 万亩，公路绿化里程达 35 万多公里，平均绿化率增加到 35.8%，公路总积材量达 2500 万立方米以上。由于“六五”期间公路绿化抓得较紧，在中央绿化委员会扩大会议上，交通部被评为“六五”期间全国绿化先进部委之一。天津市公路管理处、山东省济宁地区公路段等单位，也被评为全国绿化先进单位。

第五节　养路费的征收和使用

一、养路费的征收及其调整

新中国成立后，根据政务院用路者养路的指示原则，交通部于 1950 年 7 月颁发了《公路养路费征收暂行办法（草案）》。凡行驶公路的车辆，除军用车、特种任务车、机关小汽车及人力车外，都要缴纳养路费，最高收费额不得超过运价的 6%；通过渡口另行收费。从此，公路养护有了可靠的资金来源。

60 年代以来，国家对征收的公路养路费逐步建立了统收统支、专款专用的管理制度，并对征收的费率、费额作过 5 次调整。

第一次调整是在 1960 年 2 月。交通部、财政部联合颁发《公路养路费征收和使用暂行规定》，征费标准调整为运价的 4% 至 8%；渡口多的地区，费率可以酌情提高，但不得超过 10%。机关、学校、人民团体的汽车折半征收。征收方式分两种，其一为按月、按营业额征收；其二为按月、按吨位征收。

第二次调整是在 1963 年 6 月。交通部、财政部联合颁发关于公路养路费征收和使用的补充规定，养路费由省、自治区、直辖市交通厅（局、处）统收统支，统一管理，专款专用，做到应征不漏，应免不征。养路费入不敷出的省、自治区，征费标准调整为运价的 10%，超过 10% 的，须经交通、财政两厅共同提请省政府审核同意转报交通、财政两部批准后执行。

第三次调整是在1978年。鉴于“文化大革命”期间公路管理失控，不少省、自治区自行提高了收费标准。为此，国务院批转了国家计委、交通部、财政部关于整顿公路养路费征收标准的报告，明确规定凡征收费率超过10%的，或按每月每吨超过70元计征费额的，一律降下来。同时规定各省、自治区、直辖市每年将养路费收入的10%上缴交通部统一安排，作为主要干线公路改造的资金。除少数省、自治区调低了费率、费额外，大多数地区仍因经费困难，并未完全执行。

第四次调整是在1979年9月。国家计委、交通部、财政部、中国人民银行联合发出《关于公路养路费征收和使用的规定》，其主要之点是：

——从原来在公路沿线设卡征收养路费的办法，改为按车辆牌证由车主主动缴纳，简化了手续。

——详细规定了减免范围及减征幅度，使负担更为合理。

——对征收费率未作硬性规定，避免了“一刀切”。

——详细规定了使用范围、计划安排原则及收支计划和预算批准手续，便于检查监督。

——养路所需的材料设备由省、自治区、直辖市计委安排供应，人民银行监督征收并负责上解。

这个文件对征收标准未作硬性规定，一些省、自治区仍然维持原来偏高的费率、费额，同时减少了漏收、坐收、挪用等弊病。因此，养路费收入保持了逐年增长的势头。但是，从1983年起，国家开始征收能源交通建设基金，养路费被抽走15%，改善公路的资金大为削弱。

第五次调整是在1985年2月。国家计委、交通部、财政部联合发出关于加强公路养路费管理工作的通知，规定公路交通部门的营运车辆及其他部门的出租汽车，一般按营运收入总额的10%—12%计征，最高不超过15%；企业、事业、合作社等单位，个体户、专业户、联户、个人的车辆，以及公路交通运输企业的非营运车辆，按核定载重吨位计征，每月每吨位为 90 至 105 元。

新的征收标准执行以后，1985 年全国养路费收入增长 50%，1986 年和 1987 年又分别递增 15% 和 14%。养路费增收以后，各省、自治区、直辖市普遍摆脱了养路资金不足的困境。

二、养修结合，专款专用

在 50 年代，汽车保有量较少，养路费收入仅可维持干线公路的日常保养和小修小补的需要。1957 年，全国养路费收入 1.25 亿元，比 1952 年的 3193 万元翻了两番。但因养路里程增多，平均每公里公路的养路经费，由 1952 年的 484 元增加到 1075 元，仅增长了 1.17 倍。扣除行政管理、机具购置、道班和养路段房屋建设等必要的支出，实际上用于养路工程的费用平均每公里仅 800 元左右。而道班日常小修保养开支每公里即需 500 至 700 元，个别交通量大的干线则需 1000 元以上。加上每年都有不同程度的水毁，修复公路耗资更多。特别是省与省之间收入很不平衡，收入少的省年年入不敷出。为了达到“少花钱、养好路”的目的，交通部从推行计划管理入手，采取了一系列措施：

——专款专用，切实保证养路费全部用于养路。

——养路费的支出范围规定为：养路工程费用，被毁工程抢修费用，主要养路机械、工具、仪器购置费用，植树费用，各地养路机构管理费用，收费机构的管理费用，培养与培训费用，以及宣传、教育、奖励、医药、抚恤、保安等费用。

——养路费的分配原则是：先国道，后省道，县乡道路的必要补助放在最后。

——养路费存入国家银行养路费专户。省交通厅或公路管理局按核定的养路财务支出计划交银行拨付。

——为预防意外险情，逐月预留养路费收入的 5%—8% 作为抢修费用，另外再提出最高不超过 5% 的预留费用。

——年度终了，节余的养路费转入下年度继续使用。

在1958年开始的三年“大跃进”期间，不少省、自治区的公路养路机构下放，规章制度废弛，管理失控，养路费被挪用、滥用，并且形成块块分割，导致许多干线公路养护的人力、材料、经费都得不到保证，公路水毁之后，也未能及时修复。1962年6月，中共中央、国务院发布《关于加强公路养护和管理工作的指示》，强调以路养路，专款专用；由省级公路交通部门统一征收养路费，严格控制使用范围，凡超越使用范围的，按违反财经纪律论处。此后，养路费的使用管理面貌有所改观，各项工作重新纳入正轨。

随着全国民用汽车保有量的逐年增多，养路费收入也在不断上升，一些省、直辖市在养好公路的同时，抽出了部分资金用于公路技术改造。从1963年起，公路养护事业开始走上改善提高公路技术等级的历史进程。“文化大革命”期间，许多省、自治区公路交通部门有重修轻养倾向，在养路费支出中，不恰当地提高了改建工程的支出比例，影响了日常养护。同时，任意挪用养路费的情况有增无已，造成不少地区的公路技术状况大幅度下降。这些在动乱中出现的问题，直到中共十一届三中全会以后才得到纠正。1979年9月，国家计委、交通部、财政部、中国人民银行联合颁发关于公路养路费征收和使用的规定，对养路费的分配使用，要求贯彻全面养护，加强管理，统一规划，积极改善的方针，首先保证干线公路的需要，适当安排一般公路的支出；尽先安排公路小修保养、大中修工程及水毁修复工程，在保证路况良好的前提下，适当拨出部分改造公路资金；养路工程费应占总支出的80%左右。同年，交通部召开了全国养路费使用管理工作座谈会，反复强调养路费的使用必须保证公路日常养护、大中修工程及水毁修复的需要，有余力再安排改善工程。许多省、自治区公路交通部门开始纠正忽视养路的做法，从计划安排、工作布置、物资供应上，逐步把养护修理放在首位。

1983年，国务院决定从计划外资金（包括养路费）集中15%作为国家能源交通（不包括公路）建设基金，养路费收入大大减少。1984 年 12 月，国务院第五十四次常务会议决定提高养路费征收标准，把提高费率的增收部分作为公路基本建设投资，主要用于干线公路的改造。这样，原来收入少的省、自治区都可抽出一定资金进行改建工程，原来收入多的省、直辖市则向修建高标准公路方向迈进。

为加强养路费的使用管理，充分发挥它在公路建设事业中的作用，国家审计署和交通部联合组成公路养路费审计组，组织山东、河南、安徽、浙江、天津五省、直辖市审计机关对 1984 年养路费的征收、使用情况进行全面审计。河北、山西、吉林、宁夏、甘肃、内蒙古等省、自治区也相继开展了审计工作。审计结果表明，普遍存在挪用、平调、漏收、少收、扩大开支范围、滥用养路费等问题。国务院办公厅于 1986 年 1 月转发国家审计署、交通部《关于公路养路费的审计报告》，要求各省、自治区、直辖市认真改进养路费的管理工作。1987 年 2 月，交通部针对审计中发现的问题，会同国家计委、国家经委和财政部联合发布《公路养路费使用管理规定》，重申养路费主要用于公路的养护、改善和重点发展。在使用方向上，坚持干支兼顾，以干为主；养建兼顾，以养为主。在管理上，防止任何单位、个人以任何借口挪用、滥用、平调养路费。并力求做到合理安排，加强经济核算，提高使用效益。

三、养路费的使用效果

新中国成立以来，公路建设和养护事业取得了巨大进展。不论是公路里程，路面铺装率，还是桥梁永久化比重，提高的幅度都很大；许多公路通过养护，好路率不断增长。所有这些成绩的取得，反映了养路费的征收和使用所发挥的重大作用。不仅如此，80 年代以来，特别是从 1985 年起，随着养路费的增多，不少省、自治区、直辖市在养好公路的前提下，还从养路费收入中抽出 25% 以上的资金投入改建、新建高等级公路，继续为公路现代化作出贡献。

第十章
公路运输

第一节　公路运输管理体制

中华人民共和国成立以后，公路运输管理体制以地方政府管理为主。这一点，与铁路、民航、管道等运输方式全部或者大部由中央集中管理迥然不同。作为国务院职能部门的交通部，虽然内部机构设置多次变动，有时将公路工程与公路运输归口到公路总局，内设运输管理处；有时又把两者分开，单独成立公路运输管理局，或划归运输总局，但对公路运输的管理，主要是制定方针政策、统筹规划、技术指导、组织协作和经验交流等方面。

新中国成立初期，各地交通管理机构陆续建立，对公路交通工作加强了领导。在接管国民党政府和官僚资本汽车运输企业的基础上，创立了全民所有制的国营运输企业。同时，开展民主改革，动员私营汽车运输业和民间运输业组织起来，为全面恢复国民经济服务。随着公路交通事业的发展，各省、市交通厅（局）大多成立了省、市汽车运输公司（局），并在专区设立分公司或地区运输公司。省汽车运输公司（局）一面经营汽车客货运输，另外还主管私营汽车运输业和民间运输业，具有企业和行政两重性质。在此期间，全国六个大行政区的交通部也都成立了大区运输公司，对所辖省、市的公路运输业务进行督导。1953 年 11 月，政务院发出关于加强地方交通工作的指示。根据指示精神，1954 年，部分机构、人员下放当地汽车运输公司。

“一五”期间，公路建设有较大发展，许多县城通了汽车。为适应客货运输需要，公路沿线各县、镇成立了汽车站或运输管理站，隶属地区运输公司，从而形成省（市）、地（即专区）、县三级公路运输管理体制，在省汽车运输公司（局）领导下，实行统一经营，统一管理。

“一五”期间，各省、自治区、直辖市为加强对地方交通的领导，还相继成立了专区交通局和县交通科，逐步健全了交通行政管理体制。这两级行政机构基本上不经营汽车运输，而是管理民间运输和搬运装卸。

1958 年，国家经济体制试行改革，绝大多数省、自治区交通局（局）精简机构，把直属的汽车运输企业连同人权、财权、物权全部下放专区（州、盟），有的还下放到县。这种层层下放，只限于调整省和地区、条条和块块的管理权限，没有触及赋予企业自主权这个核心问题，因而未能取得积极效果，相反，造成了区分割，调度不灵，影响了运输生产。在汽车运输企业下放的同时，有 30%— 40% 的运输合作社在“大跃进”中盲目过渡为国营运输企业，从集体所有制改为全民所有制。另外，还有一部分运输合作社在共产风中被一平二调，成为人民公社的专业运输队，给集体运输业造成很大损失。

1961 年，国民经济各行各业开始执行“调整、巩固、充实、提高”方针。中共中央在《关于调整管理体制的若干暂行规定》中提出：1958 年以来，各省、自治区、直辖市和中央各部下放给区、县、公社和企业的人权、财权、商权和工权，放得不适当的一律收回。同时要求切实改变权力下放过多、分得过散的状况。根据这个精神，各省、自治区、直辖市人民政府决定将下放的汽车运输企业收回。大体有两种情况：一是把下放到专区和县的汽车运输企业收回，恢复省（自治区）汽车运输公司、分公司或地区运输公司、县运输管理站，由省统一领导，分级经营，这种情况属多数；另一种是将过去下放到县的汽车运输企业大部分收到专区经营管理，省汽车运输公司除保留少量机动力量外，只是从方针政策、业务技术等方面，对地区运输公司进行指导。

集体运输业也进行了调整。1962 年 5 月，中共中央和国务院发出《关于当前民间运输业调整工作中若干政策问题的指示》，要求对民间运输业采取保护、整顿、恢复并适当发展的方针。据此，交通部颁发了《关于民间运输业若干政策问题的规定》（试行草案），并于1963年成立民间运输管理局，省、自治区、直辖市交通厅成立了民间运输管理处（局），专区（州、盟）、县交通局也都建立了相应机构或设专职人员，全面加强民间运输工作。同时，根据有关政策，对民间运输业的生产关系进行了调整："大跃进"中盲目过渡为国营运输企业的，仍然退回到原来的运输合作社，从全民所有制改为集体所有制；下放给人民公社的，从公社划出来，成为独立核算、自负盈亏的集体运输企业。

公路运输管理体制在"文化大革命"中再次被打乱。主管公路交通的政府职能部门有的合并，有的撤销。绝大多数省、自治区汽车运输企业又一次下放。许多汽车运输公司直接下放到县，但也有少数下放到专区经营。集体所有制运输企业刚刚理顺的生产关系，被指责为向资本主义倒退，一批集体所有制运输企业再次改变为全民所有制的国营运输企业。

粉碎"四人帮"以后，公路交通部门面对十年动乱造成的巨大创伤，采取了一系列拨乱反正措施，并根据不同情况，对公路运输管理体制进行了调整。调整后主要采取三种体制：一是以省、自治区、直辖市为主，统一管理，分级经营的体制；二是以专区（州、盟）为主的经营管理体制；三是以县为主的经营管理体制。

从1958年到1978年，公路运输管理体制进行了多次变动。但是，仍然存在着一些弊端。

第一，公路运输按隶属关系，实行部门、地区分管，不利于统筹规划和宏观控制，是造成公路运输管理上条条分割、块块封锁的重要原因，阻碍着公路运输的协调发展；

第二，把运输行政管理与企业经营混为一体，用行政办法经营管理企业，不利于调动企业和职工的积极性；

第三，权力过于集中，行政机关对企业管得过多，统得过死，企业实际上成了行政管理机构的附属物，缺少应有的自主经营权，因而也缺少应有的活力和应变能力；

第四，运输渠道不畅，经营方式单调，运输服务质量不高，官商作风严重，不能适应多种客观需要，影响公路运输优势的发挥。

80 年代以来，各省、自治区、直辖市的公路交通主管部门对公路运输管理体制进行了一系列改革。

一是开放运输市场，实行多家经营。1982 年，交通部提出在计划经济指导下，把公路运输搞通、搞活、搞上去的方针，允许机关企业汽车和个体运输工具参加营业性运输。1983 年，进一步放宽政策，允许私人购买汽车从事运输，提出国营、集体、个体一起上，鼓励多家经营，开展竞争，从而调动了各方面办运输的积极性。全国城乡公路运输市场一派兴旺景象，形成了多种经济成分、多种经营方式并存，多层次、多渠道、千家万户搞运输的局面。长期难以解决的运力不足的问题得以缓解。

二是简政放权，搞活企业。1984 年以来，各省、自治区、直辖市公路交通部门在体制改革中，改变了过去那种对企业干预过多的做法，按照政企职责分开的原则，把人、财、物以及生产经营管理权下放给企业，然后把企业下放中心城市，使之成为相对独立的经济实体。这样，企业可以根据运输市场的动向，运用自身的优势，有效地组织生产经营活动，使职工收入同企业经营好坏、个人贡献大小紧密地挂起钩来。实践证明，先扩权，后下放，步子比较稳妥，效果也更好。

三是健全管理机构，加强行业管理。在简政放权、政企职责分开的基础上，政府交通部门的工作重点转向行业管理，实行宏观调节，间接控制。为适应行业管理需要，交通部先后颁布了一系列法规，对开业和停业、客运、货运、省际运输、搬运装卸、运输服务、汽车维修、价格、单证管理、监督检查、处罚以及经济合同等方面，都作了明确规定。到 1987 年，中央、省、专区、县、乡五级交通运输管理机构已经逐步建立、健全起来，加强了公路运输市场和汽车维修市场管理，除审批客运线路、推动站点建设、开展优质服务活动、进行价格监督外，还为经营者提供信息、咨询，寓管理于服务之中。

80年代开始的公路运输管理体制改革仍在继续深化，企业内部的配套改革正在各个领域展开，并取得了一定效果，但只是初步的，还需要继续探索，不断地总结正反两方面的经验，把改革推向前进。

公路交通部门的汽车运输企业基本上都是地方经营。然而，由于客观形势需要，交通部也在不同的历史时期，建立了直属汽车运输企业。1950年，组建了中国汽车运输总公司，各大行政区交通部也有直属汽车运输企业。但根据1953年11月中央人民政府政务院关于加强地方交通工作的指示，这些汽车运输企业都在1954年先后划归地方，由省负责经营。因此，从1955年到60年代初，交通部没有直属的汽车运输企业。1962年，东南沿海形势一度紧张，经国务院批准，1963年，交通部华北、华东、西北3个直属汽车运输局分别在北京、上海、西安成立，配备了车辆，组建了车队和修理厂。这是一支平战结合的车队，战时承担支前运输，平时支援经济建设。当时，正值国民经济处于调整时期，基本建设规模压缩，货运量锐减，运力过剩。交通部直属汽车运输局的建立，增加了中央与地方汽车运输企业之间的矛盾。因此，刚刚组建不久的3个直属汽车运输局犹如昙花一现，于1964年8月下放所在省、直辖市。不久，国家决定开展大规模三线建设。为支援攀枝花钢铁基地建设，1965年10月，交通部直属第一汽车运输总公司在四川成都成立，从北京、辽宁、山东、安徽、河南等省、直辖市汽车运输部门成建制地抽调干部和工人组成5个分公司；另外，还在云南省昆明市组建了1个大型物资运输车队，承运了大批物资器材，为钢铁基地建设做出卓越贡献。1970年，攀枝花钢铁公司基本建成，5个分公司的职工连同车辆分别调回原籍，但建制和隶属关系不变。1972年，交通部直属第一汽车运输总公司从成都迁至北京，并改组为交通部汽车运输总公司，成为承担超限物资运输和集装箱运输的大型运输企业。交通部汽车运输总公司是一个经济实体，有 5 个直属企业，即昆明、天津、廊坊、武汉 4 个分公司和北京国际集装箱中转站；有 5 个合营企业，即南方、北方、青岛、河北和中原集装箱运输公司；有 3 个联合企业，即大同、阳泉和长治汽车运输公司；还有交给北京、辽宁、山东和安徽等省、直辖市代管的 4 个分公司，形成了一个汽车运输企业群体，在社会主义建设中发挥着重要作用。

第二节　私营运输业的社会主义改造

新中国成立后，百废待举，遭受严重破坏的国民经济需要迅速恢复，城乡物资交流亟待沟通，客观要求公路交通部门当好“先行官”，积极发挥联系城乡的“纽带”作用，及时提供安全、迅速、量大、质好、价廉的运输力。

新中国成立初期，在公路运输业中，国营运输企业拥有的运输能力，不论是现代化的汽车或是传统的人、畜力车，数量都不多，而私营运输业则具有相当优势。特别是人、畜力车，公私对比更为悬殊。国营的仅有畜力胶轮车 3500 余辆，私营的却超过 12 万辆，另外还有畜力铁轮车 70 余万辆，以及数量更多的马帮、驼队和人力车。这些私人所有的车辆、驮畜遍布全国，活跃于边疆山寨、内陆腹地和大漠草原，承担了绝大部分公路货物运输。作为国营经济的补充，它是一支不可或缺的运输力量。但是，当时人们认为，在私有制的制约下，私营运输业有其不可克服的弱点，难以适应国民经济的迅速恢复和日益发展的大规模经济建设对公路运输的需要。在中共七届二中全会上，毛泽东主席对国内各种社会经济成分以及它们的发展趋势作过精辟的阐述，并且强调了社会主义性质的国营经济在国民经济中的领导地位。对私人资本主义，毛泽东主席明确指出，在革命胜利后一个相当长的时期内，既要尽可能地利用其积极性，以利于国民经济的发展，又要对其采取恰如其分的有伸缩性的限制政策。对占国民经济总产值90%的分散的个体农业经济和手工业经济，必须谨慎地、逐步地而又积极地引导它们向着现代化的方向发展。中共中央的这些指示精神，后来体现在全国政协的《共同纲领》、过渡时期总路线以及人民政府制定的对私营公路运输业社会主义改造的一系列方针、政策中，并通过社会主义实践取得了丰硕成果。

一、私营汽车运输业的社会主义改造

1949年，中国人民革命取得了全国性的伟大胜利。在接管国民党政府公路运输机构的同时，交通部十分重视发挥私营汽车运输业的积极作用。各地公路交通部门从加强领导着手，建立相应的管理机构，努力做好宣传教育工作，消除业主思想顾虑，增强他们搞好生产的信心。另外，认真贯彻执行“公私兼顾、劳资两利”的政策，扶持他们恢复和发展生产。在政策的感召下，一些业主把在国民党政府溃逃前夕为躲避征用而故意拆散的私有汽车，又重新装好投入运输，一度冷落的汽车修理业也相继恢复营业。

私营汽车运输业是在奄奄一息的困境中逐渐复苏的。据1950年调查，它们普遍资金枯竭，油料匮乏，配件短缺。另外，还有一些相同之处：

第一，车主成分复杂；

第二，无车运输行操纵货源，不少车主仍然受中间剥削；

第三，一户一车的占绝大多数，分散经营，效率低下，追逐暴利，盲目竞争；

第四，绝大多数汽车集中在大城市；

第五，汽车修理业小户多，设备简陋，修车时间长、质量差、费用高。

私营汽车运输业的这种落后状况，引起了公路交通部门的严重关切。在国营运输企业的领导下，各地先后取缔了中间剥削，开展了民主改革，同时动员说服业主组织起来，走联合经营的道路。

私营汽车组织起来的主要形式有三种：

一是联营社或运输队。大部分私车参加了这种类型的组织。各社、队的车数不一。对外营业以社或队的名义，统一收费，轮流出车，所得运费除社、队提取少数管理费外，全部归己。车主自负盈亏。这是一个松散的联合体。在联合初期，仅仅是许多车主之间的简单合作，个体经营的生产关系基本上没有改变。

二是股份公司。实行统一经营，盈利按股分红。这类公司约有汽车1800 辆，主要分布在江苏、浙江、福建、广东等省。

三是公私合营公司。这类公司在新中国成立初期寥寥无几。私营汽车运输业采用合营形式有其内在原因：有的是由于企业中有官僚资本或敌伪财产；有的是由于资本家出走，股权无人代理；有的是由于企业濒临破产，无法维持，要求国家资助。根据不同情况，人民政府或没收，或代管，或以资作股与私方合营，并委派代表参与领导，公司的内部组织和各项制度一般仿照国营运输企业。据江南、锡澄、镇扬、淮南、福州、泉安、中胜等25 家公私合营公司统计，它们共有客货汽车876 辆，主要分布在江苏、安徽、福建、四川、山东等省。

私车联营，不论参加哪种组织形式，运输效率和个人收益都有提高。广州市公商汽车联营社成立于1951 年5 月，拥有私车233 辆。联营后，由于具备了承担大批物资的运输能力，对零担货物能及时派车，业务、技术工作有人负责，赢得货主信任，运输生产和营业收入月月同步上升，使一些游离在外的车主改变了徘徊观望的态度，纷纷要求联营。同年年底，全市600 多辆私营货车基本上纳入了联营轨道。

随着时间的推移，在全国范围内，越来越多的私车组织起来了。1951 年，组织起来的私车只有47.5%，1952 年上升到66.9%，而到1953 年，92%的私车都加入了集体化的行列，并且完成了这一年的全国汽车货运总量的44.8%，货运周转总量的36.3%。

在私营汽车摆脱困境，运输生产日益好转的同时，国家对运输行业逐步实行了“三统”管理，即统一分配货源、统一运价和统一调度车辆。统一分配货源的前提，是国家必须掌握货源。这样，可使车主免受中间剥削，维护了他们的合法利益。执行统一的公路运价，能起到稳定运输秩序的作用，有利于限制私车在旺季哄抬运价，追逐暴利；在淡季又任意杀价，盲目竞争。而实行统一调度车辆，则可避免私车自由报班派车带来的种种弊端，把私营汽车的运力纳入国家计划，车辆运用效率也可明显提高。经验证明，实行“三统”管理是公路交通部门贯彻执行“利用、限制、改造”政策的一个强有力的措施，对促进私营汽车运输业的社会主义改造起到了极为重要的作用。

1953 年，中共中央提出了在一个相当长的时期内，逐步实现国家社会主义工业化，并逐步实现国家对农业、对手工业和资本主义工商业的社会主义改造的过渡时期总路线。这是中国社会主义革命全面展开的一个重要标志。公路交通部门在“积极领导，稳步前进”的方针指导下，一方面整顿原有的公私合营公司，把重点放在调整企业内部的公私关系上；另一方面，着重扩展一批由国营运输公司直接领导的联营社、队走公私合营的道路，引导它们朝国家资本主义的方向发展。

扩展新的合营企业，首先由公、私、劳三方各派代表组成筹备委员会，在公方的领导下，充分协商解决诸如清产核资、人事安排、组织机构以及经营管理等方面的重大问题。收益分配分为四部分：一是税金；二是企业公积金；三是工人福利奖金；四是按公股、私股所占的比重，分配剩余的盈利。这就保证了企业的积累，也适当照顾了资方的利益。截至 1955 年年底，私营汽车的 40% 实行了公私合营。

1955 年 12 月，交通部召开了全国地方交通会议，发出了关于资本主义运输业及个体运输业社会主义改造的指示。除要求各地全面规划，加强领导，加快改造速度外，还要求对私营汽车运输业实行全行业定息合营。对原来的一些合营企业，也要通过协商转为定息合营。1956 年年初，随着全国农业合作化高潮的到来，迅速出现了私营工商业社会主义改造的高潮。在这个汹涌澎湃的形势推动下，各地私营汽车运输业申请全行业定息合营的报告被一一批准，一些零散的私车也被卷入时代的洪流，不少车主顿时成了国营企业的职工。

私营汽车运输业定息合营后，公路交通部门紧接着抓了 3 项主要工作。

第一，清产核资。这是实行定息合营后的首要工作。通过它，摸清企业家底，为实行定息提供可靠依据。各地吸取了北京市工商业清产核资由业主自报自评的经验，对私方的实有财产，本着实事求是、公平合理的原则去清理估价，然后确定股额。清产核资还涉及私方的债务问题。不少业主负债累累。有的欠公款，有的欠修车费，有的欠职工工资，甚至有的产不抵债。据统计，新疆地区负债的车主达 80%，陕西、甘肃两省也占 1/3 左右。关于私方的债务问题，各地根据国务院从宽处理、尽量了结的指示精神，结合业主的实际情况，酌情帮助了结。

第二，做好定息工作。私股定息的息率，根据国务院规定，不分盈余户、亏损户，不分地区，不分行业，统一定为年息 5 厘，按季发付。

第三，妥善安排人员。对私营企业的所有职工，包括私方人员，采取统统包下来的办法。根据个人原来的职务、业务技术水平、现实表现以及股权大小等不同情况，本着量才录用的原则，与私方充分协商，使之各得其所。凡有代表性的人物，一般都安置到相应的领导岗位上。

私营汽车运输业实行定息合营，意味着企业的生产关系发生了根本变化。私方不再占有生产资料，只是凭股额的多寡取得一定的股息。企业的生产资料归国家统一管理、使用和调配。这就标志着在所有制方面已经基本上完成了国家对私营汽车运输业的社会主义改造。

私营汽车运输业定息合营不久，即与当地的国营汽车运输企业合并。通过生产改组，调整了运力和修理厂点的布局，扩展了营运线路，精简了重叠的机构，集中使用了人力、物力和财力，统一了经营管理制度和各项经济技术指标，运输生产稳步上升。

二、民间运输业的社会主义改造

民间运输业的社会主义改造，主要是引导车主向集体化的方向发展。新中国成立后，在各地公路交通部门的领导下，民间运输业通过民主改革，废除了封建把头的中间剥削，逐步地走上了互助合作的道路。组织的主要形式有两种：

一是编组、编队，把个体经济成分的车主编在一起，建立车队（组），自选队（组）长，实行民主管理。在地方国营运输（搬运）公司领导下，执行地方规定的运价，统一分配货源，统一调度车辆。运费收入除缴纳税金和提取少量管理费外，其余都归自己。

属于资本主义经济成分的车主，另行组建车队（组）。由当地国营运输（搬运）公司委派干部直接领导，建立工会组织，运费收入除缴纳税金和管理费外，必须提存公益金、修理费和折旧费，剩余部分再由车主分配。

二是成立互助组。把一些车破马老、经济困难的个体运输者组织起来成立互助组，在个体经济的基础上，从劳动力互助逐步推向经济互助。

1953 年，中共中央公布过渡时期总路线。翻身农民在互助合作的基础上，纷纷组建农业生产合作社，并划出部分劳动力、畜力和运输工具成立常年运输队，农闲季节还组织农民把搞运输作为副业来经营。

城镇民间运输业的社会主义改造，既涉及农业又涉及工商业，两者相比，与农业的关系更为密切。民间运输业者大部分来自农村，在农村有土地的也大有人在。各地公路交通部门在农业合作化高潮的推动下，动员说服原来已经组织起来的 5 万多辆人、畜力车返回农村，与家人一起步入集体化行列。城镇工商业者也有兼营民间运输业的，但拥有的车辆不多，因而转为工商业一并进行社会主义改造。

为加速民间运输业社会主义改造的进程，交通部在 1955 年召开的全国地方交通会议上，要求各地认真贯彻“全面规划，加强领导”的方针，积极组织各种人力车、畜力车、驮畜运输合作社。各地公路交通部门为此训练了干部，培养了积极分子，按地区、按线路开展建社工作。具体步骤大体分为三步：

第一步，宣传社会主义改造政策，讲合作化的优越性，发动群众自愿申请入社。

第二步，对社员的生产资料做好估价工作，妥善解决劳动报酬问题。社员的车、畜实行折价入股，合作社的收益按公积金、公益金和劳动报酬3项分配。社员的劳动报酬，总的原则是按劳付酬，多劳多得，男女同工同酬。

第三步，制订运输合作社章程和各项管理制度。

截至1956年年底，私营畜力车、驮畜基本上实现了合作化，各种人力车也在1957年全部纳入运输合作社的轨道。

第三节　交通监理

交通监理部门是代表国家贯彻执行有关公路交通安全方针、政策、法令和规章制度的管理机关。它的主要任务是：指挥公路交通，维护交通秩序，开展安全教育，纠正违章，处理交通事故，对机动车及驾驶员执行技术检验、考核以及核发证件、牌照等。交通监理工作的政策性、群众性和技术性很强，它服务于运输生产，对保障交通安全，促进国民经济发展，起着十分重要的作用。

一、交通监理机构的建设

交通监理工作是和公路运输事业同步发展起来的。新中国成立以前，交通监理工作落后。监理机构只是分布在主要干线公路的枢纽城市，专业人员缺乏，装备简陋，检测手段原始，法规也不健全。新中国成立后，交通部非常重视交通安全工作，逐步建立了从中央到省、自治区直到专区（州、盟）3级交通监理机构（部分大城市道路交通安全管理工作由公安部门负责)。1978 年，全国交通监理队伍发展到 1 万余人（不含交通警察)。中共十一届三中全会以后，交通监理部门加快了建设步伐，建立、健全了中央、省、专区、县四级管理体制，同时在一些乡镇交通枢纽设交通监理分站，作为县站的派出机构。另外，还在干线公路上设流动巡视监督岗哨，做到路检路查定点和巡逻相结合。截至 1985 年年底，全国共有省级交通监理机构 26 个，专区（州、盟、市）级交通监理所 297 个，县级交通监理站 2183 个，检查站 843 个，配备监理干部 1.42 万名，乡镇监理员 3.7 万名，初步形成了一个全国公路交通监督网。

1986 年 10 月，国务院发出了关于改革道路交通安全管理体制的通知，全国城乡道路交通由公安机关负责统一管理。根据国务院的决定，各级交通监理工作于 1987 年全部移交公安部门，保证了工作的连续性。

二、交通监理队伍的建设

长期以来，交通监理人员主要来自公路交通部门。大部分技术人员则出身于汽车驾驶员，文化水平偏低，业务技术水平不高，很不适应汽车运输和拖拉机运输发展的需要。为提高交通监理队伍的政治、文化和业务技术素质，70 年代末，各级交通部门普遍开办了不同层次的在职监理人员培训班，本着干什么、学什么，缺什么、补什么的原则，有计划地对全体在职人员进行职业道德教育和业务技术培训。经过短期脱产培训，一批思想作风好、熟悉业务的“尖子”被提拔到各级领导岗位；广大监理人员的业务技术水平也有所提高，工作作风都有不同程度的转变，基本上能够做到说话和气，礼貌待人，秉公执法，忠于职守。

开办短期培训班虽然取得明显效果，但从长远考虑，还需要从根本上提高交通监理人员的素质。交通部和各省、自治区交通厅为此采取了下列措施：

一是请西安公路学院和长沙交通学院开设交通监理专业，专门培养中高级交通监理业务技术人员。

二是请中等专业学校开设交通监理专业，专门培养初级交通监理业务技术人员。交通部济南交通学校和青海、四川、山西、福建、广东、湖北、吉林、黑龙江等省 13 所交通学校为此作出了巨大努力。

三是与有关大、中院校签订合同，选派年轻监理干部深造，实行定向培养。

截至 1985 年年底，各大、中院校为公路交通部门培养输送了交通监理人员 1200 多名。

为进一步调动交通监理技术干部积极性，各省、自治区交通厅根据交通部和国务院科技干部局 1981 年颁发的《交通监理技术干部技术职称考核、晋升暂行业务标准》，对交通监理人员技术职称进行了考评。据不完全统计，到 1985 年年底，在全国交通监理队伍中，经考评获得技术职称的达 1700 余名，其中包括工程师 200 余名，助理工程师 400 余名，技术员 1000 余名。

三、交通监理装备的发展

五六十年代，交通监理部门的装备相当落后；对车辆、驾驶员的检测，一直凭眼看、手摸、脚蹬、耳听、鼻嗅等感观判断；交通事故现场勘察也只有一卷皮尺；交通工具更是缺少，赶赴肇事现场只得借用其他单位的车辆，或在途中截车而去；交通监理人员着装不一，标志不明显，给工作带来不便。中共十一届三中全会以后，交通监理装备发生了很大变化。

第一，交通监理人员着装统一。经国务院批准，从 1979 年 1 月起，统一全国公路交通监理人员的服装、帽徽、臂章和监理证式样。帽徽采用国徽图案。1985 年又改革服装样式、标志，更显得庄重醒目，严肃威武。这对加强交通安全管理工作，接受群众监督，促进监理队伍自身建设影响深远。

第二，配备了监理专用车，包括摩托车和事故勘察车。交通监理的大量工作是在线长面广的公路沿线上。交通监理人员每年至少有 1/2 以上的时间，活跃在事故现场、有车单位，或上路值勤。过去往往因为没有机动交通工具，缺少检测手段，影响监理工作。80 年代以来，各省（自治区)、专区（州、盟）交通监理处、所，以及许多县级交通监理站，都装备了吉普车、摩托车和事故勘察车。事故勘察车是处理交通事故的专用车辆。车内配有勘察交通事故现场使用的丈量、绘图、摄影、取样、照明和检测仪器，有的还有无线电通信设备。交通监理人员借助这些比较先进的检测手段进行技术鉴定，分析事故原因，及时得出正确判断。

第三，配备了检测仪器。过去鉴别驾驶员是否酒后开车，只是依靠嗅觉，由于人们的嗅觉灵敏程度不同，鉴别意见往往不一；对车辆的检验，同样因为人们的经验、视觉、听觉不同，得出的结论也经常发生分歧。这种落后状况与现代化管理的要求形成强烈反差。为改变这种状况，各级交通监理部门筹集资金，购置检测仪器，如饮酒检测仪、雷达测速仪、桩考仪、车辆检测线等。对驾驶员是否酒后开车或超速行驶，一测便知，准确可靠；对车辆的制动性能、前轮定位、灯光、废气排放、噪音等是否符合有关规定，通过检验也可一目了然。特别是对驾驶员桩考，过去设两名监考，左右各一，东奔西跑，左观右看，汗流浃背，到头来还是难以保证考试质量。采用桩考仪，不但能够正确评价考试成绩，提高工作效率，还能改善工作条件。

交通监理检测设备，大部分都是中国自己研制的产品。交通部公路科学研究所研制的速度监测仪，以及湖南、陕西、山西等省生产的桩考仪，已在全国监理部门广泛使用。此外，交通部公路科学研究所负责研制的车辆检测线，也在河北省唐山交通监理所率先建成投产。

第四，通信手段日趋完善。公路运输点多、面广。交通管理，尤其是肇事处理，要求信息传递及时、准确。但是，多少年来，由于通信联络落后，误时误事现象时有发生。许多交通监理部门为改变通信面貌作出了巨大努力，配备了固定式电台、超短波车载式电话机、路检用袖珍对讲机和短波无线电话机等无线电通信设备，总的覆盖面积遍及大半个中国。其中以山西、河北、四川、黑龙江等省比较完善，基本上建成了自成体系的无线电通信网络。

第五，微机管理开始萌芽。交通事故统计是掌握交通安全情况，分析肇事原因，提出改进措施的主要依据。以往，各种数据的搜集、整理，全部依靠手工操作，劳动强度大，工作效率低，数据质量差。为提高工作效率和交通监理管理水平，云南、贵州、湖南、黑龙江等省交通监理部门开始试用微机储存、预测、计算，编入程序，一按电键，即见答案，既准确，又方便。

四、坚持开展交通安全宣传教育

新中国成立以后，各级交通监理部门一直把交通安全宣传教育列为重要任务之一。在“安全第一，预防为主”方针指导下，各地交通监理所、站着重抓好驾驶员的安全教育工作。一般通过贯彻交通法规，整顿交通秩序，广泛开展诸如“百日安全无事故”，“反违章，防事故，保安全”，“遵纪守章，礼貌行车”等活动，结合不同时期交通安全中存在的主要问题，向有车单位和驾驶员提出明确要求，并运用典型事故案例召开现场会议，或通报交通安全形势，对遵章守纪、安全行车做出成绩的驾驶员给予奖励。同时，对公路沿线村镇居民及在校学生开展交通安全常识宣传教育，印发宣传材料，普及交通安全知识，以提高广大群众遵守交通规则的自觉性。80 年代以来，全国机动车辆迅猛增加，公路交通车流量与日俱增。在汽车运输开创新局面的形势下，交通安全宣传工作也进入了一个新时期。

一是宣传工作更强调针对性。交通事故死亡人数分析表明，少年儿童和骑自行车的人所占比重较大。在学校、机关、工厂加强交通安全宣传教育具有明显针对性。不少地方的交通监理部门还与教育部门合作，编印教材，在中小学校设置交通安全常识课，教育少年儿童从小养成遵守交通规则的良好习惯。

二是寓教育于娱乐之中。随着影视业的发展，各地交通监理部门尽可能利用电影、电视、录像等手段，以增强交通安全宣传教育的形象性、趣味性和知识性，让全社会都来关心交通安全工作。四川、甘肃、浙江、安徽、福建、江西、广东、河南、河北、内蒙古、黑龙江等省、自治区交通监理部门与电影制片厂和电视台合作，先后拍摄了《铁马奔驰》《十二点到达》《忘不了》《刑事案10号》《紧急刹车》《兰箭的使命》《撞击的回声》《逃犯》《大路朝天》《阴影总会消逝》等影视片。通过不同的情节，介绍交通监理部门的职能、监理人员的工作、生活，同时以血的教训唤醒人们：任何违反交通规则的行为，都有可能给自己带来不幸，给家庭、社会造成重大损失。实践证明，寓教育于娱乐之中，是交通安全宣传教育有效的方法之一。

三是通过报纸、电台进行宣传。报纸、电台宣传得面广、及时，影响很大。各地交通监理部门主动与新闻单位配合，积极撰写宣传材料，供报纸刊登，电台广播；遇有重大活动和典型案件，还邀请记者采访。广东、广西、新疆、四川、湖北、浙江、黑龙江等省、自治区交通厅为加强交通安全教育，还先后创办了交通安全报刊，宣传有关交通安全的方针、政策和法规，介绍汽车机械常识，交流驾驶操作技术，表彰先进人物，推广先进经验，分析交通事故原因，开展交通管理学术讨论，深受广大监理人员和驾驶员的欢迎。

四是交通安全宣传与精神文明相结合。各级交通监理部门在开展精神文明建设活动中，一方面教育驾驶员注意纠正那些不符合驾驶员守则的思想、心理、积习和怪癖，另一方面加强交通监理部门自身的建设，严格要求监理人员在工作中遵纪守法，树立新风。不少交通监理所、站与广大驾驶员和沿线群众一起，共同创建了许多文明所、站和文明线路。

在交通监理工作不断完善过程中，涌现出一批先进集体和模范人物。截至1985年年底，获得中华全国总工会和交通部表彰的安全行车百万公里以上的汽车驾驶员达9058名；交通部授予先进集体称号的交通监理所、站 77 个，授予优秀交通监理员称号的先进个人 47 名。

38 年来，交通监理工作取得很大进展，但仍然存在不少问题，其中比较突出的是：交通事故较多，死亡人数偏高。交通事故增多是人、车、路、环境等多种因素的综合反映，其主要原因是由于公路运输市场开放以后，农村个体运输户拥有的机动车辆激增，不少司机驾驶经验不足，许多农民缺乏交通安全常识，法制观念淡薄，导致多数交通事故发生在农村公路上。同时，公路交通安全管理工作全部移交公安部门以后，路政管理、运政管理和养路费征收等工作，交通部门缺少必要的手段，工作难度增加，相互之间也产生了不少矛盾。这些问题还有待在深化改革中逐步加以解决。

第十一章
公路交通部门的货物运输

第一节　汽车货运概况

1949 年 10 月，人民解放战争尚未完全结束，神州大地满目疮痍。为支援前线和全面恢复国民经济，汽车货运业务迅速地开展起来。

1950 年，国营汽车运输企业拥有的汽车比私营汽车少得多。为调动私营车主恢复运输生产的积极性，各地公路交通部门坚定不移地贯彻了以国营经济为领导的方针，一方面帮助车主克服资金、物料短缺的困难，另一方面认真执行“公私兼顾，劳资两利”和“利用、限制、改造”政策，引导私车尽快投入运输生产。与此同时，国营汽车运输企业普遍推行车辆负责制，激发了工人群众的主人翁责任感。随着时间的推移，负责制的内涵逐步充实，范围不断扩大，规章制度也逐步建立、健全起来。

1950 年，朝鲜战争爆发。战争烽火燃烧到鸭绿江边。中国人民义愤填膺。为了保家卫国，广大汽车运输职工踊跃申请抗美援朝。东北公路管理总局成立了抗美援朝运输总队，志愿参加的驾驶员和修理工达 1300 余人，投入汽车近 600 辆。旅大市也抽调汽车 150 辆昼夜兼程驰往朝鲜战场，并在执行战勤运输任务中屡建功勋。其中荣立特等功的 2 人，一等功的 6 人，二等功的 13 人，三等功的 49 人。特等功臣黄福清等 87 名汽车运输职工壮烈牺牲。

随着汽车运输业务的开展，华东交通部率先成立华东联运公司。它的主要业务，除掌握货源，开展公路、水运、铁路联运外，还为货主代办运输，代购、代销货物，兼营旅社、食堂，为用户提供多种服务，企业经济效益和社会效益都比较显著。1951 年 3 月，交通部在第二届公路会议上要求各地开展联运业务。之后，各大区和各省、直辖市相继成立联运公司，分支机构遍布中小水陆枢纽城镇。据苏南、苏北两个联运总公司统计，1951 年下半年即分别集散货物 93 万多吨和 167 万多吨，对完成支援上海的“两白一黑”（指粮食、棉花和煤炭）等重点物资运输任务起了很大作用。1952 年 4 月，华东合作总社委托湖南省联运公司代办从湖南运往浙江临浦、萧山、杭州等地区的粮食 3.3 万多吨。这批粮食分散在郴县、常德等专署所属的 12 个偏远县区，共有 800 多个粮点，从起运到入库交斤，举凡提拨、验收、装包、中转、仓储以及保险等，都由湖南省联运公司负责办理，历时 4 个多月，圆满完成了协议任务。

国营汽车运输企业经过 3 年奋斗，货运量和货物周转量逐年上升，但运输效率仍然比较低下。1952 年货运汽车平均车吨月产 990 吨公里，车日行程 109 公里，工作车率 39.3%，表明企业的管理水平不高，还有很大的潜力没有发挥出来。

国民经济全面恢复之后，国家进入了一个新的历史发展阶段。1953 年，国民经济第一个五年计划开始实施，客观要求汽车运输工作必须先行一步。国营汽车运输企业围绕如何提高管理水平，发挥汽车运输效率，采取了一系列有力措施，其中主要的是：

——实行计划管理。计划管理是社会主义企业管理的核心和基础，切合汽车运输流动分散、多环节、多工种联合作业的客观需要。1953 年，国营汽车运输企业开始实行计划管理，以它为中心，带动其他各项工作，确保完成国家计划运输任务。

贯彻计划管理的关键，主要是建立托运计划制度，要求物资部门先期申报托运计划，经过落实、平衡，据以安排运力。托运计划是编制运输计划的基础，托运计划失真，运输计划必然落空。为避免货运工作的盲目性，各地国营汽车运输企业普遍开展经济调查，摸清货物的产地、产销季节、产量增减、包装，以及流量、流向、流时，摸清运输线路、里程和公路通阻情况，协助物资部门提高编制托运计划的准确性。

贯彻计划管理的重要方面，是企业内部的各个生产环节同样需要按照各自的作业计划来指导、协调生产活动，如车辆运行作业计划、单车生产计划、保修作业计划、材料供应计划，等等。北京、上海对大宗固定物资采取定线定车的办法，安排运输作业计划。湖南省在执行运输作业计划时，狠抓装卸作业，派专人先到物资部门摸清现场条件，特别是装卸力量配备情况，以避免汽车窝在两头待装待卸。

为了保证计划管理顺利实施，一些国营汽车运输企业试行合同运输。有的与货主签订长期合同或运输协议，有的还签订分旬定日运输合同，以达到巩固货源、组织物资对流的目的。同时建立、健全调度机构，除推广各种先进的调度方法，组织合理运输外，对企业内部各项作业计划还要进行平衡、协调，使各个环节的工作能够保持同步。

——全面改革运价。1956 年以前，汽车运价由各省、自治区、直辖市自行规定。制度分歧，运价不一。有些跨省互通线路，一路一价，甚至一路多价，不但计算复杂，给物资部门和商务工作增添许多困难；而且运价偏高，影响物资交流。1955 年 12 月，全国地方交通会议作出关于统一全国汽车运价的决定。新的运价把货物分为五等，实行坏路加成、递近递增等计费办法。各省公路交通部门据此制订实施细则。1956 年，全国平均货物运价比头一年降低 17. 95% 。

——表彰先进。新中国成立后，广大公路运输职工艰苦奋斗，忘我劳动，为全面恢复国民经济和社会主义建设做出了贡献。1955 年 6 月，交通部、中国公路运输工会召开了全国公路劳动模范代表大会，表彰了 13 个先进单位和 81 名劳动模范。1956 年，交通部召开全国交通系统先进生产工作者代表会议。会议期间，交流了福建省漳州汽车站改进站务工作，辽宁省康平汽车站实行三角运输合同等先进经验。毛泽东主席接见了全体代表。国家领导人对交通运输工作的关怀，鼓舞着全国汽车运输职工在既有成绩的基础上继续前进。

“一五”期间，私营汽车运输业社会主义改造顺利完成。从此，公路运输市场一统，汽车运输形成了长期独家经营的局面。

“一五”期间，“世界屋脊”上通了汽车，大批物资源源不断地从青海、四川、新疆运到西藏，密切了拉萨和祖国内地的联系，改善了藏族同胞的生活，巩固了西南边陲，促进了民族大团结。

“一五”期间，汽车运输企业拥有的货车从1952年的2.4万辆增加到1957年的3.85万辆，并且实行了经济核算，建立、健全了规章制度，确定了各项技术经济定额，生产秩序有条不紊。广大汽车运输职工以优异的成绩，提前一年完成了“一五”计划的运输任务。

1958年，国民经济第二个五年计划开始。5月，中共八大二次会议通过“鼓足干劲、力争上游、多快好省地建设社会主义”总路线。交通部在总结过去8年交通工作的基础上，提出了“全党全民办交通”和“地、群、普”的方针，号召各地公路交通部门依靠各级党委，依靠地方，依靠广大群众，面向农村、农场、林区、矿山、工厂、山区和偏僻地区，因地制宜地普及公路运输，更好地为工农业生产、为人民生活需要和国防建设服务。之后，交通部在山东烟台召开定时运输现场会议，推广烟台汽车运输公司加强内外协作，压缩汽车非生产停歇时间，加速车辆周转，发挥汽车运用效率的经验。

1958年9月1日，中共中央发出号召，动员全党全民为在1958年内生产1070万吨钢而奋斗，同时提出“以钢为纲，全面跃进”的方针。交通部随即发出关于全民搞运输，保证出钢铁的紧急指示，要求全国交通运输职工为确保钢铁物资运输当好先行。为加强钢铁物资运输的管理，从省（自治区、直辖市）直到地、县普遍成立运输指挥部，坚决实行物资排队，首先保证矿石、生铁、焦炭、炼钢设备和器材等物资的运输。公路交通部门拥有的货运汽车严重不足，即使增加部分新车，加上采用汽车拖挂、开展双班运输等多种提高运输效率的办法，运力缺口仍然很大。中共中央于9月17日发出《关于征用政府机关载重汽车支援钢铁生产运输的指示》，国庆前夕，全国组织起来投入钢铁物资运输的机关企业汽车达2万辆之多，行动之快，规模之大，前所未有。这一年，汽车货运计划超额完成。与1957年相比，货运量增长110.6%，货物周转量增长76.7%。

进入1959年，“大跃进”的势头有增无已，汽车货运任务更为繁重。除发动群众利用人、兽力车大搞短途运输外，交通部于同年3月发出关于在汽车运输企业中开展“安全、节约、车吨月产万吨公里”运动的指示。中共八届八中全会后，交通部要求各地公路交通部门克服右倾保守思想，进一步把“安全、节约、车吨月产万吨公里”运动推向新的高潮。在“左”的思想指导下，高指标、瞎指挥导致浮夸风愈演愈烈，各地汽车运输企业紧步农业后尘，大放高产“卫星”，甚至“车吨月产万吨公里省”亦相继出现。

1960年，汽车运输企业拥有货车6.28万辆。在“大跃进”中，围绕提高汽车运输效率，也采取了不少行之有效的办法。

——推行双班运输。采取人歇车不歇的办法，组织双班运输。上海市汽车运输企业针对许多工厂、企业夜间开工，上下班时间不一的特点，普遍推行“两工一体”制，即每辆货车配备三班工人，一班值日班，一班值夜班，一班轮休。这样，可以保持每天24小时都有大批车班营运，不论工厂、企业、港口、铁路车站采用哪种作息制度，汽车运输企业都能适应。

——开展“一条龙”运输大协作。在运输过程中，使企业内部各环节之间，汽车，船舶，火车和人、畜力车之间，以及运输、生产和供销部门之间形成一个有机的、密切配合的整体，综合利用各种水陆交通运输工具，组织接力运输、循环运输或直达运输，以加速货物周转和最大限度地节约运力。

——组织机关企业汽车投入运输。各地公路交通部门把当地可以利用的机关企业汽车组织起来，分别按系统或地区组成车队或汽车运输公司，统一领导，统一调度，挖掘了机关企业汽车的巨大潜力，弥补了公路交通部门汽车运输企业运力不足的部分缺口。

——自制、革新装卸机械。装卸作业是汽车货运工作的薄弱环节。为了避免汽车跑在中间，窝在两头，尽可能压缩装卸时间，许多汽车运输企业自制脱底漏斗、滚动滑梯、吊车卷扬机、皮带输送机，有效地提高了装卸效率。

——领导干部现场办公。为了及时发现、解决运输生产中的问题，许多汽车运输企业的领导干部走出办公室，深入生产第一线，实行现场办公，与职工同吃、同住、同劳动，以身作则，调动了他们的生产积极性。

但是，汽车运输企业也干了一些违反科学的蠢事。最典型的是大搞所谓百吨列车运输，拼人力，拼设备，破坏了运输生产力，致使元气大伤，运输生产形势十分严峻。特别在 1960 年苏联公开撕毁技术经济合作协定之后，燃料和汽车配件供应中断，对本来已经濒于困境的汽车运输无异雪上加霜。1959 年年末，大批新疆石油开始突击东运，同时发展代燃车，制造汽车维修配件，努力支撑汽车运输企业维持简单再生产。

1961 年，公路交通部门开始贯彻“调整、巩固、充实、提高”方针。根据中共中央关于全党大办农业、大办粮食的指示，加强了对农业的支援，并按照农、轻、重次序安排运输生产。

各行各业支援农业，使汽车货物运输上发生了一系列变化：服务对象从一些大宗货主转向千家万户，由点向面扩展，货物批多量少，单程货多，运距也短，大多单车运行。面对新的运输形势，各地汽车运输企业重新部署运力，把集中在城市的许多货车调往农、牧业地区和边远山区，延伸营运线路，增设农村站点，以适应农业物资运输需要。

在调整运力的同时，许多汽车运输企业发动群众讨论、制订生产责任制，要求做到事有人管，人各有责。行车方面，实行驾驶员“定、包、奖”责任制，即定人、定车、定各项消耗指标，包安全、包任务、包车况完好，凡完成定、包的有奖，多超多得，奖金当月兑现。并号召驾驶员开展爱车竞赛，对待汽车要像爱护自己的眼睛一样。

1963 年，毛泽东主席亲笔题词“向雷锋同志学习”。3 月，交通部发出关于组织职工群众学习雷锋的通知，要求以雷锋为榜样，树立勤俭建国、勤俭办企业、勤俭办一切事业的艰苦奋斗思想，全心全意为人民服务，做雷锋式的汽车驾驶员。广大职工热烈响应毛主席号召，积极投入了以支援农业为中心的增产节约运动。并针对农业物资运输的薄弱环节继续加强调整工作，尽可能地把农业物资直接运到田间、地头，以节约公社和生产队用于运输上的劳动力。许多汽车运输企业还注意挖掘运输工具的潜力，为物资部门节省流通费用，减轻农民负担。

为了提高货运服务质量，公路交通部门的各级领导干部大兴调查研究之风，通过跟班劳动，掌握生产中的第一手材料，把各方面好的经验总结起来，及时推广。四川省交通厅 3 名副厅长针对活猪在运输过程中的死亡、掉膘问题，分别随车上路押运，召集运猪的驾驶员和参加过押运的公司经理、车队长座谈，走访商业部门的押运员，登门求教有经验的兽医，终于摸清猪的生活特性，找到了死亡、掉膘的原因，总结了一套运猪经验。这个经验推广以后，全省的运猪死亡率下降到 0.01%—0.04‰，掉膘率为 1.41%—2.36%，大大低于商业部门规定的自然损耗率。

为了提高货运服务质量，各地汽车运输企业坚决纠正了那种“淡季登门拜访，旺季趾高气扬”的不良作风，认真贯彻了 1964 年全国交通会议提出的“安全优质，准确及时，经济方便，热情周到”的服务标准。北京市运输公司第八汽车场结合运输生产实际，制定了六条改善服务质量的细则：登门调查货源、受理业务和计算运费；代客托运、提货、取送提单；选择经济路线，正确计算里程，安排适当车型，合理配载各种货物；按约定时间起运，按约定数量派车，按约定期限完成；装卸干净，堆放整齐，数量准确，货物完整；接待货主热情诚恳，说话文明礼貌。从而把企业服务水平提到新的高度。

汽车运输的好坏在很大程度上取决于人的主观能动作用。1964 年 10 月，朱田顺副部长在《汽车》杂志上发表文章，要求各地公路交通部门以毛泽东思想为指针，建设一支又红又专的经得住任何风险，技术业务上过得硬的交通运输职工队伍。1965 年，根据中央指示精神，孙大光部长提出开展大学毛主席著作，大练基本功活动。广大公路交通职工运用毛泽东思想，坚持干什么、练什么，缺什么、补什么，互教互学，能者为师。许多驾驶员通过这个活动，驾驶操作技术和临时排除行车故障的本领都有不同程度提高。仓库管理更为突出。许多汽车运输企业的材料仓库井井有条，各类材料堆码整齐，不少保管员能够做到在灯火管制下照常发料，对数以百计的各种配件的库存数量记忆准确，并能对答如流。

1965 年年末，交通部对 1956 年颁布的汽车运价作了重大修改，货物不分类别，不分整车、零担，不分汽车类型，不分运距长短，不分道路条件，不分地区差别，每吨公里的运价一律为 0.20 元。这次调整运价采用了“一刀切”的办法，在运输生产中滋长了“挑肥拣瘦”等消极因素，影响了货物的正常流通。

汽车运输企业经过 5 年的不懈努力，货运服务质量、各项技术经济指标以及企业管理水平都已经达到或超过 1957 年的水平。货运量和货物周转量逐年回升，不少企业变亏损为盈余。1965 年，货车保有量上升到 6.56 万辆，营运里程也有较大增长。汽车运输企业的调整任务基本完成。

1966 年，“文化大革命”的狂风席卷全国。刚刚得到恢复的汽车运输企业又一次遭到严重挫折。各级企业的领导遭受迫害，规章制度被“砸烂”，运输秩序一片混乱。1970 年，许多省（自治区、直辖市）试图改革汽车运输管理体制，将所属汽车运输企业下放地、县。简单的权力转移并没有取得积极效果。十年动乱期间，汽车增加不少，1976 年，汽车运输企业拥有货车 13.23 万辆。虽然投入多，但产出少。广大汽车运输职工尽管身处逆境，仍然以主人翁姿态，排除干扰，坚守岗位，在障碍重重、崎岖不平的道路上，为保证城乡人民生活的物资运输，为建设攀枝花钢铁基地，为抢险救灾，做出了巨大贡献。

十年动乱以粉碎“四人帮”而告终结。在“调整、改革、整顿、提高”的方针指导下，公路交通部门面对长期动乱造成的严重“内伤”，迅速采取了一系列拨乱反正的措施。

一是调整汽车运输管理体制，把下放的企业回收上来，恢复省（自治区、直辖市）汽车运输公司，实行统一领导，分级管理。

二是调整企业内部各方面的比例关系，强化运输生产指挥系统，加强基础建设，建立、健全规章制度，使各个环节的工作能够协调，尽快恢复正常的运输生产秩序。

三是按照现代化的要求，全面整顿企业，着重整顿领导班子，肃清“左”的流毒，不断提高全员素质。

四是开展以安全、优质、高产、低耗为中心的增产节约活动，调动各方面的积极性，把运输生产促上去。

中共十一届三中全会以后，公路交通部门在调整、改革中发生了深刻变化。1982 年，全国交通会议针对大批机关企业汽车和个体运输工具进入运输市场的实际情况，提出了在计划经济指导下，把公路运输搞通、搞活、搞上去的方针，允许它们参加营业性运输。同时指出，各级交通部门对所属的运输企业要逐步实行政企分开，权力下放，扩大企业自主权，实行独立经营。为了开创 1983 年交通运输工作的新局面，交通部进一步放宽政策，提出有路大家行车，国营、集体、个体一起上，并号召运输企业推行以承包为中心的多种形式的经济责任制。

1984 年，一些省、自治区、直辖市公路交通部门试行体制改革，实行政企分开，扩大企业经营自主权，把原来隶属的汽车运输企业下放到中心城市，使之独立经营。这样，企业可以根据运输市场和经济发展的新动向，运用自身的优势，有效地去组织生产经营活动，也可以自主地大力推行以承包为中心的多种形式的经济责任制，使广大职工的收入同企业经营好坏、个人贡献大小紧密地挂起钩来。

随着改革开放政策的深入贯彻，运输市场竞争激烈。公路交通部门的汽车货运企业面临严峻挑战，并且暴露出不少弱点：

——车种、车型较少，货车吨位构成不协调。多数企业拥有的货车，大部分是4吨或5吨的解放牌、东风牌普通载货汽车，8吨以上的重型车和2吨以下的轻型车为数不多；汽车专用化程度也不高，难以适应商品经济发展所带来的日益增长的不同需求。

——货运站基础设施落后，场地狭窄，库容不足，缺少装卸机械，制约了集装箱运输发展。

——在试行两个层次的经济承包责任制中，一些承包者为获得更多的个人或小集体的利益，对车辆等设备重使用、轻维修。这些短期行为表明，企业管理没有紧紧跟上。

38年来，汽车货运工作在发展历程中，积累了许多宝贵经验，但也有一些值得令人深思的教训。两者相比，成绩是主要的。汽车货运工作取得的重大成就主要表现在：

——货物运输能力不断扩大。1987年，公路交通部门汽车运输企业共有货车20.53万辆，货运量及货物周转量分别比1949年增长124倍和193倍。车种、车型和货车吨位构成也发生了明显变化，既能运输20英尺和40英尺的国际集装箱，也能运输超重、超长、超高的特殊货物。货运汽车缺重少轻、专用车辆不多的状况有所改善。

——货运网络遍布全国。1987年的营运里程达98万多公里。在全国2200多个县（旗）中，除西藏墨脱县外，都建立了汽车运输企业，配备了相应的运力；90%以上的乡镇也都开办了汽车运输业务。一个四通八达的汽车货运网络已经形成。

——在公路运输中发挥了主导作用。公路交通部门的汽车货运企业历来是公路运输的支柱。每年，除完成当地政府下达的运输生产计划外，还要承担抢险、救灾、防汛等临时性突击运输任务。广大汽车运输职工不辞辛苦，成年累月地活跃在条条运输线上，哪里需要，他们就到哪里去，在公路运输中真正发挥了主导作用。

第二节　工矿基地建设的先行

继国民经济全面恢复之后，1953年，中国开始大规模经济建设。大批人员、设备和生活物资随着滚滚车轮进入各个重点建设地区。许多现代化的石油、冶金、化工基地陆续建成投产。在祖国辽阔的版图上，一座座新兴城镇拔地而起。“几通一平”，是重点建设地区或重点建设工程能否开工的先决条件，其中公路通，让汽车能够开进去，又是至关重要的。克拉玛依油田、攀枝花钢铁基地、第二汽车制造厂以及上海石化总厂的建设，都充分说明汽车运输在各项重点建设中所发挥的先行作用。

一、克拉玛依油田建设

克拉玛依系维吾尔语，是“黑油”（即原油）的意思。由于当地“黑油”资源丰富，因而以此为名。克拉玛依位于天山北麓的准噶尔盆地，自古以来，“黑油”溢流与风砂固结，形成了天然的“黑油山”（即沥青丘）。1954年，一批石油地质勘探队来到沥青丘下，揭开了地下宝藏的奥秘。中共新疆维吾尔自治区委员会于1956年5月作出了大力支援克拉玛依探区的指示，从此，油田进入了全面开发时期。

克拉玛依地质勘探初期，新疆交通厅即着手修建独山子至克拉玛依公路，配备汽车76辆驻奎屯，为开发油田做好前期准备工作。

油田建设期间，汽车运输极为繁忙。当时，兰新铁路刚刚修至张掖。全国35个城市为油田开发提供的大批机械设备和生活资料只能运到张掖中转，东线的汽车运距长达2000公里；苏联和东欧一些国家支援油田生产的大量专用机床、钢管以及其他物资则通过霍尔果斯口岸进入，西线的汽车运距也在500公里以上。运力小于运量的矛盾十分突出。为了适应油田建设的需要，新疆交通厅及时加强了乌苏等运输总站的领导，充实了东、西两线的汽车运力，同时通过自治区人民政府，动员了乌鲁木齐地区21个机关企业和生产建设兵团的近400辆汽车，专门担负西线进口物资的运输任务。

克拉玛依地区自然条件恶劣，春秋多大风，飞沙走石，天昏地暗，能见度极差；夏季酷热，冬天严寒；气候干燥多变，平均年降水量仅102毫米，而蒸发量却高达3400毫米，行车条件十分艰苦。各族汽车运输职工在克拉玛依油田美好前景的鼓舞下，克服了运输生产和个人生活中遇到的种种困难，为确保油田顺利建设发挥了积极的先行作用。

随着油田建设的阔步前进，钻井迅速增加，钻杆供不应求。当时，车型单一，单车无法装运长达10至14米的钢管。为了解决超长件的运输难题，群众献计献策，采用了多种有效的装车方法，保质保量地把进口钢管运到工地，满足了钻井需要。

据统计，从1956年5月到12月，共运输各种物资67万多吨，货物周转量6461万多吨公里，从而保证了克拉玛依油田顺利投产。

二、攀枝花钢铁基地建设

攀枝花位于川滇两省毗邻的金沙江畔，在崇山峻岭之下，蕴藏着丰富的钒钛等矿产资源。1964年，中共中央决定建设三线，开发攀枝花，修筑成（都）昆（明）铁路。同年9月，四川省汽车运输公司先遣人员进驻人迹罕至的攀枝花。西昌、会理、昆明汽车运输公司开辟了去仁和镇的客运班车，从而拉开了攀枝花钢铁基地建设的序幕。1965年年末，各地调来的建设人员骤然增加到5万多。

攀枝花钢铁基地建设规模大，上得猛，各种机械设备，建筑材料，以及人们生活须臾不能短缺的粮、盐、油、菜，都需要外地供应，运量很大。1965年4月，攀枝花汽车运输公司成立，交通部调拨汽车300辆支援。同年10月，在四川成都还成立了交通部直属第一汽车运输总公司，拥有汽车1500辆，下设5个分公司，由北京、辽宁、山东、安徽、河南5省、直辖市交通厅（局）配备干部和驾驶、修理人员，专门担负长途物资运输任务。

支援攀枝花钢铁基地建设的物资，分别从南北两线输入。南线从贵阳经安顺、曲靖、昆明抵达；北线从成都经雅安、西昌抵达。在南北两线的物资运输中，矿山开采和冶炼等大型设备不少，仅1966年即运输1045件，约16万吨。据四川省交通厅统计，从1964年到1970年7月1日攀枝花钢厂出铁，6年间共运输物资近1000万吨，保证了10多万人的生活供应和钢铁基地建设的需要。

在攀枝花钢铁基地建设的同时，成昆铁路破土修建。它既是西南地区的战略铁路线，又是攀枝花钢厂发展的生命线。为了支援成昆铁路建设，四川省交通厅从各地区汽车运输公司抽调客货汽车1100多辆，把一批批工程技术人员和筑路材料运到施工第一线。这些汽车和铁道兵的1500辆汽车一起，从1965年到1970年成昆铁路通车，共运输各种物资4012万吨，货物周转量达16亿多吨公里。

在攀枝花钢铁基地建设过程中，川云西线顿时车水马龙，每昼夜汽车交通量达6000车次左右，沿线汽车站原有的食宿条件很不适应。四川、云南两省汽车运输公司为此大力扩建了许多食宿站，热情接待过往驾驶、修理员工，让他们吃得好、睡得香。与此同时，还开展了创红色运输线竞赛，取得了明显效果：千里运输线上礼让行车、团结互助成风，交通秩序井然，汽车畅通无阻。

三、第二汽车制造厂（简称二汽）建设

1966年年初，二汽在鄂西十堰市破土兴建。当时铁路不通，大量的客货运输任务落在以湖北省汽车运输局郧阳分局为主的广大汽车运输职工的肩上。

二汽是一个大型的汽车制造企业。基建施工开始之后，钢筋、木材、水泥、石灰以及砖瓦沙石的运量迅猛上升，许多机械设备也从四面八方源源不断地运到老河口铁路车站，数以千计的建厂员工纷至沓来，生活物资供应量与日俱增。为适应建厂需要，湖北省交通厅从黄冈、孝感汽车运输

分局抽调车队驰援。据不完全统计，1966 年至 1972 年共运输各类物资近 30 万吨。在此期间，还新辟多条营运线路，增开短途客运班车，配备随车售票员，实行多点停靠，仅 1972 年即运送旅客 142 万多人次。

1972 年，二汽运输部成立，襄渝铁路也通车到十堰市，交通运输状况进一步有所改善。

在改革、开放、搞活总方针的指引下，1982 年，二汽开始生产客车专用底盘。这种底盘全长 8.6 米，用它制造客车，改变了长期使用解放牌汽车底盘需要拆开接长的工艺，对提高客车质量大有裨益，深受国内客车制造厂家的欢迎。但是，客车专用底盘用火车装运很不经济，一节载重 30 吨的车皮只能装运 1 台，两节载重 60 吨的车皮也只能装运 3 台，吨位利用率太低，仅 10% 左右；加上铁路车皮紧张，供不应求，因而形成二汽的热门产品积压，客车制造厂却因底盘供应不及时而停工。为此，郧阳地区汽车运输总公司（原郧阳汽车运输分局）于 1983 年专门改装车辆，运输客车底盘。截至 1985 年，累计运输客车专用底盘 1 万多台，轮迹遍及辽宁、内蒙古、上海、福建、广西、陕西、甘肃等 19 个省、自治区、直辖市的 23 个客车制造厂，取得了明显的企业经济效益和社会效益。

四、上海石化总厂建设

杭州湾畔的上海石化总厂，是中国现代化的大型化工化纤联合企业之一。它的厂址主要建立在围海填筑的大片土地之上，基建工程规模之大，土石方运量之多，为上海地区所罕见。1972 年年底，上海石化总厂第一期工程开始围海造地。为了确保这项重点工程的顺利建设，上海市交通运输局在现场成立了运输指挥组，从市区抽调 2 个车队进驻工地，抢时间，争速度，昼夜突击，累计运输物资 1572 万多吨。

1980 年 1 月，上海石化总厂第二期工程开始。围海筑堤任务艰巨。除第一期工程的首次围堤筑坝主要依靠人力完成外，以后 4 次的抛石填海，全由汽车运输部门承担。为此，又增调 2 个车队进驻工地，配备自卸货车，既运载，又抛石，加快了围海筑堤的进度。驾驶员们在三面环水，路宽只有4至5米的临时便道上徐徐颠簸行驶，走到尽头，经过频繁倒车，然后抛石海中。每当大堤合龙前，水压增大，需要夜以继日连续不断地几十个小时投放石料，直到合龙为止。在此期间，总计运输块石近229万吨，堆筑了总长7870米、上宽6米、底宽20多米的海堤，为上海石化总厂向大海夺得大面积陆地。

第二期工程施工期间，上海市汽车运输六场还为厂方运输各类引进设备近5.2万吨，其中重20吨、长12米、宽3米、高2.8米以上的超限货物有921件，最重的达524吨，最长的为77米。

第三节　重点物资运输

重点物资运输是国营汽车运输企业必须确保完成的一项重要任务，既有运量的要求，也有时间的限制，一般以指令下达。对于货物来说，究竟哪种属于重点物资，则完全取决于国家或各地区不同时期的中心工作及其政策。在国民经济发展的各个历史阶段，有关国计民生的食盐、粮食、煤炭、石油、矿石以及农业生产资料等，都曾分别被列为重点物资而在运输上予以优先安排。

一、盐的运输

中国的盐资源非常丰富，海盐、井盐、湖盐、岩盐，样样都有。但是，由于产区分布不均，有些地区食盐奇缺。过去，西藏波密地区的群众把盐视为珍品，犹如人的血液，人的生命；偶尔洒落一星半点，也要把它捡起来作为调料。儿女成亲、女方以一小袋盐陪嫁，被认为是了不起的事情。川藏公路通车后，大批食盐通过汽车运输源源而来，价格低廉，敞开供应，人均年消费量达5公斤以上，和以往不可同日而语。

在旧社会的漫长岁月里，贵州人民世世代代也饱尝淡食之苦，素有“吃盐当过年”之说。1949年贵州解放，食盐仓储匮乏，情况严重。贵州省人民政府为此作出加强食盐运输的决定。汽车运输部门在军运任务紧急，汽车极端缺少的情况下，日夜抢修国民党政府遗留的破旧汽车，以两个月的时间，突击抢运川盐1600多吨，缓解了燃眉之急。随着汽车运输四通八达，全省各地食盐库存充实，销售量大幅度增加，人均年消费量从1950年的1.5公斤提高到1987年的6公斤。“斗米斤盐”的时代一去不返。

盐，除了作为人们赖以生存的必需品之外，还是“化工之母”。基本化学工业三酸二碱中的盐酸、纯碱、烧碱，都是以它作为原料制成，工业用途极为广泛，每年的需求量数以百万吨计。内蒙古雅布赖盐场生产的湖盐，50年代初依靠骆驼运输，每峰只能驮载150公斤左右，年运量只有2.3万多吨。流通渠道不畅，湖盐产量始终上不去。1957年，河西堡至雅布赖公路通车，湖盐生产面貌改观，当年即由汽车运出27.3万多吨。据统计，1961年至1987年，仅甘肃武威运输公司就运输雅盐250多万吨，有力地支援了化学工业的发展。

60年代初，大连、烟台的海盐运输紧张。1962年，交通部调拨100辆汽车给旅大运输公司和烟台汽车运输公司作为运盐专用。他们结合盐滩分布以及海盐生产的淡旺季节，灵活调度车辆，在两年的时间里，运输海盐近60万吨，超额完成了运输任务。

二、煤炭运输

中国是世界上最早发现、开采和利用煤炭的国家，距今有2500多年的历史。唐、宋时期，煤炭已普遍应用于冶炼、烧窑等领域，被喻为“乌金”“墨玉”。随着近代科学技术的进步，煤炭用途之广，远非金玉可比。在全国煤炭消耗总量中，民用煤约占1/5。在能源结构中，煤炭是主要的组成部分，是“工业的粮食”，同时还是重要的化工原料，对发展国民经济和提高人民生活水平，起着十分重要的作用。

宁夏贺兰山汝箕沟煤矿生产的太西煤，曾被煤炭工业列为重点出口产品。这种优质无烟煤具有“三低一高”（低灰分、低硫、低磷和高发热量）的特点，除供应酒泉钢铁厂、包头钢铁厂和本地区工业用外，还出口日本、泰国、法国、比利时和澳大利亚等 10 多个国家和地区，国外用户视为“黑宝石”。过去，由于运输问题没有解决，制约了煤炭生产。1959 年，汝箕沟至西大滩公路通车，银川汽车运输公司立即抽调汽车 100 多辆驻矿担负集运任务，截至 1987 年，累计运煤 1000 多万吨。太西煤的年产量也因货畅其流而不断上升。

山西是“乌金之乡”，有“北方煤海”之称，煤炭资源约占全国 1/3。由于煤种齐全，煤质优良，畅销国内外。80 年代中期，原煤年产量达 2 亿多吨，其中有 2000 多万吨由汽车直接运出省外，另有约 9000 万吨分别从小煤窑运到铁路装车点或省内各用户。

60 年代前，山西原煤产量和外调量都不多，通过汽车短途集运的外调煤占 80% 以上。70 年代末，地方矿点增至 2500 多个，除 38 个有铁路专用线外，其余均靠汽车集运；原煤产量也增到 1 亿吨左右，外调量上升到 6000 多万吨，在全省铁路货运总量中约占 80%。即使这样，每年仍有大量煤炭运不出去，任其水冲、自燃。许多地方矿点的原煤大量积压，被迫“以运定产”。江苏、湖北、广东、河北、河南、陕西、山东、安徽、上海、北京、内蒙古等省、自治区、直辖市，都派汽车千里迢迢赶到山西集运煤炭，主要担负矿点至火车站之间的短途运输。每年外地驻晋汽车多达 2000 辆左右。

为了减轻铁路货运压力，探索晋煤公路外运的新路子，争取把更多的优质煤运往华东，确保能源供应，1984 年年初，中央财经小组决定，以山西、河北、内蒙古和陕西的汽车为主，从大同、阳泉、晋中、忻州等地运输原煤 300 万吨到秦皇岛港，然后海运南下到上海，中转江、浙、闽一带。4 月 1 日开始，大（同）秦（皇岛）线上煤如流水车如龙，大吨位运煤汽车络绎不绝。由于车辆太多，港口场地狭小，汽车首尾衔接等待进港卸煤，有时竟长达八九天之久，致使汽车运输企业无利可图，甚至亏损，加上水陆联运中转环节多，开支大，成本高，用户负担过重，不得不在同年10月暂时停运。实践表明，大宗晋煤通过汽车外运是可行的。但是必须认真做好前期准备工作，根据线路、装卸场地的实际情况安排运力，同时加强调度，做到均衡发车、均衡到达。这样，才能防止汽车“跑在中间、窝在两头”，更好地完成运输任务。

三、粮食运输

中国幅员广阔，南北、东西相距万里，气候差异悬殊，无霜期长短不一，反映在农田作物上，有的地方适于生产稻米，有的地方则适于种植小麦、玉米、高粱或其他经济作物。地区之间需要相互调剂。中国是一个“七山两水一分地”的大国，可耕地面积不多。有的地区山多地少，粮食难以自给，一旦农业欠收或发生自然灾害，困难更为严重。因此，每年的粮食调运任务十分艰巨。1960年，甘肃河西走廊粮食短缺，中央决定从新疆调粮5万吨支援，任务十万火急。当时，调拨的粮食分散在北疆伊犁河上游的巩乃斯河谷和南疆帕米尔山下的喀什地区，还有一部分的起运点在昆仑山麓的叶城。从这些地方把粮食运到鄯善装上火车，有的需要经过塔克拉玛干沙漠，有的需要翻越天山或穿过吐鲁番盆地，最长的运距达1964公里，最近的也有1076公里，任务之艰巨，不言而喻。为此，甘肃省交通厅会同中共张掖地委成立了粮食调运指挥部，抽调汽车1597辆，组建7个运输大队；在阿克苏、库车、喀什、大河沿等地设立汽车保修网点；另外还组织了500人的装卸搬运大队和2500人的公路养护大队，分别于1961年1月中旬进入乌鲁木齐等指定地点。在统一领导下，各运输大队开展双班运输，并且实行各队包干集运。经过5个月的努力，终于把5万吨粮食全部运到河西走廊。

四、石油东运

50年代末，石油进口锐减，汽车燃料供应紧张，大批车辆停驶待油。

当时，克拉玛依油田开发不久，石油产量逐年增多，新疆地区自给有余。1959年5月，国务院发出《关于抽调汽车驾驶员支援新疆石油外运的通知》，明确指出工农业生产和交通部门缺油情况日趋严重，但新疆采油区又有大量石油不能运出，为了迅速解决这一问题，决定增加汽车运输力量。5月下旬，新疆维吾尔自治区交通厅石油运输公司成立，下设3个汽车大队，共有新车1100辆，挂车2000多辆，驾驶员工来自北京等21个省、自治区、直辖市，6月中旬投产，运行于克拉玛依与尾亚火车站之间（兰新铁路当时修筑到尾亚）。截至1960年年底，共计运输石油近17万吨，胜利地完成了石油东运的历史使命。

新疆石油运输公司坐落在乌鲁木齐市郊九家湾。这里原是一片不毛之地，光秃的红土山坳，一无所有。筹建初期，全体职工生活在帐篷、地窝之中，保修车辆露天作业。且水源缺乏，生活用水全靠汽车运输，特别在炎热的夏季，有时连水也喝不上；驾驶员行车在外，更是历尽艰辛。1959年7月，由于任务紧迫，在接收的新车中，有370多辆来不及装配驾驶室即投入运行。驾驶员们头顶苍天，脚踩油门，任凭风吹、日晒、雨淋，昼夜奔驰在漫长的运输线上。英雄的汽车运输职工就是在这样极其艰苦的环境中创业的。

第四节　抢险救灾运输

中国地域辽阔，北起寒温带，南止赤道带，东西南北中，具有多样性的气候。冬季强烈的冷空气，经常形成寒流、雪灾；夏、秋季的台风，不时地威胁着沿海的城镇乡村；季节降水量的不均衡，以及年际降水量的相差悬殊，也往往造成旱涝，加上地质情况复杂，导致每年都有一些地区发生自然灾害。其中，险情灾情特别严重的有：武汉抗洪抢险，河南水灾，唐山震灾和锡林郭勒盟的雪灾，持续时间长的是会宁旱灾。

在抢险救灾运输中，汽车运输职工走在最前列。一处有难，八方支援。每当灾情发生，只要一声令下，各地汽车运输部门立即选派车队，昼夜兼程，驰援灾区。在当地救灾机构的统一领导下，全力以赴，不讲条件，不计时间，不辞辛苦，哪里需要，就奔向哪里，把一车车物资及时运到灾区，使广大群众感受到中国共产党和人民政府的关怀和温暖，鼓舞了他们战胜自然灾害和生产自救的信心。

一、武汉抗洪抢险

1954 年 7 月，湖北省大部地区连降大雨，山洪暴发，长江、汉水水位猛涨。沙市、石首、监利、沔阳、黄冈、鄂城等 42 个县市，内渍外涝；特别是汉口，地势低洼，四面环水，处于长江、汉水多次洪峰的威胁之中。这是一次百年不遇的水灾，汛期持续长达 3 个多月。据武汉市观测，长江的最高水位为 29. 73 米，不仅超过了警戒线，且比 1931 年的特大洪峰高出 2. 79 米，水势极为严峻。

为确保人民生命财产安全，湖北省、武汉市防汛指挥部紧急动员广大群众和人民解放军与洪水作斗争。大批国营、私营汽车驰骋在防汛抢险第一线。汉口张公堤是维系城市安危的关键所在，一旦溃决，后果不堪设想。江北汽车总站抽调货车 450 多辆，采取“歇人不歇车”的办法，夜以继日地运输土石方、草袋等抢险物资近 54 万吨，确保“水涨堤高”。在此期间，580 多辆私营汽车不分昼夜地投入运输，一车车满载块石、黏土的车辆穿梭于三阳路、大智门、循礼门、玉带门一带，沿汉水艾家咀至集家咀地段，筑起了一道新的防洪堤。经过 100 多个日日夜夜的奋力拼搏，洪水终被驯服，汉口化险为夷。

防汛抢险胜利结束之后，武昌汽车总站和江北汽车总站的汽车又承担抢修水毁公路的物资运输任务，并突击运输粮食、种子、食盐、百货等急需物资 263 万多吨，为支援灾区人民恢复生产、重建家园做出了贡献。

二、河南水灾

1975 年 8 月上旬，河南省普降暴雨，有的地区一天的降水量竟超过

1000毫米，洪汝河、沙颍河、唐白河的河堤多处决口，板桥、石漫滩等许多中小型水库的水坝坍塌，洪水泛滥，波涛汹涌，驻马店、许昌、南阳、周口以及舞阳等地区一片汪洋，公路、铁路冲毁，不少乡镇、村庄毁于一旦，受灾的县、市达30多个。

中共中央、国务院对河南灾情十分关切，8月11日发出慰问信，并指示做好抗洪救灾工作。河南省公路交通部门紧急动员，调集了6个公路工程队和上千辆汽车，一面昼夜突击抢修干线公路，一面加紧运输抗洪抢险救灾物资。与此同时，空军频频出动，空投食物，救济困于孤岛上的灾民，工程兵协同抢修道路、桥梁，总后勤部和武汉军区还抽调660辆汽车，投入救灾运输。河北、山西、陕西、江苏等省公路交通部门也专门组织了9个车队驰援。经过各方面的奋力拼搏，不到半个月，灾区的12条干线公路基本上恢复通车，参加救灾运输的汽车达2465辆，截至11月末，累计运输粮食、副食、药品、煤炭、日用品以及建筑材料等物资64万多吨。

三、唐山大地震

1976年7月28日3时42分，猝然袭来的7.8级大地震，在顷刻之间，把一座百万人口的唐山市彻底摧毁，死亡24万余人，重伤16万余人。这是400多年来世界地震史上最悲惨的一页！①

公路交通同时遭到毁灭性破坏：桥涵坍塌，路基断裂下沉，汽车运输瘫痪。大批救灾人员和物资亟待运往灾区，几十万伤员需要迅速转运外地，在铁路中断、空运能力有限的情况下，尽快恢复公路交通，组织汽车抢运，是抗震救灾的关键。

地震发生后，中共中央、国务院组织慰问团飞抵唐山慰问。交通部派工作组赴唐山参与河北省抗震救灾指挥部的领导工作。河北省交通局在震灾发生的当天，立即成立了抢修、抢运两个办公室，负责组织调遣省内公

---

① 唐山大地震的死亡人数，为举世震惊的1923年东京8.2级大地震的2.4倍，1960年智利8.5级大地震的35倍，1964年阿拉斯加8.4级大地震的1300多倍。

路交通部门的一切力量，确保第一线救灾需要。公路抢修按照“交通干线优先修复，重灾区优先修复，不通车的优先修复”的原则进行，参加抢修的有2.8万名人民解放军指战员和4000多名工程技术人员。8月2日，唐（山）秦（皇岛）公路通车；10日，唐山地区各县的公路交通基本恢复。

在此期间，交通部汽车运输总公司、北京市交通局、辽宁省交通局以及邯郸、邢台、石家庄、保定、廊坊、承德、张家口等地区汽车运输公司抽调汽车1000多辆，满载各种物资和救灾人员，以最快的速度开赴唐山，连同军队和其他行业参与救灾的汽车，总数达2万辆以上。在余震不断的日日夜夜，广大汽车运输职工置个人安危于度外，不叫苦，不怕累，一个心思扑在救灾运输上。据统计，截至11月底，公路交通系统共抢运粮食、食品、药品、煤炭、草袋、苇席、木材、毛竹、油毡、塑料布、衣服、炊事用具等物资423万多吨，运送救灾人员和灾民69万多人次。

在紧急运输救灾物资的同时，国务院决定把唐山伤员向全国11个省、市转移。几乎所有的货运汽车在回程运输中都肩负抢运伤员的任务。对于数以万计的各类骨折、截瘫的重伤员来说，时间就是生命。他（她）们是从一片废墟之下挖掘出来的幸存者。为了抢救这些父老兄弟姐妹，驾驶员们不顾疲劳，夜以继日，争分夺秒。运输途中，尽量做到起步、行车、停车三稳，想方设法减轻伤员的痛苦。他们既当驾驶员，又当护理员，为伤员包扎伤口，甚至接倒大小便。在食品、饮水供应极端困难的条件下，他们宁可自己少吃少喝，把自带的干粮和饮用水让给车上的伤病员。这些救死扶伤的动人事迹，至今仍然深深地留在唐山人民的记忆之中。

四、锡盟雪灾

1977年11月下旬，特大暴风雪席卷内蒙古自治区锡林郭勒盟，地面积雪1米左右，草地被覆盖，饲料缺乏，牲畜饥不择食，几乎把电线杆啃断，580万头牛羊挣扎在死亡线上；近13万牧民没有柴烧，有的断炊，有的被迫把勒勒车和木箱劈开当柴。灾情严重，受灾面积达15万平方公里。

许多老牧民从没见过这样大的暴风雪，说是近百年来罕见的特大“白灾”。

连续不断的暴风雪，锡林浩特地区公路交通中断，在全长1000多公里的4条干线公路上，约有500公里为严重积雪路段。为此，锡盟成立了破雪开路指挥部，组织了上万名公路交通职工，集中了数百台机械和牵引车，坚守在一些雪害严重的公路运输线上，以坦克车、装甲车或链式拖拉机牵引破雪器为过往汽车开路。由于大风吹雪，随开随堵，汽车运行极端困难。为防止公路雪阻冻伤驾驶员、修理工和随车人员，指挥部采取了统一编队、集体行车的办法。经过一个多月的艰苦奋斗，来自交通部汽车运输总公司，张家口、赤峰汽车运输公司，以及北京、沈阳军区的640多辆汽车，先后抢运了粮食、饲料、煤炭、石油等救灾物资4700多吨，避免了灾情的进一步恶化，有力地支援了广大牧民渡过难关。

五、会宁旱灾

水是一切生物赖以存在的基本条件，没有水就没有生命。甘肃省会宁县历来干旱少雨，除南部有河水、泉水可供人、畜饮用外，中北部山区水源十分缺乏，素有“水价贵如油”的说法。新中国成立以前，每逢长期干旱，受苦农民弃耕逃荒，流离失所。为了积水备荒，群众在路边沟旁雨水畅通的地方，修筑涝池蓄水，作为牲畜之用；在宅旁深挖水窖，供人饮用。水窖历来被视为衡量贫富的主要标志之一，嫁女择婿，首先考虑的是对方家里有多少水窖。新中国成立以后，人民政府历年拨出专款，帮助群众修池、打窖、挖井、掏泉，有的地方还采用动力提水，虽然取得一定成效，但因地下水太深，打井不出水，至今仍有23个乡处于水荒威胁之下。县区干部下乡蹲点，由于山高水远，洗脸用水只能两人一碗，农民还再三叮嘱点滴勿洒，让澄清后给牲畜饮用。

1980年年初，会宁出现旱象。7月，23个公社、1443个生产队严重缺水，牲畜死亡，农业减产。旱灾一直持续到1982年秋，历时2年。在县抗旱救灾领导小组的指挥下，兰州市汽车运输公司第三车队和当地的机关企事业汽车一起，积极投入供水运输。驾驶员们不顾隆冬酷暑，日夜行驶在路况极差的山区道路上，平均运距约100公里。两年来，重车行驶81.25万公里，供水80.88万立方米，基本上保证了灾区人、畜和农业生产的需要。

为了提高汽车运输效率，采用了直达和接力两种运输方法。凡公路沿线和勉强能通汽车的社队，就把水直接运到集体水窖；不通汽车的社队，则把水运到指定的水窖，让手扶拖拉机和畜力车就近装载转运。

这次抗旱运水持续时间长，规模大，公路沿线车水马龙，对缺水牲畜、飞禽形成了条件反射。每当水车来到，牲畜号叫奔跑，麻雀蜂拥飞至，渴极思饮，急不可待，在民间一时传为佳话。

第五节　支农运输

1961年1月，中共八届九中全会决定对国民经济实行“调整、巩固、充实、提高”的方针，同时号召：1961年全国必须集中力量加强农业战线，贯彻执行国民经济以农业为基础，全党全民大办农业、大办粮食的方针，加强各行各业对农业的支援，尽最大努力争取农业生产获得较好的收成。之后，在中共八届十中全会上，又再次强调：要动员和集中全党全国的力量，在物资方面、技术方面、财政方面，在组织领导方面、人才方面，积极地、尽可能地支援农业，分批分期地、因地制宜地实现农业的技术改造。

和国民经济的其他行业一样，交通部在60年代初召开的历次全国交通工作会议和全国地方交通支援农业会议上，坚决贯彻了中共中央有关支援农业的一系列指示。要求各省、自治区、直辖市交通部门把支援农业放在首位，按照“农、轻、重”的次序安排运输生产，切实地把交通运输工作转移到以农业为基础的轨道上来。

为了把农业促上去，各地汽车运输企业从三个方面大力开展了支农运输工作。

——不误农时地优先运送农业生产资料，特别是有关粮食生产急需的生产资料，并且及时地把农副土特产品运出去。

——积极延伸营运线路，改善农村公路运输面貌，以腾出用于短途运输和田间运输的劳动力和畜力，加强农业生产第一线。

——按照“农、轻、重”次序，妥善安排好国民经济各部门的物资运输。

随着国家基本建设投资的大幅度削减和各行各业加强对农业的支援，公路支线的货运量迅猛增长，货物运量构成也发生了很大变化，大宗的矿石、煤、焦炭和基建物资的运量一落千丈，而化肥、农药、农机、种子和农副土特产品的运量则大幅度上升。这些变化对汽车运输企业不无影响。因为运输农业物资一般批量较小，单程货多，货点分散，道路条件不好，有时甚至十万火急，不利于企业增产增收。为了适应新的形势，坚决地把汽车运输工作转移到以农业为基础的轨道上来，各地汽车运输企业除对职工加强支援农业的思想教育外，还采取了下列措施。

第一，大兴调查研究之风，摸索农业物资运输规律。支农要先知农。为了取得第一手材料，各地汽车运输企业先后成立了支农服务队，支农服务小组，或支农办公室，普遍采取“走出去，请进来”的办法，或走访农村社、队，或邀请农业、粮食、商业、供销等单位座谈，弄清农副土特产品和工业物资调运的数量、去向、时间和要求，据以安排运力。山西省文水汽车站为了掌握支农的主动权，把全县16个公社划分为5大片，分片包干到人。还聘请了100多位义务商务员，作为车站“耳目”，随时传递运输信息。他们走遍了全县所有的公社、大队和自然村，基本上摸清了公路技术状况，社员的生活需求和调进调出的农业物资的流量、流向、流时，并逐项记录在案，逐步建立起一套支农运输档案，并从中探索出适应当地农业生产的运输规律，把它概括为四句：春夏种子肥当紧，夏秋瓜菜不可误，秋冬粮棉对流煤，工业用品水长流。

第二，调整运力，加强短途运输，把农村需要的生产、生活资料运进去，把各种农副土特产品拉出来。60 年代初，商品流通过程的运输一般形成为 3 线：第一线是从社、队到集镇之间或社、队之间的物资运输，主要依靠社队专业运输队和副业运输队承担；第二线是从集镇到县城、车站、港口之间或集镇与集镇之间的物资运输，由社队专、副业运输队和各地汽车运输企业共同承担，是当时最为薄弱的环节；第三线是指县城以上的公路干线物资运输，主要由各地汽车运输企业承担。第二线短途运输紧张的主要原因，是由于载货汽车过多地集中在城市和工矿区。为此，各地汽车运输企业根据农业生产的需要，调整了运力布局，把原驻城市和矿区的车队划分为若干小队，分驻粮食重点产区、经济作物区和边远山区，充实第二线短途运输力量，以缩短农民取送货物的距离，腾出用于运输的劳动力、时间去从事农业生产。

组织使用机关、企业自备载货汽车也是调整运力的一个重要方面。根据国务院批转国家计委、国家经委、交通部《关于汽车运输工作中若干问题的请示报告》的精神，各地交通部门运用多种形式，把机关、企业自备载货汽车组织起来，在首先保证完成有车单位运输任务的前提下，充分利用它们的多余运力，有计划地投入营运，以顶替出一部分公路交通部门的营运汽车去加强第二线的短途运输。

第三，抓节令，抢时间，把支援农业放在第一位。农业物资季节性强，有时十分紧迫。针对这一特点，许多汽车运输企业想在季节先，做在农时前，千方百计为农业送来“及时雨”。贵州省习水县温江汽车站地处川黔边境高寒山区，无霜期较短，种植季节晚，当地育秧生长缓慢，影响农业收成，历来前往四川省江津、綦江等地借田育秧。每当插秧季节，秧苗运量达 1300 吨，平均运距 140 公里，要求半个月内必须完成。秧苗的卸车点多，一车秧苗，多家货主，稍有疏忽，影响秧苗成活，造成不可弥补的损失。为此，车站提前做好各项准备工作，一面集中车辆，昼夜兼程，突击抢运；一面派出站务员深入山乡增设临时业务点，与社队保持密切联系，及时把秧苗保质保量地运到田间地头。据统计，从 60 年代初到 1987

年，温江汽车站累计为农民运送秧苗 3 万吨左右，多次被评为支农先进单位。

为了不误农时，各地对支农物资一律给予优先，如优先批准托运计划、优先办理托运手续、优先派车、优先装卸，等等。并且还规定，支农物资不论批量大小、干线支线、长途短途、好装难装，都要做到保质、保量，运输及时。

第四，强化调度，挖掘潜力，组织合理运输。不同运输工具的合理分工，发挥各自优势，使之各得其所，有利于提高农业物资的运输效率。60 年代初，社队人、畜力车是第一线物资运输的主力。为了使其与汽车运输紧密衔接起来，不少地区在运输第二线增设物资集散接力点，组织汽车和人、畜力车短途接力运输，以缓和当地汽车运力的不足。与此同时，针对农副土特产品外调和支农物资下乡，层层转运，货流不畅，人为地增加物资中转环节，甚至发生迂回、倒流等浪费运力的弊端，与商业、供销等部门共同协商，大力开展直达运输，既节约商品流转费用，减轻农民负担，又促进货畅其流，一举数得，社会效益显著。

组织运力，搞好提前运输，也是加强调度工作的一个方面。汽车运输有淡季、旺季之分。把春耕大忙季节的农用物资提前到淡季运输，不但可以减轻运输旺季的压力，使淡季不淡，而且有利于农事安排。湖南省许多地区每届春耕急需大批石灰，不少汽车运输企业早在头年七八月间，即给社队石灰厂运送烧灰用煤，确保石灰正常生产。其目的是提前把石灰运到农民手中，做到“春灰冬运”。汽车运输在很大程度上还受道路条件的制约。东北地区冬季严寒，道路封冻有利于行车；一旦气候转暖，泥泞翻浆，行车十分困难。每年，汽车运输企业抢在道路解冻之前，把大批粮食、甜菜、大豆和困山木材调运出去，把春耕所需的各种物资提前运到社队，发挥了先行作用。

第五，延伸营运线路，增设货运站点，增加服务项目，为支援农业提供量大、质好、价廉、安全、迅速的运输条件。汽车运输企业在“支农转轨”中，由于采取了一系列有效措施，基本上适应了各行各业对汽车运输的需要。农业物资运量逐年增多，到60年代中期，约占全国汽车货物运输总量的50%左右。进入70年代，支农物资仍然作为重点安排。按照“保证重点，照顾一般”的原则，对农村急需调出调进的物资，采用“大会战”的办法突击抢运，有些地区支农物资运量超过总运量的一半。为了减轻农民负担，根据1966年1月国家物价委员会和交通部调整汽车货运运价的意见，汽车运输企业降低了运价，除实行“货物不分等级，运距不分长短，车型不分大小”的统一运价外，还给予优惠。中共十一届三中全会以后，农村经济体制改革取得成效，运输市场开放，集体、个体购置汽车、拖拉机从事运输的日益增多，公路交通部门汽车运输企业承运的农业物资运量开始逐年下降。

第六节　零担货物运输

汽车零担货物运输是公路运输的一个重要组成部分。托运人一次托运的货物不足3吨；或单件体积一般不小于0.01立方米（单件重量10公斤以上的除外），不大于1.5立方米；或单件重量不超过200公斤；或货物的长度、宽度、高度分别不超过3.5米、1.5米和1.3米的，都按零担货物受理。

零担货物运输点多、面广、分散，涉及千家万户。它的货种复杂，品类繁多，外形不一，且批量小，时间性强，运输质量要求高。零担货运班车以其机动灵活的优势，适应了客观需要。它活跃于城镇的大街小巷、农村腹地和边远山区，轮迹遍及四面八方，不断地进行吞吐，集零为整，又化整为零，促进了城市和农村两个经济市场的繁荣。广大货主欢迎开办零担货运业务，誉为“辛苦少数人，方便一大片”“一家麻烦，万户受益”。

货主欢迎开办零担货运业务，主要是由于：

——及时。货主托运的货物，往往要求很急。种子、农药、化肥尽管托运的数量不大，但要求不误农时。俗话说：人误地一时，地误人一年。

时间因素至关重要。特别在农村经济体制改革后，农业结构发生很大变化，商品生产发展很快，运输及时，意味着可以缩短流通领域的时间消耗，使农副产品能迅速地从生产领域进入消费领域，加快产品—商品—资金的进程，有利于实现良性循环。因此，一般货主在选择运输方式时，首先考虑的是运输是否及时。汽车零担货物运输采用厢式班车，班期间隔短，除固定班车外，还可根据需要增开班次。同时，汽车的载重量小，货物拼装时间短，发运迅速，能够从门到门，一线直达。货主乐于选择零担货运班车，正是因为它具有及时、快速的特点。

——便利。汽车零担货运班车营运线路覆盖面广，设置的站点多，便于货主就近托运，手续简单。有些地区已经实行“一次托运，一次结算，一票到底，全程负责”；同时提供多种服务：取货上门，送货到家，代办中转，代办包装，货主可以“人在家中坐，收发全国货”。

——可靠。零担货物运输采用封闭式的箱型专用汽车，在保护货物免受人为及自然损伤方面，具有同集装箱相似的良好功能。它在途时间短，一般只需一装一卸，货损货差少。此外，零担货运班车隶属车站或车队，属于同一企业，站务、运行、装卸拧成一股绳，环环相扣，责任明确，运输质量更为可靠。

——经济。汽车零担运输的运价虽然比水运、铁路高，但它的送达速度快，货物在途时间短，可以加速货主的资金周转，减少利息支出；对包装的要求不高，装卸次数少，运输全过程的各项运杂费用甚微，综合比较，汽车零担货物运输更为经济。它对资金不太富裕的乡镇企业具有吸引力。

新中国的汽车零担货物运输始于50年代。1953年，在经济比较发达的胶东半岛开辟了一条从烟台经福山、蓬莱、黄县、昌邑到潍坊全长300多公里的零担货物营运线路，班次不固定，有货就开，无货不发，使用普通载货汽车，或用客车拖带挂车，运输零担货物。1956年，部分零担货源比较稳定的线路实行定车、定线、定班，并且纳入计划运输轨道。

50 年代后期，上海市开办了城乡零担货运班车，在南区和北区分设零担货物仓库，统一受理零担货物的托运业务。为保证货运质量，减少商务事故，采用箱型专用货车。装载零担货物按先远后近顺序排列，长件、重件、大件先装，轻件、小件、防压件后装。城乡零担货运班车定线、定时运行，沿线站点停靠，风雨无阻。郊县农民亲昵地称呼城乡零担班车为“我伲农民的货郎车”。

为了支援农业，60 年代初，不少地区相继开办了零担货运班车，一般班期间隔较长，或10 日，或5 日不等。福建省建瓯汽车运输站在建瓯至古田、浦城、建阳等公路干线与区乡公路支线上，根据各地圩集日期，每隔5 天交叉开行零担货运班车，逢点必靠，即使托运的货物只有几公斤也乐于受理。站务员跟车服务，随身携带货票、算盘、尺码和托运单，现场办理零担托运业务。

汽车零担货运班车起步较早，但进展缓慢，直到 70 年代末，只是在部分地区开展得比较普遍。在此期间，干线零担货运班车多于支线，班期较长，地区发展也不平衡，停停办办，时有起伏。从主客观两方面分析，主要是因为：

——长期以来，汽车运输企业一直处于独家经营的优越地位。生产任务由政府安排，经营范围由主管部门划定，市场地位靠行政手段维护，盈利上缴国家，亏损也由国家贴补，只问生产，忽视经营。

——在高产量、高利润指标等经济政策的影响下，着重大宗物资运输和干线长途货物运输。而对“不起眼”的短途支线货物运输，特别是对零担货物运输，兴味索然，认为是“丢了西瓜捡芝麻”。

——零担货物品种复杂，业务琐碎，涉及建站、设库和添置车辆，困难较多。

——农村商品经济不发达，点多、面广、分散，道路条件差。

——在全国铁路总货运量中，运距在 100 公里以内的占 1/4 以上，过多地承担了本来应该由汽车运输肩负的短途货运量。

凡此种种，束缚了汽车零担货物运输的发展，影响了货畅其流。

进入80年代，在城市经济体制改革和工业结构调整的推动下，轻工业和制品工业的发展大大加快，生产资料中的成品、半成品和消费资料中的中、高档商品，越来越多地进入流通领域。与此同时，公路运输市场开放，国营、集体、个体一起上，大宗货物运输和干线长途货物运输竞争激烈。面对新的形势，公路交通部门汽车运输企业开始从生产型转向生产经营型，千方百计挖掘自身站点星罗棋布、货仓遍布各地、管理经验比较丰富等潜在优势，大力发展汽车零担货物运输，以适应城乡商品生产发展的需要。1987年，全国汽车零担货运班车营运线路达3400多条，其中跨省、区的有1200多条，营运里程10万多公里，完成货运量420万吨，货物周转量17.1亿吨公里。初步形成了：

——从上海市扇形辐射，连接江苏、安徽、江西、福建、山东等省的华东地区零担货物运输网，在90多条跨省（自治区、直辖市）线路上，设有停靠站点600多个，中转延伸到370多个城镇；

——以北京市为中心，连接华北、东北、华东等地区19个省（自治区、直辖市）的汽车零担货运网，通过60多条跨省（自治区、直辖市）营运线路，把零担货物中转到600多个县、市。

江苏、浙江两省零担货物运输发展较快。1987年，江苏省开办省内零担货运线路359条，月发固定班车3562班，形成了一个以市、县为中心，以干线为骨干，内联乡镇，外联铁路、水运，省、市、县相通，县县相连的零担运输网。省（自治区、直辖市）际之间也开辟了与15个省（自治区、直辖市）直达相通的229条零担货物营运线路，月发固定班车1453班，全年共计完成零担货运量110.5万吨，货物周转量1.76亿吨公里。浙江省也开辟了省内外零担货运线路356条，从省会到专区，专区到县、市，县、市到主要区、镇，以及水陆交通换装枢纽到内陆腹地的零担货运网基本形成。全省75个县、市，除海岛县外，有69个县、市开办了零担货运班车，月发固定班车5134班，1987年完成零担货运量40.9万吨。

零担货物运输的发展，提高了汽车运输企业的经济效益，同时也促进了城乡商品生产的良性循环。山东省临沂县九曲公社手工生产菜刀、剪刀，通过零担联运中转省内外，每月外运量达30吨以上。四川省岳池县石垭区自从运输渠道畅通后，鲜鱼直运重庆，改善了大城市的食品供应，增加了专业户收入，促进了渔业生产。

零担货物运输的发展，经历了漫长岁月。80年代以后，开始阔步前进，既取得了成绩，也积累了经验。

一是引导企业从生产型向生产经营型转化。随着城乡商品生产的发展，零担货物运输量大幅度上升。据调查，个别运输企业零担货运量已占货运总量的40%以上。部分地区出现零担货物运输难的问题，流通渠道亟待疏通。不少运输企业面对干线、整车货物运输竞争激烈的实际，摒弃陈规，锐意改革，自觉地从社会需要出发，研究、制定竞争对策，改变经营方向，扩大服务范围，千方百计挖掘潜力，发挥优势，把企业的经营搞活。在抓好干线、整车货物运输的同时，积极开辟、延伸支线的营运线路，开办省内外零担货运班车，加强横向联系，做到“人无我有”，给企业增添了活力，促进了企业从生产型向生产经营型转化。

二是统筹规划，设点布网，开展零担货物运输。调查研究中、小集镇的发展规模，农贸市场物资的流量、流向、流时，城乡商品生产发展趋势，以及公路沿线工农业生产的现状及其前景，是统筹规划、设点布网、开展零担货物运输的重要依据。实践表明，布局合理的零担货运网，几乎把经济联系密切的大、中、小城市相互联系起来，把港口、码头、火车站连接起来，做到省、地、县相通，县、区、乡相连，形成四通八达、干线支线紧密结合的零担货运网络。与此同时，根据需要与可能，同步发展区、镇站点，便利货主就近办理零担货物的托运事宜，为开展零担货运创造必要条件。

三是发展横向联系，增强零担货运活力。随着生产日益社会化、专业化，商品从生产领域到消费领域的流通过程，往往不是一个地区内一种运输方式所能单独完成的。中国交通运输管理体制是纵向型的，各种运输方式自成系统，各自经营。而零担货物运输的开展，却从一个企业的单独经营发展到不同运输方式的联合经营，这就意味着加强了运输企业之间、各种运输方式之间的横向协作，有利于疏通流通渠道，促进货畅其流。

零担货物联运的形式有：省内公路与公路联运；省际公路与公路联运；公路与铁路联运；公路与水路联运；公路、铁路、水路联运。此外还有：

“扎口”运输。浙江省金华汽车运输分公司和温州地区各县社队企业局签订公路与铁路联运零担货物“扎口”运输协议。凡经铁路运到金华中转的货物，均由金华汽车运输分公司直接运往各县社队企业局。各县社队企业局负责结算费用，负责把货物运交各货主。

“归口”运输。江苏省扬州汽车运输分公司与江都县联运服务公司协议实行“归口”联运。全县各村、镇的联运服务站受理零担货物托运，同时把运进的物资分送到货主手中，就像邮递员送信一样，做到货物运送“乡邮化”。

在发展横向联系中，各地普遍采取省际联运与省内联运并举，而把重点放在省内公路与公路的联运上，为省际零担货运班车吸引更多货源。

在发展横向联系中，一些枢纽站利用铁路集装箱输出零担货物日益增多。金华汽车运输分公司根据铁路到站箱源，先在腹地组织适箱货源运到金华直接装入铁路集装箱，取得货物不进仓、车辆不待卸、零担货物运出多的效果。

四是提高服务质量，改善经营管理。服务质量的优劣，直接影响企业兴衰。在服务第一、质量第一的方针指导下，许多汽车运输企业扩大了服务项目，经营越搞越活，路子越走越宽，营运收入也越来越多。在经营管理上，把零担货物运输纳入企业月、季度运输计划，不脱班，不甩站，正班正期。同时，把零担货运班车的班期公诸于众，一方面为货主提供运输信息，另一方面，把自身工作置于用户监督之下。零担货物运输为多环节作业，不论哪个环节发生差错，都会造成影响企业信誉的商务事故。为此，建立健全了规章制度，使托运受理、开票收费、仓储保管、配载理货、装车卸车，以及中转、交接等环节，都能有章可循，力争零担货物在运输过程中达到量不少、形不损、质不变的要求。

第七节　特殊货物运输

特殊货物运输的发展，伴随着国家经济建设现代化水平的提高而同步前进。特殊货物包括：特大、超长、沉重的超限货物，有毒、易燃、易爆、易腐蚀和含放射性的危险品，以及易腐烂变质的货物等。运输这类货物，要求采用与之相适应的专用汽车和装卸设备，同时采取妥善而可靠的防护措施，以确保安全生产和货物完好无损。

运输特大、超长、沉重的超限货物，中国有悠久的历史。古老的方法是采用滚拖运输，主要依靠人力和畜力，加上滚木、撬杠、绳索之类。北京故宫保和殿的云龙石阶，长16.57米、宽3.07米、厚1.70米，重约200吨。石料来自房山县，运距50多公里，相传就是用滚拖的方法运到紫禁城的。直到80年代，传统的滚拖运输在特殊情况下仍然被采用。不同的是：电力、牵引机械替代了人、畜力，卷扬机、千斤顶、钢板、钢丝绳替代了原始的滚拖作业工具，运输效率及其效果更非过去所能比拟。

科学技术的进步，带动了汽车运输的迅速发展。60年代以来，中国公路超限货物运输的能力和水平都有很大提高。继1967年上海市汽车运输部门应用液压技术设计、制造载重150吨的超重型平板挂车之后，70年代中期，上海、北京、天津、山东、辽宁、河北、四川、江苏等省、直辖市又生产了载重100至450吨的超重型车组，液压悬挂行程增大，既可纵向组合，构成更大的载重能力，又能在分开之后，附加转盘，变型为运载超长设备的挂车。1974年，交通部汽车运输总公司引进一批功率为420和560马力的牵引车，以及200至600吨的超重型车组，进一步扩大了超限货物运输能力，使中国跻身于国际先进水平之列。截至1987年，全国经营超限货物运输的企业达30多个，分布在10多个省、直辖市，拥有600吨以下的各种超重型车组约80组，总载重能力在1.3万吨以上，不仅满足了国内大型设备运输的需要，还进入了国际公路大件运输市场。

新中国成立后，化学工业日新月异，有毒、易燃、易腐蚀和含放射性的危险品的产量逐年上升，汽车运输任务日益繁重。许多地区先后成立了运输危险货物的车组、车队或汽车运输公司，实行专业分工。同时，建立、健全了一整套运输危险货物的规章制度，增添了装卸设备替代手工操作，发展罐车取代甏、坛运输液态化学品，为确保安全生产，扩大承运货种，提供了有利条件。

一、山东省的超限货物运输

人民革命战争胜利之后，为缅怀英勇献身的无数先烈，中国人民政治协商委员会决定在首都天安门广场建立“人民英雄纪念碑”。碑石来自青岛浮山。1953年春，坯石从山上开凿出来，重达280吨。短途搬运任务落在青岛市搬运公司起重队的肩上。坯石从山上运到山下，沿袭了过去滑料的办法，利用卷扬机、千斤顶、滑轮组、钢丝绳等，把石料从山上缓缓地滑下。为减轻运输负荷，在料场把坯石削薄到103吨，然后绞、磨、拖到铁路石油专用线上，运距15公里。当时，铁路运料专车的载重能力为90吨，坯石超重，就地再次削薄到94吨，安全地运到北京火车站。青岛市搬运公司的起重工人同车到达。坯石卸车后继续滚拖，终于用古老的方法，把这个庞然大物运到天安门施工现场，从而胜利地完成了这项光荣而又艰巨的任务。

随着山东省经济建设的不断发展，公路超限货物运输越来越多，单纯依靠传统方法和普通载货汽车远远不能适应客观需要。60年代以来，一些地区汽车运输公司先后自制和购入一批吨位不等的半挂车、平板车以及大型载货汽车，1975年又自制150至300吨超重型平板车、半挂车多台，济南、烟台、青岛汽车运输公司还相继成立了大型车队，共同承担超限货物运输任务。据统计，到1984年年末，全省国营汽车运输公司拥有10吨以上的大型载货汽车369辆，各种半挂车、平板车581台（内含15吨以上的101台），以及装卸机械204台，不但具有较好的运输超限货物的能力，而且在实践中积累了经验。

坐落在辛店的齐鲁石化总公司第二化肥厂，1975年从日本引进年产30万吨合成氨成套设备。1981年又引进年产30万吨乙烯工程成套设备。这些大型设备从青岛卸船运到辛店，全程283公里。为确保运输过程中“完整无损，万无一失”，主要采取以下措施：

——成立大件运输指挥部。由省计委、经委、交通、公安、电力、邮电、广播厅以及有关县、市负责人组成，决策运输方案，统一安排，统一指挥。

——组织现场勘察。深入运输线路勘察沿途桥梁、涵洞的通过能力，公路宽度，路基路面、交叉路口和行道树的状况，高压线、电缆、广播和电讯线路以及其他设施情况。从安全运输的要求出发，提出加固桥涵、改造弯道、升高高压线路和排除其他障碍等具体意见，及时贯彻执行。

——进行模拟试验。按照大型设备的外廓尺寸，在既定的公路运输线上进行空载试运和重载模拟运输。

——确认各种隐患消失，一切准备就绪，决定起运日期。

——大型设备起运期间，实行分段封闭公路交通，禁止一切车辆通行。

二、上海市的特殊货物运输

50年代末，上海市汽车运输公司开始走上专业化分工发展的道路，下属车场都有各自的特色，其中从事特殊货物运输的有上海市汽车运输六场（简称上运六场）和上海市汽车运输七场（简称上运七场），前者主要经营超限货物运输，后者承担化学危险品运输。

上运六场1985年拥有吨位不等的营运货车、超重型半挂车和平板车

367 辆，各种吊车和铲车 49 台，超限货物的运输能力居全国前列，在支援上海地区经济建设，特别是在金山石油化工总厂和宝山钢铁总厂的基本建设中，发挥了重要作用。它既能运输单件重达 524 吨的加氢裂化反应器和单件长达 77 米的分离塔，也能承运被视为国宝或稀世之珍的有特别运输要求的文物。1984 年 4 月，被誉为日本国宝的鉴真法师塑像回国“探亲”。这尊 1200 多年前的塑像系用干漆等材料制成，运输时要求防震、防晒、防潮。为此，上运六场根据塑像外廓尺寸及其重量，改装车箱，以轻金属为外壳，内部增添隔热、密封设备，汽车底盘的弹簧钢板全都经过技术处理，并加装液压避震器，把鉴真法师塑像完好无损地从上海虹桥机场运往江苏扬州大明寺。“探亲”结束，又从原路运回上海，满载着两国人民的深情厚谊飞返日本京都古刹，为中日友好交往谱写了新的篇章。1982 年 10 月，上海市举办“法国 250 年（1620—1870）绘画展览”。这批珍藏在巴黎卢浮宫和凡尔赛宫的油画，均出自 17 世纪至 19 世纪法国著名艺术大师之手，价值连城。随着岁月的流逝，画布质地变脆，画面颜色氧化，稍有震动就有可能脱落。面临这些可能发生的意外，上运六场对运输车辆进行改装，车厢内部加铺厚衬垫，增设避震器，装卸时轻移、轻抬、轻放，驾驶时精心操作，力求减少震动，圆满地完成了这项高难度的运输任务。

大型设备运到目的地后，需要搬移就位。从这一实际情况出发，上运六场在发展超限货物运输的同时，结合自身多年积累的经验，开展了运输、起重、盘路“一条龙”服务，只要货主提出要求，即可根据其意向把任何设备搬移到指定位置。

上海市的危险品的汽车运输也经历了一个专业从无到有，规模从小到大，承运品种从单一到繁多的发展过程。1987 年，上海市化工物品汽车运输公司（简称上海化运公司，即原上运七场）有 7 个车队，分别担负零担危险品、一般危险品、液态危险品以及放射性等一级危险品的运输任务。它拥有 20 吨以下的各类营运汽车 397 辆，除经营上海市各化工厂和外贸出口的化工危险品运输业务外，还兼营部分跨省、市公路危险品运输，为国内专门承运危险货物的大型汽车运输企业之一。据不完全统计，从 1961 年到 1987 年，累计运输危险货物 2000 多种，共 6900 多万吨。

1958 年以来，上运七场坚持发展专用罐车。60 年代初，液碱运输全部罐车化，酸类物品也开始采用。1968 年，玻璃钢罐试制成功。这种罐自重轻，强度大，耐腐蚀，造价低，保修方便，适用范围广，为扩大承运货种创造了良好前景。它不但能装运碱类、酸类液态化学品，还能装运醇类、醛类、苯类以及柴油、煤油等危险品。1975 年，粉状货物采用罐车运输，标志着汽车货物运输水平又有提高。1987 年，上海化运公司的罐车保有量达 248 辆，可对硫酸等 24 大类、50 多个品种的液态货物实行无包装运输，年运量 202 万多吨，占企业货运总量的 63%。

液态危险品实行罐车运输，抛弃了甏、坛等硬包装，为货主节约了大量包装费用，社会效益显著。以硫酸为例，过去每吨运费为 8.76 元，改用罐车运输，降到 4.56 元。按 1987 年的实际运量计算，即节省运费 848 万元。此外，实行罐车运输，改变了产、运、销 3 方的搬运作业方式，摆脱了灌坛、搬坛、倒坛等繁重体力劳动，大幅度提高了劳动生产率。

危险货物易燃、易爆、易腐蚀，有的甚至容易污染环境，稍有疏忽，后果严重。为了保证安全生产，上海化运公司除严格执行交通部颁发的有关危险品运输的法规外，还组织职工认真学习 10 大类、1519 种化学危险品运输知识，对其中主要承运的货种，建立、健全了各项规章制度。与此同时，采取了一系列预防措施：全部营运汽车增设断电闸刀和排气管火星熄灭器，防止电路短火或火星溅出，酿成燃爆事故；增添装卸机械，使危险品纯人力装卸量逐年减少。通过多年的实践，上海化运公司对安全运输危险货物取得了经验，即领导重视，制度健全；加强培训，掌握技能；改进设备，确保安全；精心运输，慎之又慎。

三、中国汽车运输总公司（原交通部汽车运输总公司）的大件运输

70 年代初，中国决定引进化肥、化纤、乙烯等 22 个项目的成套设备。

其中，有的单件重达300吨以上，有的长度超过50米，有的直径大于4米，而且数量不少。这些庞然大物到货时间集中，工地分布各地，如何安全及时地运到施工现场，问题很多，难度极大。1974年，国家把大部分引进设备的运输任务下达给交通部汽车运输总公司。经国务院批准，这个公司从法国进口了载重200至600吨各类重型车组11组，其中包括牵引车和液压组合式挂车。1976年，交通部汽车运输总公司天津大型车队和武汉大型车队成立，并分别承担南京栖霞山化肥厂和安庆化肥厂尿素合成塔运输任务。尿素合成塔长35.7米，宽3.5米，高3.8米，重354吨。承担运输的车队没有采用平板挂车运载方式，而是采用长货车组运载，一举解决了平板挂车装载长度不足的难题，为运载超长件提供了合理的车组组合方式。

1978年，天津石油化纤厂引进的二甲苯塔长74.34米，从东泥沽码头到化纤厂工地，运距35公里，公路沿线有弯道8处，其中1处急弯呈锐角。天津大型车队经过反复勘察测量，大胆采用长货车组和控制转向方法，完好无损地把二甲苯塔及时运到工地，为天津石油化纤厂节省拆房、修路等支出380多万元。1985年，中国汽车运输总公司天津公司（原天津大型车队）为新疆化肥厂从南京起运大型设备去乌鲁木齐，途经水网、戈壁地区，全程4080公里，运距之长，为公路大件运输之最。

1986年，首都钢铁公司从比利时引进成套炼钢设备，计划在天津新港卸船后，经公路运到北京西郊首钢工地安装，全程245公里。在这套炼钢设备中，转炉炉壳宽9.36米，高8.24米，长10.6米，重193.5吨，是一个既宽又高的庞然大物，运输难度很大。根据李鹏副总理“精心组织，统一指挥，完整无损，万无一失”的指示精神，国家经委交通局组织专家和各承运单位多次讨论运输方案，决定采用中国汽车运输总公司武汉公司（原武汉大型车队）3纵列10轴线超重型平板车组运输。在各有关部门的通力配合下，终于胜利地完成了运输任务。

1987年，中国汽车运输总公司在深圳大亚湾核电站设备运输国际招标中一举夺魁，并以优质服务赢得了良好信誉。

第八节　集装箱运输

集装箱是一种大型货物容器，要求具有标准规格，容积在 1 立方米以上，能够反复使用，结构合理，进行拼装、掏空作业方便，并在整个运输过程中适于采用机械化装卸。

集装箱运输是交通运输现代化的一个重要组成部分，兴起于第二次世界大战之后，70 年代发展迅速。随着集装箱运输的发展，商品流通过程中的包装、储存、运输和装卸四个主要环节都发生了深刻变化，促使车船周转加快，商品流通过程缩短，运输质量提高，流通费用降低，因而被称为 20 世纪的一项“运输革命”。

和铁路、外贸部门相比，公路交通部门的集装箱运输起步较晚。1978 年 7 月，国家经委召开集装箱运输会议决定，从铁路站点到货主仓库间的集装箱运输由地方交通部门承担。同年 12 月，交通部发出关于开展内陆集装箱运输的通知，要求各地积极主动兴办公路集装箱运输。之后，国家经委、国家计委于 1983 年 4 月联合颁布《关于发展我国集装箱运输若干问题的规定》，明确指出首先要满足外贸进出口货物运输的需要。1984 年 1 月，国家经委又颁布《加强国际集装箱港口集疏运工作暂行办法》，要求凡有条件的地区，对集装箱要采用门到门运输；港口和内地间的整箱陆运，路程在 200 公里左右的，原则上安排汽车运输。根据上述有关规定和暂行办法，不少汽车运输企业增添设备，积极扩大集装箱运输能力。截至 1987 年，全国有近 20 个省、自治区、直辖市交通部门相继成立集装箱运输车队、公司或中转站，主要承担：

——国际集装箱从港口向内陆腹地的延伸运输和中转运输；

——沿海、内河水运集装箱从港口向腹地的延伸运输，或从港口到货主收发点之间的门到门运输；

——铁路集装箱从车站到货主收发点之间的门到门运输；

——城市间干线公路的集装箱直达运输。

此外，广东、福建两省还兴办了经深圳、珠海到香港、澳门地区的集装箱直达运输。

1978 年以来，公路交通部门汽车运输企业集装箱运输取得较大进展。到 1987 年，共拥有国际集装箱专用汽车 955 辆（1522 个标准箱位），国内集装箱专用汽车 1277 辆，集装箱专用起重装卸机械 326 台，集装箱堆场 65.8 万平方米，库房 13.9 万平方米。这些基础设施为进一步发展公路集装箱运输创造了条件。

80 年代初，围绕开展 20 英尺和 40 英尺国际集装箱运输，交通部汽车运输总公司在天津、上海、大连、青岛、黄浦五大港口腹地组建国际集装箱运输企业；之后，又与中国外轮代理总公司以及北京、河北、辽宁、广东等省、直辖市交通部门分别合资联营，相继成立京津冀集装箱运输公司、北方集装箱运输公司、南方集装箱运输公司和河北国际集装箱运输公司，除担负各港国际集装箱疏运任务外，还经营集装箱堆存、保管、清洗、消毒、修理以及拆装箱、拼箱、仓储和报关等多项业务。

在此期间，各地公路交通部门汽车运输企业承运国内集装箱的汽车逐年增加。国内集装箱以小箱居多，铁路部门使用的为 1 吨箱和 5 吨箱，水运部门使用的是 2 吨箱和 5 吨箱，大部分以通用货车运输，只有少量采用改装的箱货两用半挂车。1980 年，烟台地区运输公司集装箱运输车队以通用货车从门到门运输铁路集装箱，吸引了很多货主，从而使烟台铁路车站的集装箱运输业务迅速扩展到全地区的 12 个县、市。1985 年，全国铁路车站办理集装箱运输业务的增加到 263 个。一些汽车运输企业在铁路沿线的主要枢纽城市纷纷着手建立国内集装箱中转站；北京、天津、哈尔滨、济南、蚌埠、南京、上海、武汉、重庆等国内集装箱中转站初具规模。即将建成的南通集装箱中转站还采用电子计算机进行仓库监测、报警、堆场管理、单证处理等现代化管理手段。

1987 年，国内集装箱运输已经从省内发展到省际之间，新开辟的有杭州至苏州等多条跨省线路。公路集装箱甩挂运输也正在南通—上海—杭州，南京—苏州—南通，北京—沈阳，潍坊—青岛 4 条公路干线上试行。第一步实行站到站甩挂运输，然后过渡到门到门甩挂运输。试行这种运输方式，提高了牵引车利用率，解决了内陆集装箱中转站专用装卸设备缺乏、堆场狭小、车辆出入困难等问题。为进一步发展横向联合，有关承担集装箱甩挂试运任务的企业，先后组建了京沈、潍青、江苏以及京沪杭 4 个集装箱汽车运输联合公司。

在公路集装箱运输发展的同时，交通部先后在蚌埠、烟台召开会议，积极开展集装箱标准化工作。公路交通部门自行研制的 3 吨、5 吨公路集装箱和多种不同箱型的集装箱半挂车，已批量生产并投入使用。各地集装箱运输企业还充实了技术力量，建立修理车间，保养修理集装箱、起重装卸机械以及各种运输车辆，设备制造维修能力日益加强。

第六个五年计划期间，公路集装箱运输迅猛上升，1985 年与 1980 年对比，国际集装箱运量增长 20 倍，国内集装箱运量增长 4.1 倍。1987 年，公路集装箱运输又有新的发展，全年完成国际集装箱运量 55.4 万箱，共 421.4 万吨；国内集装箱运量 592.8 万箱，计 740.7 万吨。

公路集装箱运输起步晚，发展快，表明集装箱运输具有明显的优越性，同时也表明汽车运输机动灵活的优势得到了较好发挥。因此，货主和运输企业都乐于采用。

集装箱运输的优越性，一是安全可靠。1981 年，美国纽约大都会艺术博物馆决定建筑一座富有中国特色的古典庭园，选定以江苏省苏州“网师园”中的“殿春簃”为模式，大小尺寸照搬，所有建筑构件和内部陈设都在苏州仿制。这批精雕细刻的构件，在苏州产地装上国际集装箱，由汽车直接运往上海港中转，完好无损地运到了目的地。二是货损货差少。安徽省蚌埠平板玻璃厂采用集装箱运输玻璃，破损率从原来的 17.4% 下降到 3.7%，相当于年增产玻璃 5600 立方米。三是节省商品流通费用。仅以包装一项为例，上海市中国茶叶进出口公司改用集装箱运输茶叶，每箱即可节约麻袋、铁皮等包装费280元，全年受益近20万元。但是，集装箱运输的这些优越性，只有通过汽车门到门运输才能充分体现出来。

汽车运输能够深入广大城乡的各个角落，门到门运输是它的优势所在，铁路、水运、民航望尘莫及，在集装箱多式联运中起着举足轻重的作用。这是公路集装箱运输发展快的一个重要因素。1985年，在铁路集装箱运量中，由汽车按箱接送的门到门比率达52.6%；海港吞吐的国际集装箱由汽车接送的门到门比率，按标准箱计为49%，按货物重量计则为65.8%，企业经济效益和社会效益都比较显著。1987年，西安西和郑州东铁路车站到发的国内集装箱全部实现门到门运输，上海北郊铁路车站到发的国内集装箱门到门运输比率也高达95%以上。

拥有比较集中、稳定的适箱货源，是公路集装箱运输发展快的另一个重要因素。1985年，河北国际集装箱运输公司利用参加广州春季交易会的机会，基本摸清河北全省外贸进出口货运量，其中适箱货源达17万吨，计8500个标准箱，当即与有关公司、工厂签订运输合同，对组织均衡生产，完成运输计划起了积极作用。地处浙赣铁路线上的金华，是浙江省内陆交通的一个枢纽，周围20多个县、市的货物大多在此集散。金华汽车运输分公司根据铁路到站箱源，先在腹地组织适箱货源，然后运到金华直接装箱，效果良好。

公路集装箱运输发展快的第三个重要因素，是企业加强了科学管理，使各种运输方式之间，以及各有关部门之间，做到紧密衔接，有机配合。国际集装箱运到收货单位拆箱，涉及港区、海关、商检、检疫、货主、汽车运输企业等部门，为使各项工作保持同步，各外贸港所在地区普遍建立了有关各方参加的联合办公制度，相互提供信息，妥善做出安排。

此外，城市车多路窄，工厂、企业场地狭小，货主缺乏大型起重机械，直接影响门到门运输的开展。一些汽车运输企业把工作做在前头，发现问题，及时与货主协商解决，确保集装箱运输通行无阻。同时采取箱不落地的方法，在车上装箱、掏箱，较好地克服了起重机械不足的矛盾。

公路集装箱运输在发展过程中，引进了部分集装箱专用车辆和大型起重装卸机械，但是，更为主要的，是从企业自身的实际出发，因陋就简，充分利用原有的基础设施，通过挖潜、革新、改造，积极开展集装箱运输。1980 年，上海市运输公司依靠自己的技术力量，改造旧车 60 多辆，用来运输 20 英尺和 40 英尺的国际集装箱。为适应港口国际集装箱吞吐量的不平衡性，改造后的集装箱运输车辆大多采用平台式结构，既可运输集装箱，也能运输长大、笨重货物。城市间干线公路集装箱直达运输的开展，基本上也是利用原来零担货运机构及其设施，投资少，上马快，经济效益好。

第九节　“世界屋脊”上的汽车运输

1954 年 12 月 25 日，川藏和青藏两条公路干线同时建成通车。350 多辆来自四川和青海的满载茶叶、食盐、粮食、布匹和日用百货的汽车，浩浩荡荡，开到了高原古城拉萨。全城沉浸在一片欢乐的节日气氛之中。

川藏、青藏两路通车，带动了西藏全区汽车运输和公路建设的迅速发展，几千年来交通闭塞的状况一去不返。进入 80 年代，除墨脱县外，东起金沙江畔，西到孔雀河边，北到藏北草原，南抵喜马拉雅山，县县都通汽车，初步形成了以拉萨、日喀则、那曲、昌都等城市为中心的公路运输网。

西藏的汽车运输事业是从无到有、从小到大逐步发展起来的。1987 年，全区拥有民用汽车 2. 33 万辆。改革开放方针贯彻以来，公路交通部门汽车运输企业经营管理水平有所提高：货车实载率达到 79. 5%，车吨年产 2. 74 万吨公里，百吨公里油耗柴油车为 4. 8 升，汽油车为 8. 8 升；在有关材料价格和其他费用上涨的条件下，汽柴油车综合成本每千吨公里为 171. 33 元。全年完成货运量 36 万吨，货物周转量 4. 13 亿吨公里。另外，个体汽车在 1987 年也完成货运量 22 万吨，货物周转量 3800 万吨公里。据不完全统计，从1955年到1987年的30多年间，通过青藏、川藏、新藏和滇藏公路输入的各类进藏物资累计近千万吨。在四大省（自治区）际公路干线运输中，以青藏公路最为繁忙，日平均交通量超过1000辆次，有时高达2000辆次以上。

随着汽车运输的发展，200多个运输站点拔地而起。这些站点分布在2万多公里的公路线上，站点之间的距离，少则数十公里，多则百余公里。西藏高原地广人稀，自然条件差，生活十分艰苦。许多运输站点的职工，在搞好汽车运输工作的同时，还因地制宜、因陋就简地进行多种经营，自办农场、牧场、食堂和招待所，竭尽可能地让过往旅客和驾驶员吃得好、睡得暖，舒舒服服地过好旅途生活。

西藏地处高海拔，气压低，空气稀薄，气候寒冷，气温变化大，严重影响汽车的动力与经济性能。针对这些自然特点，汽车运输企业的科技人员通过不断实践，掌握了汽车在高原上管、用、养、修等方面的规律。为了恢复汽车的动力与经济性能，采取了提高发动机压缩比、加大进气量、减少供油量的办法，并推广使用高压缩比缸盖和高原化油器，使发动机马力提高约20%，油耗降低24%。同时，还摸索出一套行之有效的驾驶操作方法，使汽车能够在“世界屋脊”上正常运行，车日行程提高，较为顺利地完成了各项运输任务。

经济建设总是以交通运输作为先行。西藏地区也不例外。和平解放前，西藏的农业生产以刀耕火种为主要方式，畜牧业也很原始，到80年代，却用上了拖拉机、化肥、剪毛机、挤奶器、饲料粉碎机、牧草收割机……生产条件发生了突变。据西藏农牧厅统计，30多年来，从内地通过汽车运输调进的农牧业生产资料，计有各型拖拉机9000多台，化肥30多万吨，排灌动力机械3400多台，农药和保植器械8000多吨，医药用品3000多吨，优良草籽700多吨，以及新式步犁、条插机、场上作业机械等数十万件。这些物资的源源输入，有力地促进了西藏地区农牧业的不断发展。1956年，西藏全区粮食产量为3.35亿斤，牲畜存栏数为1104万头；

1983年分别提高到7.38亿斤和2307万头，都增长了1倍以上。

能源的开发是经济建设的另一个重要方面。西藏拥有四大能源优势：地热居全国之首，水力资源名列全国第二，风能和太阳能也得天独厚。为支援开发四大能源，汽车运输先行一步。到1983年，先后输入电站建设器材、机械设备和其他必需物资6万多吨。羊八井地热发电站的竣工投产，为工农业生产和人民生活提供了新能源。那曲牧区安装的数十台微型和小型风力发电机运转正常，标志着广大牧区的电气化为期不远。利用太阳能发电也正在素有“日光城”之称的拉萨积极进行。在四大能源中，发展最快的，首推小型水电站，已经建设了630多座，全区利用电力照明、灌溉、磨粉、榨油的生产队达23%以上。

西藏和平解放前，全区工农业生产极为落后，汽车运输的兴起，为发展经济，摆脱贫困，提供了先决条件。一批化肥、水泥、农机、轻纺、面粉、制糖、皮革、食品加工、汽车修理以及煤炭、硼砂等中小型厂矿企业，在公路沿线各县陆续建成投产，1987年全区工农业总产值达12.26亿元。

汽车运输的四通八达，不仅促进了西藏的经济建设，同时也提高了藏族同胞的生活水平。外来商品的售价由于运输畅通而下降，当地的土特产品也因打开了销路而提高了价格，人民收入增加，生活普遍改善。过去，洛扎等县茶叶奇缺，波密地区盐价昂贵，如今长年不断，家家有余。许多农牧民用上了以前没有听说过的铝锅、热水瓶和玻璃制品，安装了电灯，有的还添置了电视机、收录机、收音机、高压锅。不但如此，汽车还运来了书籍、报刊和电影，丰富了藏族同胞的精神生活，增添了知识和力量。藏族人民饮水思源，从内心深处迸发出一曲嘹亮的颂歌：

草原上不落雨雪，
没有茂盛的水草；
藏民没有共产党，
幸福的生活怎能得到！

第十节　人、畜力运输

长期以来，人们习惯于把人、畜力运输称为民间运输；人、畜力运输工具称为民间运输工具。人力运输包括人背、肩挑、手推、扛抬或脚蹬；使用的运输工具有独轮车、双轮车、三轮车等。畜力运输包括驮运和牵引，牛、马、驴、骡、牦牛、骆驼，或用于驮，或用于拉车；在黑龙江等省严寒地区，每当千里冰封的季节，尚可见到狗、鹿牵引爬犁在白雪皑皑的大地上疾驰。人、畜力运输是公路运输行业中不可或缺的辅助力量，遍布在中国的每个角落。在公路货物运输总量中，它所完成的货运量，1968年以前一直居领先地位；但是，随着国民经济建设的发展，它所完成的货运量逐年下降。不言而喻，这是工业化进程的必然。

新中国成立初期，数以百计的县不通公路，广大山区和边远地区交通闭塞。为适应全面恢复经济的需要，交通部在1949年11月召开的第一届全国航务、公路工作会议上，制定了“依靠工人，低利多运，自力更生，改善公私关系，发展群众运输”的方针。各地人民政府对组织群众运输工作加强了领导，许多县、市开始组建群众运输站，本着自愿、生产互助、民主管理的精神，把分散的个体运输业者组织起来，编组编队，逐步实行统一货源、统一调度、统一运价的“三统”管理。西南地区在组织人、畜力运输的同时，维修了驿道和吊桥，使从事民间运输业者有路可走，有货可运，有利可图。云南省还规定：驿道的日常小修由附近村寨负责，大修由区、乡统一安排，每年冬春动员群众对驿道整修1次。贵州省历来缺盐，人民赖以为生的食盐需从外省调入。1951年，贵州省部分地区发生自然灾害，省人民政府采取“以运代赈”的办法，组织灾民运输食盐下乡，既解决了灾民的生活困难，保证了农村食盐供应，又扩大了民间运输能力。

50年代初，国民经济逐步恢复，城乡物资交流日趋活跃，民间运输业兴旺不已，畜力车的发展尤为突出。据北京、天津、太原、石家庄、张家口、沈阳等10个城市搬运公司统计，1950年共有私营畜力车1.05万辆，1951年增加到2.49万辆，1952年持续上升到3.75万辆，短短3年间就增长3倍多。从表11不难发现，1949年至1952年，全国人、畜力运输完成的货运量和货物周转量比汽车运输多得多。

人、畜力运输和汽车运输完成的货运情况

（1949—1952年）

表11

年　份	人、畜力运输		汽车运输	
	货　运　量（万吨）	货物周转量（亿吨公里）	货　运　量（万吨）	货物周转量（亿吨公里）
1949	7400	5.68	563	2.46
1950	7998	5.75	389	3.60
1951	9129	6.74	1259	4.71
1952	11147	8.42	2011	6.07

人、畜力车自身重，载重小，转弯不灵，滚动阻力大，上下坡不安全，并对公路有一定的破坏性。这些弱点反映在运输上则是效率低，成本高，占用劳动力多。中共八大对民间运输的发展指出了方向，明确提出了应该充分利用和适当发展民间运输车辆，并且逐步地对它们进行技术改良。1956年，交通部连续召开3次片区会议，贯彻中共中央指示，制定了“因地制宜，全国规划，分期改良，逐步提高，面向农村，面向山区”的方针，要求各省、自治区、直辖市从当地农业和运输的发展需要出发，本着少花钱、多办事的精神，有计划、有步骤地对人、畜力车进行技术改良。不少地区对原有车辆的技术性能作出鉴定，肯定优点，弥补缺陷，把改良的重点放在车轮、轴承和制动3个方面。部分人、畜力车改装充气轮胎，安上滚珠轴承后，车速加快，载重量增加；由于新增制动装置，行车安全也有了保障。

“一五”期间，田间运输仍然占用大批劳动力，广大农民还没有从繁重的体力劳动中解放出来。1957年冬至1958年春，全国农村掀起了以兴修水利和积肥为中心的农业生产高潮。为解决劳动力不足的问题，开展了群众性车子化运动。1958 年，新增的人、畜力车相当于原有车数的 1 倍。

“大跃进”开始以后，短途货运量激增，民间运输业的任务极为繁重。一方面作为现代化运输方式的辅助力量，必须为汽车、铁路、内河港口集散物资；另一方面由于对农业的依附关系，理所当然地必须深入农村腹地，直接为农业生产服务。为此，中共中央、国务院发出关于开展群众短途运输运动的指示。在“全党全民办交通”和“地、群、普”方针指导下，全国 2. 5 万多个人民公社普遍成立了交通运输站，共组建专业运输队 5 万多个，副业运输队 7 万多个，全力以赴地为长途干线集散货物。不少交通枢纽城镇还采用所谓“蚂蚁搬泰山”的办法，广泛发动群众突击抢运、装卸钢铁物资。在此期间，民间运输业发展迅猛，货运量扶摇直上。与此同时，许多城镇运输合作社一哄而起，不恰当地从集体所有制“过渡”为全民所有制，把基本符合按劳分配原则的分成工资、半计件工资、计件工资改为固定工资，超越了当时生产力发展水平。三年持续“大跃进”的结果，大批车辆损坏，牲畜非正常死亡增多，民间运输业濒临十分困难的境地。

1962 年 5 月，中共中央、国务院发出关于当前民间运输业调整工作中若干政策问题的指示，明确提出在整个社会主义阶段，民间运输业应该有 3 种所有制，即全民所有制、集体所有制和社会主义经济领导下的个体所有制，要求对民间运输业采取保护、整顿、恢复并适当发展的方针，对过去已经转为全民所有制的，应当区别不同情况进行调整。接着，交通部发布《关于民间运输业若干政策问题的规定》（试行草案），对所有制、社员财产、退赔工作、收益分配、组织领导等诸多方面的问题，都作了具体规定。1965 年，民间运输业的调整工作基本完成。2100 多个匆忙“过渡”为全民所有制的企业和 57 万名职工，仍然退回到集体所有制；对 1958 年以来各级党政机关、企业和人民公社向运输合作社无偿调用的资金、财产以及积欠的运费，认真地进行了清理、退赔。通过贯彻交通部颁发的《运输合作社示范章程》（草案），普遍建立了以“定、保、奖”生产责任制为中心的各种管理制度，从而使民间运输业重现生机，货运量有所回升，见表 12。

人、畜力运输和汽车运输完成的货运情况

（1957—1965 年）

表 12

年　份	人、畜力运输		汽车运输	
	货运量（万吨）	货物周转量（亿吨公里）	货运量（万吨）	货物周转量（亿吨公里）
1957	30070	13.98	7435	34.00
1958	38738	18.70	14347	58.78
1959	41778	17.69	25154	89.05
1960	37522	16.75	33264	115.72
1961	23711	11.25	19327	64.83
1962	19319	9.19	13475	52.94
1965	26424	9.78	22563	85.28

民间运输业为集体所有，自负盈亏。十年动乱中，驿道无人管理，失养失修，交通运输条件每况愈下，尤以山区为甚。广大群众不畏艰苦，自力更生，一直坚持运输生产。70 年代后期，汽车和拖拉机工业加快了发展步伐，公路运输中的机动车辆与日俱增，不少运输合作社的机械化程度提高，有的兼营汽车运输业务；有的干脆甩掉人、畜力运输工具，专门从事汽车运输，并易名为运输公司。在此期间，人、畜力车相对减少。河南省素有“架子车王国”之称，70 年代初，成群结队的人力架子车在公路上长途运煤的景象屡见不鲜；进入 80 年代，在一望无垠的中原大地上，它的轮迹已属罕见。然而，一些边远地区，特别是山区，并不是这样，直到 1987 年，许多村寨的运输方式还没有完全摆脱人背、肩挑、驮运的落后状态。“山间铃响马帮来”仍然是山区人民赖以发展商品生产、提高物质文化生活水平的重要手段。

中共十一届三中全会以后，中国广大农村实行联产承包责任制，原来的运输工具、牲畜分散到千家万户，个体运输专业户蓬勃兴起。为此，各级人民政府健全了交通运输管理机构，在加强领导的同时，为个体运输专业户穿针引线，挂钩搭桥，提供信息，代办业务，寓管理于服务之中。

人、畜力运输源远流长。这种古老的运输方式，在当代中国的公路运输中，一直和现代化的汽车运输并存，继续发挥它的有益作用。30多年前的一段民间运输轶事值得记述。为支援藏族同胞发展生产，建设边疆，50年代初，西北地区曾经组建过三次大规模的驼队运输，每次投入的骆驼都在万峰以上，驼队从青海省香日德出发，经星宿海、七渡口、唐古拉郭田山口、黑河至拉萨，全程2000多公里。这是一条艰险的传统商道，沿线的自然条件恶劣：黄河源头沼泽遍地，陷入泥沼即不能自拔；通天河口，水深流急，牵引泅渡，惊险不已；巍巍唐古拉山，海拔5300米，空气稀薄，呼吸困难，历来被称为“生命禁区”。进藏难度之大，由此可见。1952年1月，十世班禅一行，就是经过这条通道前往拉萨的。当时，随行驮运各类生产、生活物资的驼队就有2万多峰，牦牛约5000头，还有许多骡马。按照俗语所说的“一百骆驼二里半”计算，这支庞大的运输纵队在“世界屋脊”上延绵达200公里以上。这是有史以来规模空前的一次驼队运输，也是当代中国公路运输的一大壮举。

第十二章
公路交通部门的旅客运输

第一节　汽车客运概况

新中国成立前夕，在960多万平方公里的国土上，除少数大城市和一些省会所在地周围有几条公路能够勉强开行客运班车外，绝大部分地区的人民外出旅行，主要依靠马匹、毛驴、骆驼和畜力车。一些世代居住在边远地区和少数民族聚居的山区人民，基本上处于与世隔绝的状态。中华人民共和国成立后，公路交通部门接管了国民党政府遗留的一些客运汽车，不但数量少，而且技术状况低劣。新中国的汽车旅客运输，就是在如此“先天不足”的条件下，逐步发展起来的。

国民经济全面恢复时期，旅客运输逐渐繁忙。为了适应日益增长的旅客运输需要，国营汽车运输企业大力修复了一些遭受战争破坏的客运车站。随着公路的延伸和营运线路的不断开辟，新建的客运车站越来越多，客运工作迅速开展。为了扩大旅客运输能力，各地国营汽车运输企业普遍采取了下列办法：

——组织力量修复、拼装国民党政府遗留的废旧客车；

——帮助私营汽车运输企业克服困难，尽快恢复旅客运输；

——动员载货汽车的驾驶员在驾驶室内附搭旅客。

此外，不少地方还规定：凡与铁路、水运平行的路段不开辟营运线路；能够部分利用其他运输方式的，尽可能组织联运。广（州）湛（江）线就是采用水陆联运的办法，旅客夜间从广州上船，次晨到达江门，改乘汽车直达湛江。这样，可以腾出运力用来开辟新线。

发挥车辆运用效率，对缓和运力不足，同样具有积极意义。一些国营汽车运输企业组织了循环运输，有的在客车调度上采取长短途结合的办法，不断提高车日行程。青岛汽车运输公司还制订了班车运行图，客车驾驶员按图作业，做到正点发车，正点到达。

经过三年的刻苦经营，旅客运输从恢复走向发展。与1949年对比，1952年公路交通部门汽车运输企业拥有的客车从3100辆增加到3500辆；客运量从1809万人次增加到4559万人次，旅客周转量也从7.96亿人公里增加到22.64亿人公里。

“一五”期间，旅客运输稳步发展。1957年，公路交通部门汽车运输企业共有客车5500辆。在全国范围内，国营汽车运输企业普遍推广了青岛汽车运输公司按班车运行图作业的经验。福建省77.78%的班车路线实行按月排图作业，每天按图运行的客运班次占76.85%。

省际之间的客运联营开始实行。从便利旅客出发，江西省国营汽车运输企业与邻省广东、福建、安徽达成协议，开辟了赣州至韶关、赣州至长汀、上饶至建宁、景德镇至屯溪4条跨省客运线路，旅客一票直达，不必中途换乘。

1958年，“二五”计划开始实施。在“全国一盘棋”的思想指导下，客运“一条龙”应运而生。它以车站、港口为枢纽，把汽车运输、铁路、水运和商业部门所属的旅社、饭馆组合起来，大家拧成一股绳，形成一个有机的整体，使车船紧密衔接，食宿保证供应，为旅客创造安全、迅速、便利、舒适的旅行条件。凡持联运票的长途旅客，不论中途换乘几次，客运部门都能保证做到“行李一磅运到底，旅客一票送到家”。

客运“一条龙”跨行跨业，涉及面广。为了让旅客走得了、走得及时，并且称心如意，广大汽车客运职工发扬了“把困难留给自己，把方便送给别人”的风格，只要旅客满意，千辛万苦在所不辞。许多旅客对“一条龙”联运极为赞赏，普遍认为客运“一条龙”为旅客提供了种种方便，缩短了在途时间，节省了个人开支。

在 1958 年的“大跃进”中，人员流动频繁。与 1957 年对比，运力只增加 8.5%，而客运量却增长了 30.7%。一些汽车运输企业制造了客运挂车，以扩大客运能力。许多客车由于长期使用，失养失修严重，技术状况日趋恶化。1960 年年末，公路交通部门汽车运输企业的客车保有量为 6400 辆，但平均完好车率仅 60% 左右。

1961 年，各行各业支援农业，客流发生了变化。在“调整、巩固、充实、提高”的方针指导下，各地汽车运输企业卓有成效地进行了调整工作，逐步地把客运工作转移到支援农业的轨道上来。调整的重点，一是恢复运力，采取“集中优势兵力打歼灭战”的办法，抢修停驶客车，让“死车”复活；尽快把部分货车改装为简易客车。二是调整运力布局，面向广大农村。营运线路向农业丰产区、经济作物区、山区、牧区和边远地区延伸。三是调整客车始发站点。让客车夜驻农村集镇，早上从农村始发。江苏省徐州运输处在徐（州）沛（县）龙（固）线上，还试行了两种方便农民群众的经营方法，旅客可以就近下车，也可以中途分乘。中途分乘的旅客，在客票有效期内，经过车站签证，仍可继续乘车。四是建立、健全各项规章制度，加强企业管理，恢复客运工作的正常秩序。五是抓客运服务质量，推广山东省掖县汽车站全心全意为旅客服务的经验。到 1965 年，全国汽车客运的调整工作基本完成。统计表明，1965 年，公路交通部门汽车运输企业的客车保有量增加到 9600 辆，客运量上升到 4.37 亿人次，旅客周转量达 168.2 亿人公里。

1966 年，“文化大革命”开始。刚刚萌发生机的汽车客运工作，在长达十年之久的动乱岁月中，再度遭受严重挫折，给国家造成巨大损失，给人民带来诸多不便。特别是 1970 年，许多省、自治区、直辖市汽车运输企业下放地方管理之后，地区分割加剧，营运线路延伸阻力大，跨区客运班次增加困难，旅客中转衔接不上，车日行程普遍下降，不少企业亏损，客运工作走向低谷。1976 年，公路交通部门汽车运输企业拥有客车 2.78 万辆。尽管一些汽车运输企业每年增添客车，运量却反而减少，甚至低于

1966年的旅客运输水平。这种投入多、产出少的非正常运输情况，明显地反映出动乱所造成的恶果。

“四人帮”被粉碎后，中共十一届三中全会制定的路线，为国民经济的发展开拓了光辉前景，也为汽车客运工作扫除了前进中的障碍。遵循“调整、改革、整顿、提高”的指导方针，汽车运输管理体制再次调整，恢复了省、自治区、直辖市汽车运输公司，实行统一经营、分级管理、独立核算。企业的各项规章制度重新建立、健全起来，客运秩序迅速步入正轨。面对人民群众乘车难的问题，各地汽车运输企业扭转了长期存在的“重货运、轻客运”的偏向，及时调整了汽车客货运输的比例关系。1979年，公路交通部门汽车运输企业的客车保有量增加到3.56万辆，1987年，迅猛上升到9.63万辆。从1979到1987的9年间，汽车客运量和旅客周转量分别增长了3.9倍和4.4倍，开创了历史纪录。汽车客运工作在多方面取得了很大进展。

——多层次的客运网基本形成。1978年，交通部召开全国公路客运支农经验交流会，号召“面向农村、车头向下”。各地公路交通部门把建设以省会（或自治区首府）、专区（州）所在地和县城为中心的3级客运网，作为发展客运事业的一项长远措施，逐级制订发展规划，保证干线，加强支线，把重点放在开发以县城为中心、干支线相连、站点密布、班次交错、沟通城乡的农村客运网上，让客运班车能够开到边远山寨、乡镇厂矿和边防哨所。广西壮族自治区汽车运输企业约有65%的客车隶属各县汽车站建制，城乡公路支线的短途客运班次，占全区客运总班次65%以上，通客车的乡镇达96%左右。山东省从农村经济体制改革顺利开展、乡镇企业蓬勃兴起、人民生活水平不断提高等影响客流变化的实际出发，于1982年开办城乡公共汽车，以县城到乡镇为起止点，实行定车、定线、定班、定员，采取城市公共汽车服务方式，一线多班，站点密集，随车售票。1987年，全省有城乡公共汽车1000多辆。车往农村开，为各地汽车运输企业开拓了广阔的客运市场，既活跃了农村经济，又缓解了农民乘车难的问题。

——涉外运输有所发展。涉外运输兴起于广东省。1987 年，全省有各种合资经营和合作经营广东至港澳地区的汽车运输企业 276 家，准予入境的汽车有 1 万多辆，其中客车占 1/3。

1979 年以前，深圳、珠海只是广东省沿海的两个渔民小镇，与香港、澳门咫尺相望，但公路客运一直处于封闭状态。香港旅客入境须经罗湖到深圳中转，澳门旅客入境则由拱北中转。中共十一届三中全会以后，广东省实行“特殊政策，灵活措施”，深圳、珠海、汕头相继开辟为经济特区。港澳和海外客商纷纷到特区和广东内地投资办厂，兴建宾馆，发展旅游，扩大贸易，人员往来急剧增长。为方便旅客，促进贸易，创造引进外资的良好环境，涉外汽车旅客运输应运而生。1980 年 5 月 1 日，由广东省交通厅、香港招商局轮船股份有限公司和香港英之杰企业有限公司合资经营的粤港汽车运输联营有限公司成立，并分别在中华人民共和国和香港政府有关部门登记注册。这个公司从组建到发展，都得到广东省人民政府、香港政府等有关部门的支持。广东省人民政府拨专款修建公路、汽车站和文锦渡联合检查站。香港政府也提供款项扩建文锦渡管制中心，在九龙柯士甸道还划出 3000 平方米官地给公司兴建直通巴士（汽车）总站。广东省汽车运输公司及其所属分支机构在全省范围内为这个公司提供站房设施，以及车辆维修、保养等多项服务。粤港汽车运输联营有限公司拥有技术性能良好的大、中型豪华客车近百辆，每天都有空调客运班车直开深圳、东莞、惠阳、海丰、流沙、汕头、梅县、广州、肇庆、顺德、佛山等地，另外还承办香港到广东各地的旅游和包车业务，经营效益显著，仅 1982 年到 1987 年获得的利润就超过原投资的 1.9 倍。

澳门歧关车路公司是广东省另一个涉外的大型汽车运输企业，主要经营珠海市拱北口岸旅客运输业务。这个公司在澳门贷款，从日本购置大、中、小型豪华空调客车 250 辆，1985 年又购进新车 135 辆，进一步扩大了客运能力，为国家创汇做出了贡献。

此外，同邻国间的汽车旅客运输也有所开展。通过中国和巴基斯坦两国政府协议，1983 年 5 月，从新疆维吾尔自治区喀什通往巴基斯坦的国际客运班车正式通车。鉴于沿线冬季气候恶劣，每年的营运时间，仅限于 5 月至 9 月。

——客运长途夜班车正在兴起。在深化改革中，城乡商品经济发展较快，外出人员骤增。一般旅客的心态，一是节省时间，二是减少支出。广东省汽车运输公司顺应民心，于 1984 年率先开办客运长途夜班车，取得了旅客满意、企业增收的效果，初步显示了它强劲的竞争能力。据公路交通部门 12 个大、中型汽车运输企业 1987 年统计，客运长途夜班车的营运线路共有 217 条，总里程达 13 万多公里；每天发出 270 个班次，实载率比日班高 5% 左右；覆盖面除广东省所有省辖市和 71% 的县外，还有广西壮族自治区的南宁、桂林、梧州、北海，福建省的福州、厦门、泉州，以及江西省的南昌、赣州、定南等城市。

38 年来，公路交通部门汽车客运事业取得了巨大成绩。特别是在中共十一届三中全会以后的 9 年间，前进的步伐更快。它以机动、灵活、方便、直达的优势，在 1987 年全社会的客运量构成中独占 3/4 以上，遥遥领先于其他运输方式，即使在旅客周转量构成中，也仅次于铁路。但是，客运工作仍有不足之处。广大群众乘车难的问题并没有彻底解决，在城乡公路上，拖拉机载客屡见不鲜。在 16 万多个汽车站点中，有 14 万多个停靠点基本上都是头顶蓝天，旅客候车还是处于日晒雨淋之中。客运服务质量发展也不平衡，不少客运车站尚未进入文明车站行列，个别的甚至差距很大。所有这些，都有待一一加以解决。

第二节　农村客运班车

农村客运班车，一般以县城、大集镇为中心，通向区乡、集镇和较大的自然村，连接干线、码头或火车站，运行于县境之内。和长途客车相比较，它的班次密度大，候车时间短；沿线设立的站点多，能够“三里一停，五里一靠”，票价也不高，被群众喻为“两个鸡蛋，一张车票”。

农村客运班车始于50年代。1955年，中共中央颁布《全国农业发展纲要》（简称《纲要》），加速了农业合作化的进程，同时也推动了公路交通工作的发展。《纲要》提出，地方道路网要在7至12年内建成。交通部号召各地公路交通部门积极修建地方道路网，为发展国民经济提供量大、质好、快速、价廉的运输力。仅1956年，各省、自治区、直辖市就按照简易公路标准，新建县乡道路5万多公里。当年，广西壮族自治区先后开辟农村客运线路30多条，增开农村客运班车35个班次，把客车开往少数民族聚居的山区，初步改善了部分地区的公路交通状况。

60年代初，公路交通部门认真贯彻了“调整、巩固、充实、提高”的方针，加强了对农村客运工作的领导，调整了客车布局，把部分客车充实到运力短缺的以农牧业生产为主的小县城，向农村腹地和边远山区延伸营运线路，增设停靠站点，继续开办了一些从县城到公社和生产大队的农村客运班车。在此期间，农村客运工作还出现了两件新事：

一是客车夜宿农村。1964年，黑龙江省东宁县运输公司兴办了农村客运班车。开始乘客不多，后来发现：每天早上，班车从县城开往农村，却有不少农民迎面步行进城；下午，班车由农村开回县城，又有一些农民从城里走路返乡。他们从中悟出实载率不高的道理，原来是由于班车与客流背道而驰的缘故。于是果断地改变了沿袭多年的客车早出晚归都以城市为基点的陈规，决定把客车夜宿农村。此后，班车早上从农村始发，下午再从城里开回农村。这种“早进城、晚归乡”的客运班车，既顺应了民心，体现了民意，又促进了自身的巩固和发展。

二是客货两用车应运而生。农村客运班车的主要服务对象是农民。他们往返于城乡、集市之间，出售农副产品，买进生产、生活资料，随身携带的杂货较多，箩筐、扁担、草包、麻袋样样俱全。农村客运班车使用的车辆与长途客车相似，不同之处，是车厢顶上缺少装运行包的货框，只能载人，不能多带东西，筐篓之类体积稍大的物件，根本没有地方堆放，农民不愿乘坐。1959 年，福建省永泰县汽车站办起了农村客运班车，不久，实载率下降到 30% 以下，只得停开。后来，他们改装客车，把车厢内部分隔成两部分，前面坐人，后面装货，人货同行，旅客称心。1964 年恢复通车后，实载率保持在 80% 以上。永泰站的经验移植到闽侯、武平、龙岩、上杭、永定等地，同样获得良好效果。

70 年代初，农村客运工作在部分地区又有所发展。江苏省江浦县汽车站在六合地区汽车运输公司的支持下，在县境的各条公路支线上开办了农村客运班车，运距短，班次密，实行随车售票，沿线公社所在地和近半数的生产队都设立了停靠站点，基本上形成了以县城为中心的公路客运网。

江浦汽车站的经验，迅速在江苏全省推广。南通地区所属的大片农村，汽车客运不发达，自行车载客运输十分普遍。群众外出大多乘坐“二等车”（意指乘客坐在自行车尾部的铁架上），战战兢兢，担心安全没有保障，盼望早日坐上汽车。他们说：“二等车”夏天热煞，冬天冷煞，下雨淋煞，价钱贵煞。农村客运班车兴办之后，以其安全、方便、迅速、价廉的优势，很快就取代了自行车载客运输。

为了进一步推动农村客运工作，1977 年，交通部召开了公路客运支农经验交流会，要求在搞好干线公路客运的同时，必须把发展客运工作的重点放在农村。会议还要求加快公路客运支农工作的步伐，使已经通公路的公社，尽快开办支农班车，并根据实际需要，增加夜宿农村的客运汽车。

农村公路客运工作之所以发展不快，原因是多方面的。客观影响是其中之一。然而，起主导作用的，是汽车运输企业本身的经营决策。客观影响主要表现在：

——长期以来，农业生产以单一的种植业为主，农村经济处于自给、半自给状态，社办企业少，商品率很低，农民人均收入不高，外出旅行有困难。

——农村公路等级低，坡陡弯急，天然土路多，技术状况差，汽车运行油耗增大，机件、轮胎磨损加剧，运输成本高。

——客车生产跟不上，运力不足，车型单一。

从企业本身找原因，最根本的，应归咎于领导思想的片面性。具体表现在“重货轻客”，甚至“以货挤客”。对待客运工作，也有重长途、轻短途，跑干线、甩支线的问题。反映在运力布局上，大部分客车集中在大中城市。所有这些，都制约了农村客运工作的发展。

中共十一届三中全会以后，国民经济在调整改革中发生了深刻变化。农业推行了联产承包责任制，农村多种经营兴旺，专业户、个体户涌现，乡镇工业日益发达，集市贸易繁荣，农民人均收入普遍提高，商旅络绎不绝，农村客流激增。80 年代初，全国公路客运量每年都以 15% 以上的幅度递增，其中农村客运量增长幅度更大，一般在 40% 左右。据辽宁、山东、河南等省抽样调查，在农村客运班车的短途乘客中，农民占 70% 。不少班车在始发站即已超员，导致“招呼站招而不站”，“喇叭一响，客车呼啸而过”，公路交通部门汽车运输企业独家经营客运已经到了捉襟见肘的地步。1983 年，城乡运输市场变封闭为开放，调动了各方面的积极因素，为农村客运工作的发展开拓了广阔前景。四川省泸县有 11 个区、8 个镇，面积 2236 平方公里，人口 137 万，公路纵横交错达 724 公里。1979 年以前，客运由省汽车运输公司独家经营，拥有客车 22 辆，但农村客运线路寥寥无几，站点不多，班次也少，群众深感乘车难。1980 年，县交通局鼓励、支持分散在农村的 12 个集体所有制运输企业，开发以区、镇为中心的农村客运班车，对其实行“三定”管理，即定路线、定站点、定班次，使之各得其所，形成了“一家管，多家办，搞得活，又不乱”的局面。1983 年，全县经营农村客运的企业增到 15 家，客车增至 110 辆，其中夜宿农村的 46 辆；日发客车 544 个班次，其中泸州市公共交通公司占 18% ，县交通局汽车队占 15% ，省汽车运输公司占 5% ，集体所有制运输企业占 62% ，平均日运量达 2. 7 万人次，旅客乘车难的问题基本解决，做到企业增产，职工增收，国家受益，群众满意。

农村客运班车的发展表明，它和农村的经济状况，8 亿农民的生活水平息息相关，互为影响。在发展过程中，各地主要采取了下列措施。

第一，建设以县城为中心，向区乡辐射的农村客运网。农村客运班车是从无到有、从少到多、从单线到成网逐步发展起来的。事实说明，农村有广阔的运输市场，坚持面向农村、面向山区，建设以县城为中心的农村客运网，对巩固、发展农村客运班车至关重要。继江苏省推广江浦县发展以县城为中心，开办农村客运班车的经验之后，湖南省推广了洞口县开办农村客运班车的经验。广西壮族自治区交通厅还制定了建设农村客运网的三条标准：

——在公路符合安全行车要求的前提下，凡通公路的公社、大队、圩镇都有农村客运班车，每天从公社始发县城的客运班车不少于两个班次；

——公路沿线候车站点设施齐全，标志鲜明；

——农村客运班车有乘务员随车服务。

随着农村经济的全面发展和运输市场的开放，作为农村政治经济文化中心和商品集散地的区、镇日益繁荣，人口流动频繁，以县城为中心向区乡辐射的客运模式，在部分地区显得不太适应。四川省泸县开办了以区、镇为中心，向周围农村辐射的农村客运班车。安徽省无为、巢县、宿县、安庆、六安等地，也在开始建设以区、镇为中心的客运网。

第二，外延与内涵、新增与挖潜一起抓。农村客运班车的营运线路多，运量大，客车少。各地汽车运输企业从外延与内涵、新增与挖潜两个方面一起抓。在新增客车的同时，采取增加客座，改单车为通道式客车，以及增加班次等办法，以缓和运力与运量的矛盾。为适应农民乘客随身携带包装不一的农副土特产品，少数地区改客车为客货两用，弥补了车型单一的不足。

在农村客运班车营运线路上，旅客候车长期处于“晴天太阳晒，下雨淋湿衣”的境地。随着营运线路的开辟与延伸，站点不断增多，问题更为突出。一些企业自筹资金，因陋就简，搭盖了部分候车亭，逐步改善候车条件。

第三，加强调查研究，摸索客观规律，改善经营管理。旅客运输的流量、流向、流时经常处于变化之中。掌握它的变化规律，有助于作出灵活反应。各地在开展农村客运工作中，通过不断地调查研究，逐步认识到：

影响农村客流变化有多种因素。农业生产季节性的不同是其中之一，农忙客流减少，农闲又复回升，年年如此。传统的春节，学校开学、放假，新兵入伍以及老兵退役期间，客流来势猛，要求急，起伏大，同样形成有规则的变化。

随着集市贸易的兴起，赶集班车增多。农民赶集的高峰时间，东西南北差异很大。地处热带的西双版纳，自古以来就有“火把市”的习惯，日高三丈，集市早已散去；而在其他地区，正是交易兴隆之时。赶集的高峰时间，也随一年四季的变化而有所不同。

深受农民欢迎的“早进城、晚归乡”的夜宿农村客车，实质上反映了车流应该从属于客流的需要。运力的安排必须与客流的流向、流时相适应。

掌握、运用诸如上述有关客运规律，既可满足旅客运输需要，又能充分发挥运输效率，取得明显的经济效益。

为使客流畅通，人便于行，一些县、区还根据信息反馈，增开夜班车、看戏车。少数经济发达、人口稠密、客流量大的线路，采用城市公共汽车的模式，增多班次，缩短站距，乘务员随车服务，开办农村公共汽车。

第四，发展客车夜宿农村。客车夜宿农村，群众莫不称便。早出晚归，节省时间，节约开支。许多司乘人员不辞辛劳，晚间还为抢运危重病人和难产孕妇就医做出不少贡献。许多村镇热烈欢迎客车进驻，积极提供客车停放场地，关心司乘人员食宿，客车夜宿农村深深扎根在群众之中。

客车夜宿点的选择，各地在事先都经过缜密研究，一般选择工业、副业生产点，贸易市场，或客流比较集中的村镇。客车进驻后，坚持定班、定点、定线运行。1987 年，全国公路交通部门汽车运输企业夜宿农村的客车达1.68万多辆，占营运客车总数20%以上。

农村客运仍在继续发展。它是反映国民经济全面高涨的一面镜子，通过它，可以看到城乡差别日趋缩小的轨迹。

第三节　旅游客运

现代化的交通运输，大大缩短了地球的空间距离，为人们游历天涯海角，欣赏神奇美妙的自然风光提供了便利条件。作为“无烟工业”的旅游业，在对外实行开放，对内搞活经济的方针指引下，伴随着遍及全球的“旅游热”，在神州大地蓬勃兴起，从而带动了公路旅游客运的发展。

中国是世界上历史悠久的文明古国之一。历代文物琳琅满目，许多古建筑至今还闪烁着灿烂的光辉。中国又是一个幅员辽阔、景色迷人的国家。有终年冰雪覆盖的珠穆朗玛峰，火山喷发形成的长白山天池，陡峭挺立的天然石林，千姿百态的岩溶洞穴，有水声震谷的大瀑布，惊涛拍岸的万里海滨，一望无垠的大草原，还有那茫茫戈壁和浩瀚沙漠，更有那奔腾不息的江河，郁郁葱葱的森林，五谷飘香的田野，以及别具一格的小桥、流水、人家，构成了一幅幅变化万千蔚为奇观的诱人景色，吸引着络绎不绝的国内外游客。

旅游业的欣欣向荣，导致公路旅游客运兴旺发达，两者互为影响，相得益彰。但是，公路旅游客运的发展，还有一些重要因素：

——中共十一届三中全会以后，各项政策逐步放宽，群众收入普遍增加，生活水平日益提高；

——地方道路网基本形成，各旅游点都有公路可通；

——汽车运输企业的自主权扩大，可以根据运输市场的需求，自行决定企业的经营方针。

汽车运输企业开办旅游客运可追溯到50年代中期。那时，庐山登山旅游公路通车营运，杭州至莫干山开行暑期班车，上海至苏州、无锡也开办过一日游。可是，在“左”的思想干扰下，旅游被视为异端，刚刚起步的公路旅游客运，犹如昙花一现，迅即烟消云散。之后，随着公路建设的发展，虽然各风景区陆续通了客车，但其作用仅仅是为了沟通城乡交流，直到70年代末，旅游客运才逐步列入交通企业的议事日程。1978年，南京至宜兴善卷洞、张公洞开行游览客车，并派导游随行。不久，南京客运分公司设立了专门机构，具体负责组织南京至杭州四日游、南京至扬州一日游，等等。江苏全省各汽车运输公司也相继增开旅游班车，坚持薄利多运，游客越来越多，营运收入越来越好。在此期间，被誉为世界艺术宝库的敦煌莫高窟正式对外开放，日、美、法、英、西德等26个国家和地区的游客纷至沓来。从敦煌至莫高窟25公里的林荫公路上，豪华型、普通型大客车和小轿车往来如梭，游客迎着朝霞去，披着夕阳归，旅游旺季，日运量达1.3万多人次。

进入80年代，公路旅游客运出现了前所未有的大好局面。贵州安顺龙宫溶洞开发于1982年。洞内水域面积宽广，洞外“龙口”飞流直下，大有“疑是银河落九天”之慨。当年，知情者不多，游客不到万人；次年，增至7万余人，1987年迅猛上升到60多万人。特别是一些著名的旅游热点，增长幅度更大。桂林素以“山水甲天下”而闻名中外，它以特有的山青、水秀、洞奇、石美吸引了120多个国家和地区慕名而来的众多旅游者。桂林开放初期，车少人多，每届旅游旺季，矛盾更为尖锐。中共十一届三中全会以后，国营、集体、个体一起上，增添了许多旅游客车，改善了客运条件。1987年，桂林市拥有大型客车、面包车、小轿车700多辆，内有装置空调设备的400多辆，全年接待国内外游客近500万人次。

在发展公路旅游客运中，一些汽车运输企业从以下几个方面加强了工作：

——建立专门机构，统筹安排旅游客运工作。首先，与旅游部门保持密切联系，掌握旅游动向。其次，根据旅游业季节性强的特点，合理调度车辆，安排班次，满足旅游需要。最后，筹划开拓旅游新线，主动与外地旅游团体签订旅游协议，以促进旅游客运工作的顺利开展。

——采用多种形式组织游客观光。游客来自五湖四海，各人兴趣不一。根据风景点和古迹分布的情况，精心安排旅游线路，分别组织一日游或多日游，任游客自行选择。并在售票之前，向游客详细介绍沿途的游览地点、停留时间、途中食宿、乘坐车型、全程费用等。不论是一日游或多日游，都有导游陪同。

预约包车是开展旅游客运的另一形式。采用这种方法，旅游者可以根据各自设计的线路尽兴观赏。

此外，还开展公路、铁路旅游联运。人们在南昌、南京火车站可以直接买到去黄山的汽车票，为游客提供方便。

——扩建站点，改善候车条件。随着旅游客运量的逐年增长，许多汽车站的候车室拥挤不堪，甘肃省柳园汽车站为此重建，安徽省黄山汽车站也在扩建之中。

——努力扩大客运能力。除积极支持国营、集体、个体一起上之外，还鼓励多渠道集资购置新车。1984 年，安徽省引进豪华型空调大客车 60 辆，江西省也新增 20 辆，既为游客提供了舒适的交通条件，又可缓解旅游客运能力的不足。

——组织职工学习外语。针对国外游客逐年增多的情况，一些车站开始组织职工学习英语和日语，初步要求掌握应用“您好”“对不起”“请原谅”“谢谢”“是”“再见”等简单口语，以礼貌待客，把服务工作向前推进一步。

第四节　春节客运

中国是一个多民族的社会主义大家庭。在历史发展的长河中，各民族形成了各自的风俗习惯，都有各自的传统节日。如藏历的新年，傣族的泼水节，以及回族、维吾尔族和哈萨克族等民族的古尔邦节，等等。除了这些民族的节日之外，还有国家法定的全民性的重大节日：元旦、国际劳动节、国庆节和春节。每当节日届临，旅客运输极为繁忙，特别是春节前后，显得尤为突出。据历年统计资料表明，春节期间的客运量一般超出正常客运量的 30% 以上。

春节旅客运输涉及范围之广，规模之大，人数之多，远非其他节日所能比拟。它具有两大特点：

一是旅客的流量、流向、流时十分集中，客流势如潮涌，应接不暇。

二是时间要求很急。每逢佳节倍思亲。数以百万计的旅客归心似箭，希望赶上除夕之前与家人团聚，共度佳节；过节之后，同样要求及时返回原地。

针对上述特点，交通部把春节运输的时间定为一个月，从农历十二月中开始，直到元宵节过后告一段落。为使广大旅客高高兴兴地在节日与亲人共享天伦之乐，大约在每年春节前的一个月，交通部公路主管部门即发出通知，要求各地认真贯彻“安全、质量第一”的方针，及早动手，妥善安排，切实做好春节客运的各项准备工作，保证旅客走得及时、顺心、一路平安。

为了加强春节客运工作的领导，各地汽车运输企业一般都成立临时性的专门机构，提前做好下列准备工作：

一是派出站务人员深入机关、学校、部队驻地和厂矿企业，摸清旅客的流量、流向、流时，预约登记，据以安排运力。

二是对运量进行预测，当运力小于运量，而且相差比较悬殊，立即采取相应措施：

——请示当地政府，发动机关企业汽车参加旅客运输；

——改装货车代替客车；

——与机关、学校、部队以及厂矿企业等单位协商，在征得旅客同意的前提下，积极组织疏导，有的提前启程，有的推迟动身，以保证运力与运量基本持平。

80 年代初，公路运输市场开放，国营、集体、个体一起上，客车大幅度增加，春节客运的压力有所缓解。

三是检修全部参加春节客运的汽车，严格把好保修质量关，确保车辆技术性能良好，车厢地板严实，门窗没有缝隙，水箱帘、防滑链配备齐全，以适应冬季安全行车的需要。

四是深入公路干、支线了解交通运输秩序和公路技术状况，主动与公路交通管理和公路养护部门加强联系，发现问题，及时协商解决，确保客车畅通无阻。

准备工作先行，只是拉开了春节客运的序幕，接踵而来的，是进入繁忙的春节运输阶段。重点放在：既要保证旅客走得了，走得及时，还要让旅客走得好，走得平安。各地的主要经验是：

第一，送方便。广设售票点，延长售票时间，提前预售车票。旅客进站候车，主动做好宣传工作，反复播讲班车开行时间和乘车注意事项，吁请不夹带易燃易爆物品。对孕妇和老弱病残者给予重点照顾，引导旅客上车，检票时唱到达站名，验看车次，顺序而上，对号入座，避免错乘、漏乘。

第二，挖潜力。为了满足旅客乘车需要，达到“除夕之夜，站无留客”的要求，各地汽车运输企业千方百计从多方面发挥汽车运输效率：

——加强运行管理，提高车日行程，借以增加班次，扩大客运能力；

——组织合理运输，增开区间班车和直达班车；

——春节运输高峰期间，组织双班运输，人歇车不歇。

第三，抓安全。春节客运越是繁忙，越要重视安全行车工作。保证旅客走得了，走得及时，只是客运工作的开端，更重要的，是要让旅客平安到达目的地。汽车运输时刻受到自然条件和复杂的行车环境的影响，更与驾驶员的思想情绪、注意力和操作有关，任何微小的疏忽，都有可能引发事故，造成难以弥补的损失。因此，要求认真贯彻“安全、质量第一”的方针，做到：

——严禁旅客携带鞭炮、焰火等危险物品乘车；

——制止客车“带病”凑合运行；

——要求驾驶员时刻保持高度警惕，严格执行操作规程，恪守交通规则，行车中，不斗气、不逞能，更不开“斗气车”“英雄车”，注意劳逸结合，坚持文明行车。

第五节　公路、铁路分流

中共十一届三中全会以来，对外开放、对内搞活经济的政策深入人心，工业、农业、旅游业发展迅速，商业更趋活跃，国际友好往来日益扩大，人民生活水平普遍提高，城乡交流十分频繁，公路、铁路、水运、民航的旅客运输量大幅度上升。据统计，从1979年到1987年，全国旅客运输量增长了2.97倍。

以铁路旅客运输为例，在全国44条铁路干线中，有100多个区段处于紧张状态，通过能力限制口从70年代的8个增加到80年代的24个。不少客流量大的车站，购票非常困难。一些主要干线上的旅客列车拥挤不堪，普遍超员30%以上；京沪、沪宁、沪杭、浙赣、京广等线一般超员40%—50%，高峰时竟达70%—80%。尽管采取了许多措施，如增开长、短途旅客列车；扩大列车编组，调整列车编组构成，尽可能多挂硬座车等，仍然不能解决旅客乘车难的问题。

多年来，铁路主要干线的运输能力，一直处于饱和状态。许多区段的输送能力，一般只能满足货运需要的40%—70%。每增开一对旅客列车，意味着单线要减少1.3对货物列车，复线要减少2.3对货物列车，这就势必直接影响国民经济的发展。

造成铁路旅客运输紧张的因素很多，其中之一，是过多地担负了一些本来应该由汽车运输承担的短途客运。在铁路客流总量中，短途客流约占22%。短途客运比重之大，严重地影响到发挥铁路长途运输的优势，而公路分流铁路的短途旅客运输，正是发挥汽车运输机动、灵活、方便、直达的优势所在。

从经济效益分析，铁路短途客运的成本、运价稍低于公路运输，能耗则大体相等。但是，公路客运占用货运能力小，每位旅客只占用0.12吨，而铁路就大得多，单线为3吨，复线为6吨。另外，公路客运投资少，千人公里占用的投资只有铁路的1/3至1/5。可见，公路分流铁路的短途旅客，有利于减轻铁路运输的压力，既经济，又合理。

1980年，国家经委提出开展公路、铁路客运分流。同年8月，河南省汽车运输公司在郑州至开封区段，开辟了与铁路大致平行的公路分流客运线路。每天的首车5：30发出，尾车18：00，每隔10分钟对开一班，平均日运量达6000多人次。据开封火车站统计：1980年客运量为41.35万人次，1981年降为19.81万人次，1982年再降为16.76万人次。郑州至开封间的铁路客运量，也从1980年的68万人次，降为1981年的31万人次。

郑州至开封公铁分流取得了明显效果，调动了公铁双方的积极性。河南省汽车运输公司相继开辟了郑州至新乡、许昌、焦作、洛阳等多条分流线路。1984年，全省公路分流客运线路发展到48条，计3525公里，投入客车486辆，平均日运量达9.3万人次，全年共分流旅客3370万人次，相当于32对旅客列车的年运量。在此期间，铁路客运紧张的局面缓和了，并且停开了郑州至新乡、郑州至兰考2对短途旅客列车。

公路运输之所以能吸引众多的短途旅客，主要是由于：

——方便。班次密度大，候车时间短，停靠站多，可以就近上下。

——舒适。上车对号入座，不少客车有高靠背椅，乘坐舒适。

——在途时间与火车相仿。

——与火车票价相差有限。许多乘客说：现在有钱难买时间，节省半天，可多干半天活，还是划得来。

自从1981年国家经委、交通部、铁道部发出联合通知，要求在铁路干线的一些运输紧张区段开展公铁分流之后，截至1987年年底，全国公路客运分流线路增加到2850多条，营运里程81万多公里，日发1.96万多个班次，平均日分流旅客93万多人次，相当于增开300对旅客列车。除兰州铁路局外，全国各铁路局160公里以内短途客运量的比重普遍下降。北京西直门至八达岭的旅客大批转向汽车；牡丹江至安宁间的581/582次列车，上行不足100人，下行只有200人，已经停止运行。

公路、铁路客运分流，缓和了铁路短途客运的紧张状况，方便了群众，受到广大城乡人民的欢迎。同时，发挥了公路、铁路各自的优势，提高了综合运输的经济效益，有利于调整不合理的运输结构，促进公路、铁路合理分工。

各地汽车运输部门在公铁客运分流中，采取了两种分流方法。

一是平行分流。在铁路区段的两个城市之间，开辟与铁路大致平行的公路客运线路，增开较高密度的班次，从黎明到傍晚，定班定点运行。在市内及沿途区、乡和较大的村庄，设立停靠站，让旅客可以随意选择乘车时间，并能就近上下，以分流铁路区间内的短途旅客。广州至佛山，天津至塘沽，太原至榆次，西安至铜川，邢台至邯郸，杭州至绍兴，长沙至湘潭，济南至王村，青岛至胶县等平行分流线的实践表明：班次密度越高，站点设置、发车时间越合理，服务质量越好，铁路区段内被吸引的短途旅客就越多。

实践还表明，平行分流的线路具有较高的公路技术标准；客车设备齐全，车辆性能良好；铁路区段的城市与城市之间，各方面的联系比较密切，客流充足；公路平行线之间的相对距离不远；全程票价相差不多，分流的效果就会更加显著。

二是对角分流。在两个城市之间，虽有铁路相通，但需绕行；或乘车不能直达，需要中途换乘的，采用对角分流。它的特点是：两短一低，即运距短，在途时间短，客票价格低。开行对角分流班车，可以做到一线贯通，直接到达，比铁路迅速、方便、经济。如杭州至南京，乘火车必须绕道上海，运距494公里，票价10.20元，运行9.5小时；而汽车的直达里程只有322公里，运行8小时，票价比火车便宜2.80元。杭州至景德镇，乘火车需要中转，两天才能到达；采用汽车对角分流，可以朝发夕至。

公铁分流在跨省地区，要求摆脱运输分割的状况，打破行政区划的界限，按经济区域建立运输机构。

徐州至商丘，是陇海铁路线上有名的“卡脖子”区段，全长146公里，每天有10对旅客列车通过，一般超员20%—40%，但仍然还有许多旅客买不到票，乘不上车。1981年12月，国家经委、交通部、铁道部决定修复徐（州）商（丘）公路，并于1983年批准成立苏豫皖徐商公路客运联合公司，积极开展公铁分流。

徐商公路途经3省7县，全长166公里，沿线共设48个站点，从修筑到通车不到两年时间，1984年1月，徐商公路正式通车。当年分流短途旅客200万人次，相当于5对旅客列车的年运量，为铁路腾出了350万吨的货运通过能力。徐商公路的投产表明，公路分流铁路短途客运，是以较少的投资，较快的速度，解决群众乘车难的一个行之有效的措施。

苏豫皖徐商公路客运联合公司在3省交通厅的领导下，由江苏省徐州、安徽省宿县和河南省商丘汽车运输公司共同组成，各配备一个车队，拥有JT 663型新型客车90辆，实行统一经营，各省均分营收，自负盈亏。这是一个多省份的跨省联合运输企业，是按经济区域组建起来的运输机构。这个跨省联合运输企业的诞生，消除了按行政区划规定运输企业经营范围的种种弊端，变分割为一体，为公路客运体制改革做了有益的探索。

第六节　客运车站

客运车站是公路运输企业为实现旅客空间位移而设置的基层运输单位。它的任务是：通过采用先进技术装备和科学管理方法，周密地组织旅客运输，安全、及时、方便、舒适地把旅客送达目的地。

国民经济全面恢复之后，1952年全国有客运车站1854个。“一五”期间，随着客运事业的发展，又有2700多个客运车站拔地而起。这些50年代新建的车站，一般都是在比较艰苦的条件下创业的。其中最为突出的是沱沱河运输站。这个车站地处唐古拉山山麓，坐落在万里长江源头的沱沱河畔，初创于1956年7月。青藏公路经此北上去格尔木，南下即到世界著名的日光城——拉萨。

沱沱河海拔4500米，历来是一个“天空无鸟飞”的地方，自然条件恶劣。每年10月到翌年5月为风季，最大风力超过12级。冰冻期长达9个月，最低气温零下40摄氏度。冬季风雪交加，平地积雪2米以上。夏季气候变幻莫测，时而烈日当空，时而大雨滂沱，时而狂风呼啸，时而冰雹倾泻，六月飞雪，屡见不鲜。昼夜温差极大。更为严峻的是高山缺氧，空气含氧量仅相当于海平面的60%。恶劣的自然环境，锻炼了全站职工。他们不怕空气稀薄，不怕寒风刺骨，不怕气候多变，不怕生活艰苦，依靠自己的力量，自力更生，就地取材，用土坯、石片盖起了当地第一所小屋。室内用的桌凳，也是用土坯、石片砌成。没有碗、勺，用罐头筒代替；没有筷子，就用红柳条自制。那时，途经这里的旅客，不但要自备干粮，还要随身携带帐篷。为此，他们自己动手建造食堂和旅客宿舍，初步改善了接待过往旅客的条件。

青藏公路沿线人烟稀少，站距很长，过往旅客，来无定时。站上职工时刻准备着，把旅客宿舍打扫得干干净净，被褥清洁、松软，灯光明亮，炉火不熄。他们劳动不计时间，不讲报酬，无论是深夜、拂晓，或是节假日，只要喇叭一响，旅客、驾驶员一下车，立即热情相迎，端水洗漱，沏好奶茶，送上热气腾腾的饭菜，让大家吃得好、睡得暖。为了表彰他们的卓越贡献，西藏自治区人民政府授予沱沱河运输站“先进运输站”的光荣称号。

截至1979年，全国有各种类型的客运站点10万多个，其中：自办站8000多个——约有1/3是50年代建成的车站，占地面积小，站房陈旧，设施不全，候车室狭窄，旅客进站后，购票、候车，拥挤不堪；代办站近7000个——绝大多数分布在乡镇，各项条件比自办站简陋得多；招呼站9万多个——实际上是露天站，即在村边路旁设立招呼站牌，旅客在此风吹、日晒、雨淋，等候上车或下车。

上述状况显然不能适应80年代汽车客运发展的需要。长期以来，国家对公路交通的基建投资不多。1950 年至 1978 年，公路交通的基建投资平均为国家基建总投资的 2.61%，1979 年下降到 1.98%。有限的资金大部分投入公路交通的其他方面，车站建设难以排上议事日程。因而“运输不建站，买车不盖房”的问题，始终没有得到妥善解决。这种状况直到企业经营自主权扩大以后，才开始发生变化。不少汽车运输企业，通过自筹资金，银行贷款，省级人民政府批准票价附加，或国家给予少量补助，新建了一批设计新颖、造型美观、设施齐全的大中小型汽车客运站，有的还安装了电子显示装置和监控闭路电视。部分省会、自治区首府所在地以及枢纽城市新建的汽车客运站，结合远景发展需要，建筑面积都在 1 万平方米左右。为了进一步把车站建设工作搞上去，1984 年 5 月，交通部发布《公路汽车客运站级别核定和建设要求》部颁标准。站级划分主要根据旅客日发送量，并结合所在地政治、经济、文化等诸多因素来决定。车站分为 4 个等级。对不同等级的车站建设规模、设备及其设施，也都作了明确规定。据 1987 年统计，全国汽车客运站点增加到 16.6 万多个。

80 年代初，城市经济体制改革逐步展开。在客运市场开放，国营、集体、个体一起上的竞争形势下，各地客运车站从自身的实际出发，积极发展横向联合，开辟营运新线，增开客运班次；或结合当地山川名胜、文物古迹等优势，大力开发旅游客运。与此同时，许多车站向社会开放，为全行业服务。西安汽车站是由商洛、咸阳、渭南、安康 4 个地区汽车运输公司，采取国家投资和企业集资相结合的办法，共同兴建起来的大型客运车站，1983 年投产。在管理体制上打破了条块分割、地区封锁和传统的隶属关系，实行车站与汽车运输公司分离，不依附于任何运输企业。车站面向旅客，面向全行业，独立经营，自负盈亏。西安汽车站建筑面积 1.08 万平方米，营运线路覆盖陕、甘、宁、晋、豫、鄂等省（自治区）80 多个县、市，形成了一个以西安为依托的开放型、辐射式、多功能的公路客运服务中心。昔日那种国营、集体、个体各跑各的车，各有各的站，沿街摆摊设点招揽乘客，运输秩序混乱，市容不整，经济效益欠佳的状况大为改善。此后，成都等地建立了性质类似的客运服务中心，同样得到了旅客、车主称便，经营者受益，当地政府满意，社会效益好的效果。

第七节　客运服务工作

客运车站是客流集散的中心，来去匆匆的旅客，熙熙攘攘，川流不息。每天，广大站务人员不辞辛苦地迎来送往，竭尽可能地做好服务工作，让身处异乡的旅客感到亲切、温暖。正因为这样，许多旅客赞誉车站为“旅客之家”，亲昵地称呼站务人员为“旅客之友”。

50年代以来，被群众誉为“旅客之家”的大中小车站为数甚多。其中比较著名的，有世界屋脊上的沱沱河运输站，地处胶东的掖县汽车站，六朝古都的南京汽车站，松嫩平原的肇州客运站，内蒙古草原的宝昌汽车站，黄土高原的武威汽车站，天府之国的成都汽车站，西南边陲的思茅汽车站，右江河谷的田阳汽车站，洞庭湖畔的常德汽车南站，东海之滨的厦门汽车站，以及人民首都的马圈长途客运站。这些车站虽然所在的地理位置不一，自然条件各异，语言差别很大，但在客运服务工作中，都取得了优异成绩。它们的主要经验有四条：

一是重视职工思想政治工作。为旅客服务，既琐碎，又平凡。要做好这项工作，在很大程度上取决于人的思想。思想端正了，一般看来难以解决的问题，几乎都可迎刃而解。一些优秀站务人员的成长，无不经历一段曲折的思想转变过程。开始，他们往往不愿做服务工作，遇见亲朋好友，觉得很不光彩，甚至脸红心慌，自认为“低人一等”，“没有出息”。许多车站领导深深懂得加强思想政治工作的重要作用。他们循循善诱，言教加身教，满腔热情地做思想工作。疙瘩一经解开，思想豁然贯通，视野开阔，认识起飞，激励着不少后进职工步入先进行列，在为人民服务的大道上勇往直前，从而在平凡的工作中，干出了不平凡的成绩。

二是注意提高职工的业务素质。做好服务工作，必先掌握过硬的基本功。客运服务基本功包括许多方面。说普通话，能讲当地方言或民族语言，就是其中之一。语言是人们思想交流的工具，也是打开心扉的钥匙。掌握了它，才有可能较好地为各族旅客服务。

聋哑旅客的特征，是以手势替代语言，表达思想。作为客运服务的基本功，学习哑语也很有必要。

有关统计表明，工农兵学商在客运总量中占多数。他们外出旅行，有的乘坐汽车并非直达，只是全程的一部分，中途还要转乘轮船、火车或飞机。有时，出于某种原因，他们急需了解某一水陆交通枢纽各种运输方式的客运票价、班次以及衔接时间，能否准确对答这些相关的问题，同样是衡量客运服务质量的一个标志。

凡此种种，都涉及站务人员的业务素质。许多车站对此非常注意，“旅客之家”尤为关切。他们采用请进来、派出去的办法，鼓励职工勤学苦练各种基本功，边学边干，学以致用。有时，还举办表演，开展竞赛，借以巩固既得的学习成果。

三是设身处地为旅客着想。过去，人们视外出旅行为畏途。为了改变“在家千日好，出门一时难”的传统观念，站务人员从方便旅客出发，做了许多细致工作。旅行，首先要买车票。通常的做法，只有去车站排队购买。这对旅客不太方便。不少车站改变了单一的售票方法，除在站内随时售票外，还在宾馆、饭店、会场、港口和火车站设点售票，同时办理电话订票和信件预约，等等。节假日来到之前，派出站务人员深入机关、学校和厂矿企业，摸清旅客流量、流向、流时，预先进行登记，据以调度车辆，安排乘坐班次。

旅途生活，动荡不安，易感困倦。特别经过长途跋涉之后，更是疲惫不堪，需要找个清洁、恬静的环境稍事休息。站务人员想在前面，做在前面。他们在车站周围植树、栽花、种草，每当冬去春来，绿荫渐次覆盖，花香飘逸四方。他们把候车室打扫得干干净净，门窗玻璃擦得通明透亮，桌椅板凳清洁卫生，夏季通风良好，冬季温暖如春。步入如此幽静雅致、美观整洁的候车环境，几乎使旅客忘却身在旅途之中。

旅客来自四面八方，男女老少都有，各人需求不一。“旅客之家”普遍设立了问事处、小件寄存处、小卖部和母子候车室。条件允许的车站，还开办了食堂、旅社和邮政代办点。在站内醒目的地方，张贴或悬挂汽车里程、票价、行车时刻表，火车、轮船、飞机班次，旅客留言牌，以及当地名胜古迹介绍。另外，备有开水、针线包、书报杂志和棋牌等文化娱乐用品。所有这些，看起来是细枝末节，无足轻重，但对旅客来说，有时却求之不得，既有助于了解当地风土人情，与外界的交通情况，又可根据各自的兴趣，或看书报，或下棋、打扑克，轻松愉快地度过短暂的候车时刻。

四是把旅客当作亲人。车站的过往旅客，每天数以千计。尽管来也匆匆，去也匆匆，站务人员仍然像接待亲人一样，服务热情周到，态度和蔼可亲。特别对老、弱、病、残、孕和婴、幼儿，更是关怀备至，或端茶送水，代购食物，或捆扎搬运行李、包裹，照顾上车下车。尤其动人的是，不少站务人员还为缺奶的婴儿哺乳，送年老的乘客回家，帮远方的来客寻找亲友，甚至给突患重病、危在顷刻的旅客献血。她（他）们的高尚情操，赢得了广大群众热烈称赞。夸她（他）们发扬了中国“老吾老以及人之老，幼吾幼以及人之幼”的传统美德，夸她（他）们“不是亲人，胜似亲人”。

1964年4月，在交通部召开的全国交通会议上，掖县汽车站被评为交通系统十个先进单位之一。会后，掖县汽车站全心全意为人民服务的经验在全国范围推广。

掖县汽车站是烟（台）潍（坊）公路的中途站，也是掖（县）青（岛）、掖（县）莱（阳）公路的始发站和终点站。60年代初，平均日发送旅客300多人次。

在客运服务中，掖县汽车站总结了“三听、六看、一琢磨”的工作方法。三听，即听口音，听问话，听旅客之间的对话；六看，即看年龄体质，看面部表情，看服装打扮，看举止行动，看同行旅伴，看携带物品；

一琢磨，即琢磨旅客的心理和要求。实践证明，熟练掌握这个工作方法，基本上可以摸清旅客的不同需求，主动地做好服务工作。此外，掖县汽车站还要求站务人员做到五要。即：一要说话多带请、您和劳驾；二要态度和蔼先笑后说话；三要真心实意热情服务莫虚假；四要耳灵嘴勤有问必有答；五要紧张活泼谨慎又文雅。

关于售票方面，要求售票时做到“三问一唱”，即问清到达站名、客票张数和日期车次，唱出收到的票款；交票时做到“三唱”，即唱出客票张数、日期、车次和应退的票款。

多年来，掖县汽车站运送旅客的行李、包裹，基本上没有发生差错，具体的做法归纳为12个字，即：

三留底：过磅时留底，客票上留底，检票时留底；

一见面：装车时，让旅客和自己的行李、包裹见面；

三核对：检票员、装卸工、司磅员三方共同核对；

一交代：发车前，站务人员向驾驶员交代行李、包裹的装运情况。

1966年，“文化大革命”开始。在长达10年之久的动乱岁月中，客运站务规章制度遭受严重破坏，服务质量全面下降。为此，根据1980年12月中共中央工作会议决定加强建设社会主义精神文明的指示，各地汽车运输企业于1981年相继开展五讲四美三热爱活动，要求把车站办成传播社会主义精神文明的窗口。这个活动大体经历了三个阶段。

第一阶段为1982年。突出治理脏、乱、差，着重解决脏和乱的问题。各地汽车运输企业普遍整修汽车站房，种树栽花，绿化环境，整顿车站秩序，改变了“购票马拉松，候车乱哄哄，上车一窝蜂”的混乱状况，站容、车容、仪容都有改善。1982年5月，交通部副部长王展意在南昌主持召开全国公路客运部门文明礼貌活动经验交流会，制订了《全国公路客运职工守则》。同年11月，交通部又在南宁召开全国汽车客运站务工作会议，制订了《公路汽车客运站务管理办法》，要求把五讲四美活动与加强站务管理工作结合起来。

第二阶段为 1983 年。在综合治理脏、乱、差的基础上，开展“三优一学”（三优：优质服务，优良秩序，优美环境；一学：学习雷锋）活动，以优质服务为中心，着重解决服务质量差的问题。具体做法是，以正面教育为主，结合企业整顿，加强思想政治工作，要求广大职工自觉贯彻执行“旅客第一、服务第一、信誉第一”的方针，学雷锋，树新风，全心全意为旅客服务。

为了把优质服务促上去，许多汽车运输企业抓了两件事。一是在治标——脏、乱、差的同时着重治本，把开展文明礼貌活动中取得的好经验加以归纳、总结、提高，并结合交通部颁布的《公路客运站务管理办法》制订实施细则，使车站管理水平和服务质量普遍有所提高。南京汽车站是一个大型客运站，每天发车 230 多个班次，营运线路遍及 6 省 100 多个县、市，旅客的平均日吞吐量约 1. 8 万人次，受理行包 1000 件左右。实行全面质量管理制度后，准班率达 100%，正运率为 99. 9%，正点率为 99. 91%，售票差错率和行包运输差错率分别下降到 4‰和 0. 8‰。二是抓评选，把客运服务工作置于广大群众的监督之下。黑龙江、陕西、安徽等省交通部门与省报社、电视台、广播电台联合发起评选最佳服务员和最佳汽车站活动，发出选票或评选意见书，恭请各界旅客参与评选。评选活动调动了广大职工的积极因素，巩固、提高了客运服务质量，并使不少车站出现了创一流、争最佳的新局面。

第三阶段从 1984 年开始。根据中央五讲四美三热爱活动委员会的指示精神，交通部提出：在进一步搞好综合治理的基础上，把创建文明车站作为公路客运部门今后五讲四美三热爱活动的基本形式和基本内容，并使其向更高的阶段发展。1984 年 8 月，交通部在黑龙江省肇州县召开全国公路客运部门建设文明车站经验交流会。肇州汽车站等 55 个成绩卓著的单位被命名为部级文明车站（队），同时还表彰了潘丽娟等 91 名先进站务员、乘务员和驾驶员。

第十三章
非公路交通部门的公路运输

第一节　汽车运输

非公路交通部门拥有的汽车，在全国民用汽车保有量中占绝大多数。除公路交通部门所属的汽车运输企业外，其他的机关、企业、事业单位以及运输专业户所有的汽车，都在统计之列。

1953 年，中国开始大规模经济建设。国民经济各部门在发展过程中，为适应自身生产过程的物资运输需要，通过不同的投资渠道，逐年新增了一些自备汽车。1958 年以后，公路交通部门营运货车的运力严重不足，难以承担厂矿企业日益增多的生产过程的物资运输任务。1961 年，国务院在发布的《关于厂矿企业办运输的几项规定》中明确指出，厂矿企业内部运输由自备运输工具负责完成；要求在新、改建厂矿企业的同时，必须考虑交通运输条件，对厂矿企业内部的运输线路、专用公路、仓库堆场、装卸机械、运输工具以及保修设备等，要统一规划，全面安排，列入企业基本建设计划。这些规定，为非公路交通部门汽车运输的进一步发展创造了条件。冶金、石油、化工、林业、纺织等产业部门，水利电力、铁路、建筑等基建工程部门，以及商业、供销、粮食、外贸、物资等经销部门，都在原有的基础上相继扩建或新建了许多规模不等的汽车运输机构。中共十一届三中全会以后，国家经济体制改革不断深化。1983 年 1 月，中共中央在《关于印发〈当前农村经济政策的若干问题〉的通知》中，允许个人购买汽车从事营业性运输，个体运输专业户发展迅猛，到 1987 年年底，共拥有客货汽车 41 万辆，一举超过公路交通部门汽车运输企业营运汽车的总和。为数庞大的非公路交通部门的汽车进入运输市场，顿时把公路运输搞活了。巨大的冲击波，席卷了长期存在的单一运输市场，独家经营变为多家经营，卖方市场变为买方市场，货主有了择优托运的机会，物资不再积压，货畅其流，促进了国民经济的发展。1987 年，全国民用汽车的保有量达到 408 万多辆，其中，非公路交通部门拥有的车辆占 90% 以上，全年完成货运量 63. 22 亿多吨，货物周转量 2230 亿吨公里。

非公路交通部门的汽车数量多，分布广，隶属千家万户，是整个国家运力的一个重要组成部分。1956 年，私营汽车社会主义改造结束之后，全国形成了单一的运输市场。按照国民经济各部门的不同分工，凡属营业性运输，均由公路交通部门承担，非经特许，机关企业汽车不得从事营业性运输，束缚了非公路交通部门有车单位搞运输的积极性，从而导致公路运输长期处于运力不足的紧张状态。1957 年，国务院发布了《合理组织运用机关企业货运汽车的指示》，其目的在于把非公路交通部门的部分汽车组织起来，以发挥它们的运输潜力。各省、自治区、直辖市人民政府坚决执行了这个指示，数以万计的有车单位，在不影响自身生产任务的情况下，纷纷以多余的运力，参与公路交通部门组建的汽车运输公司或车队，积极地投入运输，弥补了公路交通部门营运汽车的不足。20 世纪 50 年代末，仅上海市各区、县即按条条（指按行业）或块块（指按行政区划）组建了 22 个联合运输公司，参加联营的汽车达 3300 多辆。1979 年，出于同样目的，再度开展了一次大规模的组织机关企业汽车参加营业性运输。国务院转发了交通部《关于统一组织机关企事业单位汽车的情况报告》，要求各省、自治区、直辖市从实际出发，因地制宜，采取不同组织形式，有计划、分期分批地把机关、企业、事业单位的载货汽车分别组织起来，满足各方面对运输的需要。机关企事业汽车两次大规模地支援公路运输，在不同程度上都取得了积极效果，既缓解了公路交通部门的压力，又为国家经济建设作出贡献，社会效益极为显著。

商业系统拥有一支庞大的汽车运输队伍，并且自成体系。它的主要任务是：加速商品流通，提高运输质量，千方百计为购销业务服务。新中国成立后，各级商业部门为适应客观需要，逐步建立了自己的汽车运输机构。20 世纪 50 年代中期，对木材、矿石、煤炭、粮食、食盐、食糖、生猪、棉、麻等大宗商品，就采取了直线运输的方法；进入 60 年代，推广了河北省唐山地区按经济区域组织商品流通的经验。在此基础上，1979 年确定了 200 多个品种（类）的大宗商品合理流向，进而在 1980 年推行了“五定”（定商品、定线路、定起止点、定运输工具、定费用）运输。1981 年以后，随着商业体制改革的展开，流通领域开始实行多种经济成分、多种经营形式、多渠道、少环节的“三多一少”商品流通体制。商业部门的汽车运输企业也本着“促进商品生产，加速商品流通，提高服务质量，搞活业务经营，方便货主，服务购销”的原则进行改革。在经营方针上，从“不赔不赚，略有盈余”的内部服务型，改变为“立足商业（供销），面向社会”的服务经营型。除优先为本单位、本系统服务外，还为其他部门以及个体户代办运输业务，不但承运大宗、成批商品，还承运零担、零星商品。并为客户办理有关代包装、代加工、代修补、代购代运等业务。与此同时，商业汽车运输企业开始实行承包经营责任制，对国家或上一级单位承包；企业内部各环节也层层承包，责任落实到人，把企业的经营成果同职工的个人利益挂钩，从而增强了企业的活力。1985 年，商业系统自备汽车达到 12 万多辆；有 28 个省、自治区、直辖市设立了商业、供销储运公司，在 300 多个工业城市、交通枢纽和物资集散地，建立了专业化储运企业，基本上形成了一个主要为商品流通服务的运输网络。

对外经济贸易部也有一个比较完善的运输体系。中国对外贸易运输总公司就是一个部属的大型运输企业，拥有大吨位汽车和集装箱运输车 5000 多辆，以及国际标准集装箱 3000 多个，修建了一批集装箱中转站和堆场，并配备了相应的大型装卸机械。这个运输总公司下设 52 个分支机构，分布在各省省会、自治区首府和直辖市，以及陆海空口岸和一些外贸货物比较集中的城市。它的主要任务是：根据对外贸易活动的要求，遵循“安全、迅速、准确、节省、方便”的原则，按时、按质、按量地把进口物资运进来，把出口物资运出去。

各省、自治区、直辖市外贸部门和各进出口公司都有自己的汽车运输机构负责完成本地区本单位的运输任务。20 世纪 50 年代末，新疆外贸运输公司即拥有货运汽车 600 多辆，专门为基层外贸收购工作服务，把分散、零星收购的外贸物资集中起来，交付加工，然后再将加工符合出口标准的原料、半成品和成品运交铁路出口的始发站或陆路交接口岸。到 1985 年年底，累计完成货运量 280 多万吨，货物周转量 10 亿吨公里以上。

在国际贸易市场激烈竞争的情况下，随着国家对外贸易的扩展，对运输工作的要求越来越高。鲜活商品、季节性商品，要求运输速度快，交货及时；贵重商品价值高昂，要求确保运输质量；而低价值的大宗货物，则要求运输费用便宜。能否适应这些客观需求至关重要，因为它直接关系到贸易的成败。集装箱运输具有安全可靠、货损货差少、节省商品流通费用、能够从门到门等优越性。早在 20 世纪 60 年代，外贸系统就开展了这项新兴的运输业务。70 年代又办了陆海联运和陆空联运。进入 80 年代，中国对外贸易运输总公司大力发展一次委托，一票直达的集装箱门到门运输。仅 1985 年即把电站、水利灌溉工程、大型宾馆和游乐场所等 12 个承包工程项目的进口设备，完好无损地直接运到工地，保证了施工进程。

1984 年，外贸运输体制改革，实行储运一体化，对外贸易仓储总公司合并到中国对外贸易运输总公司；从而增强了外贸运输的调节能力，为集装箱运输的发展进一步创造了条件。1985 年，外贸系统共完成公路货运量 455 万吨，比 1980 年增长 20 多倍。

中国冶金系统的汽车运输也具有较大规模。20 世纪 50 年代初期，钢铁工业物资运输以铁路为主，厂矿自备汽车只是运输一些零星货物，运量不大。“一五”期间，冶金行业拥有的汽车从 987 辆增加到 3189 辆，此后发展更快。1987 年，冶金系统共有汽车 5 万多辆，其中载重 20 吨以上的重型汽车有 2000 多辆，全年完成货运量 3. 8 亿吨。随着冶金工业的崛起，汽车运输向大型化、专业化发展，普通货车的平均载重量已从1975年的5吨上升到1987年的6.2吨；矿山专用汽车的平均载重量，从13吨提高到26.1吨。

厂矿企业都有各自的生产特点，所属的汽车运输机构，主要服务于自身的生产需要。它的发展，从属于厂矿企业的扩大再生产。黑龙江省是中国主要的木材产地之一。1950年前后，森林工业的集材靠畜力，运材靠水上流放和森林铁路，生产、生活物资运输，在没有铁路的地方，完全依靠人力和畜力。1953年，森林工业系统从捷克引进一批太脱拉型汽车运输木材，是为汽车运材的开端。此后，各林业基地建立了汽车运输机构。1957年，汽车运材量达121万多立方米。“二五”期间，森林开采深入腹地，10多条森林铁路先后拆除并改建为公路，运材业逐步转向汽车运输。1962年，各林业车队普遍建立、健全了各项规章制度，管理水平逐步提高，车辆技术状况改善。与此同时，汽车运材的方式也有所改变，从原木运材改为原条运材，效率显著提高；对回空的挂车不牵引，改为挂车上主车，延长了挂车使用寿命，降低了燃料消耗。为了提高队伍素质，20世纪70年代以来，各车队采取多种形式举办学习班。组织职工学业务、学技术、学文化，促进了技术革新和保修机械化。1984年，黑龙江省林业系统的汽车保有量上升到6770辆，分布在34个林业管理局和47个车队，职工近3万人，除承担大部分木材运输任务外，还支援了社会运输。30多年来，林业物资运输已经从依靠森林铁路发展到主要依靠公路运输；汽车运输也经历了从无到有、从小到大的发展历程，并成为黑龙江省公路运输行业中的一大支柱。

上海是中国最大的工业城市。纺织工业发达，厂家也多，自备汽车数量不等，而且逐年有所增加。但是，由于分散使用，运输效率不高，1979年，上海市纺织运输公司成立后，把各厂的360多辆货车集中起来，专门承担纺织系统450多个单位的货运任务。纺织生产工艺流程长，协作环节多，车间分散，不少小厂地处弄堂，仓库狭小，储备有限，运输稍一脱节，轻则影响生产，重则停工待料。因此，采取了下列措施：

一是调查预测各厂的货源变化情况，不断调整、平衡运力，提高适应性，增强为纺织生产运输服务的能力。

二是运输计划的安排，适应各厂货物供应流转量的需要。棉花、化纤、液碱等物资，按年、季、月的分配转仓计划平衡运力，并按各厂每天的需要量安排运行作业计划。

三是对批量大、装卸点集中的货物运输，派遣调度人员现场指挥，及时解决运输装卸中的各种问题。

四是制定运输装卸服务质量标准，保质保量，运输及时，为纺织生产提供优质服务。

纺织系统集中运输取得明显经济效益。与分散使用对比，平均单车效率提高 165%，百车公里油耗降低 30% 左右，完好车率与车辆利用率都有较大幅度提高，年利润达到 120 万元以上。

进入 20 世纪 80 年代，在放宽、搞活的方针指导下，作为异军突起的汽车运输专业户，从无到有地迅速发展起来。他们活跃在广大农村和城镇，成为公路运输行业的一支令人瞩目的有生力量。

汽车运输专业户分散经营，机动灵活，应变能力强，服务热情周到。他们之中，有不少采取自货自运、运销结合的经营方式。青海省湟中县的汽车运输专业户有 20% 搞自运自销。汉东村的 38 个运输专业户共有汽车 41 辆，他们开车分赴各地收购油菜籽回村加工食油，然后远运到牧区和西藏出售，把全村的榨油业带动起来了，村里的榨油机从 1982 年的 2 台增加到 12 台。他们每年从事运输的时间约 6 个月，农时不离农业生产，每车年均收入 1.6 万元。大通县元朔乡一位女青年驾驶员，1980 年自购汽车 1 辆，从大通水泥厂为西宁、海北、格尔木等地运送水泥，回程给水泥厂运石灰石，几年来共盈利 8 万余元。为了掌握固定的货源，她自费建筑简易的库容 8000 吨的水泥仓库 1 座，免费代水泥厂提存、保管水泥，为水泥用户提货、送货，方便了供、需双方。她还投资 4 万元建冰棍厂，解决了 60 名水泥厂待业青年和农村闲散劳力的就业问题，开辟了“一业为主，多种经营”的途径。

汽车运输专业户大体上分三种类型：

一是汽车属个人所有，独自经营；

二是个人或联户承包集体企业的汽车经营运输，规定承包年限，交纳规定的承包金额，车辆所有权不变；

三是运输专业户之间，或运输专业户与国营、集体汽车运输企业之间实行联合经营。

汽车运输专业户的兴起，不仅带动了农村商品经济发展，还扩大了整个国家的汽车运输能力，同时把竞争机制引入运输市场，促进了公路交通部门汽车运输企业改善经营管理，转变工作作风。

为引导汽车运输专业户健康发展，许多省、自治区、直辖市成立了个体劳动者协会或个体运输协会，宣传政府法令，提供运输市场信息，开展技术咨询和职业道德教育，对个体经济活动产生了积极作用。

第二节　拖拉机运输

1959 年 11 月，洛阳第一拖拉机制造厂建成投产，揭开了中国拖拉机制造工业的序幕。此后，各地又相继兴建了一批规模不等的拖拉机制造厂，为农业机械化提供了可靠的物质基础。1985 年，中国农用拖拉机的保有量达到 467 万多辆，其中包括大中型拖拉机 85 万多辆，小型及手扶拖拉机 382 万多辆，分别比 1980 年增长 13% 和 104% 以上。农用拖拉机的大幅度增长，并不意味着是农业生产的需要。调查表明，农用拖拉机每年用于田间作业的时间只有两三个月，而更多的时间是活跃在农村短途运输线上。

农用拖拉机是根据农业生产的特点进行设计、制造的。用来经营公路运输，其效率远远低于汽车。特别是手扶拖拉机，最高时速只能运行 15 公里，能源消耗也比汽车多，且自身没有驾驶室，机手操作日晒雨淋，起动、上坡或超负荷运行排放大量浓烟，噪音最高达 96 分贝，劳动条件很差。凡此种种，说明拖拉机上路搞运输终非长久之计。当代中国的广大农村，公路交通现代化水平不高，农用汽车，尤其是农用轻型汽车，十分短缺，简易公路质量差、标准低，难以满足农村商品经济发展对公路运输的迫切需求。运输难的问题长期未能妥善解决。正是在这样的历史条件下，拖拉机运输得以大显身手。因为它投资少，驾驶技术容易掌握，比汽车更为机动灵活，不论是天然土路，还是狭窄的机耕路，都能通行无阻。同时，经营拖拉机运输的经济效益也很可观，富有吸引力。20 世纪 80 年代以前，拖拉机在农业生产中，使用效率低，维修费用高，不少拖拉机站亏损严重。许多“铁牛”不得不从运输上找出路，以运输的收益来弥补田间作业的亏损，被称为“以运补耕”。据南京市有关部门测算，1 辆拖拉机的营运收入，相当于 40 亩大田作物的收入。另据山东省 1979 年统计，大型拖拉机运输的成本利润率平均为 40%；1 辆拖拉机获得的纯利达到 4000 元以上。

拖拉机运输盈利较多，并非由于它的消耗少、成本低，而是因为它享有诸多优惠条件。一是规定的运价比汽车略高；二是缴纳的养路费占营运收入的比重不大，有的地区只相当于汽车的 1/3；三是免税；四是机用柴油价格优惠。这些都是当地政府从政策上给予拖拉机运输的支持，从而有效地加强了它在运输市场上的竞争地位。

“六五”期间，农村经济体制改革取得成效，农业生产实行联产承包责任制，多种专业户应运而生，乡镇企业兴起。反映在公路运输上是：货点多，分布面广，道路条件不好，托运的货物批次多、数量少、运距短，货种复杂，装卸麻烦。手扶拖拉机以其结构小巧灵活的优势，在短途运输中部分地或在相当程度上取代了汽车运输和人、畜力运输。1985 年，中国农村竣工的房屋建筑面积约 7.9 亿平方米，其中有私人住宅近 7 亿平方米。建筑材料运量之多，不难想象。拖拉机仆仆风尘地穿梭于砖瓦窑、采石场、林场、滩涂与建筑工地之间，为建设新农村作出了贡献。拖拉机运输一般不亏吨，且能随叫随到，随托随运，手续非常简便，服务也比较热情、周到。

据统计，1985 年从事公路运输的拖拉机有 178 万多辆，全国农村运输业总产值（包括农用汽车和人、畜力车以及拖拉机等）高达 190 多亿元。

第十四章
汽车机务工作

第一节　机务工作概况

汽车是一种现代化运输工具，其管理和运用都具有较高的技术性。在汽车运输业中，对汽车的管理、使用、保养、修理和更新改造等一系列技术管理和技术服务，通称机务工作。这项工作既要尽量压缩汽车修理时间，以提高完好车率，又要尽可能地提高车辆运行效能，节约运行消耗，以保证完成运输任务。因此，汽车运输业历来都很重视机务工作。

新中国成立初期，为尽快恢复国民经济，需要大量运力支援工农业生产。公路交通部门的首要任务，是发动广大汽车修理职工，自力更生，积极修复国民党政府遗弃的大量破旧汽车。1950 年，在中央财政经济委员会领导下，成立了全国旧废汽车整修委员会，并按大区分设 6 个整车分会，统一组织各地区旧车整修工作。据调查统计，全国约有旧废汽车 1 万辆，厂牌车型复杂。广大汽车修理职工在缺乏材料、配件和技术资料的情况下，积极搜集、翻译有关技术资料，采用旧车修复、拼装、改制等办法，从 1950 年到 1954 年，共修复汽车 5000 多辆。不仅为国营汽车运输企业增添了运力，而且还锻炼、提高了汽车修理职工的技术水平。

新中国成立不久，帝国主义国家对中国实行经济封锁，液体燃料供应极为困难。为了确保汽车运输生产，各省、自治区、直辖市公路交通部门和一些汽车修理企业为汽车研制、安装了木柴、木炭、白煤等多种形式的代燃炉，有效地解决了代用燃料问题。

20 世纪 50 年代前期，中国汽车工业尚未建立，进口汽车也不多，汽车运输企业仍然需要依靠国民党政府遗留的一些老旧汽车。为了改善它的技术状况，延长使用寿命，提高运用效率，各地汽车运输企业加强了汽车机务工作。1951 年，交通部邀请了部分省、市公路交通部门的技术人员制定了《汽车运输企业暂行技术标准与定额》（简称“红皮书”），作为汽车运输企业建立和健全机务管理工作的依据。1954 年，在学习苏联和总结国内有关汽车使用、维修和机具改进等先进经验的基础上，对“红皮书”进行了修订，定名为《汽车运输企业技术标准与技术经济定额》，从此确立了汽车计划预防保养修理制度，为汽车机务管理工作奠定了基础。

“一五”期间，客货运量迅猛增加，汽车运输任务日益繁重。尽管增加了一些从苏联、捷克、匈牙利等国家进口的汽车，但与客货运量的增长仍很不适应。1956 年，交通部号召汽车运输企业开展三大改革，即实行双班运输、拖挂运输和总成互换修理法，以充分挖掘汽车运输潜力。在一般情况下，双班运输比单班运输增产 60%—70%，拖挂运输可增产 60%，总成互换修理法则可大大压缩停厂车日，提高完好车率。不少汽车运输企业结合本身条件，积极推行三大改革，提高了运输效率，缓和了运输紧张形势。

随着汽车数量的增加，双班、拖挂运输的开展，汽车保修能力相应地有所发展。“一五”期间，不少地区新建了汽车保修厂（场），其中有苏联帮助设计的新疆十月汽车修配厂，也有由中国自行设计建造的广州、南宁、昆明、拉萨、格尔木、西安、福州、合肥等新型的汽车修理厂和保养场。为了减少车辆厂牌复杂给汽车保修工作带来的困难，各省、自治区、直辖市公路交通部门通过协商，相互调整了车型，把同一类型的汽车尽可能集中在一个地区使用，既便于维修，又便于供应配件，对改善汽车保养工作，实行总成互换，提高完好车率，都起到好的作用。

“一五”期间，全国汽车运输企业涌现了一批先进人物。在汽车驾驶方面有四川省的卞介秋、浙江省的陈荣材、湖南省的肖培俊等；在汽车保修和机工具改革方面，有北京市的吴振华、山东省的徐樟等。通过宣传他们的先进事迹，推动了汽车运输企业社会主义劳动竞赛的健康发展。

1958年，“大跃进”开始。在急于求成的“左”的思想指导下，出现了以钢为纲，全面跃进的局面。反映在汽车运输上，货运量猛增，短途运输十分紧张。汽车运输职工夜以继日，千方百计地增加运输能力，仍然不能满足需要。在客观形势影响下，公路交通部门开展了所谓“汽车列车化”“车吨月产万吨公里”“大修不过日、二保不过时”等一系列群众运动，车辆超载、超拖，失养、失修。这种拼人力、拼设备、单纯追求高产的做法，虽然在短期内取得一定效果，但未能持久，而且得不偿失。1960年，车辆技术状况开始恶化，带“病”行驶车辆不断增加，全国货运汽车平均完好率从1958年的82.5%下降到60.9%，职工的积极性被严重挫伤，给运输企业造成很大损失。1961年，公路交通部门开始贯彻执行“调整、巩固、充实、提高”方针。按照全国交通会议精神，各地汽车运输企业坚决把维修车辆放在首位，大力抢修汽车。许多地区成立了车辆修复指挥机构，首先调查鉴定汽车技术状况，然后根据车辆损坏程度、配件供应的可能性以及拥有的维修力量等具体情况，采取先易后难的办法，逐车逐项落实，做到有计划、有步骤、有准备地分期分批修复车辆。与此同时，各地汽车运输企业还积极贯彻过去行之有效的技术管理制度，严格按照规定周期执行汽车保养，开展群众性爱车活动，使修复后的车辆经常保持完好。

为防止汽车配件的生产、供应和使用脱节，1961年，经国务院批准，汽车配件实行产供需一元化领导，统一由交通部负责。在配件生产上，集中力量保证全国大多数车型的常用和关键性配件，对缺口配件组织试制开发，对短线产品则努力增产，以满足需要。在配件供应上，除要求各地配件公司按合同组织进货，并按计划及时供应外，还认真清理了库存配件。同时号召使用单位大力开展旧件修复，以减轻配件供应不足的压力。由于对汽车配件产供需多方面进行了工作，配件供应逐步趋向缓和。到1964年，基本上可以适应汽车维修需要。

20 世纪 60 年代初期，在中国民用汽车保有量中，共有几百种车型。其中有的只有几辆或几十辆，老旧车太多，给汽车维修和配件生产供应带来很大困难。经国务院批准，简化了车型。按照各类汽车性能、保有量和使用价值，确定保留了 62 个车型；对其他杂型车则分别采取以旧养旧，适当改造，逐步更新的办法，以充分发挥其应有作用。在调整时期，通过修复车辆，加强管理，改进汽车配件生产供应体制，简化车型和更新改造老旧车辆等有力措施，取得了良好效果。到 1966 年，全国公路交通部门营运货车完好率达到 89. 5% 。

在汽车保养和修理作业中，广大职工群众依靠技术进步，取得了很大进展。20 世纪 50 年代，各地汽车保修企业通过开展技术革新，研制了许多可以减轻体力劳动的拆装、运送设备，另外还自制了不少机械加工设备。保修方法也从综合性就车修理，逐步转向专业分工和部分总成组合件的互换修理法。进入 60 年代，许多地区从单件机具革新向配套发展，从专用机具向一机多用发展。在保养工作中，北京市运输公司汽车运输八场自制的二级保养配套机工具，包括地沟、举升设备、轮胎螺母拆装机、润滑油加注器、滑脂加注器以及一些清洗、运送设备等，为保养机械化提供了榜样。在修理方面，河北省张家口汽车修理厂把单项机具发展成综合作业台，即把一些总成或组合件的检修、装合、试验等项作业集中到一个台架上进行。然后再用各种综合作业台配套成龙地组成工艺流水线，使汽车修理工艺组织更为合理，质量更有保证，既改善了劳动条件，又实现了文明生产。

在十年动乱时期，企业管理工作基本上处于停滞状态，但生产还在继续，保修作业机械化水平仍有所提高。天津市运输二场、北京市运输八场、湖南省红岩保养场、河北省张家口汽车修理厂等单位的汽车保修机械化水平，在国内都有一定的知名度。地处西南边陲的云南省汽车修理职工，积极改进机工具，从 1970 年到 1974 年自制保修机具 300 多种、1300 多件，有效地提高了保修机械化水平。1974 年，交通部在湖南省红岩汽车保养场召开了全国交通系统汽车保修机具技术革新经验交流会，还举办了机具革新展览，其中包括不少大型加工、检测设备，基本上反映了20世纪70年代初期中国汽车保修机具技术革新所取得的成果。

中共十一届三中全会以后，经济工作的重点转移到社会主义现代化建设上来，各行各业的工作蒸蒸日上。汽车运输事业发展迅速。各地汽车运输企业从管理和技术两个方面加强了机务工作，以保证为繁忙的运输任务提供技术状况良好的车辆。

在社会主义现代化建设中，标准化工作十分重要。没有技术标准就无法衡量产品的优劣和质量的好坏。汽车大修是恢复性修理，可以按照产品制定标准或技术条件执行。为此，把“红皮书”中有关汽车修理的技术标准进行整理补充，编成《汽车修理技术标准》，作为交通部部颁标准执行。为使全国汽车修理企业都能按照标准修车，又编订了有关汽车和总成的大修技术条件6项，由国家标准总局作为国家标准颁布执行。

进入20世纪80年代，汽车运输企业都在开展以提高经济效益为中心的技术改造工作，主要的目标是车辆。据1983年统计，全国公路交通部门汽车运输企业的车辆累计行驶70万公里以上的占28.17%，行驶50万至70万公里的占13.9%，车辆老旧，性能低劣，因而汽车的保修费用和燃料消耗都偏高。云南省公路交通部门对1000多辆汽车的统计分析表明，行驶60万至65万公里的汽车与行驶30万至35万公里的汽车对比，平均车吨月产量下降11.2%，燃料消耗增加14.6%，千吨公里利润下降32.5%，对提高企业经济效益影响很大。但由于国产汽车供不应求，不可能大量用于更新，因此，对老旧汽车的技术改造，仍然是一个重要方面。1980年以来，全国汽车运输企业开始对解放牌CA10B型汽车进行技术改造。云南省提出的改造方案是：提高压缩比，改进配气相位，调整化油器，换装进排气歧管。这项技术改造获得了很好的经济效益，一般情况下，改造后的动力性可提高15%，燃料消耗可降低6%—12%。到1984年年底，公路交通部门营运汽车已经改造12万辆，为需要改造汽车总数的

85.7%。每辆汽车以年节油400升至500升计，一年可节油3.6万吨。

随着公路科学技术的发展，诊断汽车技术状况的仪器设备有了明显进步。各种效率高、技术性能好，能在汽车不解体的情况下进行综合检测的设备，如多种形式的制动试验台，集中液压站，发动机功率无负荷检测仪，以及光学、电子诊断设备等，进入了实用阶段。在管理理论方面，全面质量管理、价值工程、可靠性理论、综合设备工程学、后勤学等在实践中的应用，也促进了汽车保修技术的发展。中国多年来执行的计划预防保养修理制度，虽然为加强汽车保修工作，改善车辆技术状况，提高车辆完好率发挥了巨大作用，但由于缺乏检测设备，在保养中总成解体检修频繁，既浪费人力物力，又破坏了一些磨擦副的正常磨合面，保修费用年年上升，有的竟占成本的1/4。20世纪80年代以来，很多企业对改革汽车保修制度进行了深入研究，比较一致的看法是：保修工作仍然要以预防为主，保养可以定期执行，但要适当简化作业项目，延长作业周期，而对修理则要凭借不解体检测技术实行视情修理。这项改革，基本上用16个字来概括，即预防为主，坚持保养，定期检测，视情修理。

在改革、开放方针的指引下，汽车维修业日益兴旺。公路交通部门的汽车修理企业在经济体制改革中受到强烈冲击，年大修汽车从1979年的10万辆逐年跌落到1987年的4万多辆。激烈的市场竞争，打破了公路交通部门汽车修理企业的部门（地区）封闭、自我服务的模式，转而面向市场、服务社会，并以提高修车质量，缩短修车时间，降低修理价格，改善服务态度来吸引用户，以期在兼顾社会效益中努力求得企业的经济效益。为深化改革，1986年12月，交通部、国家经委、国家工商行政管理局联合颁布了《汽车维修行业管理暂行办法》。各地公路交通部门从宏观上强化了管理，通过“规划、协调、服务、监督”，积极引导汽车维修业开展横向联合，走专业化生产的道路，让国营、集体、个体维修业充分发挥各自的优势，使全行业更加健康地发展。

38年来，作为汽车运输主要后勤的机务工作有了很大发展，基本形成了全国范围的汽车维修网点。1950 年，公路交通部门营运汽车的完好率：货车为 63.7%，客车为 71.1%，1987 年分别达到 86.6% 和 89%。此外，与 20 世纪 50 年代相比，轮胎行驶里程和汽车大修间隔里程都有大幅度提高，燃料消耗也有所下降。

第二节 “红皮书”的制定和实施

“红皮书”是新中国成立以来交通部历次制定、颁发的汽车运输企业技术管理制度、技术标准和技术经济定额的简称。因其封面为红色而得名。“红皮书”是法规性的技术文件，是强化汽车运输技术管理的重要手段。它对树立正常技术工作秩序，维护良好的车辆技术状况，节约物料、劳力消耗，降低运输成本，起着重要的指导、促进作用。

1951 年，政务院在《关于一九五一年国营工业生产建设的决定》中指出：“经济核算制是管理人民企业的基本原则。其目的，是在国家计划的集中指导下，发扬各企业经营的积极性与责任心，提高劳动生产率，努力增加产量，提高质量，降低成本，消灭浪费与增加国家积累，从而保证工业的扩大再生产与提高劳动者的物质文化生活水平。”汽车运输企业贯彻了政务院的决定。为了搞好经济核算，首先建立健全了计划管理和技术管理制度。鉴于统一的汽车保修制度、技术标准、操作规程和平均先进的技术经济定额，是建立和健全计划管理、技术管理的基础，因此，1951 年秋，交通部邀请有关省、市汽车运输企业的技术人员，在学习苏联汽车运输管理经验的基础上，参考华北汽车运输总公司的《车务汇编》，结合中国当时的实际情况，制定了《汽车运输企业暂行技术标准与定额》，并从 1952 年 7 月开始在全国试行。它的主要内容有：公路路面分级与汽车载重标准，保养与修理的作业分类、技术标准，用料定额，行车材料消耗定额以及主要生产指标计算标准，等等。各地汽车运输企业在贯彻“红皮书”过程中，结合开展“安全、四定、车吨月产两千吨公里”运动，取得了较好成绩。广大职工钻研业务技术、赶超技术经济定额的热情高涨，技术水平普遍提高。1954 年的主要经济定额实绩，同“红皮书”试行前对比，全国平均汽车大修间隔里程，从 1 万公里左右提高到 4 万多公里；平均轮胎行驶里程，从 5000 多公里延长到 2 万多公里。同时积累了许多先进技术经验，突破了定额，刷新了纪录，为补充、修订“红皮书”提供了依据。1954 年 4 月，修订后的“红皮书”即《汽车运输企业技术标准与技术经济定额》（简称 1954 年的“红皮书”）在全国汽车运输技术会议上讨论通过，同年 9 月正式颁布施行。1954 年的“红皮书”是在总结了中国汽车运输企业有关驾驶、修理、节油、机具改进、车辆和轮胎保养等方面的先进经验和参考《苏联汽车运输手册》的基础上进行修订的。其特点：

第一，明确肯定了在中国实行计划预防保修制度的必要性；合理划分了保修分级，保养和修理作业范围；规定了技术检验制度。特别是在汽车使用技术上提出了几个重要观点：一是明确汽车使用技术在汽车运输企业中的重要作用；二是明确汽车“按需修理”的重要性；三是提出了同一类型汽车相对集中使用的必要性。

第二，制定了各种技术标准、技术经济定额和人员定额，为建立和健全企业的计划、技术、劳动以及财务管理提供了依据和条件。

第三，规定了必要的保修技术规范，是新中国成立以来首次汇集的比较齐全的实用资料，扭转了工人凭经验操作的旧习惯。

第四，首次在中国提出旧件修复问题，并推荐了喷、镀、焊补、镶套等修旧方法。

1954 年“红皮书”的贯彻实施，对中国汽车运输企业技术管理工作影响深远。由于建立了计划预防保修制度为主的许多标准、定额、规范，从而初步奠定了汽车运输技术管理的基础，提高了职工的技术水平和管理水平，使汽车运输技术管理工作步入了正轨。

为了把汽车运输企业技术管理工作提高一步，1957 年交通部邀请湖南、云南、福建、新疆 4 个省、自治区公路交通部门的有关技术人员，在总结1954年“红皮书”实施情况和汇集各地先进经验的基础上，编写了《汽车运输技术规范（初稿)》，于1958年年初印发各省、自治区、直辖市交通厅（局）讨论修改。新文件包括汽车使用、汽车保养和汽车修理3篇，涉及有关的管理制度也都分别纳入这3个篇章之内。它的主要特点是：较多地总结了国内汽车修理经验，特别是柴油汽车燃料供给系统的修理方法，以及汽车旧废零件的修理方法，并列举了一些实例，为开展旧件修理，进一步提高修旧水平提供了良好条件。《汽车运输技术规范（初稿)》印发以后，有的省、自治区交通厅据此制定了若干细则，为汽车保修的技术管理制度化、技术操作规程化、技术分工专业化打下了基础。但由于“大跃进”运动的出现，规章制度破而未立，《汽车运输技术规范(初稿)》被束之高阁。

三年“大跃进”，给汽车运输企业造成很大损失。1959年4月，交通部在广州召开汽车运输技术革新、技术革命会议，力图推行快速保修以保护运力，但在汽车运输指标过高，企业不得不拼人力、拼设备的情况下，这种措施只不过是扬汤止沸，于事无补。汽车保修工作的严重失调，致使车况下降到新中国成立以来的最低点。

1961年，在贯彻以调整为中心的“八字”方针中，交通部号召汽车运输企业加强汽车维修工作，保护运力，维持汽车运输简单再生产。之后，邀请各省、自治区、直辖市公路交通部门的专家，分别在北戴河、青岛座谈总结1954年“红皮书”的实施经验，吸取“大跃进”中违反科学，有章不循，保修失调，车况恶化的深刻教训，参考1958年印发的《汽车运输技术规范（初稿)》，重新编写成《汽车运输企业技术管理制度》《汽车运用技术规范》《汽车运用技术手册》。并在1963年9月由潘琪副部长主持召开的全国汽车运输技术会议上讨论通过，1964年正式施行(简称1964年“红皮书”)。潘琪副部长还为此在《汽车》杂志1964年第1期上发表专文，号召广大汽车运输职工大兴学习之风，管好汽车运输企业。

1964 年“红皮书”是法规性文件。它的颁布引起了汽车运输界的普遍重视，认为它既具有科学性、先进性，又具有现实性，标志着汽车运输技术工作进入了一个新阶段。与 1954 年“红皮书”比较，除增加了以管理、使用、保养、维修四大篇章为主的技术管理制度和以驾驶操作规程及保修技术规范为主的许多新内容外，主要特点是：

第一，正确处理了严肃性与灵活性、统一性与地区性、先进性与现实性之间的相互关系。中国幅员辽阔，企业所在地区的道路、气候条件各不相同，技术、设备、经营管理水平也有较大差别，这些关系处理不当，一切制度、标准、规范都难以贯彻。正因为这样，1964 年“红皮书”既有严肃性，也有灵活性；既考虑统一，也注意地区条件；既看到发展的前景，也考虑到当时的现实情况。

第二，针对“大跃进”后管理混乱、保修失调、车况恶化的状况，明确提出了“严格管理、合理使用、强制保养、计划修理”方针，强调“管、用、养、修”是相互联系、互为条件、相互促进、相互制约的有机整体，不能分割，也不可偏废。

第三，根据《国营工业企业工作条例（草案）》的规定，1964 年“红皮书”提出建立和健全汽车运输企业技术管理工作的组织与领导体系，包括技术指挥系统、技术管理职能部门和以总工程师为首的各级生产技术责任制。

第四，强调“汽车使用”是汽车运输企业贯彻“安全质量第一”方针，维护车况，提高产量，降低消耗和成本的关键措施。把“汽车使用”单列成篇，更加突出了它的重要意义。

第五，强调智力开发和加强科学研究，提出必须培养和发展技术队伍，技术革新、技术改造都要经过科学实验。

第六，对有争议的问题，如拖挂运输、保养分级、修理分类、快速保修、旧件修复等，都作了实事求是的结论，特别是对正确选择汽车列车重量，提出了指导性意见。

1964年“红皮书”颁发以后，各地汽车运输企业掀起了学习高潮。在贯彻执行中，省一级汽车运输企业建立了以总工程师为首的各级生产技术岗位责任制；普遍加强了车管、厂务、技术、检验等专业技术职能部门；建立了车辆和设备档案；对车况鉴定、汽车接驶、折旧、报废等，也都作出了具体规定。随着工人考核晋级的开展，一个“做什么、学什么，缺什么、补什么”的岗位练兵活动在各地汽车运输企业和修理企业兴起，学技术、钻业务蔚然成风。广大职工依靠技术进步，汽车总成和零件的修制质量有所提高，停厂车日减少，汽车技术状况稳步上升，检验工作日趋正常化，汽车燃料消耗降低，轮胎行驶里程延长，全国汽车运输技术管理工作朝着高效益方向发展。

1965年，在所谓突出政治，反对烦琐哲学的口号下，交通部对颁发不久的1964年“红皮书”进行了修订。同年8月，汽车运输企业技术管理制度修订会议在河北省张家口市举行。这次会议肯定了1964年“红皮书”对巩固、提高车辆技术状况和确立正常的生产秩序所起的作用。但同时指出它在“突出政治”“反对烦琐哲学”等方面存在着明显的不足，强调政治统帅技术，技术为政治服务。会议决定，经审定通过的《汽车修理规程》和《汽车运用规程》（简称“小红皮书”）分别在张家口汽车修理厂和北京市汽车八场试点验证。“小红皮书”是采用条文、表格与歌诀相结合的形式修订的，从原来的50多万字压缩为3.1万字。“小红皮书”印发时，正值“文化大革命”前夕，各地虽然传达了张家口会议精神，但都没有得到贯彻。

粉碎“四人帮”后，交通部在调查研究的基础上，对“文化大革命”前颁布的“小红皮书”进行修改，重新制订了《汽车运输和修理企业技术管理制度（试行）》（简称1980年“红皮书”）和《汽车修理技术标准》（简称1981年“红皮书”），共计13.3万多字。

1980年“红皮书”分总则、管理、使用、保养、修理5部分，它的主要特点：

一是对文件的性质和时限作了修改和规定。老的“红皮书”为法规性文件，在时限上没有提出要求；而新修订的“红皮书”则明确规定为指导性文件，在时限上只适用于国民经济“调整、改革、整顿、提高”时期。

二是在总结爱车例保经验的基础上，把例行保养部分从保养篇划出，另行纳入使用篇，并对汽车运输企业和驾驶员分别提出了要求，对拖带挂车也作了几条规定。

三是增加了科学技术工作的内容，提出厂矿企业办科研，加强科技情报工作和职工培训以及再教育等问题。

四是突出了质量管理。强调全面质量管理是改变企业面貌、提高产品质量和服务质量的核心，要求重视工艺、质量管理，加强检验。另外还提出了汽车修理要按专业化生产的原则，分别设置客车、货车、小客车、专用车辆和柴油汽车的修理厂或车间；汽车大修必须由专业的汽车修理厂执行。

1981 年“红皮书”的编制，主要考虑汽车大修是恢复性修理，要求基本上达到新车水平。它适用于解放 CA10B、跃进 MJ130、黄河 JN150 和 JN151 型载重汽车及其同类型和变型车辆。挂车修理标准主要适用于交通 JT 841、JT 842 型挂车。1981 年“红皮书”按总成系列编排，它对各总成基础件的整形公差，基本上与原生产厂要求一致。汽车的各项性能，除发动机动力要求恢复到新车的 90% 以上外，其余与新车基本相同。新修订的“红皮书”颁布以后，在华东、华北、西南等地区进行验证，参加验证的有 60 多个企业，验证的汽车或总成达 3000 多台。验证过程中，各企业都创制了一些仪表量具，培训了职工，提高了汽车修理水平。统计表明，1982 年汽车大修出厂返修率从 15% 下降到 5% 左右，大修在厂车日也缩短了 40%，成本有所下降。

为配合 1981 年“红皮书”的贯彻实施，交通部还颁布了一系列技术条件和定额标准。如：《货运挂车系列型谱》《全国公路客运车辆系列型谱》《公路货运车辆通用技术条件》《公路客运车辆鉴定试验规程》《客车道路试验方法》等。另外，由交通部编制列为国家标准的还有：《汽车大修竣工出厂技术条件（GB3798—83）》《汽车发动机大修竣工技术条件（GB3799—83）》《汽车车架修理技术条件（GB3800—83）》《汽车发动机汽缸体与汽缸盖修理技术条件（GB3801—83）》《汽车发动机曲轴修理技术条件（GB3802—83）》《汽车发动机凸轮轴修理技术条件（GB3803—83）》《载货汽车运行燃料消耗量（GB4352—84）》《载客汽车运行燃料消耗量（GB4353—84）》等。这些制度、标准、定额和技术条件，对中国汽车运输企业和汽车维修企业加强技术管理、提高保修质量、降低运输成本，起到了非常重要的作用。全国每百吨公里汽油消耗量从1980年8.7升下降到1985年的7.7升；柴油消耗量从6.2升下降到5.3升，经济效益显著。

中共十一届三中全会以来，中国民用汽车保有量增长迅速。汽车维修行业也有很大发展。公路交通部门在加强行业管理工作中，对汽车维修业的开业技术条件、汽车维修的有关技术标准、技术经济定额、统一的价格标准以及质量监督等，都作了一些规定。随着汽车维修行业管理的不断加强，“红皮书”的适用范围越来越大，在车型日益增多的情况下，它的内容还有待进一步修订。

第三节　简化车型和更新改造

“大跃进”期间，许多货车超载、超拖，放弃保养，损坏严重，加上维修配件短缺，大批汽车停驶待修，运输形势十分严峻。1961年，各地汽车运输企业贯彻执行“八字”方针，把机务工作的重点调整到抢修车辆上。当时，全国民用汽车保有量为26.5万辆，其中有不少是经过拆拼改装的整修汽车，车龄老，车型又杂。这些不同车型的汽车分散在全国，有的同型汽车在某一地区多些，而在另一地区则寥寥无几，分布很不平衡，给汽车维修，特别是配件制造和供应，带来一系列困难。实践表明，在正常情况下，一辆汽车每年需维修配件500多种，一个地区、部门或企业保有的车型越多，需要提供的不同品种、规格的汽车维修配件量就越大，在维修车辆过程中，由于缺件而造成的困难也就越多。1962 年年初，交通部对全国汽车状况进行了普查，并向国家经委提出了关于调整简化全国汽车车型的意见。6 月 11 日，国家计委、国家经委、交通部向国务院提出关于汽车运输工作中若干问题的请示报告。简化车型是其中的一个重要方面。报告认为，必须在充分利用，合理改造，结合国产车型近期发展的方向，有计划地把过分复杂的车型逐步简化，并确定把车型分为 4 类：第一类是长期保留的车型；第二类是定期保留的车型；第三类是继续利用，逐步改造的车型；第四类是以旧养旧，逐步淘汰的车型。根据这个分类原则，国家计委、交通部、一机部和中国科学院等有关部门共同制定了《国家规定供应配件的汽车车型目录》（简称《目录》），凡列入《目录》的，由国家统一安排生产、供应配件；榜上无名的，则采取利用改造或以旧养旧等措施逐步淘汰。同年 6 月 25 日，国家计委、国家经委、交通部正式向国务院提出关于拟订国家规定供应配件的汽车车型目录的报告。拟订的《目录》包括 26 种基本车型和 36 种同类车型，比原有的车型简化了一半以上。这些车型保有的车辆，约占全国汽车总数的 78%，大体上维护了民用军需物资运输的基本力量。1962 年 7 月 16 日，国务院向各省、自治区、直辖市和各部、委批转了上述两个报告，指出简化车型是汽车运输调整工作中的一项重大措施，要求从 1963 年起，按照《目录》安排汽车配件生产和控制进口车型。根据国务院有关简化车型的指示精神，交通部会同有关部门从几个方面开展了工作。

一是调整车型。调整的主要对象是二、三类车型，采取块块为主、条块结合的办法进行。调整方案逐级报批。在交通部领导下，由各级经委和交通部门组织实施。大体规定如下：

——各省、自治区、直辖市和中央各重点部门的车型调整工作，首先从本地区、本部门内部做起，凡同一车型，车数较少的，向同一地区车数较多的单位归并；然后在互利的基础上，通过协商，在省、自治区、直辖市或各重点部门之间进行调整交换。

——调整交换车型的车辆，事先不得更换原有的装备。

——调整交换车型的车辆，以能行驶的完好车为对象。

——属于调整交换车型的车辆库存配件，包括废旧件及原有装备，随同车辆作价移交调入方。

——调整交换车型的车辆，其作价以账面价格为计算依据。

——特种车辆（如油罐车、消防车、洒水车等）以及由一般车辆改装为其他专用车的不在调整之列。

此外，调整工作还要结合新车分配同步进行。为便于维修保养，同型车辆尽可能集中到一个地区、部门或企业使用。对集体所有制的汽车，在等价交换的原则下进行调整，实行差额补现。

二是控制进口车型。进口汽车以《目录》中允许以进口的车型为限，由国家计委会同外贸部、交通部、一机部审查核定。

三是开展旧车改造。旧车改造的对象是第三类车型，凡属长期保留的车型都在被选之列。旧车改造采取有计划、有步骤地分期分批进行。旧车改造规划经交通部批准后，所需总成部件由一机部安排生产，交通部负责分配。

据交通部1962年调查统计，《目录》以外的杂型车共有6.24万辆，其中货车和大客车约占67%，这些货车和大客车的技术状况不一，大体划分为5类。

甲类车：主要机械基本良好，能够继续行驶；或配件供应尚可解决，能维持运行的均属此类，计有11492辆。

乙类车：主要机械损坏，无法修复，且已停驶的均属此类，计有5284辆。

丙类车：部分总成损坏，或部分总成技术状况不佳，但符合改造条件的均属此类，计有12283辆。

丁类车：总成损坏较多，不符合改造条件，但还有部分总成可用，能够用来拼修的均属此类，计有6504辆。

戊类车：已经达到报废程度的均属此类，计有4953辆。

此外，还有车况不明的1601辆。

在全国杂型客货汽车中，按吨位分类，3至4吨的占67.6%，5吨以上的占7%，2.5吨以下的占5.3%，吨位不明的占20.1%。

为了做好杂型汽车更新工作，国家计委、国家经委、交通部于1964年6月颁发杂型汽车更新实施办法，次年1月，又颁发了若干有关补充规定。杂型汽车更新实施办法仅适用于全民所有制的机关和企、事业单位，而且只限于核定载重量为2吨以上的（含2吨）载货汽车、倾卸车和牵引车，其他车型如吉普车、特种车等不在更新之列。杂型汽车更新数量以1962年年底的统计数为准，分年进行更新，截至1965年年底，全国共计更新汽车1.59万辆。

在《目录》以外的6万多辆杂型车中，可以改造的约有2.4万辆。根据国务院“慎重研究，妥善处理”的指示精神，交通部邀请了有关专家进行讨论，普遍认为汽车技术改造要讲求实效，做到技术上合理，经济上合算，选择的总成应以国产定型的为准。交通部除要求各省、自治区、直辖市交通厅（局）制订分期分批实施旧车技术改造规划外，并在1962年拨款2000万元，安排生产解放牌发动机、变速器、前桥、后桥等总成件，供各地试改之用。在杂型车技术改造中，各地汽车运输企业对损坏严重的部分总成选用国产总成替换，对其他部件则进行彻底修理，从而改善了杂型汽车的技术性能和技术状况，简化了机型和易损件的品种，既便于配件生产供应，又延长了车辆的使用寿命。许多杂型汽车通过技术改造，改变了原车的结构形式，如长头车改为短头车，篷式轻便驾驶室改为厢式密封驾驶室，右置转向器改为左置转向器等，更加适应了各地运输需要。据北京市运输公司对通过技术改造的万国牌Ⅵ-5H-6型汽车的动力因数进行计算表明，当在分动器低档位置时，无论最大动力因数，或直接档动力因数，都比载重4吨的解放牌汽车更高。运行试验也表明，改造后的万国牌汽车，它的各档加速性能和最高速度都比未经改造的更好。江苏、山东两省汽车运输企业分别对万国 M－5H－6 和司蒂培克 US6 杂型车进行技术改造后，完好车率、车日行程和拖挂能力都有不同程度的改善。车吨月产量明显提高，大修间隔里程延长 1 倍以上，百吨公里燃料消耗减少 15%，运输单位成本下降 30%—40%。到 1965 年，全国共改造杂型车 5500 多辆。

杂型车的技术改造是否经济，涉及诸多因素，并不是所有的杂型车都值得改造，各地汽车修理企业的实践表明：

首先，改造的范围不宜过大。改造是否经济，取决于原车总成、部件能否充分利用。杂型车的改造范围，一般不超过两个总成被认为是合理的。

其次，具备适合改造的车况。杂型车改造前的技术状况，直接影响改造的范围和改造后的使用效果。如损坏的总成在 1 至 2 个范围，而其他的总成、部件仍能通过维修继续使用，则改造的范围就小，改造后的使用效果也较好。又如各总成的技术状况大部分都不太好，但经修理尚能维持使用，则通过修理继续使用反比改造的经济效益为佳。再如各总成损坏较多，又不能通过修理维持使用，已不符合改造条件，勉强进行改造，其结果不是造成技术上的不可靠，就是造成经济上的不合理，甚至两者皆具。

最后，结合养旧、大修和配件生产制订分期分批改造规划。根据杂型车的技术状况和配件供应情况，有计划地改一批养一批，利用改造下来的可用或可修的部件，供未改车的维修需要。另外还结合杂型车大修，改善未改部件的技术状况，以延长改造后的大修行驶里程。改造不可能全部消灭薄弱环节，改造车的使用寿命仍然取决于未改部件的供应情况，为此，各地汽车修理企业在尽可能生产一些关键配件的同时，加强了旧件修复工作。

此外，可靠的技术设计是取得改造效果的技术保证，否则，就有可能造成改造车技术性能不良，技术状况不稳定，甚至出现早期磨损或其他意外损失。各级汽车机务部门在实施旧车改造前，一般都对选用总成、改造型式以及改造后的技术性能进行测算，通过与其他同类车型对比，然后确定改造方案。有关技术设计则遵循：初步选型设计、试改、运行试验、技术鉴定、定型设计这一程序。

60 年代初期，各级汽车运输机务部门在“调整、巩固、充实、提高”方针指导下，自力更生，奋发图强，坚决执行了调整、简化车型和更新改造等技术政策，修复了大量汽车，维护了运力，为恢复、发展汽车运输生产做出了贡献。

第四节　降低消耗和修旧利废

汽车运输企业运行消耗的物质，主要是燃油、轮胎和配件。这 3 项约占运输成本的 55%—65%。新中国成立以来，从事汽车运输机务工作的广大职工，认真贯彻勤俭建国的方针，采取一切有效措施，努力降低汽车运行消耗，为国家积累资金做出了贡献。

一、节约燃油

节约燃油是汽车运输企业落实国家能源政策的一项重要任务。节约是相对浪费而言。区别两者的界限是耗油定额，低于定额为节约，反之为浪费。公路交通部门的客货营运汽车，每车年平均耗油约 10 吨，根据历年油耗定额考核，其节油率为 5%—8%，以 1985 年拥有 25 万辆营运车折算，年节油 12.5 万至 20 万吨。另据统计表明，燃油消耗在汽车运输成本所占的份额约为 1/3。因此，汽车运输企业对节约汽车燃油非常重视。

节约燃油是一项经常性的工作，从点滴入手，既有不断变化的内容，又有不断深化提高的项目。影响节油的因素是多方面的，如道路改善，黑色路面不断增加，炼油质量改进，汽油辛烷值提高以及汽车设计不断改善等，都对降低油耗关系很大。

交通部把节约能源当作一件大事来抓，不但在不同历史时期提出针对性的节油措施，而且把它纳入有关技术政策或技术文件之中。节油是汽车运输企业机务或技术职能部门的重要工作之一，普遍配备了专职技术人员，基层车队也多由脱产的老驾驶员担任节油辅导，经常跟随超油车上路，或帮助调校油电路，或亲自操作示范。同时，对驾驶员开展经常性节能教育，考核定额，交流节油经验，节奖超罚。新中国成立以来，各地汽车运输企业主要从以下几个方面开展了节油工作。

一是为战胜帝国主义国家经济封锁，大力发展代燃炉。新中国成立初期，帝国主义国家对中国实行经济封锁，使一向依赖进口燃油的汽车运输行业面临极大的困难。广大职工自力更生，艰苦奋斗，在总结过去使用代燃炉经验的基础上，因地制宜地采用代用燃料，终于渡过了难关。当时约有半数以上的汽车进行了改装，在南方使用木炭代燃，北方先用劈柴、后用白煤代燃，西南地区则以酒精代燃，等等。

中国北方地区的汽车运输企业习惯用木柴为代用燃料，由于消耗量过大，而且需要优质硬木，供应十分困难。1951 年，交通部运输总局李梦九工程师，北京市运输公司朱临工程师，以及上海市公共交通公司张德庆工程师，在其他技术人员的配合下，先后研制白煤代燃炉成功。白煤含硫量一般为 0.8%—1%，对汽缸酸蚀严重，灰分高达 12%—14%，高温时易熔化结碴，影响燃烧，且驾驶操作比较吃力。但是，白煤在北方分布较广，热值与其他代用燃料相同，可燃气体较多，输出功率较大，特别是价格低廉，因此，随着技术上控制炉温和脱硫研究成功，从 1953 年起，在北方地区普遍推广。

中国南方采用木炭代燃富有经验。早在 30 年代，湖南等省就开始研制木炭代燃炉用于汽车。抗日战争时期，民用汽车也大多使用木炭代燃。50 年代初期，木炭代燃遍及湖南、浙江、福建、江西、广东、广西等省，并且开创了一些先进纪录。湖南省汽车驾驶员肖培俊驾驶的老丰田牌木炭车，达到 30 多万公里无大修；陈开发驾驶的福特牌木炭车，行驶 16 万公里尚未换活塞环，其他各项技术经济指标（在不拖带挂车条件下）也都不亚于汽油车。

50 年代初期，西南地区广泛采用酒精代替汽油。四川省汽车驾驶员卞介秋驾驶的奇姆西牌汽车，百吨公里酒精耗量比公司定额降低 60%。此外，还有利用本地区资源代燃的，如重庆市采用天然气代油，辽宁省锦州地区采用液化石油气代油等，都对维持正常汽车运输发挥了重要作用。

50 年代末 60 年代初，从苏联进口的石油锐减，汽柴油供应又趋紧张，迫使汽车运输企业再度采用代燃。南方仍恢复木炭代燃，北方继续开发白煤代燃，同时找寻地下可燃气源，当时正值“大跃进”，改制代燃炉用的材料缺乏，只有 20%—30% 的营运汽车改装了代燃炉。

二是不断地总结推广先进的节油经验。1954 年，在交通部召开的全国汽车运输暨技术工作会议上，将各省、市涌现的节油经验，从管理、保养、驾驶等方面系统地加以汇集整理。之后，通过不断修改补充，一直继续到 80 年代仍被采用。它的主要内容如下：

——实行定额管理，认真执行油耗考核。各省、自治区、直辖市公路交通部门，根据国家制定的消耗定额标准，从各地的车型、道路等级、气温、海拔高度以及载重量和拖载重量等实际出发，制订实施细则。对汽车燃油消耗，采用两种考核方法。第一，按每百车公里计算出耗油定额，与驾驶员实耗相比较，考核其节超。各地汽车运输企业大多采用满油箱制，单车每日加油数即为该车当日耗油数，逐日挂牌公布，让驾驶员及时了解、关心油耗情况。同时，结合节奖超罚，使节油工作步步深入。第二，按每完成百吨公里周转量计算出耗油定额，与企业实耗相比较，考核其节超。前者是企业对驾驶员的考核，主要考核驾驶员技术水平和职业责任心；后者是上级对企业的考核，主要考核企业的节能措施和业务管理水平。

——在汽车保修方面，推广卞介秋车辆保养法，从发动机到底盘，从油电路调整到轮胎气压，都要求妥善保养，既有作业广度，又有深度。特别强调底盘润滑，将滚动阻力减至最小，使空车停在平坦道上，一人就能推动。

——在驾驶操作方面，大力推广节油能手的经验。其中闻名全国的有卞介秋、卢跃文、艾肇昌、高虎臣、葛正中、周庆标、王克锡等。他们的主要经验是：冷摇慢转，就地升温，脚轻手快，中速滑行。许多经验被纳入驾驶操作规程，特别是中速和滑行，被公认为是节油的基本经验。中速也叫经济车速。因车、因时、因道路条件而定，既要考虑油耗与车速的经济性，还要考虑单位时间的运输生产率，是综合经济的技术速度。70 年代以前，驾驶操作规程规定为 30— 45 公里/时，70 年代后为 40— 60 公里/时。滑行是汽车利用惯性继续前进和不滑行比较，节油率为 10%—20%。

三是大力开展拖挂运输。50 年代中期，不少汽车运输企业开展拖挂运输，有效地提高了发动机功率利用率和汽车载重利用率，从而较大幅度地降低了吨公里油耗，是汽车运输企业既增产又节约的重要手段。60 年代以后，拖挂运输步入正轨。客运着重发展通道式大客车，货车除发展半挂车外，许多地区习惯采用全挂车，因为它结构简单，很多配件与主车通用，能及时更新。不少汽车运输企业货挂车与主车达到 1∶1，即一车一挂，拖运率高达 45%— 50%。

四是增设节油装置，对旧车实行技术改造。新中国成立以后，不时出现各种节油装置，概括起来有：各种雾化节油和怠速节油装置，改善点火装置以及可燃气回收、节能消声器、风扇离合器等。这些装置都是从节油实践中研究出来的，都有不同节油效果，如三重喉管雾化装置，一度在全国推广，还有各种怠速节油器，节油效果稳定，许多驾驶员都乐于采用。

1978 年年初，汽油供应由原来 66 号油改供 70 号油，汽车辛烷值提高，具备了提高在用车发动机压缩比而节约油耗的条件；同时油价增加 4%，也必须采取节油措施来弥补增价的损失。自此引发了以节油为中心对解放牌 CA10B 型汽车的技术改造。1980 年在中国公路学会汽车运输学会的学术年会上，云南省交通厅介绍了对老解放牌汽车技术改造的经验；1983 年，国家经委也在武昌召开了老解放牌汽车节油技术改造经验交流会，进一步推动了旧车技术改造，并取得了良好的节油效果。

二、节约轮胎

早在 1954 年，交通部即将轮胎行驶里程列入汽车运输企业技术经济定额之一，从此引起了普遍关注。1955 年以前，轮胎平均行驶里程为 2.5 万公里，1965 年上升到 8 万公里，进入 80 年代，平均达 15 万公里；在运输成本中的轮胎消耗费用也从过去的 15% 下降到 5%—7%，节约成绩显著。不言而喻，这是和轮胎制造厂家不断提高轮胎质量，公路路面不断改善分不开的，但是，更为重要的是在汽车使用方面做了大量工作。

管理方面：做好从新胎到报废全过程的管理工作。逐胎建立卡片，及时安排轮胎送修、送翻。基层车队主要负责日常小修、补气和保养时拆检换位，以及分析研究早期破损原因。

汽车使用方面：延长轮胎使用寿命与驾驶员关系极大，要求做到：出车前检查；行驶中注意起步平稳，中速行驶，选择路面，控温防爆；收车后查补气压，清除胎面夹石，等等。

保养方面：除了日常保养外，轮胎随汽车进保而保养。一级保养主要是检查胎压和外表，及时排除隐患。二级保养主要是拆开轮胎检视内部，对轮辋矫形、除锈、刷漆，并进行轮胎换位。

轮胎翻新：旧胎翻新后行驶里程，大约相当新胎不经翻新到报废行驶里程的 40%—50%；而旧胎翻新费用约为新胎价格的 25%—30%，可见，旧胎翻新是节约轮胎费用的重要措施。为了创造翻新条件，提高翻新率，保护好体胎是至关重要的。

推广节胎经验：影响较大的节胎经验是：轮胎交叉换位，合理搭配，以及采用轮胎危险温升与危险气压对照表，等等。

三、旧件修复

在汽车运行消耗中，汽车零部件消耗约占运输成本 15% 以上。为了节约优质钢材，降低运输成本，各地汽车修理厂（场）先后成立了修旧班组或车间，把拆换下来的旧废件集中起来加以修复利用。湖北省还单独设立汽车旧件修复厂，成批修复旧件。汽车旧件修复工作的发展大体经历了三个阶段。

整个50年代为第一阶段，修旧方法比较简单，主要依靠焊修，广泛使用电焊、气焊、铜焊和锡焊；同时采取改制、代用等方法。50年代后期，增加了金属喷涂、电镀、振动堆焊、高频淬火等新工艺，修旧品种增加，质量也有所提高。

第二阶段从60年代到70年代末，交通部对汽车旧件修复工作提出了“大力修旧，长期坚持，扩大范围，保证质量”的方针。各地修理企业从自身的实际出发，调整充实修旧力量，学习推广先进修旧方法，坚持科学实验，革新修旧技术，对新上马的项目则组织力量攻关。为提高修旧质量，采取了不同修旧工艺：对大部分金属零件，采取焊、镀、喷、镶、补等方法；对某些变形损坏的金属零件，采取压、冲、磨、校、搪等工艺；对损坏的总成或组合件，采取拼、改、代、换、接等修复方法。到1975年，修复品种达150多种，修旧成本降低。修复件的价格一般只相当于新件的20%—30%。

此外，在管理方面，对旧废件收集折价，损伤分类，修复工艺，保管整理，成本核算，以及修复件入库、出库等，也都有一套比较完善的管理办法。

进入80年代为第三阶段。1980年以来，汽车旧件修复工作在改革开放中发生了巨大变化：一是随着汽车使用经济寿命的提出，汽车已不再无休止地进行大修，配件需求锐减，对修复件的需要更少；二是汽车配件由过去计划供应改为市场调节，供应渠道畅通；三是进口汽车配件，一般供应及时，不必依靠修旧解决。所有这些，说明了汽车旧件修复工作步入了一个新的时期。

第十五章
公路交通工业

公路交通工业是国家机械工业的一个组成部分，是汽车运输、公路建设和公路养护赖以维持简单再生产和扩大再生产不可或缺的物质基础。它的主要产品有：公路客车，汽车挂车，汽车配件，专用车辆，以及筑路、养路、汽车保修和装卸机械。另外，公路交通工业还包括汽车轮胎翻修业。

新中国成立以来，绝大部分通用机械产品归口机械工业部门按计划进行生产。公路交通部门所需的许多车辆机械产品供不应求，有些甚至长期短缺，个别品种也因为机械工业部门难以兼顾而成为有待填补的空白。公路交通部门为此不得不从 20 世纪 50 年代开始，利用汽车修理厂的简陋设备，缺什么造什么，生产了一些急需的汽车配件，及时地为恢复客货运输生产提供了大批完好车辆。实践证明，采用这种办法不但投入少、上马快，而且富有成效。38 年来，公路交通工业虽然也曾几度兴衰，但总的面貌还是发生了很大的变化，并逐步形成了一个门类比较齐全的生产系统。在 1985 年 5 月交通部举办的全国公路交通工业产品展览会上，参展的厂家有 260 多个，展出各类产品达 560 多台（件），充分反映了社会主义初级阶段中国公路交通工业的全貌。国务院副总理李鹏到会剪彩，并为展览题词："立志改革，勇于开拓交通运输事业的新局面！"

第一节　公路客车

1956 年 7 月，解放牌货车在长春第一汽车制造厂问世。它的诞生，为发展公路客车创造了必要的物质基础。新中国早期的公路客车，多是利用一些美、日制造的货车和老旧汽车的发动机、变速箱、前后桥和车架，按照载客要求，拼装、改制而成，车厢则采用型钢为主的全钢骨架镶木结构。机械工业部门没有专门生产公路客车的工厂，而是依靠公路交通部门的汽车修理厂用货车底盘改制。1956 年年底，江苏省交通厅上海汽车修理厂率先利用解放牌货车底盘，制成江苏 626 型公路客车。1958 年，广东省交通厅运输局广州总站试制通道客车，浙江省交通厅温州地区公路运输局和云南省交通厅昆明汽车修理厂，也都各自设计制造了公路客车。尽管这样，各个厂家都没有形成批量生产公路客车的能力。1963 年，交通部总结了各地使用解放牌货车底盘改制公路客车的经验，并在这个基础上，组织江苏、上海、山东、江西、湖南、广东、辽宁等省、直辖市交通厅（局）共同设计 JT 660 型公路客车，由江苏省交通厅上海汽车修理厂试制，从而揭开了中国制造公路客车的新的一页。为适应山区旅客运输，1964 年，交通部又组织四川、云南、贵州、广西、江西、浙江、福建等省、自治区交通厅共同设计了 JT 650 型长头公路客车，由四川省成都交通机械厂试制成功，并投入生产。

公路客车是公路交通工业的主导产品。在六七十年代，国家每年拨给公路交通部门的汽车底盘不多，分配的材料有限，公路客车的生产受到一定制约。60 年代公路客车的最高年产量为 1474 辆，70 年代的最高年产量也只有 4870 辆，显然不能适应旅客运输需要。1978 年，国家计委决定公路客车的生产和分配归口交通部管理，实行定点生产，计划分配。截至 1987 年，列入交通部客车生产计划的有 32 个企业，除西藏、宁夏、天津外，其他各省、自治区、直辖市都有定点生产的厂家。据 1985 年工业普查，这些企业拥有主要生产设备 2982 台，年生产客车的能力达 2.3 万多辆。

为提高公路客车产品质量和标准化、通用化、系列化的“三化”程度，稳步发展公路客车生产，交通部于 1980 年颁发《公路客运车辆行业质量检查评分办法》。之后，又陆续颁发了《全国公路客运车辆系列型谱》

《公路客运车辆改装技术要求和检验标准》《公路客运车辆质量定期检查试验规程》《公路客运车辆产品型号编制方法》《公路客运车辆通用技术条件》《公路客运车辆鉴定试验规程》。另外，还从客车生产手工操作多、工艺落后、质量不易保证的实际出发，提出了“下料样板化，成型模具化，组装胎具化，操作机械化”的要求，引导公路客车生产技术和产品质量稳步提高。

20 多年来，公路交通部门依靠技术进步，开发了多种系列的大中小型公路客车。从 1963 年到 1978 年，JT 660 型公路客车 3 次改型，分别定名为 JT 660A 型、JT 661 型和 JT 661A 型。其中，1978 年设计制造的 JT 661A 型完全改变了 JT 660 型的车身外观，舒适性和经济性都有明显提高。

北京 130 型货车为载重 2 吨的轻型车。1973 年，江苏省苏州运输公司采用它的底盘设计试制面包车成功，次年由浙江省客车厂批量生产，定名为 JT 620 型。从此，中国有了自己生产的小型公路客车。

为开发大型公路客车，交通部于 1974 年组织广东、四川、浙江、山东、辽宁等省交通厅联合设计以黄河牌货车底盘改制的 JT 680 型公路客车，由广东省客车厂试制，1978 年通过鉴定，并开始批量生产。这个车型于 1982 年由原设计单位联合进行改型换装设计。新车型于 1985 年在广州通过鉴定，定名为 JT 681 型。

此外，1979 年，湖北省交通厅环潭汽车修配厂以解放牌货车底盘制造了 JT 690 型全密封折篷式通道客车；湖北省交通厅客车厂以东风牌货车底盘生产了 JT 662 型公路客车。至此，公路客车生产使用的底盘，已经从单一的解放牌货车底盘发展到解放、黄河、东风、北京 130 等多种底盘并用。

1981 年，交通部重庆公路科学研究所和江苏、广东、辽宁、四川等省交通厅联合设计的 JT 663 型新型公路客车，在江苏省扬州客车制造厂试制成功。它标志着中国公路客车生产登上了一个新的台阶。JT 663 型公路客车首次采用了公路交通部门自行设计，由江苏省扬州客车厂制造的

JTKD－1型客车专用底盘，与使用货车底盘相比，具有明显的优越性。前桥负荷从2.5吨提高到3.5吨；制动由单管路改为双管路；增设了储能弹簧应急制动装置；方向机采用循环球式；悬挂系统也充分考虑了乘坐的舒适性，从而提高了客车的安全性、操纵性、动力性和舒适性。同时采用了大窗框、高地板、靠背椅，扩大了座椅间距，提高了密封程度，旅客视野开阔，乘坐舒适。1985年，JT 663型公路客车通过国家鉴定，先后荣获交通部科技成果一等奖，国家经委和江苏省优秀产品奖，国家科技成果三等奖，以及交通部和江苏省的优质产品称号。

用JTKD－2型客车底盘制造的JT 1118H型后置卧式柴油机大客车，是交通部重庆公路科学研究所和大连客车厂联合设计的新产品。这种底盘采用了格子栅栏底架，双管路制动，液压助力转向，卧式柴油机后置和全承载式结构。车身制造也采用了矩形钢管、预应力蒙皮等新材料和新工艺。JT 1118H型后置卧式柴油机大客车为“六五”期间国家重点科研攻关项目之一，1985年12月通过国家鉴定。它的前桥、后桥、发动机，分别由黑龙江省汽车制造厂、湖南省长沙客车厂、辽宁省大连汽车配件厂研制，具有80年代初的世界水平。JT 1118H型柴油大客车的诞生，填补了国内高档次大型柴油机公路客车的空白。

转子发动机的研制也取得了成果。由交通部公路科学研究所、浙江省金华汽车修理厂、浙江省交通科学研究所和浙江大学共同研制成功的JZ211B型转子发动机，于1982年10月通过部级鉴定，1983年投入小批量生产，并装在95辆客货汽车上试用。1985年，浙江省客车修造厂还制造了转子发动机空调大客车。由于转子发动机体积小、重量轻、功率大，为前置、前开门客车的总体设计提供了较为理想的条件。

此外，轻型客车的开发研制也取得了很大成绩。桂林、随州、乐山、郑州等厂利用南京汽车制造厂跃进牌130货车底盘改制的多种轻型客车，都已先后通过试生产鉴定。

在公路客车生产过程中，各厂相继采用了双管路制动，储能弹簧应急制动，液压助力转向，外摆式门泵以及采暖、除霜和制冷装置；推广了二氧化碳气体保护焊，远红外线烘干，低中熔点合金模，涂前处理和预应力蒙皮等新工艺。另外还采用了增强塑料，矩形钢管，不饱和聚脂腻子，钢化玻璃，夹胶玻璃，竹胶地板以及各种密封、黏接和隔热材料。广泛采用这些新技术、新工艺、新材料，对改善公路客车的质量，不断提高它的安全性、舒适性和经济性发挥了重要作用。

公路交通部门的客车制造厂在发展过程中，几乎都有相似的经历。它们都是在设备简陋的汽车修理厂的基础上起家的，国家投入不多，在极其困难的条件下，自力更生，艰苦创业，产量从少到多，产品从单一扩大到系列。特别在中共十一届三中全会以后，市场竞争激烈，它们根据用户不同的需求，大力开发新产品，设计、制造了多种旅游客车、农贸客车以及特种客车投放市场，仅 1984 年到 1987 年，就有 60 多个新车型通过省、部级鉴定投产，企业效益和社会效益都很显著。

第二节　汽车挂车

汽车拖带挂车是提高运输效益的重要手段之一。在载重量相同的条件下，汽车拖挂运输与单车相比，一般可节约能源 20%— 30%，提高运输效率 30%— 50%，降低成本 30%— 40%。牵引车带半挂车与货车带全挂车相比，经济效益更好，汽车运输企业都乐于采用。

1953 年，北京市运输公司王子坟运输场自制 1. 5 吨和 2. 5 吨单轴挂车试行拖挂运输，取得良好效益。同年，湖北省恩施汽车修理厂也自制 1. 5 吨单轴挂车成功。此后，挂车的生产和使用逐步在各地推开。1955 年，交通部号召汽车运输开展三大改革，其中之一就是变单车运输为拖挂运输。1958 年 9 月，汽车货运量急剧上升。为了扩大运力，交通部在江西南昌召开汽车挂车现场会议，探讨了挂车结构和制动装置，对竹木结构挂车提出了设计的基本条件。在钢材紧缺的情况下，许多汽车修理厂、保养场纷纷土法上马，大造竹木挂车，由于产品质量低劣，投入使用后迅即损坏，教训极为深刻。60 年代初，交通部对挂车生产进行了调整：

一是制定挂车设计标准。1963 年，交通科学研究院公路研究所总结了各地制造和使用 3 吨全挂车的经验，并在此基础上，设计了 JT 841 型 3 吨全挂车。继而在 1966 年又设计了 JT 851 型 4 吨全挂车，为各厂制造挂车提供了标准。

二是设计和研制性能可靠的挂车制动装置，并组织专业厂生产挂车制动所需的 5 阀（即控制阀、分配阀、三通阀、直通阀和连接阀），为各厂配套。

三是对制造挂车所需的原材料、钢圈、钢板弹簧等配套总成统一安排生产和分配。

四是压缩挂车产量。认真贯彻“先维修，后制造”方针，从国家计划分配的有限物资出发，把挂车的年产量从 50 年代末的 2 万多辆削减到 2000 辆。

通过几年的不断调整，汽车挂车和配套件的生产逐步纳入了正轨。

随着国民经济建设的发展，许多重点工程项目陆续开工。为适应大型设备的运输需要，上海市运输公司修理厂于 1966 年试制载重 150 吨大型平板车成功。北京、江苏、山东、江西、河北、辽宁、四川等省、直辖市在 70 年代也分别制成载重 100 吨至 450 吨不等的大型平板车。这样，既填补了中国汽车工业的一个空白，同时还使不少汽车运输企业在自我发展中扩大了承运大件货物的能力。

汽车挂车产品在十年动乱中下放各省、自治区、直辖市交通部门管理。由于原材料、配套总成和部件的供应十分困难，挂车产量徘徊不前。1978 年，国家计委决定挂车生产重新归口交通部管理。举凡挂车的设计、试制、定型、计划安排、材料供应、协作配套、标准制定以及质量控制等，都由交通部统一部署。为指导汽车挂车生产，交通部先后颁发了《货运挂车系列型谱》《货运全挂车通用技术条件》《货运半挂车通用技术条件》和一些挂车配套件的技术标准，使挂车生产有章可循。

进入 80 年代，汽车挂车制造厂依靠技术进步，广泛采用无中心主销的封闭式转盘、应急制动装置、球墨铸铁及钢板冲压焊接轴体制造全挂车。同时开发了许多新产品，除 5 吨、6 吨、8 吨、10 吨的全挂车外，还有湖北、营口、莱芜、淮阴、衡阳等挂车制造厂研制的多种通用半挂车，箱货两用半挂车，集装箱半挂车和牵引车，以及用于零担货运的厢式车，包括单车和半挂厢式货车，都相继通过了部级和省级鉴定，并投入生产。截至 1987 年，已定型批量生产的基本车型有：载重 2 吨到 10 吨的通用全挂车，载重 6 吨到 20 吨的通用半挂车，以及上述车型派生的各种专用车，如液罐、牲畜、木材、散装水泥、建筑构件、自卸等全挂车和半挂车近 60 种。为提高产品标准化、通用化、系列化水平，各厂还联合开展了挂车、挂车主要总成的标准化、通用化、系列化设计工作。

据统计，1987 年列入交通部生产计划的汽车挂车制造厂有 31 个，年产值 2.3 亿元。这些企业共有职工 2 万多人，具有年产挂车 2.5 万辆的能力。此外，机械、农机、林业、水利等部门也有一些工厂制造汽车挂车。

第三节　汽车配件

新中国成立初期，机械工业的基础十分薄弱，汽车配件产品缺口很大。为适应汽车大修需要，各地汽车修理厂在修旧利废的同时，采取缺什么、造什么的办法，生产了少量急需的短缺配件，自产自用，多余的则在省内各修理厂之间调剂。此外，交通部还有几个直属的汽车配件制造厂。

1954 年，中国汽车工业创业初期，要求各方面给予支援。交通部门除从上海等地汽车修理厂抽调部分技术骨干支援外，并将设备较好的济南、长沙、兰州 3 个直属汽车配件制造厂划归机械工业部门管理。

从 1950 年到 1954 年，汽车配件是由交通部和商业部分别组织生产和安排供销的。后经国务院决定，改由机械工业部归口管理生产，商业部归口管理销售。公路交通部门的一些汽车配件厂也随之移交机械工业部门。50 年代末，汽车运输企业在“大跃进”中，由于车辆使用不当，失养失修严重，导致大批汽车带“病”行驶或停驶待修；而机械工业部门生产的汽车配件却远远不能满足需要。为此，国家经委决定从1961年起，由交通部归口统一管理汽车配件的生产、供应和销售。与此同步，交通部和一些省、自治区、直辖市公路交通部门，相继投资新建汽车配件制造厂，或扩建汽车修理厂的配件制造车间，使配件生产走上了专业化、大批量生产的道路。配件产品也从单一车型、少数部件发展到多种车型、多种部件，有的还能制造总成；产量也从少到多，1963年，公路交通部门的汽车配件年产值达1.17亿元。1964年，一些行业试行“托拉斯”，汽车配件作为汽车工业的一个组成部分，又一次划归机械工业部门管理。全国汽车配件产销体制再次调整。公路交通部门所属的株洲汽车配件厂、哈尔滨汽车齿轮厂、西安汽车配件厂等29个配件生产企业，先后移交机械工业部门，大大削弱了公路交通部门汽车配件的生产能力。1968年，汽车配件年产值下降到2900万元。为保证汽车维修需要，各地公路交通部门仍然努力发展配件生产。继1976年调整企业结构和产品结构之后，到1979年，汽车配件年产值上升到2.81亿元，长期难以解决的配件短缺状况趋于缓和。

“六五”期间，公路交通部门决定对投入使用的解放CA10B型汽车发动机进行节能技术改造。为此，云南汽车修理四厂、重庆交通机械厂、金陵汽车制配厂、邵阳发动机厂等10多个厂家在3年多的时间里，就生产了大批汽缸盖、进排气歧管和凸轮轴，产值达5亿元。“六五”期间，汽车配件生产能力进一步扩大。生产的配件不仅能够满足公路交通部门汽车维修需要，而且能够面向社会，或为汽车制造厂配套。产品也具有相当的知名度。金陵汽车制配厂生产的液态模锻活塞，北京市汽车修理五厂和泸州交通机械厂生产的活塞环，衡阳汽车配件厂生产的油泵总成，大连汽车配件厂生产的连杆，贵州省汽车配件厂和内蒙古汽车齿轮厂生产的齿轮，都是信得过的优质产品。

汽车配件生产尽管几经起伏，仍然得到很大发展。1985年普查表明，公路交通部门所属的汽车配件及附件制造厂共有191家，职工4.19万人，年产值3.91亿元。

第四节　装卸机械和汽车保修机械

长期以来，搬运装卸主要是人抬肩扛，汽车保修大多依靠手工操作，筑路养路更甩不掉箩筐、扁担、镐头和铁锹。广大公路交通职工渴望从繁重的体力劳动中解放出来。1958年，交通部在北方片区地方交通工作座谈会上，要求各地公路交通部门广泛发动群众，开展技术革新和技术革命，实现装卸、保修、筑路、养路机械化和半机械化。这个号召引起了强烈共鸣，一些尚未开发的机械工业领域被带动起来。

一、装卸机械

60年代以前，汽车货物运输的装卸作业几乎依赖人力，劳动强度大，生产效率低，经常因为等待装卸而导致汽车“跑在中间，窝在两头”，影响运输生产。1958年，运力严重不足，装卸环节暴露的矛盾越来越突出。为了尽可能压缩装卸时间，加速车辆周转，各地汽车运输企业自力更生，土洋结合，开始创造脱底漏斗、滚动滑梯、皮带输送机等多种装卸机具，自产自用，有效地提高了装卸效率。上海市运输四场把皮带输送机装在汽车上，制成能自动行驶、自动倒车移位、自动传送装车的汽车联合输送机，成为装载煤炭的专用车辆。该场还制成液压倾卸车，能够从左右两边或朝后倾卸，成功地走出了散货卸车不用人力的革新之路。北京市汽车运输公司从1958年到1960年，也制造装卸机具250多种，装卸机械化程度从1958年的8.82%提高到1960年的36.05%。此后，一些省、自治区、直辖市公路交通部门相继建立了装卸机械制造厂或修配厂，担负装卸机具的制造、维修任务。

汽车运输常用的装卸机械，整装以吊为主，散装以机为主。因此，公路交通部门的装卸机械厂所生产的主要产品是运行吊车和装载机。1987年，沈阳、大连、天津、北京、上海、衡阳、长春等装卸机械厂，共生产

6.5 吨运行吊车，1 吨、2.5 吨、3 吨装载机和 3 吨叉车 600 多台，为不断提高装卸搬运机械化水平做出了贡献。

二、汽车保修机械

制造汽车保修机械起步较晚。70 年代以前，没有生产汽车保修机械的工厂。维修汽车主要依靠手工作业，离不开榔头、起子，劳动强度大，在修车日长；检测则凭经验，眼看、手摸、耳听、鼻嗅，修车质量难以保证。为了摆脱这种落后状况，50 年代中后期，一些汽车修理厂针对自身的薄弱环节，制造了多种简易的修理、保养、拆装、清洗机具和试验设备。1960 年前后，交通部先后在广州、上海召开全国汽车运输技术革新、技术革命经验交流会，分别交流推广了各地革新的保修机具设备 100 多项。1964 年，交通部以张家口汽车修理厂和北京市运输八场为“试验田”，总结了这两个厂、场制造汽车保修配套设备的经验。此后，又在上海、长春、郴州召开保修机具选型和经验交流会议，不断地推动了汽车保修机械化的发展。

1967 年，为了帮助越南建立汽车修理厂，交通部组织了北京、上海、河北、辽宁、江苏、浙江、湖南等省、直辖市交通部门的 21 个工厂分别设计、制造汽车保修机具 91 种共 100 多台、套，并于 1969 年提供给越方。中国公路交通工业部门集中力量设计、制造的这批保修机具，多数接近国外先进水平，汽车修理行业都把它作为样板推广，为汽车保修机械专业化生产奠定了基础。

1971 年，交通部成都汽车保修机械厂组建。它是第一个专门制造汽车保修机具的工厂，具有批量生产镗缸机、磨气门机等多种保修机械和检测设备的能力。之后，浙江省仙居汽车修配厂、辽宁省丹东汽车修理厂、湖南省湘潭汽车修配厂以及江苏省武进交通机械厂等，相继转为制造汽车保修机械的专业厂。它们的产品包括发动机维修设备，汽车底盘、制动器及轮胎保修设备，清洗、举升设备，汽车维修辅助设备，以及汽车制动性能试验台，汽油机无外载加速测功仪，汽车侧滑试验台和汽车前照灯检验仪等汽车不解体检测设备共300多项。

中共十一届三中全会以后，中国民用汽车保有量大幅度增加。为了强化汽车保修检测手段，控制安全行车和环境污染，一些汽车保修机械厂开发了不少汽车检测新产品，其中包括制动、测滑、速度检测等设备，并能满足建设10吨级汽车检测站的需要。成都汽车保修机械厂引进日本技术生产的检测设备，已部分返销日本。

随着汽车工业的发展，汽车保修机械设备的需求量逐年增多，不少机械电子部门的工厂进入汽车保修机械生产领域。为了加强横向联合，推动技术进步，交流国内外信息，开发新产品，1983年成立了中国汽车保修设备行业联合会，参加的单位达到160多个，覆盖了23个省、自治区、直辖市。

第五节　筑路机械和养路机械

1958年7月，交通部在江西省吉安召开的13个省、自治区养路技术革新现场会上，展出养路机工具120多种，绝大部分都是一些养护砂石路面的铁木结构的扫砂、回砂等机具，虽然很简陋，但却比完全依靠人力省劲，效率也有所提高。

六七十年代，交通部先后组建了5个筑路机械厂。一是西安筑路机械厂，最初生产7.5马力振动压路机和300至500升沥青洒布机，以后发展为制造沥青混凝土搅拌设备、摊铺机和稳定土拌和机等大型筑路机械。二是郴州筑路机械厂，生产沥青洒布车、电动沥青泵和自吸式抽水机。三是新津筑路机械厂，生产特种架桥工具、桥用钻机、石屑撒布机、沥青泵和沥青乳化设备。四是交通部第一公路工程局机修厂，主要生产各种洒水车。五是交通部第二公路工程局机修厂，以生产联合轧石机、工程修理车和万能杆件为主。1973年11月，交通部在徐州召开全国公路养护机械选型配套会议之后，许多省、自治区、直辖市公路交通部门相继组建了筑养路机械厂，除维修筑路养路机械外，还承担部分筑养路机械制造任务。经过多年刻苦经营，有的厂家形成了自己的拳头产品。云南省筑路机械厂生产的翻斗车，不仅在国内得到施工单位的青睐，而且远销南亚各国。福州筑路机械厂制造的SLB 14型双滚筒沥青混合料搅拌设备，四川、浙江两省公路机械厂生产的运料车，德州筑路机械厂生产的各种型号的压路机，都是用户信得过产品。1978年，国家计委决定把黑色路面施工机械、养路专用机械、公路桥梁机械和公路工程检测仪器等产品归口交通部管理，有力地推动了筑路养路机械向更高层次发展。“六五”期间新开发的产品有：

——在路面机械方面，有用于路拌施工的160马力稳定土拌和机（轮式、履带式两种），用于场拌的50、100吨/时稳定土拌和设备，以及各种型号（8—60吨/时）的沥青混合料拌和设备。另外还开发了用煤粉或煤气代替柴油进行混合料加热的燃料装置，摊铺1.7至3.4米和2.75至4.5米宽的沥青混合料摊铺机，4500升的液压沥青洒布车，7000、9000升的液态沥青运输车，60吨/时联合碎石机，以及水泥混凝土路面施工小型机械等。

——在养路机械方面，有沥青乳化设备，黑色路面综合养护车，油路铣刨机，沥青混合料再生设备，路面标线画线机，除雪机，以及利用拖拉机牵引的养路机具。四川省公路机械厂还从联邦德国引进了小型多用途养路机制造技术，这种机械能换装16种不同的作业装置，投产后畅销国内外。

——在桥梁施工机械方面，有缆索架桥设备，张拉钢丝和钢筋的成套预应力设备，连续梁顶推设备，桥梁基础钻机，Z型万能杆件以及各种桥梁支座、伸缩缝和装饰装置。

——在公路工程检测仪器方面，有沥青及其混合料的测试仪器，路面平整度检测仪器，路基路面的强度、密实度、含水量以及材料组成的检测仪器，测试桥梁静态动态的应变、位移、转角测量仪器，以及无破损检测混凝土强度、钢筋布设及腐蚀程度的仪器等。

1985 年普查表明，公路交通部门所属的筑路养路机械厂共有 27 个，职工 1.2 万多人，年工业产值 1.1 亿多元。进入“七五”以后，随着公路建设的发展和道路等级的提高，对筑路养路机械提出了更高的要求。各筑养路机械厂通过引进、吸收、消化国外的先进技术和对原有产品的革新改造，正向高效率、低消耗、多功能、系列化方向发展。

第十六章
公路科学研究和公路科技情报

第一节　公路科学研究

一、概况

新中国成立初期，公路科学研究工作处于空白状态，加上正值全面恢复国民经济时期，还来不及建立专业科研队伍，有关公路建设和汽车运输方面的一些技术疑难问题，主要依靠生产部门的广大科技人员及技术工人研究解决。在此期间，交通部着重抓了一些基础性的科技工作，制定了统一的公路工程技术标准、规范，技术经济定额，以及汽车维修保养等多种技术规章制度。直到 1956 年毛泽东主席号召“向科学进军”以后，才开始筹建专业科研机构，并制订长远科技发展规划，从而奠定了公路科学研究工作的基础。

1958 年后，从中央到地方及部分高等院校，相继成立了公路交通专业科研机构和一些最基本的试验室，开展了道路、桥梁、汽车运用与保修、运输经济、筑路机械等基础研究及应用研究工作，并取得了不少科研成果。但是，在“左”的影响下，也做了一些不科学的事。在三年调整期间，贯彻执行了“调整、巩固、充实、提高”方针，落实了国家科委《关于自然科学研究机构当前工作的十四条意见（草案）》（简称《科研 14 条》），把公路交通科研工作向前推进了一大步，获得了具有中国特色的渣油路面，钻孔灌注桩，以及双曲拱桥等一系列重大科研成果，加快了公路建设的步伐，缩短了与国外的差距。据不完全统计，到 1965 年年末，经国家科委登记的成果就有 120 多项。

“文化大革命”开始以后，科研工作遭受严重破坏。从中央到地方，许多公路交通科研机构被撤销，科研工作基本陷于瘫痪。尽管干扰很大，部分科技人员仍然在极其困难的条件下坚持工作，对“文化大革命”前取得的重大成果继续跟踪，不断解决推广应用中的问题，使之得到大面积推广。甘肃、内蒙古等省、自治区公路交通科技人员，对泥石流、沙漠地区筑路等课题坚持观测和试验，取得了一些难能可贵的成果。为了缩短与国外的差距，还开展了有关电子应用技术及交通工程等新技术方面的研究，为以后的科研工作打下了基础。

粉碎“四人帮”以后，特别是中共十一届三中全会以来，通过拨乱反正和落实知识分子政策，公路交通科学研究工作进入了一个蓬勃发展的新时期。各级科研机构陆续恢复，并在高等级公路建设技术、交通工程、汽车节能、汽车不解体检验等新技术领域取得了一些新成果。1978 年，在全国科学大会上，对 1966 年以来的科研成果进行了奖励，其中，公路交通方面受奖项目有 65 项。在以后的年度中，对新技术领域的科研课题又取得了一批成果，并全面完成了国家“六五”攻关中有关公路交通的项目，到 1987 年，有 17 项获得国家科技进步奖，113 项获得交通部优秀成果奖。此外，为了国家决策的需要，还开展了有关技术经济政策方面的研究工作，有些成果已被国家采用，并纳入了有关政策。

二、技术政策和科技发展规划

新中国成立以来，国家根据各个不同时期的经济建设方针，制订了一系列有关公路交通的技术政策和科技发展规划，它们是开展公路交通科学研究工作的依据。

1956 年，在国家科委的统一组织领导下，编制了《一九五六—— 一九六七年科技发展规划》。在这个规划中，只将道路工程方面有关课题专门编列为一个中心问题，其总的技术方向是以发展黑色路面为主，水泥混凝土路面为辅，以改变公路的落后面貌。围绕这个中心，开展了柔性路面设计理论与方法、沥青路面结构及材料、路基压实、路基水温影响、各种路面基层结构以及低级、过渡式路面等课题的研究。其中，各种就地取材的过渡式路面、防治路基翻浆等研究成果，在生产中应用推广之后，都取得了一定效果。

1961年7月，《科研14条》颁布后，在国家科委统一组织下，编制了《一九六三——一九七二年科学技术发展十年规划》。这个规划仍然没有把公路交通有关的专业编在一起，仅将道路与桥梁合并，单独编成“专24册”，共列15个中心问题；而汽车运用与保修及筑路机械等专业，均在其他部门的有关专业中列了少数项目，因而未能体现公路交通总的科技发展政策和奋斗目标。

在“专24册”规划中，总的要求是：在今后10年内，公路建设必须进一步贯彻以农业为基础，以工业为主导的发展国民经济的总方针，以支援农业为中心，兼顾工业、商业和增强国防的需要。要改善提高现有公路，同时新建一些支农、国防公路，既要平战结合，又要节约劳力和用地。

在道路方面确定：10年内，着重解决现有公路路面的改善提高；大力发展沥青路面；研究改善土壤的性质及改进材料组合；创造新型的路面结构，提高路面使用性能；研究并扩大利用稳定土壤修筑路面；研究稳定路基，提高强度，以减薄路面；研究路基、路面综合设计理论和方法等技术发展方向。

在桥梁方面确定：10年内，着重研究发展砖石圬工及钢筋混凝土结构；研究发展采用不同性质材料的混合结构，利用结构受力的性能，节约木材和钢材；研究发展装配化、标准化轻型结构；结构设计向整体设计、立体计算及按极限状态设计发展；充分利用结构和材料性能，创造中国新型装配式桥梁结构；对现有木桥，研究防护措施，延长其使用寿命，并利用上述各种结构型式，逐步更新，争取10年内消灭危险桥梁，改建40%—50%的木桥。对下部结构，在浅基础方面，要求研究防冲、加固等方法，改进结构型式；在深基础方面，要求研究采用轻型设备施工的深基型式；创造各种新型基础结构，减少水下作业的繁重体力劳动，降低工程造价。此外，还要研究发展公路桥涵结构设计理论、试验技术及电算技术等技术发展方向。

十年规划所规定的任务，在“文化大革命”开始前，大部分已经完成，取得了一批重大科研成果，提高了公路交通的科学技术水平，缩短了与国外的差距。这些成果推广以后，大大改变了中国公路的技术面貌。规划中的部分任务，由于十年动乱的影响，未能完成。

1970 年和 1972 年，交通部先后两次编制了包括公路交通所有专业在内的科技发展规划。由于“文化大革命”的干扰破坏，未能正式下达。但其中提出的一些新技术领域，如交通工程、汽车不解体检验等研究工作，在十年动乱后期已逐步开展起来。

1977 年，国家科委组织编制《一九七八—— 一九八五年科技发展八年规划》，经全国科学大会讨论后正式下达。1980 年 12 月，国家科委又召开全国科学技术工作会议，中共中央批转了国家科委向中央的汇报提纲。据此，又编写了“六五”规划和十年设想。其后，制定了“六五”攻关计划。1983 年，国务院科技领导小组召开会议，组织编制《一九八六——二〇〇〇年的十五年科技发展规划》。与此同时，国务院技术经济研究中心及中国科协邀请各方面的专家编写《二〇〇〇年的中国》，作为规划编制的依据。在这些规划、攻关项目和十年设想中，公路交通各有关专业均合在一起，提出了中国公路交通科学技术的整体设想，发展方向，预期达到的水平，以及公路交通各个有关专业必须研究解决的关键技术问题。其中，开发了一些新技术领域的科研工作，要求建立汽车运输调度管理自动化系统，路、桥评价系统，公路交通管理控制系统，以及公路交通运输信息系统等。

此外，国家科委、国家计委与国家经委还于 1981 年联合下达了关于技术政策的科研任务。经过几年的研究及反复论证，1985 年，国务院下达了整个交通运输的技术政策。之后，交通部下达了公路、水运的主要技术政策。在这些技术政策中，确定要调整运输结构，规定了汽车运输的经济运距，力争到20世纪末，使中国公路交通的装备、设施和管理等主要方面的技术面貌，达到经济发达国家70年代末或80年代初的技术水平。并确定要修建高速公路，发展大吨位柴油车，建立几个管理系统等具体技术政策。

上述规划和政策，为新时期的公路交通科研工作确定了方向，提出了主要任务。

三、机构和队伍

在1949年10月以前，公路交通没有专业科研机构。新中国成立初期，百废待兴，也未及建立。1956年，在“向科学进军”的号召下，交通部决定在公路总局材料试验室的基础上，成立交通部公路科学研究院筹备处。1958年，国家精简机构，将“院”改为“所”，同年11月8日，交通部公路科学研究所正式成立，初步形成了一支力量比较雄厚的科研队伍。1960年年底，机构再次精简，公路与水运两个科学研究所合并改组为交通部交通科学研究院，编制从400多人减少到180人。贯彻《科研14条》后，又恢复到400多人。十年动乱中，绝大部分科技人员下放，许多试验室被侵占、拆毁。1970年7月，交通、铁道、邮电三部改组为交通部。不久，部分科研人员开始从干校陆续调回工作。1972年1月，交通部交通科学研究院与铁道科学研究院合并改组为交通部科学研究院。有关公路交通方面的研究室归口成立院属公路研究所。1975年，交通部再次改组，交通、铁道科研机构随之分开，交通部分仍称交通部科学研究院，下设5个研究所，公路研究所仍为院属的1个研究所。1981年6月，交通部决定公路与水运分开，分别成立部直属的科研所。

这个公路科研机构，虽经多次调整，但在逐步发展过程中，基本形成了一个全国性的专业比较齐全的公路交通科研中心，设有道路工程、桥梁工程、汽车运用、汽车保修、筑路机械及工程材料等专业研究室。1973

年，又建立了电子应用技术及交通工程方面的研究室，率先开展了交通工程方面的科研工作。

交通部公路科学研究所一度作为全国公路交通科学研究的协调中心，除本身承担大量科研课题外，每年召开全国协调会议，组织大协作，具体掌握公路交通科研工作的方向。1962 年后，协调中心的职能虽有所调整，但由于科研工作的需要，在一些重大科研课题上，仍然起到组织全国大协作的主导作用。

为了更好地开展公路交通科研工作，公路科学研究所还先后建立了一些分支机构。1958 年，在几个公路工程局下放时保留的材料试验室的基础上，成立了上海、重庆及西安三个试验研究室，但不久即被精简下放。除上海试验研究室下放上海市工程研究所外，重庆、西安两室下放所在省交通厅。但在组织全国科研协作中，许多区域性的课题，仍需地区性的协调机构，同时根据中央关于调动高等院校科研力量的积极性，充分发挥高校作用的精神，1962 年，交通科学研究院与西安公路学院、上海同济大学、湖南大学及吉林工业大学合作，分别成立了西安公路研究所、上海公路工程研究所、长沙公路工程研究所及长春汽车运用和保修研究所四个地区性的科研机构。1964 年又成立了交通科学研究院重庆分院。除长春所在成立后不久即被精简撤销外，其他四个科研机构，在协调地区性的科研工作中，都起到很大作用，其本身也承担了大量科研课题，并逐步形成特色。但在十年动乱中，上海、西安、长沙三个研究所又于 1972 年分别下放到同济大学和陕西、湖南省交通厅。交通部交通科学研究院重庆分院也在 1981 年改名为交通部重庆公路科学研究所，建立了高原模拟试验及环道试验等具有特色的试验室。

此外，在一些公路设计、施工，汽车运输、保修及公路交通工业等企、事业单位中，也逐步壮大了科研力量，承担了不少科研课题。交通部第一公路工程局等单位还成立了企、事业级的科研所。

在高等院校中，除上海公路工程研究所下放同济大学外，西安公路学院、吉林工业大学、长沙交通学院又另外重新组建了公路交通科研机构。

50年代后期，各省、自治区、直辖市交通厅（局）纷纷成立了公路交通科研机构，规模最大的达100多人。十年动乱中，大部分被撤销。粉碎“四人帮”后，又重新组建。1987年，全国29个省、自治区、直辖市交通厅（局）都建立了交通（公路）科研所，有的还不止一个。它们根据本省、自治区、直辖市公路交通的需要和地区性的课题开展研究工作，同时也积极参加全国性课题的大协作。

截至1987年年底，全国公路交通系统共有专业科研机构40个，其中部直属2个，省、自治区、直辖市所属32个，高等院校所属4个，企业2个。这些机构共有职工3843人，其中科技人员2188人，占57%，高级职称的科技人员144人，占科技人员的6.6%。此外，军事系统和林业、公安、城建等部门有关公路交通的科研机构及其人员均未统计在内。

四、道路工程的科学研究

（一）路面工程的研究。新中国成立初期，由于汽车保有量不多，公路交通量不大，加上国家财力有限，路面工程的研究主要放在柔性路面中的低级及过渡式路面上。各地公路交通部门除对传统的泥结碎石路面进行研究改善，限制含土量及土质，创新各种工艺外，着重研究了级配路面以及各种就地取材及利用工业废料的路面结构。特别是在缺乏砂石地区，交通部公路总局与河北等省协作，研究建成了石灰稳定土路面基层结构。随后，对这种结构的结合料用量、配合比、施工工艺，以及在各种气候条件下的使用状况及性能，进一步做了大量研究工作。这些路面结构，对改变原有公路技术状况，起到了很大作用。与此同时，各地公路养护部门还研究了砂石路面的养护方法，总结了一套加铺磨耗层、松散保护层及稳定保护层等养护经验，使砂石路面能承受较大的交通量，并延长了使用寿命。

60年代以后，随着公路交通量的增长，许多路面需改建为高级或次高级路面，而所需沥青及水泥等材料又极为缺乏。大庆油田投产后，中国石油产量虽然增加，但沥青产量有限，且大多为石蜡基原油，沥青含蜡量远远超过国际规定的路用标准，不能用来修路。为此，在公路专家马奔积极支持下，1961 年交通科学研究院与北京市市政工程局、河北省交通厅一起，开始研究利用中国炼油工业废料——多蜡的塔底重油（后称“渣油”）。除铺筑多种试验路外，并对油的性能和结构的物理力学特性以及工艺等方面做了大量研究工作，提出了科学论据，从而打破了多蜡沥青材料不能修路的框框，开辟了路用材料的来源，为改变中国公路路面技术状况创造了一种新型的路面结构。这项成果于 1964 年经交通部组织规模较大的技术鉴定之后，在全国推广。按当时造价，采用石灰土基层和渣油面层建成的路面（每公里 1.6 万至 2.3 万元），比缺乏砂石地区的砂石路面（每公里 3.0 万至 5.0 万元）可节约造价一半左右，而且使用性能大大优于砂石路面。由于开发了材料来源，黑色路面得到了迅速发展。从 1949 年到 1964 年的 15 年间，黑色路面仅从 300 多公里增加到 3000 多公里；而渣油路面问世以后，不到 10 年，黑色路面里程就迅速增到近 10 万公里，到 1987 年年底，又上升到 21 万多公里，既为国家节约了大量建设资金，降低了汽车运输成本，还减少了公路两侧农作物蒙尘所遭受的损失。实践证明，这种材料还有抗老化的优越性能，这是它的使用寿命较长的一个重要因素。

但是，这种材料的初始黏滞度及延性均较差，不能适应高级路面的需要。80 年代以来，公路交通部门除要求国家提供符合高等级公路路用沥青外，从国情出发，着重研究采用各种添加剂以改善沥青的路用性能。与此同时，研究采用石灰、粉煤灰和水泥等无机结合料组成的半刚性结构作为高等级公路的路面基层，以提高其承载能力及稳定性，取得了良好效果。

在研究阳离子乳化沥青路面方面，70 年代后期，交通科学研究院与河南等省以及大连油脂化工厂协作，研究采用矿物质原料合成阳离子乳化剂，广泛开辟了材料来源。由于阳离子对石料的黏结能力优于阴离子以及乳化沥青固有的优点，可大大节约沥青材料及能源，延长施工季节，简化施工及减少工人劳动强度，从而有利于黑色路面的发展。

对刚性路面，在交通部公路规划设计院和同济大学主持下，从1978年起，先后组织了设计、科研和大专院校等40多个单位，对水泥混凝土路面设计中的一些重大问题，开展了大量研究工作。制定了符合国情的设计参数，采用了有限元的计算方法，并修订了刚性路面设计规范。江苏省交通厅采用了薄膜真空吸水装置，小型配套机具以及混凝土路面抗折强度快速测定试验法；江苏、安徽两省交通厅还研究采用干硬性振碾混凝土，都取得了节约水泥、缩短工期、提高质量的效果。

（二）路基工程的研究。中国幅员辽阔，地质、地貌复杂，气候差异很大。为解决特殊地区筑路问题，有关省、自治区公路科研部门开展了大量科研工作。黑龙江等省研究了泥沼地区筑路问题；内蒙古、新疆、甘肃等省、自治区对沙漠地区、泥石流地区筑路，以及风吹雪害和雪崩的防治，进行了长期的观察研究；西北、西南各省、自治区对黄土地区筑路的路基稳定和水土流失问题，高原多年冻土和盐渍土地区的筑路问题，以及坍方、滑坡的成因及其防治，等等，都作为重点科研课题，持续不断地刻苦攻关，并取得了一些初步成果。

70年代初，交通科学研究院及其重庆分院和交通部第一公路勘察设计院等单位协作，对青藏公路高原多年冻土地区铺筑黑色路面时的路基稳定性问题进行了长期观察，所取得的科研成果，在高原公路建设中发挥了有益作用。

上述科研成果，都是付出了巨大代价才取得的。许多科技人员在气候恶劣、生活艰苦的环境中，数年如一日，顽强地坚守在科研第一线上。有的积劳成疾，有的甚至献出了自己的宝贵生命。1967年，交通科学研究院重庆分院科技人员李晔、邹大龙和中国人民解放军的军工人员一起，在川藏公路上的拉月大塌方现场进行调查研究时，突发性大塌方再度发生，10多人不幸全部遇难。交通科学研究院年近花甲的专家朱学文，为研究解决青藏公路多年冻土地区铺筑沥青路面的技术问题，三上空气稀薄、海拔

4500 米以上的五道梁坚持科学试验，严重的高山反应形成的后遗症，过早地夺去了他的生命。这个课题所取得的成果获国家科技进步一等奖。甘肃省公路科研部门为研究泥石流问题专门设置了泥石流观测站，即使在十年动乱期间，观察研究工作也一直没有停顿。这个站协作拍摄的泥石流活动科技电影，1978 年在捷克斯洛伐克召开的国际工程地质会议上获得高度评价。

为保证公路路基施工质量，50 年代末，交通部公路科学研究所组织有关省、自治区、直辖市对土基压实方法及标准进行了研究，提出了低等级公路路基压实度标准。70 年代，根据高等级公路建设的需要，又研究提出了重型压实度标准。

在路基石方爆破方面，60 年代初，交通科学研究院和云南省公路科研部门协作取得成绩，提出了抛坍爆破、多面临空爆破、拉槽路堑爆破等多种公路路基石方爆破新方法及计算参数。这项科研成果在公路建设中被广泛推广，加速了施工进度，节约了大量劳动力，降低了工程造价。

对路基防护工程，各省、自治区公路科研部门和交通科学研究院也都获得了不少科研成果。如各种挡墙结构，加筋土的应用，防治路基水毁的各种调治构造物，以及节约防护工程的措施，等等。

（三）路线的研究。在公路勘测选线方面，许多公路建设的前辈常年跋涉于崇山峻岭之中，在各种复杂的地形、地质条件下，积累了丰富的公路选线经验。著名公路专家孙发端为川陕公路选定的一段线路，苏联专家考察后深表敬佩，认为再也不可能选出比这更好的路线了！

在勘测技术方面，早在 50 年代，交通部公路科学研究所就建立了专业科研机构，并开展了同位素勘探、航空测量等研究工作。但为时不久，机构撤销，工作中断。70 年代末，交通部第二公路勘察设计院、广西壮族自治区公路设计单位对航测技术和各种电子勘测仪器的应用，继续开展了一系列科研工作，并取得了一些成果。

随着国民经济的发展和公路交通量的增长，公路上的混合交通问题越来越显得突出，不但降低了汽车运输效率，而且影响安全行车。交通科学研究院和有关省、自治区、直辖市公路科研部门一起开展了调查研究，提出了解决混合交通的措施，以及机动车与非机动车分道行驶的交通量标准。这些成果已纳入国家的技术标准和技术政策。

（四）公路养护管理的研究。为实现现代化管理，1983 年，交通部公路科学研究所开展了有关路面评价养护管理系统的研究工作，采用现代化检测手段及计算机技术，对公路实行定期检测、评价，提出维修养护管理方案。并与辽宁省公路交通部门合作，共同建立了引进的 BMS 路面评价系统，在试点的基础上，研究建立中国自己的系统。交通部公路科学研究所还开始引进全部自动化的检测设备和软件系统，以解决高等级公路快速检测评价问题。

五、公路桥梁的科学研究

（一）上部结构的研究。新中国成立初期，公路桥梁的上部结构大多为临时式木结构。交通部公路科学研究院筹备处和浙江、福建等省公路部门对木结构桥和木材防腐等技术进行了研究，后因木结构难以耐久，一般不再修建，研究工作即告停止。1957 年，交通部公路设计院和第七公路工程局在北京卢沟桥附近试建预应力混凝土简支梁公路桥成功。鉴于钢材缺乏，这类桥梁难以推广。50 年代后期，公路交通部门着重研究采用当地材料建筑永久式桥梁上部结构。首先，开展研究传统的石拱桥。湖南省公路交通部门建成跨径 60 米的黄虎港石拱桥之后，解放了人们的思想，打破了以往只能修中、小跨径石拱桥的框框，进而解决了大跨径石拱桥设计计算、砌筑工艺以及各种拱架结构等一系列设计施工中的技术问题，使石拱桥的最大跨径达到 116 米。为节约修建石拱桥的木材、劳力，缩短工期，1961 年，交通科学研究院、交通部第一公路工程局和广东省公路交通部门合作，创造了横向悬砌拱桥，1963 年又发展为纵向悬砌拱桥，取消了全部拱架，实现了拱桥施工预制装配化。

软基建拱是中国拱桥发展中的又一科研成果。在拱桥设计上，不允许拱脚产生位移。因此，必须建在岩基上，并采用重力式桥墩。交通科学研究院与浙江、江苏两省公路交通部门协作，解决了在软弱地基上建拱的设计、施工中的一些技术问题，并研究采用顶推方法调整拱脚位移，使拱圈得以在最佳的受力状态下工作，从而使圬工拱桥在水网和沿海地区能够大量修建。

为减轻圬工结构自重，节约圬工数量，60 年代中期，江苏省无锡县交通局桥工队创建了具有中国特色的造型美观的双曲拱桥。这种桥的钢筋耗量低于钢筋混凝土结构的下限，圬工体积比普通板拱少得多，施工也很简便。1964 年，双曲拱桥经交通部鉴定通过，并迅速在全国推广。在推广过程中，交通科学研究院组织有关省公路交通部门协作，对双曲拱桥的设计方法、安全度、整体性及其结构型式，进行了多方面的研究，不断地从理论上加以完善。并且在双曲拱桥的基础上创造出单波双曲拱，拱上结构采用扁壳，使结构更加轻巧美观。截至 1987 年，已建成各种类型的双曲拱桥占公路桥梁总长度 1/5 以上，最大跨径达 150 米。

此外，上海公路工程研究所研究建造的少筋桁架拱，交通科学研究院、江苏省无锡县交通局和江苏省公路交通部门共同研究建造的刚架拱，也都能够有效地减轻拱桥自重，更能适应在软基上修筑。

拱桥的建筑高度较高，有时限于地形难以采用。而修建梁式桥又需大量钢材，这在钢材供应紧缺的历史条件下是无能为力的。为了开拓新的途径，交通科学研究院创造了拱梁组合结构的扁壳桥，经过室内模型试验后，于 1961 年与黑龙江、广东两省协作，在望奎和坡头各建 1 座扁壳桥，开创了曲面结构应用于桥梁建筑的先例。扁壳桥已在 8 个省、自治区推广，并从球面壳体发展到双曲壳体。但是扁壳自身受到长宽比的制约，最大跨径只能达到 20 多米。1962 年，交通科学研究院公路专家曾威又创造了微弯板与工型梁组合的结构。采用这两种结构与同跨径的钢筋混凝土梁式桥相比，既可节约钢材，又可适应平原地区建筑高度的要求。到 1987 年，已建成这种桥梁 10 多万米。

为适应大跨径桥梁建设的需要，交通科学研究院对T型刚构悬臂拼装桥进行了大量室内试验，修正了分段张拉预应力损失值等设计参数。1965年，交通科学研究院和上海公路工程研究所与河南省公路交通部门合作，在五陵卫河上建成了中国第一座T型刚构悬臂拼装的窄轨铁路试验桥，跨径50米。不久，交通部公路规划设计院与江苏省公路部门合作，又修建了盐河公路桥。此后在逐步推广中还采用了悬臂浇注施工，最大跨径达174米。1975年，中国第一座斜拉桥在四川省云阳问世。到1987年，各地相继落成的有14座，其中，最大跨径达288米。

广东东莞万江大桥是首先采用分段顶推法施工的预应力混凝土连续箱梁桥，是70年代中后期交通科学研究院与广东省公路交通部门通力合作的科研成果。此外，四川等省公路交通部门还研究修筑了少量钢结构桥。

在桥梁施工工艺方面，1977年，四川省公路交通部门研究大跨径拱桥转体施工工艺，并把它创造性地用于桁架拱、双曲拱等桥型的建筑。到1987年年底，仅四川省采用转体施工法修建的公路桥梁就有18座之多，施工工艺也有较多的改进。

（二）下部结构的研究。60年代初，河南省公路交通部门首创的具有中国特色的钻孔灌注桩，用作桥梁基础，不但载重能力大，设备简单，操作方便，而且能够变水下作业为水上作业，既可大大简化施工工艺，缩短工期，又能降低造价。

1960年9月，河南省交通厅工程师张景惠提出《火箭锥用于桥梁基础施工的试验研究》[①] 的建议报告。1961年冬到1963年春，河南省交通厅科学研究所与交通科学研究院合作，在王庄桥边灌注了16根试桩，分别进行垂直荷载试验和水平荷载试验，据以提出《钻孔灌注混凝土桩研究》试验报告，对桩的极限荷载、桩尖反力以及桩表摩阻力等提出了科学数据，并推荐了估算桩的垂直承载力的基本公式，对钻孔灌注桩的设计计算起到

① “火箭锥”是中国民间的一种打井工具。

了重要的指导作用。后来，又对部分桩进行了开挖检验，完全证实了桩身混凝土质量能够得到可靠的保证。

1963 年冬，首次采用钻孔灌注桩建成河南省冯宿桥（3 孔，跨径 15 米）。1964 年春，又用钻孔灌注桩建成全长 374 米的竹竿河大桥（22 孔，跨径 15 米），工期仅 81 个工日，比用传统基础结构至少要快 18 个月。1965 年 4 月，钻孔灌注桩经交通部鉴定通过，迅即在全国推广。此后，河南省公路交通部门和交通部第一公路工程局根据不同地区的地质情况，又研究创造了冲击、冲抓等多种锥具，以及正、反循环工艺，从而使钻孔灌注桩施工工艺基本上实现了机械化。截至 1987 年，在公路桥梁基础工程中，凡符合采用桩基的地质条件，一般都采用钻孔灌注桩。它的应用最大直径为 2.6 米，桩的长度达到 97 米。

此外，在基础工程中，交通科学研究院还对浅基础的浅基防护、灌浆基础、软基加固，交通部科学研究院重庆分院对深基础的薄壁沉井等，也都进行了研究，并取得了一些成果。

对桥梁墩台的结构形式，经多年研究，采用了高桩承台、双柱式墩、V 型墩和薄壁墩等多种结构。在小桥涵的桥台方面，西安公路学院研究创新的轻台拱桥，成功地将轻型桥台移植到拱式结构，既减少了桥台圬工体积，又降低了工程造价。

（三）桥梁抗震的研究。1976 年唐山大地震发生后，交通部立即派遣交通部科学研究院和公路规划设计院组成课题组奔赴现场，一面参加抢修公路、桥涵，一面搜集桥梁坍塌和路基破损等震害资料，研究提出抗震加固措施，供震区公路交通部门据以进行公路桥梁抗震加固。其中，有些成果在国际会议上交流，并获得好评。

六、路桥设计方法和基础理论的研究

公路部门对道路、桥梁的基础研究工作，从 20 世纪 50 年代开始，就着手进行全国性的调查、观测，通过分析、整理，取得了一系列宝贵的第一手资料，为建立新的设计理论和方法提供了依据。这些成果是经过全国公路交通科研、设计、施工、养护等单位的科技工作者，以及大中院校的教师，齐心协力，艰苦奋斗，以百折不挠、锲而不舍的精神取得的。

（一）路面设计理论和方法的研究。新中国成立初期，在公路柔性路面设计方面，曾搬用了苏联的形变模量的一套设计体系，编制了《公路路面设计须知》。由于它的方法本身存在问题，许多基础资料和参数也不符合中国情况，设计结果往往脱离中国实际。50 年代后期，公路部门研究提出了中国气候分区、土组分类、地带类型、路基填土高度以及压实标准等基础规定，对路用材料特性进行试验研究，修订了计算公式和计算方法。1964 年，交通部科学研究院组织各地公路交通部门和有关院校共同研究汇总的调查、测试、分析的研究成果，提出了新的柔性路面设计参数，并据此编制了《公路柔性路面设计规范》。这个规范虽仍采用形变模量的设计体系，但其基础资料及参数已全部采用中国的实测数据。

60 年代中期，开始研究以弯沉值为标准的路面设计方法，铺筑了大量试验路段，经过多年的科学试验，1974 年由交通部科学研究院和公路规划设计院共同组织全国有关科研、设计单位和大专院校进行汇总，提出了以弯沉值为标准的设计体系。在这一体系中，采用双圆弹性层状体系精确解。对道路气候分区，由交通部公路规划设计院与北京大学共同修订，并改称中国公路自然区划。这次汇总的成果，纠正了以往在公路路面设计中只着重厚度计算，忽视结构设计的倾向。1978 年，根据这些成果制订了新的《公路柔性路面设计规范》。

在路面结构设计方面，还提出了“薄面、强基、稳土基”的设计原则，使路面设计更趋于合理。

中国公路建设大量采用无机结合料稳定的基层，从提高基层的强度和稳定性着眼，突破了原有的柔性路面设计的基本理论。按材料和结构的特性分析，不完全属于柔性路面设计的基本理论范畴，因而提出了半刚性路面的概念。1985 年，由上海公路工程研究所主持，组织有关设计、科研单位和大专院校一起，对这种结构组合出现的问题进行了一系列的研究，对材料和结构的特性已积累了大量试验研究资料，正在建立半刚性路面的设计理论和体系。

（二）拱及曲面结构设计方法和理论的研究。为修建大跨径石拱桥的需要，对拱式结构的设计方法和参数进行了研究。许多公路设计部门对拱轴线型的选择及拱圈允许开裂设计等问题进行研究，交通科学研究院对提高石砌体的允许抗压强度、采用小石子混凝土砌块石的强度、拱上结构参与作用等问题进行了试验。这一系列研究成果用于拱桥建设后，大大减薄了拱圈厚度，获得良好效果。并在结构理论上提出了“塑性平铰”的新概念。

交通科学研究院、江苏省公路部门和无锡县交通局等单位合作，通过对具有中国特色的双曲拱桥进行一系列研究之后，总结了一套结构计算和构造设计的方法。并且编写了《双曲拱桥上部构造设计计算》一书，为制订双曲拱桥设计规范提供了依据。

在扁壳桥的研究中，交通科学研究院、西安公路研究所和西安公路学院先后通过模型试验和理论研究，解决了在集中动荷载作用下，壳体结构的微分方程差分法及变分法解，从而使壳体结构成功地运用于桥梁结构。在此基础上，交通科学研究院对于桥面板的研究已进入板壳的非线性分析范畴，在微弯板及肋腋板上得到应用。

（三）钻孔灌注桩垂直及水平承载力计算的研究。对于钻孔灌注桩的设计计算方法，交通科学研究院组织全国有关单位经过试验研究，提出了垂直及水平承载力计算公式及方法。特别是对水平承载力的计算，投入了大量人力物力，积累了 200 多根试桩资料，最后由交通科学研究院与河南、湖南、陕西、四川、吉林 5 省公路交通部门共同汇总分析，建立了中国自己的 C 法。采用 C 法设计计算，符合钻孔桩的实际，提高承载力近 1 倍。这些成果都纳入了公路和铁路桥梁设计规范。

（四）桥渡设计研究。50 年代后期，在苏联专家协助下，建立了桥渡设计这门学科，开展了桥渡设计研究工作。在交通科学研究院主持下，先后组织西安公路学院，长沙公路研究所，以及各省、自治区、直辖市公路科研、设计、养路部门一起，对所在地区的河流特点和降雨量，分片区进行大协作，有些课题还与铁道部门合作，提出了中国河流洪水糙率表，小桥涵流量计算的暴雨径流表，大中桥流量计算的 Cv、Cs 值等研究成果。有关桥渡冲刷课题的研究，也是动员各省、自治区、直辖市公路部门的力量，在发洪水时，冒着生命危险进行冲刷观测，取得了实桥冲刷观测资料，并进行模型试验，初步提出了若干计算公式。经过 1964 年和 1965 年的评选，确定采用输砂平衡等原理，制定了桥渡一般冲刷和集中冲刷的计算公式，分别纳入公路和铁路桥梁设计规范。在大中桥孔设计研究中，全国公路交通部门投入了大量人力进行野外调查，历时 3 年多，行程 6 万多公里，取得了 600 多座桥的资料，据以汇总分析，采用能量平衡原理，分片区提出了大中桥孔设计新方法，按照中国河流的不同形态，进行压缩桥孔的桥长设计，使西北、东北地区的游荡河流以及宽滩河流桥孔的确定和设置更加切合实际。河南省洛阳黄河桥采用这些成果设计后，桥长由 4000 多米减少到 3000 多米，节约投资数千万元。此外，对调治构造物也进行了许多研究工作，总结了中国河工的经验，提出了不少调治构造物的设计和构造型式，以防治桥梁和路基不被洪水冲毁，并可造田保田。在上述研究工作中，桥渡学科的带头人甘城道做出了很大贡献。他从中国的实际情况出发，提出了桥渡水文的科研方向和任务，积极组织全国大协作。他带病坚持工作，足迹遍及全国各地，组织试点，参加调查，分析资料，最后在一次准备水工试验时，不幸病倒在试验室的水槽之中，经抢救无效逝世，为中国公路科研工作献出了毕生精力。

1978 年，交通科学研究院对丁坝的冲刷防治、桥前拥水进行了研究，并取得了成果。1982 年至 1984 年，又一次组织了公路规划设计院、第一公路勘察设计院和 21 个省、自治区公路交通部门共同参加研究小流域流量计算，提出了 2 个经验公式和推理公式，适用于无资料地区小桥涵设计流量的计算。

七、汽车运营的科学研究

（一）汽车运输的研究工作。50 年代初期，汽车运输生产部门围绕提高汽车的里程利用率、载重利用率、拖运率等方面的问题进行了一系列研究，如环形运输、多班制运输、合理运输等。

1956 年，汽车拖挂运输开始起步。1958 年“大跃进”中，发生盲目拖挂，出现了所谓“百吨列车”。1959 年，交通科学研究院对汽车合理拖挂问题进行了研究，解决了全挂车制动同步和采用电制动等问题，促进了拖挂运输健康发展。进入 70 年代，交通科学研究院等单位研制 8 吨和 12 吨半挂车成功。随着集装箱运输的发展，交通科学研究院在研究采用大吨位集装箱半挂车的同时，对汽车集装箱运输以及水陆联运国际集装箱的管理问题进行了研究。

60 年代初期，一些省、自治区、直辖市的汽车运输部门开展了运筹学在汽车运输中的应用，并总结了上海经验，提出线性规划在汽车运输中的应用等。但由于十年动乱，未能全面推广。

针对 60 年代中期制定的“一刀切”的汽车运价所造成的种种消极因素，70 年代末，由交通部公路局组织交通科学研究院和有关省、直辖市公路交通部门开展调查研究，为交通部 1984 年 2 月修订颁发的《汽车运价规则》提供了依据，并研究提出了理论运价。

为提高装卸效率，许多运输部门自行研制了随车吊、装载机、叉车，以及改装倾卸车和各种专用的变形车等，提高了汽车运输效率，但均系自用自制，未能形成批量生产。

中共十一届三中全会以后，根据国家下达的技术政策的研究任务，交通科学研究院和交通部科学技术情报研究所对汽车运输的作用和地位，汽车客运的优越性，以及公铁分流等课题，开展了调查研究，其成果均已纳入国家的技术政策之中。

此外，交通科学研究院，吉林工业大学，北京、江苏、四川、辽宁等省、直辖市对汽车运输调度通信系统、电子计算机在汽车运输调度管理中的应用等新技术开发所取得的一批科研成果，已被部分汽车运输企业采用。

（二）汽车运用的研究工作。50 年代初期，能源短缺，各地公路交通部门开展研制白煤炉成功，以煤代油，使汽车运输企业得以维持简单再生产。对特殊地区行车的驾驶技术，一些省、自治区公路交通部门从本地区实际出发，开展了一系列科学实验，如冬季起动、热带行车、高原行车以及安全驾驶技术，等等。

节能是汽车运用的重要研究课题。各地汽车运输企业广大职工研制了种种节油装置，采取了许多节油措施，如掺水抗爆节油、多极点火、电子点火、三重喉管以及节油驾驶技术等。70 年代末期，为解决解放 CA10B 型汽车耗油高、运效低、短期内又难以更新的问题，各地公路交通部门广泛开展了技术改造活动。1982 年，在交通部公路科学研究所主持下，组织了全国有关省、直辖市及院校，对发动机主要部件的改造方案进行汇总比较，确定采用云南等省经验，根据不同车龄，对 4 大件提出了几种不同的改造方案。1983 年，国家经委召开会议予以肯定，并号召全面推广。到 1985 年，70 多万辆解放 CA10B 型汽车技术改造基本完成，每年可节油 40 多万吨。随着汽车运输的发展，各地汽车运输企业采用大吨位柴油车日益增多，云南省公路交通部门对柴油车的运用技术开展了研究，并多次举办培训班，普及推广柴油车的运用技术。

（三）汽车保修的研究工作。50 年代，交通部组织各地公路交通部门制订了《汽车运输企业暂行技术标准与定额》（俗称“红皮书”）。其后又根据中国车型及实际运行情况，制订了有关参数，多次修订了“红皮书”，充实了管、用、养、修内容。各地汽车保修企业通过开展技术革新，研制了许多能够减轻工人劳动强度的保修机工具。为扩大配件来源，厉行增产节约，对汽车旧件的修复工艺开展了研究，如黏补、焊接、塑料应用等。其中，交通部公路科学研究所研制的震动堆焊，以及与云南省公路交通部门共同研究成功的铁及铁合金涂镀工艺及配方，分别获得国家二等奖和国家创造发明奖。为提高轮胎利用率，交通科学研究院重庆分院对翻胎技术、配方，以及采用活胎面轮胎等进行了长期研究，并取得不少成果。此外，十年动乱后，在汽车检测方面，也取得了很大成绩。交通科学研究院主持并组织吉林工业大学，交通科学研究院重庆分院，北京、天津、湖南等省、直辖市公路交通部门参加，研制成功反力式、重力式、单轴、双轴等不同型式的汽车制动试验台，底盘综合试验台，动态前轮定位试验台，发动机点火、异响、齿轮箱、方向机以及润滑油等检测设备 14 种，配套成龙，基本上实现了汽车不解体检验。1981 年，这项成果经交通部鉴定通过，迅即在全国推广。许多省、自治区、直辖市运用这项成果相继建立汽车检测站，促进了全国汽车保修检验的技术进步。

八、客挂车的研究

交通部公路科学研究所与生产厂协作，在 50 年代后期，研制了 3 吨、4 吨全挂车，浙江省研制了 6 吨全挂车，其中 3 吨全挂车曾获国家三等奖。80 年代又研制了 8 吨、10 吨、12 吨半挂车。在“六五”攻关中，又与山东省莱芜挂车厂协作，研制了适应国际集装箱联运需要的 20 英尺和 40 英尺大型集装箱半挂车。这些产品都已通过国家鉴定。另外，浙江、湖北、山东、辽宁等省公路交通部门研制挂车也取得了不少成果。

多年来，公路交通部门生产客车没有专用底盘，而是在货车底盘上进行改装，既浪费，性能又不好。交通部为此组织交通科学研究院重庆分院与扬州客车厂合作，在设计研制 JT 663 型客车过程中，开始设计专用底盘。在“六五”攻关项目中，交通科学研究院重庆分院与大连客车厂、大连柴油机厂合作，研制了高档的 JT 1118H 型后置卧式柴油机大客车，性能良好，并已通过国家鉴定。在客车设计制造中，还研究解决了电算应用、客车骨架结构、空气悬挂、预应力蒙皮等一系列技术问题。

对新型汽车动力和新能源的开发利用也进行了研究。70 年代，交通科学研究院与浙江省金华汽车修理厂和浙江大学合作，经过10多年的多轮样机试验，研制成功JZ 221型转子发动机，装车后进行了大量的道路试验，1982年经交通部鉴定后，开始小批量生产。截至1987年，浙江省有近百辆装置转子发动机的客货车投入营运，其耗油量相当于同类往复机，但马力大，时速高，保修费用少。这项研究成果获交通部重大科技成果一等奖。在开发新能源方面，交通科学研究院对高能电瓶汽车和醇类燃料的应用也进行了研究，M15甲醇的应用虽取得成果并通过鉴定，但尚未推广。

九、筑路机械的研究

根据分工，公路交通部门着重研究公路路面机械。60年代初，交通科学研究院在总结各地养路部门经验的基础上，研制了一套砂石路面的养路机械，主要是工作部分。70年代，交通科学研究院与西安、郴州、新津等筑路机械厂协作，着重研究黑色路面施工机械，先后研制成功石屑撒布机、沥青撒布机、沥青混凝土拌和楼、黑色粒料拌和机、沥青混合料摊铺机、自动控制平整度装置，对实现黑色路面施工机械化起到了重要作用。此外，还研制成功振动压路机、全液压路基石方清方机、钻孔桩机、沥青泵、乳化沥青泵以及旧油路再生机械等，为道路、桥梁施工提供了新的工艺设备。进入80年代，还为高等级公路路面施工研制了大容量的沥青混凝土拌和设备。

十、交通工程的研究

1972年，交通科学研究院建立交通工程专业机构。1973年，与北京市公安局协作，开展了城市交通点控制与线控制试验。之后，又与天津市公安局协作，进行了小区域控制试验。并研制了定周期信号机，感应式信号机和各种车辆控制器。此外，还研究了反光、发光、可变等信号标志，以及各种反光路标线和画线车等。其中，定周期信号机和反光路标线已被各大城市普遍采用。

1981 年，交通科学研究院开展了公路交通控制研究。与广东省协作，在广州至佛山公路上采取了一系列交通工程措施，仅用少量投资，就使这段二级公路的通行能力大为提高，改善了交通秩序，降低了交通事故率。随后在一些交通量较大的干线公路上推广采用，效果良好。“六五”期间，还为天津疏港一级公路建立交通控制系统，其中包括部分通信设施。

为开展交通量调查，交通部公路规划设计院组织了许多省、自治区、直辖市公路交通部门建立了连续式观测站 130 多个，间歇式观测站 7000 多个，并提出交通量分析采用高峰小时等建议。

此外，交通部公路科学研究所还与国家环保部门协作，对公路的噪音和排气污染开展了研究，并制定了标准。

十一、电算技术的应用研究

60 年代初，交通科学研究院即向中国科学院借用电子计算机进行壳体结构微分方程计算和拱上结构整体作用计算。“文化大革命”开始后，研究工作被迫停止。70 年代中期，一些公路交通部门的设计、科研单位开始装备中型数字计算机，对道路、桥梁、客车等结构计算广泛采用电算技术。交通科学研究院重庆分院编制了客车设计计算程序。浙江省对公路客车骨架结构设计中存在的问题，运用电算技术对国产客车车型进行验算分析，从而找出了导致断裂的应力集中点，改进了客车设计。交通部公路规划设计院组织了 11 个交通、市政、院校单位，编制了钢筋混凝土及预应力混凝土桥（包括斜拉桥）、拱桥等上、下部结构 12 项计算程序，功能较大，自动化程度较高，适用范围较广。

80 年代以来，电算技术的应用进入了新阶段。8 位和 16 位的微型计算机已成为科研、设计单位的普遍工具。随着超小型机的引进，广泛开展了计算机辅助设计（CAD）的研究，许多单位都引进了一些国外的二维及三维的软件系统，并进行优化设计。此后，交通部于 1985 年开始在全国建立 7 个 CAD 系统，其中包括道路、桥梁、客车 3 个系统。

另外，在汽车运输管理、财务管理、公路施工组织管理、物资管理、交通管理等方面，已开始应用电算技术，先后编制了运输统计、客票计价、油库管理、客车档案管理、工程概预算等各种软件数十种。

回顾30多年来，公路交通科学研究事业有了很大发展，建立了门类比较齐全的科研机构，拥有一支具有一定科技水平的队伍，取得了大批科研成果。50年代所取得的成果，为公路交通事业及其科学技术的发展奠定了基础。六七十年代所取得的成果，为改变公路交通事业的技术面貌作出了巨大贡献。全国科学大会以后，在新的学科领域取得的成果，有力地促进了公路交通现代化的进程。公路交通科研工作尽管取得了巨大成绩，但与发达国家相比，仍然存在很大差距，还应该重视跟踪国际上高技术的发展及其在公路交通上的应用，不断开发新的技术领域，提高科技水平，更好地为公路交通现代化服务。

第二节　公路科技情报

1956年，中共中央号召“向科学进军”。作为科学技术的一个重要组成部分，科技情报工作提到国家的议事日程，并被列入《一九五六——一九六七年科技发展规划》。1958年5月，国务院批转了国家科学规划委员会和国家技术委员会联合提出的《关于开展科学技术情报工作的方案》。这个方案明确要求加强国务院各部门的科技情报机构，使之成为各专业的科技情报和文献中心。同时提出了科技情报工作的任务，即报道最近期间在各种重要的科学技术领域中国内外的成就和动向，使科学技术、经济和高等教育部门及时获得必要的情报和资料，以便于吸收现代科学技术成就。公路科技情报工作就是在这种形势下从无到有，从点到面，从单一行业到跨行业逐步开展起来的。50年代中期，一些公路科研、设计等单位开始设立情报室或资料室，围绕各自的工作需要，搜集、整理国内外情报资料，翻译国外文献，报道本单位科研成果，或组织技术交流。1958年，交通部公路科学研究所成立，同时设置情报室开展公路和汽车运输科技情报工作。当时，科研机构组建不久，急需借鉴国外经验，这个所的情报室立即组织力量，及时地把苏联、捷克斯洛伐克、匈牙利、波兰和英国有关科研机构的组织、人员配备、任务的确立、研究课题的选定、研究工作的方法以及规划、动向等情报资料搜集起来，经过翻译、整理、加工，汇编为专题资料供领导机关决策参考。另外，还创办了《公路与汽车运输技术报道》，主要介绍国内外公路和汽车运输方面的技术经验、科研成果以及发展动向。这是当代中国公路交通最早出现的一个科技情报刊物。

1960 年 12 月，公路科学研究所与水运科学研究所合并改组为交通部交通科学研究院，两所的情报室也随之合并，成为当时交通系统力量最强的一个科技情报机构，除为本院科研服务外，还兼顾全国交通系统。1963 年，在国家科委召开的第三次全国科技情报工作会议上，提出了科技情报工作必须"广、快、精、准"[①] 地为社会主义总路线服务，并要求国务院各部、委都应根据工作需要，建立和充实科技情报机构，积极开展科技情报业务。1964 年，交通部决定在交通科学研究院技术情报室的基础上，建立交通部交通运输科学技术情报研究所，扩充了编制，充实了人员，促进了交通系统科技情报工作的开展。在此期间，公路科研、设计、施工单位也加强了科技情报工作的基础建设，编译专题资料，出版科技情报刊物，并开展情报研究工作。

1966 年"文化大革命"开始以后，公路交通部门专业科技情报机构撤销，人员下放，各种情报刊物大都停办，大量文献资料散失，工作被迫中断。1970 年 7 月，交通、铁道、邮电三个部改组为交通部。为编制交通事业和科技发展规划，科技情报工作开始复苏。1972 年 1 月，原交通科学研究院和铁道科学研究院合并改组为交通部科学研究院，原来两院的科学技术情报研究所合并，并从下放干部中调回部分人员着手恢复工作。1975 年 2 月，交通部再次改组，与此同步，铁道科研机构也和交通科研机构分

① 广、快、精、准：即搜集科技情报资料的面和服务范围广，传递快，文献加工质量高，信息准确。

离。粉碎“四人帮”以后，通过一系列拨乱反正，为公路科技情报工作扫清了前进障碍。到 1978 年，吉林、湖南、广西、内蒙古、天津等 9 个省、自治区、直辖市成立了交通科技情报站；西北、西南等地区公路、汽车运输科技情报网陆续成立。特别是 1978 年 3 月中共中央召开全国科学大会之后，公路科技情报工作更为活跃。同年 8 月，交通部决定将科学技术情报研究所直接隶属交通部领导。它既是全国交通系统的科技情报中心，也是管理和协调交通系统科技情报工作的职能机构。从此，交通科技情报工作在统一规划下进入了一个新的发展阶段。

1981 年 3 月，交通部召开了第一次全国交通科技情报工作会议，总结交流了 20 多年来交通科技情报工作的经验，制定了发展交通科技情报工作的方针政策，要求大力开展国内外科技情报资料的搜集、整理、检索、咨询工作，组织各专业情报网有针对性地进行情报调研工作，积极为科技和生产建设服务。会议还讨论通过了《关于加强交通科技情报工作的若干规定》和《交通系统国外科技资料统一管理的规定》。1984 年 3 月，为了贯彻国家科委《关于加强全国科技情报工作的意见》，落实经济建设必须依靠科学技术，科学技术必须面向经济建设的方针，交通部召开了第二次全国交通科技情报工作会议。从发展交通运输总目标出发，提出了一系列交通科技情报工作的任务：

——以提高经济效益为中心，大力加强交通运输生产技术情报工作；

——围绕交通运输的发展战略，加强情报调研分析工作；

——大力加强文献资料工作；

——调整交通科技情报刊物，努力提高质量；

——加强和健全各级情报机构，不断充实情报队伍；

——放宽搞活，开拓科技情报工作的新领域。

在这次会议上，还讨论通过了《交通科技情报工作条例》《各省、自治区、直辖市交通科技情报站工作条例》《全国交通系统科技情报网工作条例》《交通部科技情报成果奖励办法》，从而使各级交通科技情报机构的工作有法可依，有章可循。截至 1987 年年底，各省、自治区、直辖市都成立了交通科技情报站，片区性的科技情报网和其他专业科技情报网达到 16 个，交通部和各省、自治区、直辖市交通厅（局）直属公路交通企、事业单位，绝大部分也都设立了科技情报科、室，全国交通系统从事科技情报工作的队伍发展到 2000 人左右，初步形成了一个自上而下、纵横结合、分工协作、各具特色的公路科技情报体系。并在以下几个主要方面取得了巨大成绩。

一、积极开展文献、检索、报道工作

公路交通科技情报的主要源泉，来自浩瀚的文献资料。据统计，一个新产品或一项新技术，约有 90% 的内容可以通过情报途径从已有的知识中获得，真正独创的东西只占 10%，而科技文献占整个情报资源的 70% 以上。由此可见，科技文献在生产和科研中起着举足轻重的作用。正因为这样，各级公路交通科技情报机构都把文献资料的搜集、整理、报道、检索当作一项重要的任务来抓。通过多种渠道，有选择、有重点地采购、交换国内外公路交通科技图书、期刊、科技报告、专刊文献、会议文献、技术标准、产品样本、技术档案以及政府出版物等。并对馆藏文献进行全面加工、整理、分类。为搞活文献资料，各级公路科技情报部门还经常举办科技文献和科技成果图片巡回展览，放映公路交通科技幻灯、录像和电影，以提高文献资料利用率。据 1987 年统计，交通部直属各单位科技情报机构共有馆藏中外文图书 400 多万册，期刊 3200 多种，资料 16 万多份，文献检索工具 600 多种，产品样本 5 万多件；各省、自治区、直辖市科技情报站馆藏中外文图书 30 多万册，资料近 20 万份。

在扩大文献资料库存量的同时，各级科技情报单位还注意加强检索工作，编制了不少专题检索工具书刊，便利读者，以提高文献的查准率和查全率。1975 年，为建立全国统一的情报检索体系，交通部组织了科研、设计和大专院校的科技情报人员参加中国科学技术情报研究所主持编制的

《全国748工程配套——综合性汉语主题词表》。这项工作于1979年结束，共选定交通专业主题词2000多条，成为国家词表的一个组成部分。进入80年代，交通部科技情报研究所着手进一步研究编制查阅方便、机检和手检通用的《交通专业汉语主题词表》，1984年告一段落，同年在《公路运输文摘》等检索类刊物上试用，经过两次修改趋于完善。交通系统一些单位，已推广主题词标引文献。这项科研课题获得1986年交通部优秀科技成果二等奖。

微机系统在情报处理方面的应用研究也取得了进展。交通系统情报处理现代化采用“微机与缩微技术相结合，检索和全文存贮一体化，具有中西文兼容功能”的基本模式，先后建成微机情报检索和西文图书管理系统、微机多机与高密度存贮技术相结合的初级试验系统等。这项科研课题经部级鉴定通过，并获得交通部1984年优秀科技成果二等奖。在此基础上，又进一步发展了微机与激光排印、光盘等多种先进信息技术相结合，集存贮、出版、检索于一体的小型多功能情报处理系统。这项科研成果也在国家科委纪念情报工作创建30周年会上获得全国科技情报成果二等奖。

科技情报刊物是传递信息的重要手段，对报道的要求是：全、便、快。即报道的范围广，学科比较全面；检索方便，既考虑手检，也考虑机检；缩短报道时差和出版周期，尽快反映国内外科技动态。

科技情报刊物是一种重要的情报源。在当代科学技术飞跃发展，技术老化、更新的周期越来越短的形势下，各级公路交通科技情报部门都很重视报道工作，加强了对它的领导。1987年，全国交通科技情报系统编辑、出版的定期和不定期刊物达100多种，基本上形成了检索、报道、研究3大类交通科技情报刊物体系。这些刊物的选题比较准确，发表了不少适用性较强的好文章，报道的内容广泛，几乎包括交通科学技术的各个方面，在很大程度上反映了当代中国的公路交通科学技术水平。

此外，各级科技情报部门还编印了许多有关公路交通的《简报》《动态》《讯息》，有的上报到部，有的发到基层，起到上下通气，横向交流的纽带作用。

二、情报调研面向经济建设

开展情报调研是公路交通科技情报工作有效地为经济建设服务的一个重要环节。70 年代，情报调研着重三个方面。

一是对国外有关专业的成就、水平和动向进行的调研。在这个方面共有 10 多项课题，如《国外公路概况》《英国公路运输》《日本公路运输》《国外高速公路》等。

二是围绕公路交通发展的近期目标而进行的调研。70 年代初，交通部号召发展渣油路面，另外还提出汽车保修机械化、检验仪表化。围绕上述中心，有针对性地编译了《国外沥青材料和沥青路面》《国外汽车不解体检验与设备》等专题资料，并且提出了实现汽车保修机械化、检验仪表化的建议方案。

三是根据特定的任务而进行的调研。1976 年唐山地震，桥梁遭受严重破坏，如何妥善采取技术措施加固公路桥梁，成为亟待解决的问题。科技情报部门经过调查研究，编译出版了两辑公路桥梁抗震专题情报资料，介绍日本桥梁抗震技术，综述桥梁防震措施。此外，为适应援外公路工程的需要，还先后编译了有关伊拉克、埃塞俄比亚、塞拉利昂和尼日利亚等国交通运输以及风土人情等专题资料，供援外人员集训作为教材之用。

进入 80 年代，随着经济体制改革的步步深化，公路交通事业出现了许多新情况、新问题，涉及资金、能源、交通运输结构等方面。这些问题的解决，有的需要探索，有的还得借助他山之石。科技情报部门为开创公路交通新局面展开了一系列情报研究工作，重点放在为国家编制规划、计划，制定战略发展目标和重大技术政策而进行的研究上。许多公路科技情报研究人员在比较全面而又系统地了解国外公路科技发展水平和动向的基础上，分析研究了中国公路科技发展水平与国外的差距，有针对性地完成了一批战略性情报研究课题。如《公路运输在国民经济中的地位和作用》

《公路资金来源》《国外公路运输现代化与发展趋向》《我国运输业节能问题的初步探讨》《国外七十至八十年代初公路运输发展水平和先进技术》《当代公路工程技术发展水平》《国外预应力公路桥梁发展述评》等。有的公路科技情报单位还配合其他部门，共同研究涉及公路交通在国民经济中的地位等课题，并联合提出有关调研报告，如《公路、铁路运输合理分工》《公路发展方向和步骤》《我国与世界各国能耗结构》《汽车降低油耗及节油途径》等。其中，像公路、铁路短途客运分流的建议，在实际工作中已被采纳，既缓和了铁路运输压力，又发展了汽车旅客运输，企业的经济效益和社会效益都很显著。特别是在改革开放年代，缩短数以百万计的旅客候车、在途时间，对全社会来说，它所产生的时差效益难以估计。

三、服务领域不断扩大

中共十一届三中全会以来，在改革开放的新形势下，各级科技情报部门以提高经济效益为中心，积极延伸、扩大服务领域，开展多方位情报服务。其主要项目：

一是开拓交通技术市场，为技术交易服务。技术市场是社会主义商品市场的重要组成部分，国家采取放开、搞活、扶植、引导的方针，其目的是促进技术成果尽快转化为生产力，加快科技成果和应用技术的商品化。1985 年 7 月，交通部科学技术交易中心成立。它和各省、自治区、直辖市交通科技情报站一起，积极地为公路交通技术供需双方铺路搭桥，承办中外技术交易会、展览会、交流会，开展科技成果的有偿转让、技术承包、课题招标等技术服务。

二是承包专利咨询和代理业务。1985 年，交通部科学技术情报研究所专利室成立，对外称为交通部专利服务中心，办理下列事务：

——为申请发明创造专利提供咨询；

——代理专利申请文件的撰写、修改、翻译和其他申请专利的各种手续；

——代理复审程序、异议程序和无效程序的各项事务，或为复审程序、异议程序和无效程序提供咨询；

——专利文献的检索；

——其他有关专利事务。

三是开展培训服务。举办各类短期培训班，代培资料管理、文献检索、微机应用、书刊编辑、专利代理、外语翻译以及企业管理等方面的业务技术人员，促进知识更新，提高职工素质。

四是提供翻译服务。发挥交通科技情报部门拥有多文种翻译的优势，承办英、日、法、德、俄、波兰等文种的中译外、外译中的代译业务，以及借调参加技术座谈、出国考察或其他外事活动。

五是文献、检索、声相服务。为用户借阅、复印、翻拍馆藏文献，代购国内外公路交通专题资料及检索公路交通专业科技情报提供服务。另外还承办公路科技影片和录像的摄制、复制、洗印、播放和出租等业务。

四、科技情报网稳步发展

公路科技情报网是地区、行业、单位之间进行科技情报交流和开展社会主义协作的一种行之有效的组织形式。它的宗旨是为加速实现公路交通现代化服务。公路科技情报网的活动采取分工协作、有所侧重、各具特色的模式。在经济建设必须依靠科学技术、科学技术必须面向经济建设的方针指导下，各网都积极地在“依靠”和“面向”之间努力发挥桥梁作用。

1972 年 9 月，西北地区公路运输科技情报网率先成立①，参加的成员单位有甘肃、陕西、青海、新疆、宁夏 5 省、自治区交通厅，交通部第一公路勘察设计院，交通部第二公路工程局，西安公路学院和交通部西安筑

① 1983 年，该网一分为二，分别成立西北地区公路科技情报网和西北地区汽车运输科技情报网。

路机械制造厂。此后，陆续成立的有：

——中南地区公路科技情报网。1974 年 9 月成立。成员单位有：河南、湖北、湖南、广东、广西 5 省、自治区交通厅，湖南大学，长沙交通学院和交通部第二公路勘察设计院。

——西南地区公路科技情报网。1974 年 12 月成立。成员单位有：云南、贵州、四川、西藏 4 省、自治区交通厅，重庆交通学院和交通部重庆公路科学研究所。

——华北地区汽车运输科技情报网。1974 年 12 月成立。成员单位有：河北、山西、内蒙古、天津、北京 5 省、自治区、直辖市交通厅（局），天津市公用局，天津港务局，北京市公共汽车总公司，首都汽车公司，北京市环境卫生局和交通部第一公路工程局机械处。

——西南地区汽车运输科技情报网。1975 年 4 月成立。成员单位有：云南、贵州、四川、西藏 4 省、自治区交通厅，交通部重庆公路科学研究所。

——华北地区公路科技情报网。1976 年成立。成员单位有：河北、山西、内蒙古 3 省、自治区交通厅，北京市公路处，北京市市政工程局，北京市市政设计院，天津市市政工程局，交通部第一公路工程局，交通部第一航务勘察设计院，空军后勤部工程设计局，北京工业大学，北京建筑工程学院，河北工学院。

——华东地区公路科技情报网。1977 年 4 月成立。成员单位有：山东、安徽、江苏、浙江、江西、福建 6 省交通厅，上海市市政工程管理局，上海市市政设计院，同济大学，南京工学院，福州大学，安徽工学院，中国科技大学和中国人民解放军南京工程兵学院。

——中南地区汽车运输科技情报网。1977 年 5 月成立。成员单位有：河南、湖北、湖南、广东、广西 5 省、自治区交通厅，湖南大学，长沙交通学院和华南工学院。

——华东地区汽车运输科技情报网。1977 年 11 月成立。成员单位有：

山东、安徽、江苏、浙江、江西、福建、上海7省、直辖市交通厅（局），上海市公用事业局，连云港港务局，山东工业大学，安徽工学院，江苏工学院，济南交通学校和中国人民解放军总后汽车管理学校。

——交通部长途客车专业技术情报网。1978年7月成立。成员单位有66个。交通部重庆公路科学研究所、四川省峨眉交通机械厂（西南、西北地区）、湖北省交通厅客车修配厂（中南地区）、辽宁省大连客车厂（东北、华北地区）、江苏省扬州客车制造厂（华东地区）为网的中心组成员。

——东北地区公路科技情报网。1978年7月成立。成员单位有：辽宁、吉林、黑龙江3省交通厅，东北林学院和哈尔滨建筑工程学院。

——东北地区汽车运输科技情报网。1978年9月成立。成员单位有：辽宁、吉林、黑龙江3省交通厅，长春第一汽车制造厂，长春汽车研究所，吉林工业大学和中国人民解放军7416工厂。

——交通部翻胎专业技术情报网。1979年成立。有270个成员单位。除科研部门外，绝大多数是翻胎企业、生产厂家和使用单位。

——全国公路工程地质科技情报网。1982年10月成立。有68个成员单位，包括公路、铁路、林业系统的测设、施工、科研、情报和院校等单位。网内设6个专业情报站，即地基基础站、勘探测设站、道路病害站、泥石流站、冻土站和岩溶站。

——中国挂车专业技术情报网。1986年8月成立。有70个成员单位，网长单位为交通部公路科学研究所。

中共十一届三中全会以后，交通部为加强对科技情报网的领导，从1980年到1987年，曾5次召开全国交通科技情报网站工作会议，及时传达全国交通工作会议或全国科技情报工作会议精神，总结交流网的经验，制订网的规章制度，协调网的工作计划，并就科技体制改革、开拓技术市场等新事物进行探讨，力求各网更有成效地为加速实现公路交通现代化服务。

科技情报网的活动，一般以技术经验交流为主。交流的中心取决于各地区、各专业面临的一些亟待解决的生产问题。汽车运输企业是能源消耗的大户，全国汽车消耗的燃料油约占全国成品油的30%，各汽车运输科技情报网围绕节能多次开展活动。贵州省汽车运输公司参加1978年西南汽车运输科技情报网组织的汽车节油技术经验交流后，迅速改变了全省各地区汽车运输公司油料长期超耗的局面，为企业扭亏为盈作出了贡献。

推广新技术、新工艺也是科技情报网活动的一个重要方面。西南地区公路科技情报网1975年组织的云阳斜拉桥经验交流会和1977年组织的遂宁拱桥转体施工；中南地区公路科技情报网1980年组织的预应力混凝土连续梁桥多点顶推和1982年举办的航测在公路勘测中的应用技术研讨会，都在不同程度上引起了公路设计、施工部门的重视，并在实际工作中推广应用。随着城乡商品经济的发展，反映在公路上，行车密度大了，重型汽车多了，原有公路很不适应。各公路科技情报网以旧路技术改造为中心，提出了许多行之有效的办法。在沥青路面建设中，新材料阳离子乳化沥青已在许多路段推广使用。

一些科技情报网还针对生产建设中存在的关键问题开展调查研究。公路工程地质情报网为深入了解公路工程地质区域特性，各专业情报站分别对北方大兴安岭冻土、南方岩溶地质、西北和西南地区发展公路加筋土工程，以及西部盐渍土地区公路病害等方面进行实地考察，汇集资料加以介绍，对有关单位确定工程建设方案起了有益作用。轮胎专业技术情报网围绕轮胎翻新业务，调查了13个省、直辖市翻胎工业的状况，基本摸清了中国翻胎工业的现状、技术水平及经济指标，结合各厂的胶料配方，提出了有对比、有分析、有建议的报告，获得化工部1981年科技情报三等奖。

科技情报网成员单位多，业务技术人才比较密集。各网充分发挥了这一优势，先后开办了低温镀铁、加热减应焊接、汽车测试技术、汽车修理新工艺、铝钎焊、桥梁结构测试、道路测试、公路土工材料试验、勘探测试技术、计算机语言、科技外语等培训班35期，参加培训的达1651人。

随着经济体制改革的不断深化，80年代初期，情报网的活动开始涉及非技术领域。1984 年，西北地区汽车运输科技情报网经验交流会的主题是：汽车运输全面质量管理。1985 年，华东地区汽车运输科技情报网经验交流会的主题是：改革企业经营管理。东北地区公路科技情报网则从 1985 年起，连续三年举办公路科技成果信息交流。情报网的活动向经营管理和技术市场延伸，在一定程度上反映了它面向经济建设的广度，同时也发挥了它对科技成果向现实生产力转化的催化、媒介和桥梁作用。

据不完全统计，从 1972 年到 1987 年，公路交通系统的 16 个科技情报网共组织各类活动 311 次，参加活动的近 3 万人。

公路科技情报工作经过 30 多年的奋斗，取得很大成绩，但与国外先进水平对比，还有一定差距。

一是科技情报队伍的素质还不够高，没有完全形成合理的知识结构，老的业务技术人员的知识更新还跟不上科学技术日新月异的发展速度，青年业务技术人员的基本功也有待提高。

二是科技情报处理手段比较落后，电子计算机在公路科技情报工作中的应用研究和开发刚刚起步，还远远没有普及。

三是科技文献基础工作仍然薄弱，没有形成一套完整的检索体系，直接影响情报工作效率和服务质量。

所有这些，都要求公路科技情报工作者在继续前进的道路上奋起直追，迎头赶上。

第十七章
教育和出版事业

第一节　教育事业

1949 年以前，公路交通教育事业十分落后，既没有一所专门造就高级技术人员的高等学府，也没有一个专门培养中级人才的专业学校。为数不多的公路工程和汽车运输方面的技术人员，一部分毕业于综合性大学的土木工程系或机械系，另一部分则来自工科职业学校。中华人民共和国成立初期，作为先行的公路交通急需恢复、发展，而从事建设的技术业务人员却又严重不足，兴办教育，开发人才，刻不容缓。

公路交通教育事业起步于国民经济恢复时期，重点放在大量的训练和培养中级和初级技术人才上。在此期间，除少数综合性大学设置土木系、机械系培养高级公路交通技术人才外，交通部北京干部学校、华东交通专科学校、西南交通专科学校、西北交通学校、东北交通学校，以及四川、贵州、云南、辽宁、黑龙江、安徽、河北等省交通学校先后创办，设置的专业有道路、桥梁、测绘、汽车修理、计划统计，等等。另外，各级公路交通部门为提高在职员工素质，还开办了许多职工业余学校，从而为中国公路交通教育事业的发展初步奠定了基础。

“一五”计划开始执行以后，公路交通教育事业逐步纳入有计划按比例发展的轨道。1954 年，学校管理体制有所调整，西安汽车机械学校和重庆、沈阳公路工程学校直属交通部领导。1956 年，交通部又新建济南汽车机械学校和石家庄、呼和浩特、南昌公路工程学校。至此，交通部直属的公路交通中等专业学校增加到 7 所。这些学校面向全国招生，学生毕业后由国家实行统一分配。与此同时，另一批省办交通学校陆续建立，进一步扩大了公路交通专业人才的培训能力。

为迎接新的生产建设高潮，1958 年 4 月，经国务院批准，西安公路学院正式成立。这是中国第一所专门培养公路交通高级技术人才的摇篮。它的诞生，表明公路交通教育事业走上了一个新的台阶。在“大跃进”的岁月里，公路交通教育战线也曾出现“大办快上”等反常现象。1960 年，重庆、辽宁、黑龙江、河北、江西、安徽、山东等中等专业学校纷纷升格，易名为交通学院或交通专科学校。短短 3 年，公路交通高等学府一跃增加到 8 所。师资、校舍、设备都跟不上，教学秩序混乱，教学质量更无保证。1962 年，根据中共中央批准试行《教育部直属高等学校暂行工作条例（草案)》的规定，公路交通高等院校进行了调整，除保留西安公路学院和重庆交通学院外，其他 6 所统统下马，仍然恢复原来的中等专业学校建制。调整后的高等院校实行定规模、定任务、定方向、定专业，同时要求必须以教学为主，妥善安排生产劳动、科学研究和社会活动时间，把提高教学质量放在首位。

十年动乱对公路交通教育事业无疑是一场灾难。各地交通院校有的被撤销、合并或外迁，有的被改办成为工厂，教师下放，校舍被占，图书散失，设备毁坏，停止招生长达 6 年之久。1976 年 10 月，“四人帮”被一举粉碎，长期遭受压抑的教师们如释重负，喜庆再生。此后，重庆交通学院以及一批停办的中等专业学校和技工学校陆续恢复，职工教育也日趋活跃。1978 年 12 月，又一所高等学府——长沙交通学院正式成立。中共十一届三中全会以后，公路交通教育战线通过拨乱反正，全面落实了知识分子政策，调动了各方面的积极因素，高等教育、中等专业教育和职工教育在改革、开放中办得蒸蒸日上。

一、高等教育

改革、开放，引导着高等教育事业向新的目标前进。按照干部队伍革命化、年轻化、知识化、专业化的要求，1983 年 9 月至 12 月，西安公路学院、重庆交通学院和长沙交通学院（简称“三院”）的领导班子相继调整。一批年富力强，朝气蓬勃的干部走上了领导岗位。新班子的年龄结构、知识结构和专业结构都比原来更为优化。

在“教育要面向现代化、面向世界、面向未来”的思想指导下，为开创公路交通教育事业的新局面，交通部对“三院”的发展规划和专业设置作了规定：西安公路学院的规模为 6000 人，设置 13 个专业；重庆交通学院的规模为 3000 人，设置 8 个专业；长沙交通学院的规模为 3000 人，设置 8 个专业。“三院”从各自的实际出发，分别作了妥善安排。1987 年，“三院”在校学生总数从 1985 年的 7504 人上升到 8092 人；设置的专业也从 19 个增加到 23 个。

高等教育体制改革涉及教学思想、内容、方法、制度等诸多方面。“三院”的教学思想改革，集中体现在提高教学质量，促进学生德、智、体、美全面发展和多出人才，出好人才上。教学内容改革则侧重在减少课堂讲授学时，增加学生自学和课堂讨论时间，以拓宽视野，提高自学、思维能力。同时，加强实践性教学环节，培养学生的独立工作能力。教学方法改革的重点主要是：变“注入式”教学为“启发式”教学，避免学生读死书，死读书。教学制度改革分两个方面，一是试行学分制，注意培养优秀生，推荐免试攻读硕士学位的研究生；二是考试方法采取闭卷笔试与开卷笔试结合、笔试与口试结合、基本理论考试与实际操作考试结合等多种形式。为了进一步推动教育体制改革，交通部组织了高等院校本科教育质量评估检查组，对西安公路学院和长沙交通学院公路与城市道路工程专业的教育质量进行评估，考核了学生的组织纪律、思想品德、实验操作技能和计算机应用能力，抽测了基础理论课和专业知识掌握程度，以及外语的理解和翻译水平，促进了教学改革的深化。

除交通系统“三院”外，设置公路交通类专业对口的高等院校还有同济大学、南京工学院、吉林工业大学、北京工业大学等 38 所，基本形成了与公路交通发展相适应的以公路桥梁、汽车运输专业为主体的普通高等教育体系。其中有3个院校的5个专业点招收博士研究生，17个院校的43个专业点招收硕士研究生。据1987年不完全统计，西安公路学院成立以来，还先后接受坦桑尼亚等14个国家和地区的留学生113名。30多年来，全国21所高等院校为国家培养了公路交通类大专以上毕业生约3万名。

二、中等专业教育

进入80年代，公路交通中等专业教育全面恢复并有所发展。1987年，交通系统有中等专业学校29所，除呼和浩特交通学校和济南交通学校直属交通部领导外，其余27所均由省、自治区、直辖市交通厅（局）主管。另外，公路交通企业、事业单位还设立汽车驾驶、汽车修理等技工学校90多所，公路工程、公路养护等技工学校近20所。这些学校源源不断地为公路交通部门输送了数以万计的中、初级技术业务人员。据不完全统计，截至1987年，仅宁夏、青海、浙江、广东等14所交通学校的历届毕业生就达4万多名。交通部直属的两所交通学校的历届毕业生也在1.6万名以上。呼和浩特交通学校还为新疆、西藏、内蒙古等少数民族地区培养了大批专业技术人才，仅1981年至1984年，即有1197名少数民族毕业生走上工作岗位。

1985年5月，中共中央发布关于教育体制改革的决定。公路交通中等专业学校相继开展教育改革。1987年，有的学校开始实行校长负责制，职称改革顺利开展。师资队伍的年龄结构、学历结构和职称结构渐趋合理。教师职务聘任制正在部分学校实施。教学改革也从封闭型开始转变为开放型，济南、浙江等校以加强实践教学为突破口，积极开展技术服务工作，使教学、技术服务和生产实践紧密地结合起来。

三、职工教育

1981年，中共中央、国务院发布关于加强职工教育工作的决定。各省、自治区、直辖市公路交通部门迅速恢复、充实了主管职工教育的机构，开办从初中到高中的文化补习夜校、职工大学、外语进修班、电视大学自学辅导站以及交通干部学校，等等。同时，委托有关高等学院举办干部专修班或中专班，实行定向代培。

为普及企业管理知识，公路交通部门各级领导干部轮训工作于1983年基本告一段落。同年，国务院要求国营大型企业厂长必须参加国家统考。交通部为此组织了14所公路交通院校，从1984年开始，兴办为期半年的考前培训班。重点辅导中共十一届三中全会以来有关经济建设的方针政策和汽车运输管理基本知识。考前培训班一直办到1987年，所有参加培训的大、中企业的党委书记、经理、厂长都通过了国家考试。

基层干部岗位培训试点取得一定成效。吉林、黑龙江、山东、四川、湖南等省公路交通部门对公路段长、汽车队长、装卸队长、交通管理站长、装卸业务员和调度员实行岗位培训，并制订了培训考核与使用、任职挂钩等有关规定。吉林省交通厅、劳动人事厅为此发出联合通知，凡无故不参加，或虽经培训但未取得岗位合格证书、工作又无突出成绩和贡献的，将予免职，调任其他工作。

根据中共中央批转中央组织部、宣传部关于加强干部培训工作的报告，要求对45岁以下、文化程度不到中专的干部，在1990年以前提高到中专或高中以上的水平。1985年，交通部成立电视中等专业学校，下设21所分校，负责管理106个站的教学工作。这些分校分布在19个省、自治区、直辖市，1987年在籍学员5201名。电视中等专业学校设置汽车运输管理和汽车运输财务会计2个专业，教学以电视录像为主。

鉴于十年动乱对教育事业的严重破坏和“读书无用论”给青少年一代造成的恶劣影响，公路交通部门根据1982年全国职工教育管理委员会、教育部的联合通知，对1968年到1980年间初中、高中毕业而实际文化水平达不到初中毕业程度的青壮年职工，以及没有经过专业技术培训的3级以下的青壮年职工，实行文化、技术补课。考试结果，通过初中文化补课合格的有 46 万余人，通过初级技术补课合格的有 26 万余人，分别占应补对象的 75% 和 67% 以上。1985 年年底，公路交通部门“双补”任务基本完成。

此外，许多企事业单位还结合生产、技术改造和节能活动，开办不同规模、工种不一的技术业务训练班。办学形式灵活多样，培训时间有长有短。有的训练班以工地为现场，实地培养操作技术和学习有关安全生产基本知识；有的则利用冬季严寒不宜野外作业的特点，抽调各类职工开展冬训，缺什么补什么，实行按需施教，都取得了良好效果。

第二节 书刊出版工作

随着公路交通的不断发展，作为交流、推广国内外先进经验，传播科学技术知识媒介的书刊出版事业日趋繁荣。按照专业分工，交通部于 1952 年 12 月正式组建人民交通出版社，承担水运、公路和汽车运输等方面的书刊出版工作。经过 30 多年的努力经营，人民交通出版社已拥有一支近 200 人的编辑出版队伍，以及一个有 400 余人、设备良好的印刷厂；还配合新华书店，自办发行，组建了一个以 10 余处交通书店为骨干的发行网。截至 1987 年年底，人民交通出版社累计出版交通科技图书 4000 多种，其中公路交通方面的约占 3/4。

与人民交通出版社同时并存的，还有主管公路交通的领导机关，各省、自治区、直辖市交通厅（局）和交通院校以及科研、设计单位设置的编辑出版部门。它们从各自的工作需要出发，编辑出版了不少内部发行或公开发行的报刊。其中印数较多、发行面广、具有一定影响的有：

——交通部先后主编的《人民交通》《交通工作》《交通战线》等杂志，以及《中国交通报》等。

——交通部公路总局、运输总局、公路运输局、公路工程管理局、公路规划设计院先后主编的《汽车》《公路》《公路运输管理》等杂志，以及《人民公路报》《公路跃进报》《友谊竞赛报》《中国交通安全报》等。

此外，还有西安公路学院主编的《汽车运输》杂志，以及各公路交通高等院校主编的学报等。据1987年不完全统计，各地出版的公路、汽车类刊物有100多种。这些刊物在宣传公路交通方针政策、交流生产管理经验、推广先进技术和普及科技知识等方面都发挥着积极作用。

一些省、自治区、直辖市的人民出版社也出版少数公路交通科技图书。中共十一届三中全会以后，各地新成立的综合性科技出版社也兼出公路交通图书，重点放在发行数量较大、经济效益又好的汽车驾驶员读物上。

交通出版事业的发展并非一帆风顺。新中国成立初期，在“一边倒”的方针影响下，公路交通出版物以翻译苏联图书为主，西方一些发达国家的公路交通专业书籍由于政治因素被隔断，因而在较长的一段时间里，公路交通科技图书几乎处于“一家独鸣”的状态。50年代末至60年代中期，公路交通建设取得较快发展，职工队伍逐年扩大。为了总结经验，提高全员素质，出版部门开始把重点转向组织国内专家、学者撰写专著和应用技术通俗读物。在此期间，大专院校通用教材相继问世。十年动乱中，出版工作备遭摧残而一度中断。70年代逐渐复苏，但“左”的思想仍占主导地位，著译书概无稿酬，署名大部分用单位名义或以编写组的名义取代，大大挫伤了作者的积极性。拨乱反正以后，出版事业步入正轨。进入80年代，出版园地生机盎然。为培养提高少数民族技术业务人员，在新疆交通厅直接领导下，人民交通出版社新疆民族文字编译部正式成立，设汽车编辑室和公路编辑室。到1987年，共编译出版维吾尔、哈萨克等民族文字书刊38种，发行量达16万多册。在此期间，人民交通出版社除大量出版科研成果、丛书、手册、词典外，同时翻译了美、英、日、苏、联邦德国、瑞典等国家有关公路交通方面的图书资料，从而使公路交通专业书籍的出版工作初步呈现“百花齐放”的局面。

公路交通专业多，分工细，读者对象不一，各有所需，在“为人民服务，为社会主义服务”总方针指引下，出版部门本着普及与提高相结合、当前需要与长远需要相结合的原则，累计编辑出版了 3000 多种公路交通图书。这些出版物的构成大体如下：

一是国家颁布的各种技术标准、施工规范、管理制度、运输规划和法令汇编，累计出版了 100 多种。这类图书实质上是法规性文件的再版，是各级公路交通部门必须共同遵守的准则。通过它，便于了解、熟悉、掌握国家的有关规定，更好地保证生产建设任务的顺利完成。统计表明，从 1973 年到 1987 年，被交通部先后评为优秀的公路工程建设标准、规范的有 20 种。

二是高等院校、中专、技工学校使用的各种专业教材以及职工培训、函授教材，累计出版 200 多种。大专院校教材专业性强，读者对象不多，发行量偏低。但有关汽车工人的培训教材则不然，据统计，《汽车驾驶员培训教材》上下册的印数就达 170 多万册。教材还有其特殊性。随着时间的推移，它的内容需要不断更新，鉴于教材建设是教育事业的三大支柱之一，编辑出版部门投入了大量人力、物力，不间断地对教材进行修订再版。

三是工具书，包括各种词典、手册，累计出版了 100 多种。英汉、法汉、德汉、俄汉、日汉等公路专业、汽车专业收词数万条的大型名词对照词典已基本出齐，为各类工程技术人员和专业翻译工作者提供了方便。还出版了不少释义性辞典，如《道路与交通工程词典》系由土木工程界 90 多位专家、教授编撰而成，共收词目 7100 多条，摒弃了一些杂乱的洋名、俗称，使公路名词趋向统一。各种手册不同于词典，实用性更强，发行面也广。如《国产汽车技术性能手册》的发行量高达 60 万册以上。《实用土木工程手册》自 1985 年出版以来，已印两次，深受广大土木工程技术人员的欢迎。

四是公路交通科技参考书，包括公路设计、施工、养护，材料，筑养路机械，汽车保养、维修、使用、检测以及客货运输等诸多方面。由于门类多，题材广，出书品种最多，等级分类也不一，既有内容新颖、深入浅出的普及读物，又有不少理论高深、介绍国内外先进技术的专著，基本上兼顾到不同层次读者的需要。

在已经出版的大量公路交通读物中，不少图书在社会主义经济建设中发挥了“桥梁”作用。通过它们，把科研成果转化为生产力，社会效益显著。《汽车驾驶员常识》（修订版）是一本知识性、实用性很强的通俗读物，许多读者反映它对提高驾驶员素质、预防交通事故大有裨益。1980年，这本书荣获全国新长征优秀科普作品二等奖。《双曲拱桥上部构造设计与计算》因其介绍的技术有独特性，1981 年获全国优秀图书奖。《阳离子乳化沥青路面》一书介绍的新技术，由于具有重大的节能效果，1983 年获国家科委颁发的科技进步二等奖。《1 小时推定混凝土强度新技术》出版以后，土木工程界反应热烈，普遍认为这项新技术是保证混凝土质量、促进混凝土生产工艺现代化的重要措施，具有当代国际先进水平。1984年，这项新技术获得国家科委颁发的三等发明奖。

改革、开放为中国公路科技图书走向世界开拓了广阔前景。1985 年10 月，《中国石桥》、《公路双曲拱桥上部构造设计与施工》（第二版）、《爆破工程地质》、《甘肃泥石流》等 23 种公路、汽车图书参加了在联邦德国举办的第三十七届法兰克福国际书展。其中，《英汉道路工程词汇》（第二版）一书还与对方达成合作出版协议。1986 年在北京举办的国际图书博览会上，送展的公路与汽车方面的图书达 80 多种。

公路交通科技读物的质量优劣，在很大程度上取决于作、译者的水平和责任编辑的素质。为了多出书、出好书，出版部门紧紧抓住两个主要环节，一是重视编辑队伍的自身建设；二是广泛联系社会上的专家、学者，注意发掘人才，组织和发挥新老专业技术人员的作用，把他们团结在编辑部周围，形成一支具有相当声望和水平的著、译者队伍，共同做好交通专业图书的编辑出版工作。此外，更新印刷设备，缩短出书周期，也是一个重要方面。

公路交通科技书籍具有门类多、内容专、印数少、成本高等特点，直接经济效益甚微，多数都要亏本。为了解决这个棘手问题，出版部门在加强经济核算、改善经营管理的同时，采取了以书养书、以盈补亏的办法，在正确贯彻出版方针、提高书刊质量、保证社会效益的前提下，努力争取实现较好的经济效益。

第十八章
国际科技交流和学会活动

第一节　国际科技交流

在20世纪50年代，帝国主义国家对新中国实行经济封锁，公路交通方面的国际科技合作与交往，主要是在苏联与东欧国家之间进行。如聘请专家，互派留学生及代表团，以及参加社会主义国家铁路合作组织（简称铁组）有关公路交通的专门会议等。进入60年代，随着中苏关系的恶化和长达10年之久的“文化大革命”，导致在相当长的一段时间里，公路交通方面的国际科技活动几乎濒于停顿。直到中共十一届三中全会以后，国际科技交往才重新活跃起来，并趋向于多元化。

新中国成立以来，公路交通部门参加了下列四个有关的重要国际组织：

一是社会主义国家铁路合作组织。这个组织是1956年在索非亚举行的社会主义国家主管铁路的部长会议上决定成立的。翌年，在华沙设立了部长会议的常设机构：铁组委员会。

1958年7月，在布拉格举行的第三届部长会议上，通过了关于接受汽车运输和公路专门会议（即第十一专门会议）的决定。当时，许多东欧国家认为，公路汽车运输同样有国际联运问题，而有些国家的交通规则、信号标志等均不一致，需要统一；有些科技问题也需要交流合作，互通有无，因而要求另外成立公路合作组织。但在这些国家中，公路与铁路大多同属一个部的管辖范围，因而只在铁组内成立了一个新的第十一专门会议，主管公路和汽车运输方面的统一标准、统一术语，以及解决公路交通往来中的一些问题。公路科技合作项目原属第五专门会议（即科技合作专门会议），70 年代后才划归第十一专门会议。

铁组的正式语文和工作语文规定为中、德、俄 3 种。作为铁组的喉舌，《铁路合作组织通讯》（双月刊）于 1958 年创刊，用中、德、俄 3 种文字出版。主要介绍部长会议和各委员会所通过的各项决议和建议，交流各国铁路、公路工作经验和技术发展情况。在这个刊物上，先后发表了《中华人民共和国汽车运输事业的发展》等文章多篇。

铁组各专门会议每年召开一次例会，轮流在各成员国举行，主要审查上一年度工作进展情况，制订下一年度工作计划，讨论批准各专题专家会议的成果报告，最后签订议定书。“文化大革命”以前，中国参加了第五专门会议和第十一专门会议的一些例会，十年动乱中全部停止，直到 1979 年才开始恢复。先后参加了第十一专门会议的第 22 次至 29 次例会，其中第 27 次例会于 1985 年 6 月在北京举行。

铁组的科技合作项目，系由各成员国根据生产需要提出，自由参加，分工研究，共同讨论，一般要求 3 至 5 年提出成果。在这些专题项目中，中国参加过 10 项，其中包括“稳定土路面的研究”“大件、重件汽车运输”“汽车保养检测设备”“桥梁检验、养护”“路面补强”“公路环保”“名词术语”等。在这些专题中，中国承担了部分研究工作，按议定书要求，如期提供了研究成果，并吸取了其他参加国研究成果中的有益经验。

“稳定土路面的研究”系 1963 年第五专门会议确定的专题。中国承担了对冰冻地区采用石灰土的有关技术问题的研究，由交通科学研究院组织北方的一些省、直辖市做了大量的试验工作，提出了专题报告。在第十一专门会议最后汇总的专家会议上，肯定了中国采用无机结合料稳定土路面的成就。

“大件、重件汽车运输”专题，由交通部汽车运输总公司承担，并在铁组召开的第十一专门会议上提出了专题报告，介绍了 70 年代中期在中国兴起的公路大件运输情况，从理论上阐明了保证公路大件运输稳定性的重大意义及其在运输实践中的控制要点。

中国先后参加了6次有关桥梁检验的专家会议。这个专题由交通部公路科学研究所按分工进行研究，并提出了大跨径混凝土桥检验方法的报告，经讨论通过列为会议文件。后来，这个文件经中华人民共和国交通部批准，作为国内的检验规程。

有关路面补强专题，中国先后参加了3次专家会议。中国承担了柔性路面部分专题研究。专题报告由交通部公路规划设计院提出，经会议讨论，列入铁组关于路面补强的技术规范之中。

二是国际道路会议常设协会。这个协会简称国际路协（PIARC），成立于1908年。它是公路建设专业颇具影响的一个世界性学术组织。有75个国家和地区参加，其中绝大部分为政府会员。总部设在巴黎。按照章程规定，每4年举行1次世界道路会议；会议的正式语为英、法、德3种。每届会议的主要议程是：交流上届会议所确定的专题研究成果；制订下一步的专题计划；各参加成员国提出政府工作报告，由路协所属各专业委员会或临时组成的专题组织的主席汇总为总报告。另外，与会专家也可提出个人报告，会后汇编成论文集。

国际路协下设12个专业技术委员会，即城间道路与高速公路技术委员会；城市道路技术委员会；土方、路基、排水技术委员会；发展中地区道路技术委员会；道路材料试验技术委员会；经济和财务委员会；柔性路面技术委员会；混凝土道路技术委员会；公路养护技术委员会；路面表面特性技术委员会；道路桥梁技术委员会；道路隧道技术委员会。

此外，国际路协还设有若干地区组织，这些组织也定期召开专业和地区会议。

1949年10月以前，中国曾多次参加世界道路会议，并于1922年作为团体会员参加国际路协。1934年，陈体诚、赵祖康、周凤九等中国专家参加了在德国慕尼黑举行的第七届世界道路会议。会上，周凤九发表了《城乡经济路面之建筑与修养方法之概述》等论文。抗日战争爆发后，活动遂告中断。

新中国成立后，在70年代以前，公路交通界与西方国家没有交往。1979年9月，中国公路学会作为团体会员，由专家刘承先率团参加了在奥地利维也纳举行的第十六届世界道路会议。中国代表在会上宣读的《中国公路建设成就简介》《石灰土的应用》《渣油路面》3篇论文，被纳入会议论文集。

1983年，应路协的要求，中国改为政府会员。同年10月，交通部副部长王展意率团参加了在澳大利亚悉尼召开的第十七届世界道路会议。中国代表在会上宣读了有关半刚性基层、薄沥青面层和石灰土疲劳特性的3篇论文，并由大会单独印发。

1987年，中国派员参加了在比利时布鲁塞尔召开的第十八届世界道路会议，并在会上宣读了题为《公路路面防止反射裂缝》的论文。

三是联合国亚洲和太平洋地区经济社会委员会。这个组织简称亚太经社会（ESCAP），是联合国在亚太区域的一个地区性的研究讨论经济社会发展事务的组织。其办事机构为秘书处，设在曼谷。这个组织的活动范围广泛，其中也包括公路交通。

1981年，交通部公路局派员参加亚太经社会首次在曼谷召开的政府间公路官员国际会议。会议决定嗣后每2年召开1次，并邀请中国参加亚洲公路网和解决内陆国家交通出口通道问题。

1982年年初，交通部公路局组团参加了亚太经社会在曼谷召开的非机动车辆经验交流会议。会上，中国代表提出的非机动车辆制造和使用经验的论文，受到孟加拉等国代表的欢迎。

1983年8月，亚太经社会在新西兰举办“压缩天然气用作汽车燃料的考察旅行”，交通部公路局派员参加。这项应用技术引起了四川、北京等省、市汽车运输部门的关注。

1983年9月，亚太经社会和中国联合召开农村道路施工养护现场研讨会。参加会议的有亚太地区11个国家和地区以及一些国际组织的代表共

30人。会议从上海开始，途经无锡、南京、济南进行现场参观，然后到北京继续举行会议。会上，中国代表作了报告，并就农村道路规划、设计、施工、养护、资金等方面提出了17篇论文。各国代表也就本国农村道路情况分别在会上作了报告。会议认为，中国农村道路建设经验可供本地区国家参考，特别对农村桥梁建设和小型机械化养路技术表示赞赏。与会代表还对改进中国农村道路提出了一些建设性意见。

1985年年初，亚太经社会在曼谷召开成员国公路部长会议。交通部副部长王展意率中国代表团出席。会议决定：开展亚太地区运输和通信十年活动。

1986年11月，交通部公路局和城乡建设部环保局派员参加了亚太经社会和联合国环境署在曼谷联合召开的公路运输计划环境影响评价会议。加拿大、美国、西德、日本等国和一些有关国际组织在会上介绍了各自开展这项工作的经验。参加会议的国家，包括中国在内，均为亚洲发展中国家，对公路建设环境影响评价工作，大多处于起步阶段。借鉴这些经验，对与会各国均有裨益。

1987年9月，联合国亚太经社会和中国在北京联合举办亚太区域低价养路机械技术讨论会。出席这次会议的有：孟加拉、尼泊尔、菲律宾、印度、斯里兰卡、泰国、巴基斯坦、马来西亚、伊朗和中国的专家，亚太经社会的官员和国际劳工组织的专家共25人。各国专家介绍了本国低价机械筑养路技术，并实地考察了中国山东、辽宁、北京等省、直辖市公路交通部门以中、小型拖拉机牵引各种尾机，以及使用各种专用小型机械进行筑路、养路的操作表演，听取了中国专家的技术报告。与会代表认为，中国的经验，在许多方面对亚太地区发展中国家的道路施工、养护有参考价值。

此外，交通部公路科学研究所还派员参加了亚太经社会在曼谷召开的有关汽车代用燃料的研究应用交流会议。

四是国际道路联盟，简称国际路联（IRF），是国际公路建设专业的又一个重要组织，也是一个非赢利性服务机构，旨在鼓励发展和改进公路运输事业，促进各国公路界在公路技术、情报信息和人员培训方面的交流。总部设于美国华盛顿。1964 年在日内瓦成立第二总部，负责协调欧洲和非洲方面的事务。

国际路联属于联合国公路运输方面的咨询组织，从事的业务范围有：举办国际性或地区性学术交流会议，给会员国提供高级人员培训奖学金，出版国际公路、车辆、筑路机械等方面的统计资料和学术性刊物，举办专业讲学班，为会员国组织联系专业考察，提供影视教材，在国际路联交通运输学习中心为公路界各类高级人员举办短期强化专业培训和协助会员国之间进行技术转让等。

国际路联的会员分为资助、协会、政府和个人荣誉会员 4 种。1986 年，有 68 个国家的道路协会和与公路有关的一些企业公司，以及 8 个国家的政府参加国际路联。1979 年，国际路联即邀请中国参加，为妥善解决中国台湾会籍问题，一直等到 1987 年 3 月，中国才正式以政府会员的资格加入这个组织；中国台湾则改称中国台北公路联盟，仍然作为国际路联的一员。

为取他国之长，中国在参与上述国际组织的同时，还开展了一系列双边活动。截至 1987 年，与中国发展公路交通科技交流的国家达 20 多个，其形式多种多样。

——聘请专家、学者来华工作，派遣留学生、进修生、访问学者出国深造。50 年代初，8 名苏联专家应聘来华工作，帮助交通部公路总局制定了公路技术标准和设计、施工规范，建立了工程监理、劳动保护以及工程定额管理等规章制度，并在道路及桥梁设计、施工中帮助解决了一些具体的技术问题。苏联专家还不断地向中国同行推荐有关公路交通方面的苏联书刊和文献资料，对学习推广苏联公路交通科学技术经验，发挥了积极作用。在此期间，公路交通部门向苏联、民主德国派遣留学生、进修生，为新中国造就了一批公路交通业务技术骨干。与此同时，中国也为越南、阿拉伯也门共和国培训了一批留学生。中共十一届三中全会以后，中国公路交通系统聘请了一些工业发达国家的公路专家来华工作或讲学，还通过各种渠道派出了许多访问学者、进修生分赴美、英、法、日、澳大利亚、联邦德国、南斯拉夫等国深造。此外，有的公路高等学院教师还应聘到国外讲学。

——派代表团互访。“文化大革命”以前，派代表团互访，主要局限于东欧和朝鲜、越南等国家。50 年代，朝鲜、越南、罗马尼亚等国公路交通代表团来访；中国公路交通代表团出访苏联、罗马尼亚、波兰、越南等国，除友好交往外，也涉及一些科技交流合作的问题。越南代表团来华期间，即商定了派遣留学生来华学习等事项；中国代表团访越，曾在河内大学就石拱桥设计、施工及汽车保修等方面作学术报告，并进行了技术座谈。60 年代中期，交通部公路工程管理局代表团还应邀赴埃及、加纳等国考察公路建设。中共十一届三中全会以后，互访活动日趋频繁，出访对象主要转向西方工业发达国家。继 1977 年年末交通部公路局局长率团赴英国考察访问之后，到 1982 年，英国运输部副部长和英国公路及运输研究院院长等官员，分别率团 4 次来华访问，并洽谈两国科技合作及培训人员等事项。

1979 年，法国公路代表团来华访问，就公路、桥梁、基础、筑路机械等方面的技术问题进行了座谈。

1980 年，加拿大公路总局局长率公路代表团来访；1981 年，交通部科技局组团回访，双方就寒冷地区筑路等技术问题进行了交流。

1983 年，日本建设省大臣率团来访，双方商定每年召开一次中日公路交流会议，轮流在两国举行，并洽谈了协助中国建设高速公路问题。

1985 年，美国联邦公路总署副署长率公路代表团来访，商谈中美公路科技合作问题，并对中国公路进行了实地考察。同年，交通部科技局副局长率团赴美考察公路桥梁检测评价系统。

1986 年 2 月，法国公路代表团访华，在北京举办法国公路技术讲座，就管理方法、项目研究、公路安全、工程监理、施工及养护新技术等方面讲了 32 讲。

中国还与菲律宾、巴西、澳大利亚等国互派代表团访问。部分省、自治区、直辖市交通厅（局）也派代表团出访，或派员参与省、自治区、直辖市组织的代表团出国考察有关公路交通事项。

此外，1978 年以来，为吸取国外汽车不解体检验、甲醇汽车、客挂车制造、汽车运输、高速公路建设、道路和桥梁检测评价系统、乳化沥青的作用、公路环道试验场的建设、沥青混凝土拌和设备、交通工程及交通控制系统等技术经验，先后组织了 20 多个专家代表团，赴联邦德国、民主德国、匈牙利、澳大利亚、瑞典、意大利、英、美、法、日等国家考察，取得了大量技术资料和有益经验。

——开展双边科技合作。进入 80 年代，中国与各国开展的双边科技合作逐渐增多。1983 年，根据中英科技合作协议，英方协助中国建立 BSM 路面评价系统。英国派出专家来中国共同进行现场检测，并引进了计算机软件。后来，中英双方还达成协议，协助中国建立桥梁检测评价系统。

1985 年 5 月，法国城市规划、住房及运输部部长来华访问，交通部部长钱永昌与之签订了关于公路和水运两个合作协议。同年，交通部副部长郑光迪同美国代表团签订了中美关于交通运输科技合作协议。1986 年 9 月，交通部公路局组团赴美，在华盛顿签订了这个协议的附件一：《关于公路科技合作》。

根据 1983 年日本建设省大臣来华访问的协议，自 1984 年开始的一年一度的中日公路交流会议，到 1987 年已举行了 4 次。

——参加国际学术会议。中国还多次派出专家或组团参加有关专业的国际学术会议，其中有：国际桥梁协会召开的国际会议及桥梁协会成立 50 周年大会；国际工程地质会议；工业废渣与副产品在土木工程中的应用国际会议；在墨西哥召开的道路建设国际会议；国际冻土学术会议；国际土力学会召开的加筋土国际学术会议；欧洲国际土力学会议；国际材料和结构试验研究会（简称 RILEM）的 LTO45 委员会及 DCC104 委员会在欧洲召开的“混凝土结构长期观测”及“混凝土结构损害分类”国际会议；英国在香港召开的“八十年代运输”国际会议；美国运输研究委员会年会等。

通过参加这些国际性学术会议，介绍了中国公路建设、汽车运输以及科学技术的成就，加深了对世界公路交通科技现状和发展趋势的了解，促进了各国专家之间的友好交往。

第二节　中国公路学会

在旧中国，中华全国道路建设协会作为民间的公路学术组织，早在 1921 年即告成立，为中国早期的公路建设做了不少有益工作。1937 年，抗日战争爆发，活动遂告中断。

新中国成立后，一些公路交通科技工作者，按各自的专业，或参加中国土木工程学会，或参加中国机械工程学会。1963 年，中国土木工程学会成立了道路工程委员会，挂靠交通部公路工程管理局。1963 年 11 月，道路工程委员会在江西省召开了新中国成立以来的第一次全国道路学术会议，交流了 180 多篇论文，并出版了会议论文选集。1964 年和 1965 年，还分别召开了渣油路面建设学术会议和柔性路面设计学术会议。这些会议，对中国的道路建设以及活跃学术空气，起到了积极作用。

1978 年，中共中央召开全国科学大会之后，中国科学技术协会（简称中国科协）对恢复、调整各个学会的组织作了部署。由于现代化的公路交通涉及道路工程、桥梁工程、汽车运输、汽车运用及保修、筑路机械、交通工程等诸多方面，把这些专业的学术组织分设在其他学会内，难以综合考虑公路交通的整体发展。1978 年 8 月，经中国科协及交通部批准，成立中国公路学会，作为中国科协的组成部分，挂靠交通部。

中国公路学会是一个学术性的群众团体，下设若干专业委员会。1981 年，各专业委员会改称分科学会。截至 1987 年，中国公路学会所属的二级学会有：

——桥梁和结构工程学会，成立于1979年6月，挂靠交通部公路规划设计院；

——汽车运输学会，成立于1979年10月，挂靠交通部公路局；

——筑路机械学会，成立于1979年11月，挂靠交通部第一公路工程局；

——道路工程学会，成立于1979年12月，挂靠交通部交通科学研究院；

——交通工程学会，成立于1981年12月，挂靠交通部公路局；

——客车学会，成立于1987年6月，挂靠中国公路车辆机械公司；

——公路工程地质学会，成立于1987年6月，挂靠山西省交通厅。

此外，还有28个省、自治区、直辖市成立了公路学会，并根据各自需要成立了相应的专业委员会。据1987年统计，中国公路学会拥有会员24391人，其中具有中级以上技术职称的达10938人。

一、学术活动

中国公路学会成立9年来，连同几个分科学会，举办了各种学术活动50次，各省、自治区、直辖市公路学会开展的学术活动也近300次，两级学会共交流学术论文6000多篇。广大会员对学术活动倾注了极大热情，积极撰写论文，踊跃参加讨论，共同切磋提高，一面积极为国家提供新的技术成果，献计献策，一面把学术交流的先进技术带回各自单位传播推广，为公路交通的发展发挥了积极作用。在学术交流的6000多篇论文中，涉及两个重要方面：

一是就有关公路交通科技发展战略方面，提出科学论据或建设性意见。

——在中国公路学会成立大会上，以公路交通如何实现现代化为中心议题，交流了论文125篇，对中国公路及汽车运输现代化提出了设想。其后，各分科学会及各省、自治区、直辖市公路学会也相继进行了一系列学术活动，为各级领导部门制订科技发展规划提供了不少有益建议。1983年，根据中国科协的要求，组织各分科学会和部分省、自治区、直辖市学会编写了《二〇〇〇年的中国公路交通》，供国家制订2000年规划参考。

——对公路交通在国民经济中的作用和地位进行论证，为国家调整运输结构提供了科学依据。新中国成立以来，公路交通虽有很大发展，但由于对其作用和地位认识不足，因而在车、路、运、管等方面仍然比较落后，整个交通运输结构也不尽合理。因此，中国公路学会及各省、自治区、直辖市公路学会开展了一系列论证工作，对调整中国运输结构、公铁分流、汽车运输经济运距、公路建设规模、集资方法等提出了一系列建议。其中，有些论证数据及建议已被国家采纳。

——反复论证了建设高速公路的必要性和可行性。高速公路是现代化的交通设施，但在社会上一直存在不同看法，严重地影响了中国公路建设现代化的步伐。对此，在学会活动中进行了一些论证，并提出了修建高速公路的交通量依据，受到中央有关部门重视。高速公路建设已被纳入国家技术政策和“七五”计划之中，并且正在开始实施。

二是针对公路交通事业发展中的关键技术问题，提出可行的措施和建议。

——在道路工程方面，先后对公路技术改造的重点与对策，一、二级公路的改造技术，大城市出入口公路的修建与安全措施，公路混合交通，全面质量管理与监理制度，快速检测技术与装备，旧油路材料的再生利用，钢渣、粉煤灰用于筑路，半刚性基层在道路中的使用，以及道路养护与绿化等主要问题，展开了广泛的研究与讨论，提出了若干可行的技术措施。如道路工程学会交流提倡的半刚性基层在高等级路面中的应用，确保了质量，取得了很大的经济效益。

——在桥梁工程方面，针对旧桥改造、加固措施，旧桥承载能力的检测，宽河床、深河谷以及不稳定地质的合理桥型，桥梁结构设计、计算方法、基本理论、设计规范、施工工艺以及高等级公路弯坡斜桥结构设计等一系列问题进行了交流，其中着重讨论了大跨径预应力钢筋混凝土桥及斜拉桥的设计与施工问题。

——在筑路机械方面，学会根据生产需要，参与新产品的设计、制造、技术鉴定及技术开发工作，对沥青混合料拌和设备、再生设备、稳定土拌和机的选型、改进等，提出了许多建议。此外，还围绕施工与养护中的新技术、新工艺的机械化问题，如利用太阳能远红外加热沥青、乳化沥青的生产与应用等进行了多次学术活动和人员培训。

——在汽车运输方面，针对解放牌 CA10B 型货车耗油高、运效低，短期又不可能更新的情况，汽车运输学会先后两次以解放牌 CA10B 型汽车发动机技术改造和节油为议题，交流了提高功率、降低油耗的经验。另外，还探讨了改革管理体制，汽车合理使用寿命，如何提高汽车运输效益等问题。

——在交通工程方面，通过举办讲座、现场参观、学术交流等多种形式，把基础知识的普及、学术探讨、技术研究与应用结合起来，主要针对解决一、二级公路提高通行能力及交通量调查等问题进行了一系列活动，有力地推动了交通工程学的研究与应用。另外，还探讨了在修建高速公路中有关交通工程方面的技术问题。

——各省、自治区、直辖市公路学会，除根据全国性课题开展活动外，还针对本地区的一些技术难题，通过学术活动加以解决。如西藏自治区公路学会为跨径 500 米的达孜吊桥征集最优桥型方案，发动老科技人员组成协调组，帮助达孜桥及 110 米跨径的尼木桥进行吊装。贵州省公路学会组织交流剑河桁架拱桥的新工艺。河北省公路学会先后 4 次开会论证“汽车专用公路”，以解决混合交通问题。四川、辽宁两省公路学会对本省如何建立公路交通通信系统开展了学术讨论，一些建设性意见已付诸实施，促进了公路交通管理现代化。河南、山西两省公路学会还进行了跨省联合活动，共同探讨晋煤外运涉及公路建设等有关技术问题。

二、国际学术交流

在改革、开放方针指导下，中国公路学会从多方位积极开展了国际学术交流活动。

1979 年，中国公路学会参加了国际路协，并派员出席了第十六、十七届世界道路会议。

1986 年 11 月，根据中英科技协议，中国交通部、中国公路学会、北京市科学技术委员会与英国运输部、海外贸易委员会、公路学会在北京举行了中英公路及城市交通学术会议。英方代表团一行 60 多人参加了会议，双方提出论文 110 多篇，其中英方 66 篇，中方 50 多篇，广泛交流了公路建设及交通工程等方面的技术问题。

1982 年 9 月，中国公路学会桥梁和结构工程学会与中国土木工程学会联合在北京举行中美桥梁与结构学术讨论会。列入会议论文集的有中国公路桥梁方面的论文 9 篇。

从 1981 年至 1987 年，中国公路学会与北京、上海、广东、云南、江苏、陕西、辽宁、黑龙江等省、直辖市公路学会一起，先后接待了日本土木工程学会公路代表团、瑞典运输代表团、加拿大能源交通代表团、美国公路建设和养护代表团和美国大跨径桥梁代表团，相互交流了公路、桥梁设计、施工、养护、路面评价系统、交通工程等方面的技术问题。中国公路学会筑路机械学会也在 1987 年 8 月应美国卡特彼勒公司邀请，访问了这个公司驻中国香港的远东公司总部，以及设在新加坡的技术培训中心，重点考察了这个公司开发应用的新技术和筑路机械维修、保养、检测技术。

通过双边学术交流，中国公路学会与一些国家开始建立长期的学术交流与合作关系。1987 年与英国公路学会签订了长期科技合作协议。同年 5 月，应加拿大土木工程学会邀请，参加该学会成立百周年庆祝大会，双方签订了长期科技交流与合作协议。

此外，中国公路学会和一些省、自治区、直辖市公路学会还邀请美、英、日、德、瑞士籍专家学者来华讲学，主讲运输经济学、交通工程学、公路规划和建设等问题。许多省、自治区、直辖市公路学会还单独组团或参加省、自治区、直辖市的代表团出国考察。

三、咨询服务

发挥学会的人才优势，开展咨询服务，是学会工作改革的一个重要方面。中国公路学会于1986年在丹东市召开的第二届第二次全体理事会上，贯彻中国科协三大会议精神，促进了这一活动的开展。大部分省、自治区、直辖市公路学会均在会后成立了咨询服务机构，承担了大量咨询服务工作。江苏省公路学会起步较早，1983年即成立了咨询服务机构。除承担本省咨询业务外，还为甘肃省武威养路总段提出大桥加固方案。到1987年，江苏省公路学会为省内外完成的咨询服务项目达41个。安徽省公路学会受省交通厅委托，仅1987年1月，就承担了6个项目的咨询服务工作，另外还鉴定了2个项目。对铜陵长江大桥、312国道的交通控制系统以及膨胀土的处理，分别提出了总体设计方案和考察报告，为领导决策提出了科学依据。广西壮族自治区公路学会被委托审核4座大桥设计，为国家节约投资500多万元。此外，四川、新疆等省、自治区公路学会还开展了横向咨询服务工作，分别为省体育馆修建大跨径拱，为自治区石油管理局测设二级公路提供技术服务。

四、科普、培训与出版

普及现代化公路交通科技知识，开展继续教育，培训在职职工，不仅需要面向广大职工，而且需要面向全社会，任重而道远。中国公路学会成立以来，各级学会为普及科技知识、培养技术骨干而举办的各种培训班数以百计，参加学习的职工达1万人次以上。其中有运输企业经理，场、队长，养路段长，技术业务干部和工人。学习内容包括：节油、太阳能利用、交通工程、交通规划、交通管理、交通量调查、电子计算机应用、新的路桥设计规范的应用、公路工程概预算、招标管理、铸铁冷焊、涂镀等诸多方面。结合培训班和一些专业普及的需要，还编印了许多科普读物。为了培养青少年一代从小热爱公路交通事业，中国公路学会和一些省、自治区、直辖市公路学会还利用学校暑假期间，开办青少年夏令营，以普及公路交通科技知识。

中国公路学会各分科学会还出版了历次学术活动论文集16集，第十六、十七两届世界道路会议报告集以及一些国家来访代表团的报告摘译等。各省、自治区、直辖市公路学会还单独或与行政部门共同出版了《公路运输科技》《交通科技》等学术刊物19种；同时编译出版了一些专著，如安徽省公路学会编译的《交通运输全面质量管理》、吉林省公路学会编译的《公路运输企业管理现代化》等。为快速传播公路科技讯息，各级学会还编辑出版了《通讯》《信息》等不定期刊物。

第十九章
援外工程和国际承包工程

第一节　援外工程

新中国成立不久，朝鲜战争爆发。为了抗美援朝，保家卫国，东北公路总局职工，包括大批工程技术人员，志愿组成公路工程总队，在中国人民志愿军总后勤部的领导下，于1950年12月开赴朝鲜前线，配合志愿军抢修公路、桥梁，以保证军运畅通。1952年，这支英雄的公路工程抢修队伍完成任务回国。他们的丰功伟绩，作为公路交通部门首次履行无产阶级国际主义义务载入了史册。

1952年，在越南人民进行抗法战争的紧要关头，中国应邀派出综合顾问团。公路交通部门的10名专家参加了顾问团工作，负责指导修建2条公路，全长约300公里，所需工程物资，全部由中国政府无偿供给。

20世纪50年代中期以后，中国公路交通部门在更大的规模上开展了援外工作。

一、援外机构与援外方式

1956年，交通部门开始承建蒙古国12项公路工程项目。交通部公路总局为此设立援蒙办公室主持这项工作。不久，又成立了援也（门）办公室。后来，两室合并改组为援外办公室，承办对蒙古国、北也门、尼泊尔和老挝等国家的公路工程援建项目。援外办公室还设援外专家（技术）组，直接从全国各地选派人员充任。

进入60年代，公路交通援外项目不断增多。1964年9月，交通部成立中国对外公路工程公司。1968年，援外项目实行承建部负责制，有关交通援外项目，均由交通部负责，为承建单位，具体项目则委托省、自治区交通厅（局），直辖市城建局或部属单位负责筹建。

1970年，铁道、交通、邮电3部合并，改设援外办公室，统一管理铁、交、邮3部原来承办的全部援外工程，同时撤销中国对外公路工程公司。1975年，交通部再次改组，重建援外工作机构，仍称援外办公室。中共十一届三中全会以后，为开拓国外公路工程承包业务，交通部于1979年2月成立中国公路桥梁工程公司。这个公司与援外办公室合署办公，既承包国外公路、桥梁工程项目，又主管对外经济援助工作。

中国公路工程援外方式有两种：1976年以前，大部分项目是采用无偿、赠送、长期无息贷款或低息贷款等经济援助方式。即向受援国家提供工程所需的机械、设备、材料等物资，并提供一般商品换取当地费用，但也有个别项目由受援国自己负担当地费用的。

从1976年开始，有的技术合作项目改由受援国自费支付，由中国派遣专家承担技术工作，仅收少量生活津贴费或技术服务费。为了减轻中国大量供应商品的困难，有少数援建项目的当地费用，改由受援国全部或部分提供。

援外工程的施工人员，除援蒙古工程全部由中国派遣外，其他国家的援建项目，中国只派遣专家和技术工人，普通工人则在当地招募。

中国援外公路工程项目，大多数是在亚、非两大洲的一些发展中国家。这些援建工程不但造价低廉，工程质量优良，而且都能按期竣工。不仅如此，有的工程项目甚至交付使用后，还负责养护，深受各受援国称赞。正因为这样，在亚非地区，中国享有较高信誉。随着时间的推移，要求援助的国家和援助的项目日益增多。

二、援外项目与援外规模

为贯彻执行国际主义和友好睦邻的基本国策，在五六十年代，中国先后同蒙古、越南、老挝、巴基斯坦、尼泊尔5个国家签署了一批无偿援助修建公路、桥梁议定书，并一一付诸实施。

从1956年到1987年，中国采取无息或低息贷款援助方式，又同蒙古国、北也门、缅甸、赞比亚、马达加斯加、布隆迪、圭亚那、塞拉利昂、伊拉克、孟加拉、南也门、苏丹、卢旺达、赤道几内亚、索马里、埃塞俄比亚、乍得、中非、几内亚等国签署了一批议定书，连同无偿受援国在内，对外援助的国家共达23个。主要援助项目包括：公路工程52项，桥梁21项，公路养护11项，提供筑路及汽车修理等物资设备16项。到1987年，总计为援助项目提供物资67万多吨，派出技术员工23.6万余人。对外援建公路、桥梁工程项目，见表13和14。

对外援建公路工程项目

表13

国　别	项目名称	规　模（公里）	竣工日期	援助方式	筹建单位
蒙古国	努赫特线	6.34	1957.8	无偿援助	援蒙工程处
蒙古国	巴音朱尔线	8.01	1958.9	无偿援助	援蒙工程处
蒙古国	泽森线	1.78	1957.9	无偿援助	援蒙工程处
蒙古国	飞机场线	8.76	1961.6	无偿援助	援蒙工程处
蒙古国	宾馆线	3.95	1961.12	无偿援助	援蒙工程处
蒙古国	那来河线	23.27	1965.8	无偿援助	援蒙工程处
蒙古国	夏令营线	11.42	1966停建	无偿援助	援蒙工程处
越南	丰土—板纳贡公路	31.34	1965.12	无偿援助	云南交通厅
越南	新甸—孟康公路	11.30	1965.4	无偿援助	云南交通厅
越南	表仪—板质公路	158.00	1968.6	无偿援助	广州军区
越南	伯斗—飞干公路	236.10	1968.10	无偿援助	广州军区
越南	郎达—板菲公路	155.50	1968.6	无偿援助	昆明军区
越南	老街—孟康公路	47.60	1968.6	无偿援助	昆明军区
越南	老街—巴丹公路	155.00	1968.6	无偿援助	昆明军区
越南	平卢—巴溪公路	232.00	1968.6	无偿援助	昆明军区
越南	板南贡—西庄公路	231.50	1968.6	无偿援助	昆明军区

续表

国　别	项目名称	规　模（公里）	竣工日期	援助方式	筹建单位
老挝	丰沙里—帕长西侧公路	81.48	1963.4	无偿援助	云南交通厅
老挝	孟赛—波亭北侧公路	100.40	1969.12	无偿援助	昆明军区
老挝	孟赛—孟科公路	100.60	1972.3	无偿援助	昆明军区
老挝	孟赛—孟洪公路	92.47	1971.4	无偿援助	昆明军区
老挝	纳堆—孟新东北侧公路	115.51	1973.12	无偿援助	昆明军区
老挝	加铺 5 条公路沥青路面	490.00	1974.10	无偿援助	昆明军区
老挝	孟洪—北本公路	51.56	1973.12	无偿援助	昆明军区
老挝	孟赛—孟献公路	288.90	1978.2	无偿援助	昆明军区
老挝	孟南巴—琅勃拉邦公路	111.30	1979.3 中断协议	无息贷款	云南交通厅
尼泊尔	加德满都—科达里公路	103.97	1967.12	无偿援助	中国对外公路工程公司
尼泊尔	加德满都—巴格达甫公路	12.31	1971.12	无偿援助	中国对外公路工程公司
尼泊尔	加—科公路养护及水毁修复	加—科路局部	1972.12	无偿援助	中国对外公路工程公司
尼泊尔	加德满都—博卡拉公路	173.69	1973.12	无偿援助	中国对外公路工程公司
尼泊尔	加—博公路沥青路面		1973.12	无偿援助	中国对外公路工程公司
尼泊尔	加德满都环城公路	27.24	1977.2	无偿援助	上海城建局
尼泊尔	廓尔喀—纳拉扬卡公路	61.01	1981.11	无偿援助	山东交通厅
尼泊尔	加—科公路水毁及重建友谊桥	26 公里，大桥 2 座	1985.12	无偿援助	山东交通厅
尼泊尔	加—科公路巴科段养护	26.00	1987.12	无偿援助	湖北交通厅
北也门	荷台达—萨那公路	231.46	1962.3	无息贷款	交通部直接组建
北也门	萨那—萨达公路	244.07	1977.9	无息贷款	江西交通厅
北也门	阿姆兰—哈贾公路	74.99	1982.9	无息贷款	江西交通厅及交通部公路二局
南也门	阿伊尼—马哈菲德公路	138.06	1974.6	无息贷款	福建交通厅
南也门	马哈菲德—木卡拉公路	324.85	1977.10	无息贷款	福建交通厅
南也门	谢哈尔—赛侯特公路	203.50	1985.10	无息贷款	交通部公路一局
南也门	阿木公路水毁修复及重建津吉巴尔桥一座，长 246.2 米	34 处水毁及大桥 1 座	1986.2	无息贷款	四川交通厅
巴基斯坦	喀喇昆仑公路	616.00	1979.11	无偿援助	新疆军区
赞比亚	卢萨卡—卡奥马公路	388.54	1972.9	无息贷款	中国对外公路工程公司

续表

国 别	项目名称	规 模（公里）	竣工日期	援助方式	筹建单位
赞比亚	赛仑杰—曼萨公路	329.71	1986.9	无息贷款	广东交通厅
赞比亚	D225—D227 公路	32.00	1987.8	无息贷款	广东交通厅
苏丹	瓦德迈达尼—格达雷夫公路（包括青尼罗河大桥）	227.70	1977.3	无息贷款	江苏交通厅
苏丹	瓦—格公路加铺沥青混凝土路面	227.70	1983.9	无息贷款	江苏交通厅
卢旺达	基加利—鲁索莫公路	160.37	1977.6	无息贷款	交通部公路一局
赤道几内亚	恩昆—蒙戈莫公路	120.88	1977.6	无息贷款	浙江交通厅
索马里	贝莱特温—布劳公路	962.12	1978.8	无息贷款	四川省援索公路领导小组
埃塞俄比亚	沃雷塔—瓦尔迪亚公路	294.15	1983.5	无息贷款	湖北交通厅
马达加斯加	木腊芒—昂德拉努南邦公路	226.75	1985.12	无息贷款	河北交通厅
布隆迪	布琼布拉—尼罗河发源地公路	112.54	1984.7	无息贷款	交通部公路一局

对外援建独立桥梁工程项目

表 14

国 别	项目名称	规 模（米）	竣工日期	援助方式	筹建单位
蒙古国	前塔米尔大桥	139.10	1959.10	低息贷款	援蒙工程处
蒙古国	茅盖口大桥	138.80	1959.9	低息贷款	援蒙工程处
蒙古国	雅尔马拉克大桥	183.40	1959.9	低息贷款	援蒙工程处
蒙古国	巴音朱尔大桥	175.58	1958.10	低息贷款	援蒙工程处
蒙古国	步东大桥	229.00	1965.11	低息贷款	援蒙工程处
越南	太原公路桥	140.00	1958	无偿援助	云南交通厅
越南	清水河桥	52.77	1965.4	无偿援助	云南交通厅
越南	陇顶桥	92.80	1965.3	无偿援助	广西交通厅
缅甸	滚弄桥	247.90	1965.11	无息贷款	中国对外公路工程公司
缅甸	太可桥	253.30	1974.2	无息贷款	中国对外公路工程公司
北也门	祖贝里街桥	20.40	1974.11	无息贷款	江西交通厅
南也门	津吉巴尔大桥	145.36	1971.10	无息贷款	福建交通厅
南也门	48 座桥梁修复工程		1987.2	无偿援助	四川交通厅

续表

国　别	项目名称	规　模（米）	竣工日期	援助方式	筹建单位
塞拉里昂	曼格桥	362.97	1976.3	无息贷款	湖南交通厅
塞拉里昂	坎比亚桥	359.00	1978.2	无息贷款	湖南交通厅
索马里	布劳桥	82.00	1978.8	无息贷款	四川省援索领导小组
伊拉克	摩苏尔桥	667.00	1979.5	无息贷款	河南交通厅
乍得	沙里河桥	485.57	完成设计	无息贷款	湖南交通厅
尼泊尔	热索桥	86.00	1979.9	无偿援助	西藏交通厅
苏丹	辛加桥	640.00	完成勘察		吉林交通厅
中非	洛贝耶桥	270.00	完成勘察，项目已取消	无息贷款	交通部公路二局
孟加拉	布里刚戈河大桥	890.00	完成勘察	无息贷款	河南交通厅

援外工程分布在20多个国家。各国的自然环境、地理条件和人民的生活习惯千差万别，在工程技术上也有一些从未遇到过的特殊问题，难度不小；而就地招雇的工人，不易通过当地管理人员转达施工意图，增加了困难。在援建过程中，有的受援国处于抗击国外侵略或内战状态，工程往往被迫停工，甚至有些援外技术员工遭到无辜牺牲。尽管这样，广大援外人员仍以高度负责态度，战胜种种艰难险阻，胜利完成了多项援外任务。其中规模较大的有：

——援助北也门修建的荷台达至萨那、萨那至萨达和阿姆兰至哈贾3条公路，全长550多公里。这几条公路把首都萨那与红海之滨的重要港口荷台达，与沙特阿拉伯接壤的萨达以及主要农业区哈贾紧紧地连接了起来，促进了北也门经济、技术、文化等方面的发展。北也门人民称这些公路为“友谊之路”。

1963年年初，在北也门革命胜利后的第三天，新任总统萨里布就召见了中国援建荷（台达）萨（那）公路的养护专家组长，高度赞扬中国援建和养护的荷台达至萨那公路在北也门革命中发挥的重要作用。荷萨公路修建过程中，中国工程师张其弦不幸遇难逝世，也方政府除举行隆重的追悼会外，还将遗体安葬在公路线上的阿赛尔村口，并建亭立碑纪念。

在萨那至萨达公路第一期施工中，正值北也门发生内战，有时被迫停工。为了赶进度，放松了质量管理。后来，路面出现了大面积损坏。本着善始善终，不留后患的原则，交通部决定无偿彻底翻修，保证向也方交付使用的是一条完好无损的高质量公路。

在援也公路工程中，中国专家为使受援国员工能充分掌握技术，在进行养护维修技术指导的同时，培训了施工管理、机械操作、维修和筑路技术工人1700多名，为北也门自力更生修筑公路创造了条件。

——援助巴基斯坦修建中巴公路。这条从中国新疆喀什至巴基斯坦塔科特的国际公路，又称喀喇昆仑公路，全长1036公里。其中红其拉甫大坂至塔科特段在巴基斯坦境内，长616公里。

1966年3月18日，中、巴两国政府在北京签署了《关于修建喀喇昆仑公路的协定》，规定两国各自修筑本国境内路段。1968年5月6日，中、巴双方换文确认由中方派遣人员，提供所需物资、设备，无偿援助巴基斯坦修筑巴境的红其拉甫大坂至哈利·格希段，共长157公里。这段公路竣工于1971年年初。同年2月16日，公路竣工移交仪式在巴基斯坦罕萨邦巴勒提特隆重举行。巴基斯坦政府代表在交接仪式上发表了热情洋溢的讲话，盛赞中巴友谊。

巴基斯坦为了发展同中国的友好关系，要求陆续修通巴境的哈利·格希至塔科特段公路。1973年6月25日，中、巴双方在拉瓦尔品第签署了以无偿援助方式修建这段公路的协定，同年7月在北京签署了会议纪要。哈利·格希至塔科特公路共长459公里（连同红其拉甫大坂至哈利·格希段全长616公里），1974年6月开工，1978年5月竣工，至此，中巴公路全线贯通。

这条举世闻名的高原公路，跨越喀喇昆仑山脉和兴都库什山脉，进入喜马拉雅山，然后沿印度河支流的洪扎河和吉尔吉特河而下，3次跨越印度河。修筑这条公路需要克服许多地质不良的病害，如跨越冰川末端21处，其中有世界著名的巴托拉冰川，还要克服泥石流、塌方、滑坡、岩崩、雪崩等病害。公路迂回于狭窄的山地河谷，上有悬崖，下临深渊，工程极为艰巨。施工过程中，130 名援外职工献出了生命。烈士遗体分别安葬在喀什陵园和吉尔吉特援巴烈士陵园。

中巴公路是通向南亚次大陆、中近东地区的陆上交通要道。它的建成，不仅增强了中巴两国人民友谊，促进了两国经济合作，而且对维护世界和平也同样具有重要作用。

——援助越南修建公路。在越南抗美救国的艰难岁月里，为了履行无产阶级国际主义义务，从 1964 年到 1968 年，中国帮助越南修筑了公路 9 条（共长 1258 公里），修筑桥梁 3 座，另外还提供了汽车修理等物资设备 9 项。这些援助在越南人民争取民族独立和民族解放的长期斗争中，发挥了积极作用。

——援助老挝修建公路。根据中国同原老挝王国、临时民族联合政府以及老挝人民革命党中央委员会签署的关于中国援助老挝修建公路的协定，中国从 1962 年 1 月至 1979 年 3 月，无偿援助老挝修建沥青路面公路 8 条，共长 935 公里，各种桥梁 131 座。当时，老挝正处于抗美战争和国内解放战争时期，中方除派出测设施工人员及筑路军工外，还派遣部队随同保护。1978 年 4 月，10 万多军工圆满完成了援老任务。

在援老筑路期间，有 269 名员工牺牲，其中 210 名安葬于老挝孟赛。公路的建成，改变了老挝北方交通闭塞状况，沟通了上、中、下寮的联系，促进了老挝的经济、文化发展，有力地支援了老挝人民的解放战争和战后的经济建设，增进了中老两国人民的友谊。为此，中央军委于 1978 年 3 月 16 日通令全军表彰援老部队。老挝政府授予中国筑路部队指挥部一级自由勋章，授予工程兵 6 个团一级劳动勋章，并向英雄个人、烈士和先进连队授勋。

——援助索马里修建贝莱特温至布劳公路。这条公路全长 962 公里，就长度而论，它是援外工程中里程最长的一条公路。由于工程造价低、质量好、进度快，索马里政府和人民给予高度评价，并把它称之为“索中两国友谊之路”。

在4年多的施工岁月中，中国为索马里培养了技术工人2105名，其中有女工30多名，包括电焊、修理、压路机手和装载机手等工种。她们是索马里第一代的筑路女工。

1978年8月1日，贝莱特温至布劳公路举行竣工典礼。中华人民共和国国务院副总理陈慕华和索马里副总统伊斯梅尔·阿里·阿布卡尔为全线竣工剪彩。索马里副总统在庆祝典礼上发表了讲话，他说：“公路建设期间，2000多名索马里工人得到了各种技术训练，这本身就是对索马里的进步和发展做出的重大贡献。这种宝贵的援助，进一步加深和巩固了索中两国人民之间的友谊。”“中国工程技术人员通过献身于工作和友好合作，赢得了索马里人民的信任和钦佩。”

——援助苏丹修建瓦德·迈达尼至格达雷夫公路。这条公路是根据尼迈里总统1970年访华时签署的两国经济技术合作协定而修建的。瓦德·迈达尼至格达雷夫公路全长227公里，沿线土质多为灰褐色和黄黑色棉花土。这种高塑性棉花土的筑路性能恶劣，干燥时特别坚硬，严重收缩干裂，潮湿时又易膨胀，失去承载能力。这种性能对公路的破坏极大。非洲棉花土的处理，是世界上公认的一个难题。中国专家为此组织了特别研究小组，经过反复调查、试验研究，提出了12项处理方案，攻破了一系列难关，保证了工程的顺利进行。在这条公路上的汗图布大桥，位于瓦德·迈达尼青尼罗河上，全长507.5米，桥型为T型刚构，主孔跨径为2×120米，是苏丹全国跨度最大的预应力混凝土公路桥。这座桥梁造型美观，工程质量好，受到苏丹政府和国际同行专家的好评。

1977年3月，这条公路全线竣工。苏丹人民兴高采烈，把瓦德·迈达尼至格达雷夫公路比喻为一条蜿蜒的彩带，象征着喀土穆通向北京的友谊之路。

第二节 国际承包工程

1979 年 2 月，经国务院批准，交通部成立了中国公路桥梁工程公司。这是社会主义中国首批建立的一个对外承包工程的专业公司。它的诞生，标志着中国的公路建设部门开始走向国际市场，为开展对外承包公路工程，扩大国际技术合作，为国家创收外汇，开辟了广阔前景。

中国公路桥梁工程公司是在国际承包市场强手如林、竞争激烈的环境中创业的。公司决策：宁可负债担风险，也要不失时机地打入国际承包市场。在交通部和对外经济贸易部的支持下，中国公路桥梁工程公司于 1979 年首先在北也门萨那建立了办事处，同年 6 月，与北也门政府签订了萨那“6・13”公路转盘工程合同和哈贾市政工程合同，迈出了承包事业的第一步。

随着承包业务的开展，从 1979 年到 1987 年，中国公路桥梁工程公司先后在亚洲、中东和非洲 14 个国家和地区设立了 13 个办事处和 3 个合营公司。1979 年，除成立驻北也门萨那办事处外，还成立了驻伊拉克巴格达办事处。1981 年成立了驻卢旺达基加利办事处和驻科威特办事处。1984 年成立了驻布隆迪布琼布拉办事处，驻肯尼亚内罗比办事处和驻突尼斯办事处。1985 年成立了驻马达加斯加塔那那利佛办事处和驻扎伊尔金萨沙代表处。1986 年成立了驻南也门亚丁办事处，驻科特迪瓦阿比让办事处和驻尼泊尔加德满都办事处。另外，还成立了中国马达加斯加合营公共工程公司和中国卢旺达合营公共工程公司。1987 年又成立了驻毛里塔尼亚努瓦克肖特办事处和路桥（香港）有限公司。为适应对外承包工程的需要，中国公路桥梁工程公司在国内也先后成立了 23 个分支机构。1983 年成立了第一、第二工程公司，北京设计公司，第一、第二设计公司，以及河南、吉林、安徽、湖南、江西、黑龙江和四川 7 个分公司。1984 年成立了湖北、山东、浙江、江苏和陕西 5 个分公司。1985 年成立了云南分公司。1986 年成立了青海分公司。1987 年又成立了北京、河北、广东和上海 4 个分公司。

为提高企业管理水平，增强自身对外承包工程的竞争能力，中国公路桥梁工程公司在深化改革中，实行总经理负责制，先后制定了《驻外办事处内部经济承包协议》《项目组承包协议》《多种经营承包协议》《驻外代表工作条例》《“有效工时”计奖办法》，在企业内部全面推行经济承包。同时，引进了13台新型电子计算机，并与北京市交通局和北京建筑工程学院共建“计算机辅助设计中心”，运用先进的科学手段，逐步做到投标报价工作流程标准化、规范化。为提高全员素质，除建立技术培训中心，组织职工进行系统的专业学习外，还选派优秀技术业务人员出国进修。此外，与承建单位的合作方式也有所改进。

中国公路桥梁工程公司成立9年来，共签订对外承包、劳务合同200项，累计合同金额7亿多美元，其中：

——北也门140项，合同金额1.6亿多美元；

——卢旺达15项，合同金额1.4亿多美元；

——伊拉克12项，合同金额1.6亿多美元；

——科威特8项，合同金额2563万美元；

——布隆迪6项，合同金额3374万美元；

——突尼斯3项，合同金额1174万美元；

——马达加斯加2项，合同金额1382万美元；

——肯尼亚2项，合同金额1679万美元；

——科特迪瓦2项，合同金额1075万美元；

——南也门2项，合同金额1034万美元；

——毛里塔尼亚2项，合同金额712万美元；

——其他6项，合同金额514万美元。

截至1987年年末，中国公路桥梁工程公司共完成承包合同191项，修建公路总长700多公里，大型桥梁总长5000多米，另外还完成了多项国际机场和房建施工工程。

在开展对外承包和劳务合作中，中国公路桥梁工程公司始终坚持“守约、保质、薄利、重义”的原则，依靠良好的信誉，跻身于国际大型承包公司的行列。1986 年 7 月出版的美国《工程新闻记录》杂志就将中国公路桥梁工程公司列为世界 250 家大型承包公司的第 137 位；次年，又把它上升到第 117 位。美国《远东经济评论》杂志则将中国公路桥梁工程公司列为在中东和太平洋地区经营业务很有经验的世界 200 家大型承包公司之一。

中国公路桥梁工程公司在国外承建的现代化公路工程和用先进技术建设的大型桥梁，赢得了所在国的普遍赞誉。

1979 年年底，伊拉克第二大城市摩苏尔第四桥招标。中国公路桥梁工程公司以其多方面的优势，力挫日本、瑞士、法国、印度、联邦德国、西班牙和黎巴嫩等国的承包公司而中标。这是中国承包公司首次以投标方式在海外获得的第一个超过 3000 万美元的大型工程项目。摩苏尔第四桥横跨底格里斯河，全长 648 米，宽 31 米，跨径 56 米，为预应力混凝土箱形连续梁结构。开工初期，两伊战火纷飞，交通受阻。承建这项工程的交通部第一公路工程局的技术员工，冒着空袭的危险，克服重重困难，坚持施工，终于在 1984 年 4 月把这座大桥建成通车。鉴于这座桥梁质量优良，宏伟壮观，伊拉克政府以总统的名字将它命名为萨达姆·侯赛因桥。这座以伊拉克总统的名字命名的大桥，不仅在伊拉克获得了最高荣誉，而且在国际上也颇受瞩目。1984 年年底，伊拉克总统萨达姆·侯赛因决定，将规模更大的摩苏尔第五桥，以特邀方式，交中国公路桥梁工程公司建设。摩苏尔第五桥主桥长 765 米，匝道桥长 2714 米，引道长 6680 米，工程宏大，桥型壮观，1987 年年末基本竣工。伊拉克国家桥梁工程公司总经理认为，在兴建现代化桥梁的施工技术方面，中国公路桥梁工程公司堪与世界上第一流的公司媲美。

位于北也门西南部的默夫拉格至莫哈公路，是中国公路桥梁工程公司在北也门中标承包的第一个超过 1000 万美元的工程项目。默莫公路全长

44 公里，沿线酷热，气候恶劣。全线工程由美国威尔逊莫路咨询公司负责监理，工程质量和工艺要求极为严格。参加承建的四川省交通厅公路技术员工，怀着为国争光、为四化创汇的热情，以优异的工程质量，提前 20 天完成了承包任务。默莫公路路容美观，路面平整，赢得了美国监理工程师和北也门公路局的一致好评。

1981 年 5 月，石油王国科威特政府与法国布维克公司签订了布比延跨海大桥的承包合同。布比延桥全长 2400 米，混凝土桁架结构，设计新颖，施工技术要求高，难度大。布维克公司在寻找分包这项工程的伙伴过程中，有许多国家的建筑公司都试图在科威特开辟市场，中国公路桥梁工程公司在激烈竞争中一举夺魁。来自河南省交通厅的公路桥梁建设职工，以优质快速的杰出成绩，于 1983 年完成了分包任务。这座连接科威特本土和布比延岛的跨海大桥的落成，引起了国际桥梁工程界的极大关注。法国《经济》杂志发表了题为《沙漠之路》的专文，认为“在荒凉的沙漠上建成一座革新技术的大桥已使美国人震惊，而由中国人施工就更令人不胜惊讶……况且一家美国公司提出需要 36 个月完工，而大桥的实际工期仅 21 个月”。法国费加罗报称赞中国的技术工人是“天之骄子”。美国《工程新闻记录》杂志也对布比延桥作了详细报道，认为“建桥速度这么快，原因是这个工程有非同寻常的施工班子，全部训练有素的施工人员，包括管理人员在内，都是北京的中国公路桥梁工程公司提供的”。

马达加斯加 35 号公路翻修工程系由中国公路桥梁工程公司总承包，中马合营公共工程公司分包，全长 108 公里，工期 20 个月。来自中国公路桥梁工程公司江苏分公司的公路建设者与当地技术员工密切合作，以无可挑剔的优质工程，获得了很高声誉。应马达加斯加总统拉齐拉卡的邀请，中华人民共和国交通部副部长王展意参加了竣工典礼。在典礼仪式上，马达加斯加总统称赞中马合作修建的 35 号公路是南南合作的典范，热情洋溢地用华语高呼：中国万岁！

此外，中国公路桥梁工程公司安徽分公司承建的突尼斯国家第五期农路

3C 工程和 10A 工程，中国公路桥梁工程公司黑龙江分公司承建的肯尼亚卡巴内特至坦巴奇公路工程，以及湖南省交通厅公路职工在卢旺达承建的卡维扎经卡皮罗至卡吉东巴公路工程，也都获得了所在国家的高度赞扬。

1982 年 11 月，在亚的斯亚贝巴召开的第一届泛非和平与合作大会上，为表彰中国公路桥梁工程公司为非洲大陆做出的贡献，国际金像奖评委会授予中华人民共和国交通部国际墨丘利金像奖。1984 年 10 月，西班牙《东方贸易与阿拉伯市场》杂志在马德里举行隆重仪式，为“在阿拉伯地区经济发展具有杰出贡献”的中国公路桥梁工程公司颁发第一届国际阿拉伯奖。之后，又连续获得两次。

结束语

新中国成立后，公路交通在原有的十分薄弱的基础上，得到了全面的发展。回顾38年来的历程，总结正反两个方面的经验，特别是从中共十一届三中全会以来的成功经验中，探索如何从国情出发，走具有中国特色的社会主义道路，加快公路交通的发展，实现公路交通现代化，有着十分重要的意义。

一、中共中央、国务院的正确领导，各级人民政府的重视，是公路交通迅速发展的根本保证

新中国成立后，公路交通受到中共中央、政务院和各级人民政府的重视。在整个国家处于百废待兴、资金非常困难的情况下，从1950年到1957年年末，仍为公路交通提供19亿元的建设资金（为同期国家基建总投资的3%），不仅全部修复了被破坏的公路和车辆，还新建了福温、康藏、华南、青藏等重要干线公路，扩大了汽车运输能力，基本适应了巩固国防、开发边疆、恢复和发展国民经济对公路交通的需求。与此同时，还针对中国的实际情况，制定了一系列方针政策，正确地指导了公路交通事业的发展。1950年3月，政务院就明确规定了公路要实行统一规划，分级管理和有关“民工建勤”“民办公助”等方针政策。1958年，交通部根据中共中央的指示精神，制定了发展地方交通的“地、群、普”方针。1962年，中共中央、国务院对原有公路又提出了“切实整顿，加强养护，积极恢复，逐步改善”的方针。实践证明，这些方针政策是符合公路交通量大、面广、分散性、地方性较强的情况和特点的。它为基层单位和广大群

众掌握之后，有力地促进了公路交通的发展。中共十一届三中全会以后，在改革、开放的新形势下，中共中央和国务院领导对发展公路交通的方针政策作过多次讲话和指示。据此，1981 年国家计委、国家经委和交通部联合发出了《关于划定国家干线公路网的通知》。1982 年，交通部制定了“全面规划，加强养护，积极改善，重点发展，科学管理，保证畅通”和“普及与提高相结合，以提高为主”，“新建与改建相结合，以改建为主”的方针。1983 年年初，中共中央提出允许农民个人或联户购置拖拉机和汽车从事运输生产。1984 年 8 月，中共中央书记处和国务院在听取中共交通部党组关于逐步实现“转、分、放”与“两个转变”为主要内容的改革设想的汇报以后，作出要从中国交通运输多层次、多形式、多渠道的特点出发，放宽政策，搞活运输等重要指示。同年 12 月，国务院又作出一系列重大决策，其中包括：提高养路费费率，开征汽车购置附加费，允许集资或利用外资修建的高等级公路、大桥、隧道完工后收取过路费、过桥费，以扩大公路建设资金来源。各省、自治区、直辖市政府也相继采取有效措施，增加地方公路交通的投资。所有这些都对公路交通的发展，提供了有力保证。随着体制改革的不断深化，行业管理的加强，公路基础设施建设的加快，公路运输的进一步搞活，公路交通开创了全新的局面。之所以取得这些重大的进展，关键在于中共中央、国务院和各级人民政府对公路交通给了一定的投资，更重要的是给了政策。当然，在这方面也有教训。1958 年到 1978 年这个时期，由于“左”的思想影响，片面强调了公路交通地方性、分散性的一面，忽视了公路交通集中性、统一性的另一面，结果在“二五”期间，把公路交通从计划投资体制到测设施工队伍全部下放地方，停止了国家干线公路建设，因而出现了大量的断头路，造成了公路交通“通不过，联不上”的严重后果。1963 年，国家计委虽然又专列了国防、边防公路的建设投资，但到 1978 年，每年平均只有 1.98 亿元，包括地方财政投资平均每年也只有 6.49 亿元，为同期国家基本建设总投资的 2.56%，比 1950 年到 1957 年的投资下降 0.46%，致使经济线路的修建和营运车辆的及时更新无法安排，很多干线行车拥挤，事故增加，经济效益下降，公路交通成为制约国民经济发展的薄弱环节。这种由“先行”变为“滞后”的教训是深刻的。

二、统一规划，分级管理，发挥中央、地方和各方面的积极性，是加快公路交通发展的重要途径

公路交通量大、面广，既有地方性、分散性的一面，也有集中统一的一面。如果全部由地方办理，在政治、经济和国防上具有全国意义的省际干线就无法统一规划、建设和发展；如干支不分，一律由国家安排投资进行建设，不仅财力上不可能，而且会限制地方和各方面积极性的发挥，实际上也是难以做到的。1950 年春，政务院关于公路工作的《决定》中，规定公路按不同的重要性划分为国道、省道和县乡道路，实行统一规划，分级管理，实践证明是正确的，有利于发挥中央、地方和各方面积极性，使公路交通有计划地协调发展。过去凡是这样执行了的，干线公路、县乡公路和厂矿专用公路都得到了发展。反之，不仅公路建设发展缓慢，而且还造成了许多断头路，使公路运输“通不过，联不上”，无法发挥应有的经济效益和社会效益。因此，国家干线（国道）必须由中央统一规划，并安排必要的投资，有计划有步骤地进行建设。省级干线（省道）由各省、自治区、直辖市负责规划建设。县乡公路主要发挥当地政府和群众的积极性，采取民办公助、民工建勤的办法修建和养护。对特殊困难的地区，国家给予适当补助。林区、油田、矿山和农垦区等为其本身需要所修建的专用线，由使用部门修建养护。公路运输同样如此。中共十一届三中全会以后，运输市场开放，调动了各方面的积极因素，特别是个体（联户）运输业获得了很大发展。整个公路运输呈现了前所未有的繁荣局面。实践证明，统一规划，分级管理，发挥中央、地方和各方面的积极性，是一条符合中国国情、有利于促进公路交通发展的重要途径。

三、从国情出发，自力更生地进行技术开发，学习运用国外新技术，是实现公路交通现代化的关键

科学技术是生产力。要迅速发展社会生产力，就必须切实依靠科技进步。新中国成立以来，为了迅速发展公路交通，适应国防、经济发展的需要，各级公路交通部门从国情出发，自力更生地进行科技开发，学习国外新技术，加快了公路交通的发展步伐。

在路面工程方面，50年代以来，公路部门为了改善行车条件，提高公路的通过能力，针对当时大部分公路为土路或砂石路面的状况，试验开发了在砂石路面上加铺磨耗层、保护层，用石灰土做路面底层，进行渣油表处等具有中国特色的典型路面结构。

在桥梁工程方面，新中国成立后，从公路桥梁大部分为临时式木结构，而国家供应的钢材、水泥又比较困难的实际出发，继承并发扬了传统的石拱桥建筑技术，开创了单孔百米以上大跨径石拱桥的世界纪录。还创造了具有中国特色的钻孔灌注桩基础和双曲拱、箱型拱等新结构、新工艺。随着国家钢材、水泥等材料供应情况的改善，在大跨径桥梁修建中，广泛采用了国外悬臂施工、预制顶推等新工艺，修建了多座大跨径预应力混凝土T型刚构、连续梁、斜拉桥等大型桥梁。桥梁设计计算普遍运用电子计算机，并且编制了几十种功能良好的计算程序。学习采用国外桥梁新技术，对建设大跨径桥梁发挥了重要作用。

在汽车运输方面，50年代，交通部总结推广了汽车保修机械化、半机械化的经验，卓有成效地提高了保修效率和质量。70年代，交通部会同有关部门在全国范围内又推广了汽车化油器优选节油的成功经验。进入80年代，交通部针对公路运输企业车辆老旧、技术性能差、经济效益严重下降，而又缺少资金进行更新改造的情况，总结推广了云南省汽车运输部门对解放牌CA10B汽车进行技术改造的经验，不但提高了发动机功率，而且还可节油6%—12%，经济效益极为显著。同时，汽车机务工作强化了检测手段，普遍推广了不解体

检验，汽车保修登上了一个新台阶。此外，随着改革开放方针的深入贯彻，大型豪华型客车增多，集装箱运输、特殊货物运输发展迅速。车辆结构、吨位构成日趋合理，并向大吨位、柴油机方向发展。

在公路交通工业方面，50 年代初，交通部组织力量研制了多种代燃炉，改装了绝大部分客货汽车，战胜了帝国主义经济封锁所造成的严重困难。随后，围绕扩大公路客货运输能力，提高筑路、养路机械化水平，逐步研制开发了许多新产品，包括不同型号、吨位不等的公路客车、面包车、专用车辆、挂车和特大型平板车，各种汽车配件，以及筑路、养路机具。其中不少产品经过不断改进提高，达到了 80 年代初的国际水平。

实践证明，从中国的国情和公路交通的实际情况出发，自力更生地进行科技开发与学习运用国外新技术，两者是相辅相成的。特别是在科技发展日新月异的形势下，密切注视国际科技发展的动向，正确处理两者的关系是极为重要的。那种在指导思想上把两者对立起来，样样都要自己从头做起或是一切依靠引进，都是不利于公路交通事业发展的。

四、为有效地发挥国防公路的经济作用，并使经济线路更好地为国防服务，必须继续贯彻“平战结合”的方针

新中国成立后，由于客观形势和国家财力的限制，在较长时期内，国防公路被列为公路建设的重点。为使国防公路能够发挥更多的作用，中共中央和国务院明确地提出了“平战结合”的方针。这个方针，除“大跃进”和“文化大革命”期间一度有所忽视外，基本上都得到了贯彻落实。首先，在公路建设的前期工作中，测设部门在对沿线工农业生产的发展和交通量调查测算的基础上，有关路线的走向、控制点和主要路段的技术方案等，均进行了详细的、多方案的技术经济论证和分析比较。在满足国防要求的前提下，本着“近村不进村，利民不扰民”的原则，使路线尽量靠近沿线的城镇、居民点、工矿区，以利地方经济的开发和城乡物资的交流，有效地加强了国防公路的经济作用。实践证明，“平战结合”的方针

不仅有利于调动沿线群众参加国防公路修建的积极性，更主要的是使修建的这些公路既能有利于国防建设，又有利于发展工农业生产。在公路建设转移到以经济公路为重点的情况下，“平战结合”的方针仍然不能忽视，即在满足经济要求的前提下，还要尽可能考虑国防上的需要。尤其在边境地区公路和高等级公路的建设中，更应予以重视。

五、加强养护，积极改善，逐步提高，是改造现有公路，提高通过能力的一条重要经验

公路养护是保持路况良好和车辆畅通的一项经常性的重要工作。新中国成立以来，公路交通部门重新组建了公路养护机构和队伍，制订了有关规章制度，确定了征收公路养路费和对养路费实行专款专用的政策，坚持对县以上公路实行常年养护，保证了全国公路的畅通，为公路运输任务的胜利完成提供了必要的条件。50 年代后期和“文化大革命”期间，由于体制下放，人员精减，忽视了公路养护与管理工作，致使路况大幅度下降，给公路运输造成很大困难，在经济上也蒙受了很大损失。“修路不养，等于白修”，这是广大养路职工在实践中的深刻体会。所以建设一支稳定的养路职工队伍，抓好公路的维修保养，是十分必要的。

在全国公路通车里程中，除部分干线和国防、边防公路由国家投资修建外，大部分经济线路主要是依靠地方政府集资和广大群众投劳修建的。由于资金不足，加上初期交通量不大，因此采取了“分期修建”“先通后畅”的方针，致使大部分公路标准偏低，基础很差，不能适应国民经济发展的需要。各地公路养护部门为了改善公路技术状况，依靠养路职工自力更生，艰苦奋斗，利用有限的养路费，结合民工建勤，分别轻重缓急，对行车困难的路段，通过大、中修，有计划地进行改造。许多道班工人在完成日常养护任务的前提下，还有计划地开展了小改善活动，不断地把许多等外公路改造为符合标准的等级公路；使原来达到标准的等级公路，也进一步得到了改善，提高了通过能力。

六、根据国民经济各部门的分工，要重点发展公路交通部门的营运汽车，同时加强机务工作，充分发挥现有车辆的作用

汽车运输是中国公路运输的主力。它承担了全社会公路运量中80%以上的货运量和90%以上的客运量。而公路交通部门的营运汽车又是汽车运输中的骨干力量，平时，承担客货运输任务，在紧急情况下，它又是支援前线、抢险救灾的主要力量，它的运输效率一般比厂矿企业自备汽车高出1倍以上，向国家上缴的利税在全行业中名列前茅。按照国民经济各部门的分工，60年代中期以前，国家一直把公路交通部门的汽车运输企业作为发展的重点，从政策、投资、车辆分配和物料供应等多方面给予大力扶持。尽管这样，运力增长的幅度仍然不大，并且在较长的一段时间里，一直难以适应国民经济蓬勃发展的需求。五六十年代，在国产汽车不多，供不应求，产品系列不配套，大量进口汽车又不可能的困难条件下，各地公路交通部门加强了汽车机务工作，在管理、使用、保养、修理上狠下功夫，千方百计提高完好车率，竭尽可能延长汽车使用寿命，最大限度地发挥它的作用，以确保运输任务的完成。实践证明，这种做法是符合当时情况的，是完全正确的。但是，从70年代开始，特别是进入80年代以来，厂矿企业、机关团体的自备汽车和个体（联户）运输业发展很快，而为全社会服务的公路交通部门的运输企业，由于税利负担重，国家投资又不多，运力增长反而缓慢，设备得不到及时更新，处境普遍比较困难。公路交通部门的营运车辆在全国民用汽车保有量中所占比重，由50年代的40%左右下降到1987年的7.4%，在公路运输中已不能发挥骨干和主导作用。加之宏观管理上的失控，造成车辆空驶率增加，成本提高，积累大幅度下降，使国家蒙受了很大损失。随着改革、开放总方针的贯彻执行和国家经济水平的提高，集体、个体运输业和厂矿企业的自备车辆适当增加是必然的、合理的，但必须有一定的政策和办法，加强宏观管理，制定运力和运量平衡规划和措施，创造在平等条件下进行竞争的环境，并从税收、

车辆分配、油料供应、银行贷款等方面限制利用率不高、经济效益不好的自备车辆的盲目增加。同时，要对为全社会服务的运输企业给予扶持，使其能够继续发挥骨干作用，并在采用新技术、节约能源、推行现代化管理、承担国家指令性任务等方面做出更多的贡献。

搞好汽车机务工作，尤其保修工作，是发展汽车运输的重要环节。在这方面，38 年来，既有成功的经验，也有在“左”的思想影响下，只重使用，忽视保修，造成大量车辆损坏停驶的教训，对国民经济的发展产生了不良影响。今后，汽车更新换代的周期虽将缩短，但加强机务工作，提高车辆完好率，厉行增产节约，仍然是一个不容忽视的问题。

七、为保证公路运输正常进行，必须继续坚持“安全第一，预防为主”的方针

安全是保证公路运输正常、协调进行的首要条件。新中国成立后，国务院和各级人民政府对公路运输安全工作非常重视，逐步建立了中央、省、地（专区）、县 4 级交通监理机构，充实了监理人员，制订了监理法规，配备了监理车辆、通信等专用设备，建成了全国公路交通安全监督管理系统。但由于公路运输点多、线长、面广，而中低级公路上又是混合交通，因此，公路运输的安全问题，不仅涉及乘客、承运物资和车辆设施的安全，而且涉及在公路上的行人和其他机动、非机动车辆的安全，其广泛性、群众性、复杂性远远超过其他运输方式。所以，安全第一，预防为主，更具有重要意义。行车事故不仅危及人民生命，使国家和人民的财产遭受重大损失，而且破坏了公路运输的连续性，导致阻车、误点，打乱了正常的运营秩序。在政治上、经济上及思想上造成的恶劣影响是广泛的，深远的。38 年的经验教训证明，安全行车是一时一刻也不能忽视的。

在公路行车过程中，车辆驾驶员是造成行车事故的主要方面。因此，安全教育的重点是驾驶人员。安全教育，是各有车单位和各级公路交通管理部门首要的经常性工作。除经常宣传交通安全法规外，对遵纪守章、安

全工作突出的驾驶人员进行表彰，对具体事故案例进行分析，也是行之有效的办法。此外，抓好公路沿线村镇群众包括小学生在内的交通安全常识教育，提高群众对交通安全的认识，自觉遵守公路交通规则，预防各种事故的发生，同样是加强公路交通安全工作不可忽视的一个重要方面。特别是在改革开放的新形势下，随着旅游事业和农村商品经济的发展，公路交通车流量的迅速增长，公路运输安全工作必须进一步做细、抓好。安全第一，预防为主，更要贯穿于运输生产的全过程，以确保运输质量，提高运输效率。

八、办好公路交通工业，是加快公路交通发展的重要条件

公路交通工业是为公路修建、养护和汽车运输服务的，是公路交通发展必不可缺的技术后方和物质基础。它与公路建设、养护、运输生产有着极为密切的相互依存关系。公路建设和运输生产的发展必然要求公路交通工业提供更多的专用车辆和机械设备。

新中国成立以后，由于国家工业水平的限制和公路交通工业自身基础薄弱，在较长时间里，汽车和大型工程机械供应不足，依赖进口又不可能，从而制约了公路交通的发展。面对这种情况，各级公路交通部门发扬自力更生、艰苦奋斗的精神，发展了维修工业，制造了部分车辆、配件和小型机具，维持和保证了简单再生产的进行。随着中国汽车工业的兴起，公路交通部门又发展了公路客车和挂车、筑养路专用机械、汽车保修机械等制造工业，为公路交通的发展提供了一定的技术装备。进入 80 年代，中国的工业基础日益雄厚，为公路交通提供的装备不断增多。但是，在中国的汽车吨位构成中，缺重少轻仍较突出，筑路、养路机械不配套，有些产品的技术性能还比较落后，尚不能适应公路交通现代化的需要。38 年来的实践证明，搞好公路交通工业必须发挥两个积极性，即通用车辆和机械设备由机械部门研制、生产；公路交通部门的专用车辆和施工、养路的专用机械与设备，由公路交通部门利用已有的工业基础组织生产，并将所需

要的原材料和各类配套件纳入国家计划，统一安排供应。在过去较长的一段时间里，公路交通部门十分需要的专用车辆和机具设备，由于数量不大，机械部门不生产或没有能力生产；而公路交通部门有能力，也有积极性生产，但列不上国家计划，生产所需要的原材料和生产中所需要的关键设备没有供应渠道。这种状况既挫伤了公路交通部门办工业的积极性，也使这些专用车辆和机具设备长期变成短线产品，不能满足公路交通部门的需要，成为制约公路交通发展的一个重要因素。因此努力办好公路交通工业，仍然是一个值得注意的问题。

九、大力兴办教育，培养人才，是发展公路交通的重要保证

从新中国成立初期开始，随着一批重点公路工程项目的上马，公路交通部门就采取一面建设，一面培训；一面组建施工、运输队伍，一面办学校；既抓中高级专门人才和驾驶员、技工的培养，又抓在职职工的岗位培训；在国家办学的同时，还推动各级企事业单位办学。这一系列的做法，及时有效地培养了大批运输生产和工程建设人才，除“文化大革命”期间，学校教育、职工教育停办，人才培养中断，造成职工素质下降，青黄不接，后继乏人外，基本上满足了公路交通发展的需要。由于公路交通属多学科、多专业的知识和技术密集型行业，智力因素起着举足轻重的作用。所以，兴办教育、培养人才，是事关事业兴衰的大事。特别是在国家进入新的历史发展时期和当今世界新技术、新材料大发展的新形势下，兴办教育、培养人才的重要性和它的战略意义尤为突出。技术落后、管理落后，实质上是教育和人才落后的问题。因此，各级公路交通部门应当进一步切实加强各类公路交通院校和职工教育的领导，增拨投资，增加教育力量，完善教学设施，以便培养更多的德才兼备、决心献身公路交通的各种专业人才，充实职工队伍，提高职工的技术业务素质，以适应公路交通现代化发展的需要。

十、发展公路交通事业，必须坚持做好思想政治工作，建设一支思想作风好，技术业务精的职工队伍

公路交通点多、线长、面广、流动分散、生活艰苦。尤其是广大筑路、养路职工和汽车驾驶人员长年在野外、山区和高原劳动、工作，困难很多，要战胜面临的种种困难，必须有强有力的思想政治工作和为公路交通事业献身的精神。新中国成立以来，各级公路交通部门就把做好思想政治工作，加强职工队伍的思想作风建设作为一项重要任务，结合不同时期的具体情况，坚持不懈地进行，并逐步地培养了一支具有“让高山低头，叫河水让路”的大无畏精神的职工队伍。公路交通部门的广大职工不怕困难，艰苦创业，在物质生活条件十分困难的情况下修建和管养了川藏、青藏、天山等工程艰巨的长大干线公路，保证了公路运输任务的顺利完成。进入 80 年代，各地公路交通部门的许多单位继续发扬这一优良传统，为公路交通现代化做出了新的贡献。但是，近几年来，思想政治工作削弱了，职工中一切向钱看的思想有所滋长，各种不良倾向也随之产生，这一点是应该引起高度重视的。

多年的实践证明，发展公路交通既要抓好物质文明建设，也要抓精神文明建设，两者不可偏废。只抓物质文明建设，不抓精神文明建设，物质文明建设不仅搞不好，甚至会走到邪路上去。所以，必须继承和发扬光荣传统，切实做好思想政治工作，把思想政治工作渗透到公路建设和运输生产中去，渗透到业务技术工作中去。要坚持不懈地对职工进行马列主义、毛泽东思想的教育，坚持四项基本原则，坚持改革开放，反对资产阶级自由化。同时，要组织职工学习技术业务，学习现代化的知识，努力提高职工的技术业务素质，建设一支思想作风好，技术业务精，不怕困难，能打硬仗，立志为祖国的公路交通现代化献身的职工队伍。有了这样一支队伍，才能保证中国的公路交通事业沿着社会主义道路不断地胜利前进。

中国是个幅员辽阔的国家，公路交通的发展，前景广阔。38 年来的事

实表明，新中国公路交通的发展是很快的，成就是巨大的。特别是从70年代末实行改革开放以后，中共中央、国务院进一步加强了对公路交通的领导，给了几项大的政策，为公路交通增加了稳定的资金来源，公路交通得到了前所未有的发展。当然，由于公路交通过去欠账太多，和国民经济的发展需要相比，还是不适应的。从1953年至1987年，全国工农业总产值按可比价格计算增长18.3倍①；民用汽车保有量增长60.5倍；另外还有行驶在县乡公路上的拖拉机，几乎从零发展到400多万台。而同期全国公路的通车里程只增长6.8倍。据1982年12月汇编的《国家干线公路网路线技术资料手册》统计，在11万公里的国家干线公路中，有一级公路177公里，二级公路9885公里。根据交通量调查，1982年国家干线公路上，平均日交通量超过5000车次以上的路段有3072公里（按标准规定应修建一级公路），2000至5000车次的路段有20523公里（按标准规定应修建二级公路），一、二级公路的需要与实际相差2895公里和10638公里。到1987年，国家干线公路中有一级公路899公里，二级公路16553公里；平均日交通量超过5000车次的路段有10421公里，2000至5000车次的路段有26464公里，一、二级公路的需要与实际相差9522公里和9911公里。5年的时间，一级公路差距扩大了2.29倍，一、二级公路合计差距扩大了44%，致使在很多经济干线和大、中城市的进出口公路上，行车拥挤，车速下降，事故增多。中国的公路里程和汽车拥有量，和经济发达国家相比不仅差距很大，就是和一些发展中国家相比，也有一定差距。1985年，按每百平方公里拥有公路：美国为67公里，日本为298公里，印度为47公里，巴西为19公里，中国只有9.8公里；按每万人拥有汽车：美国为6986辆，日本为2852辆，印度为28.5辆，巴西为840辆，中国为30.7辆。广大公路交通职工要认识差距，承认差距，奋起直追，在中共十三大制定的基本路线指引下，力争在不久的将来，使中国的公路交通事业跻身于世界先进之林。

---

① 见1988年《中国统计年鉴》第45页。

附录一

中华人民共和国公路交通大事记

（1949 年 10 月至 1987 年 12 月）

1949 年

10 月 19 日　中央人民政府委员会第三次会议任命章伯钧为交通部部长，李运昌、季方为副部长。

11 月 1 日　中央人民政府交通部成立。

11 月 19 日　交通部在北京召开第一届全国航务、公路工作会议，提出了 1950 年公路工作任务，制订了公路交通管理体制和一系列重大方针政策。中央人民政府副主席朱德和政务院副总理陈云到会作重要指示。

11 月　苏联专家阿连达耶夫应聘担任交通部公路桥梁建设首席顾问。之后，应聘的还有聂格达耶夫、别列勃洛杜夫、比秋金、谢尔杰耶夫、谢尔杰耶娃、吉莫费耶夫 6 位苏联公路桥梁、路线专家。

1950 年

1 月 14 日　交通部公路总局成立，主管全国公路交通事宜。

3 月 12 日　政务院发布《关于一九五〇年公路工作的决定》。1950 年公路工作的方针任务是："继续支援解放战争，争取全国彻底胜利，恢复生产。"要求有重点地整修恢复公路，组织整修运输工具，提高运输能力，并将公路划分为国道和省道，实行分级管理。同时对公路交通管理体制，用路者养路，民工建勤修路，公路留地，养路护路，车辆管理等事项也都作了原则规定。

3 月 政务院财政经济委员会（以下简称中财委）决定设立全国旧废汽车整修委员会，领导全国旧废汽车整修工作。

4 月 3 日 政务院发布《关于废除各地搬运事业中封建把持制度暂行处理办法》。

4 月 5 日 交通部组建国营汽车运输总公司（同年 9 月 5 日改为中国汽车运输总公司），主管全国公路运输工作。

4 月 11 日 交通部颁发《全国汽车管理暂行办法》。

4 月 13 日 中财委命令，修建以福州为中心的 12 条华东支前公路，共长 1200 余公里。全部工程于 1955 年完成。

7 月 20 日 交通部颁发《公路养路费征收暂行办法》和《公路养护暂行办法》。

10 月 1 日 西南军政委员会交通部康藏公路工程处成立（1951 年 11 月改组为工程局）。

10 月 9 日 中财委和交通部联合颁发《公路留地办法》。

10 月 交通部公路总局颁发《桥涵载重标准》。

10 月 沈（阳）大（连）公路改建工程全面开工。

11 月 东北人民政府公路管理总局组建中国人民志愿军公路工程总队，下设 3 个大队，跨过鸭绿江抗美援朝。

12 月 政务院决定修建康藏公路。

1951 年

2 月 23 日至 3 月 11 日 交通部在北京召开第二届全国航务、公路工作会议。政务院总理周恩来、副总理陈云到会讲话。会议决定加紧国防公路的修建及经济线路的维修养护；大力组织群众运输，开展水陆联运业务，提高汽车运输效能，以促进城乡物资交流。

3 月 康藏公路修建司令部成立，陈明义任司令员，穰明德任政治委员。

5 月 15 日 交通部颁发《关于道群分工共养公路的指示》。

6 月 1 日 康藏公路泸定大渡河钢索吊桥建成通车。中国人民解放军总司令朱德为大桥题联："万里长征犹忆泸关险，三军远戍严防帝国侵。"

8 月 1 日 交通部撤销中国汽车运输总公司，成立公路运输局。

9 月 1 日 昆明至打洛公路正式开工。这条公路全长 869 公里，按五级标准修建，1954 年 11 月修通至勐海，长 786 公里。施工期间，朱德副主席作了"以一往无前的精神，战胜天险，打通昆洛交通，实现巩固国防、繁荣经济的任务"的题词。(勐海至打洛段 83 公里，于 50 年代末修通。)

9 月 1 日 交通部颁发《公路工程设计准则》(草案)，将公路分为五级。

12 月 14 日至 24 日 交通部在北京召开首届全国养路会议，要求养路工作依靠地方，依靠群众，学习苏联经验；建立与健全基层养路组织，实行计划养路。

1952 年

2 月 12 日 交通部颁发《公路工程技术安全暂行规定》。

2 月 支援朝鲜的公路工程总队 3 个大队完成任务回国。

3 月 15 日 交通部公路总局译印苏联桥涵标准图 51 册。其中包括钢筋混凝土板、肋板、四梁式、悬臂梁、轻型桥台等。

4 月 中央人民政府委员会第十五次会议任命王首道为交通部副部长。

5 月 交通部颁发《汽车运输企业暂行技术标准与定额》(草案)。

7 月 29 日 政务院发布《关于修筑华南国防公路的决定》。计划新建、修复、改建海南岛等地区公路 10 条，共计 2417 公里，1954 年全部建成通车。

8 月 1 日 交通部颁发《交通安全运动推行办法》。

8 月 30 日 交通部在北京召开全国公路运输会议。会议提出：要加快汽车运输的发展，同时把现有人、畜力运输工具组织起来，开展群众性运输，以活跃城乡物资交流。并决定在全国国营汽车运输企业中开展“安全、四定、车吨月产两千吨公里”增产节约运动。

8 月 华东军政委员会交通部出版委员会接管《汽车和公路》杂志（1953 年分开出版《汽车》和《公路》杂志）。

9 月 18 日 交通部颁发《公路行道树栽植办法》。

10 月 15 日 交通部颁发《公路基本建设工程检查验收暂行办法》。

11 月 20 日 康藏公路康定至昌都段通车。毛泽东主席题词：“为了帮助各兄弟民族，不怕困难，努力筑路!”朱德总司令题词：“军民一致，战胜天险，克服困难，打通康藏交通，为完成巩固国防，繁荣经济的光荣任务而奋斗。”

12 月 人民交通出版社成立。

1953 年

2 月 毛泽东主席批准康藏公路昌都至拉萨段采用南线方案，要求 1954 年通车至拉萨。

2 月 中央人民政府任命张策为交通部副部长。

2 月 交通部颁发《公路汽车货物运输规则》和《公路汽车旅客运输规则》。

4 月 中财委批复交通部，同意关于建立和健全监理机构及各级监理机构人员编制标准的意见。

5 月 27 日 青海省成立青藏公路工程局。

8 月 21 日 交通部在北京召开全国交通工作会议，讨论 3 年来交通工作基本情况与今后发展的方向。

8 月 交通部颁发《关于公路建设与公路运输工作的指示》。公路建设方面，首先修建国防公路，特别是边防、海防公路，并有重点地发展经济干线，改进测设质量，加强施工领导，实行计划管理，建立责任制。公路养护方面，实行有计划有标准地养护公路，做到专款专用。公路运输方面，改进国营汽车运输企业管理，组织群众运输，建立计划运输制度。

11 月 27 日 政务院发布《关于加强地方交通工作的指示》。要求依靠地方人力、财力，加强现有道路的养护和修建急需的简易公路、桥梁渡口。并决定汽车运输企业及其附属企业均划归地方国营，由省（市）负责经营（某些较大的汽车配件厂，非一省力量所能经营且已由交通部经营者除外）。

11 月 辽宁省沈阳至丹东公路按五级标准建成通车，全长 262 公里（1952 年开工修建）。

12 月 8 日 交通部在北京召开全国公路测设会议，讨论研究改进测设工作，提高公路测设质量。

12 月 交通部颁发《公路基建工程初步设计、技术设计及公路基建工程技术监理工作暂行办法》。

1954 年

3 月 交通部颁发《公路养路工作一般标准试行草案》。

4 月 10 日 交通部公路总局发出《关于防止公路建设伤亡事故，确保安全生产的指示》。

4 月 交通部在北京召开全国汽车运输暨技术会议，总结“安全、四定、车吨月产两千吨公里”运动的经验，并讨论通过了《汽车运输企业技术标准与技术经济定额》。

5 月 11 日 中央人民政府决定修建的青藏公路格尔木至拉萨段新建工程在昆仑山下茇茇里沟破土开工。西藏运输总队政委慕生忠任总指挥。

5 月 11 日至 20 日 交通部在北京召开全国交通工作会议，总结 1953 年交通工作，部署 1954 年任务。要求根据国家过渡时期总路线的精神，对资本主义运输业和个体运输业有计划地进行社会主义改造。

5 月 中央人民政府任命朱理治为交通部副部长。

9月1日 交通部颁发《公路工程设计准则》(修订),将公路分为六级。

9月 交通部通知在全国汽车运输企业中实行《汽车运输企业技术标准与技术经济定额》,同时停止使用1952年颁发的《汽车运输企业暂行技术标准与定额》。

9月 交通部公路运输局与公路总局合并,合并后称交通部公路总局。

10月25日 交通部在北京成立公路设计局,并在武汉、成都等地成立7个直属公路工程局和5个公路设计分局(公路设计局与分局后来改为设计院与设计分院)。

10月 国务院(1954年9月20日第一届全国人民代表大会决定将政务院改为国务院)任命潘琪为交通部副部长。

11月 王首道调任国务院第六办公室主任。

11月 张策调离交通部。

12月25日 康藏、青藏两条公路全线通车,满载物资的350辆汽车同天到达拉萨。康藏公路全长2255公里,青藏公路全长2100公里。

12月 根据国务院调整汽车配件生产与供应体制的决定,交通部济南汽车配件厂、汉口汽车配件厂、长沙汽车修理厂、兰州汽车修理厂和新疆红十月汽车修配厂移交机械工业部门领导。

12月 以海口经五指山至榆林公路(中线)为主的华南国防公路建成通车。

1955年

2月2日 毛泽东主席授予康藏、青藏公路筑路人员锦旗典礼大会在拉萨举行。毛泽东主席题词:“庆祝康藏、青藏公路的通车,巩固各族人民的团结,建设祖国。”

3月1日 贵州省贵阳汽车站竣工投产。

3月 交通部公路总局颁发《基本建设工程技术监理工作暂行办法》

（草案）。

5月3日 交通部、中国公路运输工会在北京召开全国公路第一届劳动模范代表大会，表彰了13个先进单位和81名劳动模范。会议期间，在天坛举办了大型展览会，朱德副主席等中央领导到会参观。

5月 国务院任命马辉之为交通部副部长。

5月 根据国务院《关于抽调汽车驾驶员支援新疆石油外运的通知》精神，新疆维吾尔自治区交通厅成立石油运输公司，下设3个大队，拥有汽车1100辆，挂车2000多辆，运行于克拉玛依与尾亚火车站之间。

9月19日 交通部、财政部联合颁发《公路养路费收支管理的规定》。

10月20日 拉萨至日喀则、日喀则至江孜两条公路通车典礼在拉萨举行。

10月 交通部成立政治部，王赤军任政治部主任。

11月10日 成（都）阿（坝）公路通车典礼在四川省阿坝藏族自治州人民政府所在地刷经寺举行。这条公路全长507公里，1951年3月开工修建。

11月29日 国务院发布《关于改进民工建勤养护公路和修建地方道路的指示》，规定每年每个劳动力至多不超过5个工作日。

11月 交通部在山东省召开土路改善观摩会议，推广山东省改善土路的经验。

11月 交通部颁发《公路渡口管理暂行办法》。

12月21日 交通部在北京召开全国地方交通会议，要求加速地方交通建设和对私营运输业的社会主义改造。

1956年

1月30日 交通部发出《关于将现有石料路面加铺磨耗层和保护层的指示》。

1月 中国公路运输工会号召在全国公路汽车运输系统开展“安全、

节约、10万公里无大修”运动。

2月 毛泽东主席从2月开始，用一个半月的时间听取中央工业、农业、交通运输业、商业、财政等34个部门的工作汇报。在听取交通部工作汇报时指出，工农业都在发展，两方面靠交通运输做纽带，交通运输要与工农业发展相适应。公路少，要多修，要发挥地方的积极性。

3月2日 交通部颁发《公路绿化暂行办法》。

3月5日 交通部在北京召开全国公路运输会议。会议通过了《关于加强公路运输工作，迎接新的运输高涨的决议》，讨论了《统一公路汽车运价的决议草案》《跨省路线专责营运的规定》《运输企业经济核算制条例》，并修订了有关的技术经济定额。

3月12日 交通部颁发《公路基本建设交工验收暂行办法》。

3月24日 西藏黑河至阿里公路通车，全长1300公里。

4月13日 交通部、邮电部、电力工业部发出《关于处理电线与行道树互相妨碍的规定的联合通知》。

4月20日 交通部在北京召开全国先进生产者代表会议。毛泽东主席接见了全体代表。

5月8日 交通部颁发《养路工人、测设工人、土建工人、修理及筑路机械工人技术标准》。

5月 交通部公路总局颁发《公路运输企业经济核算制试行条例》《公路运输企业车队经济核算试行办法》《公路运输企业单车经济核算试行办法》《修理厂、保养场、班组经济核算试行办法》。

6月1日 交通部公路科学研究院筹备处成立。

6月30日 交通部颁发《公路工程设计准则》（修订草案）及《简易公路设计准则》（草案）。

7月13日 长春第一汽车制造厂首批解放牌汽车问世，全国公路运输部门开始用国产汽车装备自己。

7月26日 交通部、财政部发出关于自1957年1月1日起，各省、区养路费收支由省、区自行平衡，中央不发指标的联合通知。

8月18日 交通部在北京召开全国养路工作会议，提出公路养护修理工作的方针是："依靠地方，依靠群众，就地取材，以养好路面为中心，加强全面养护，重点修理，分期改善，逐步提高，以适应运输发展的需要。"会议还讨论了1956年到1967年公路养护修理工作的初步规划（草案）。

9月5日 北京至周口店公路竣工通车。

9月18日 交通部颁发《汽车运价计算暂行办法》《公路货物分类表》《关于统一全国汽车运价的意见》。

11月24日 交通部颁发《公路基本建设工程设计和预算文件审核批准程序暂行办法》。

12月7日 交通部在北京召开公路基本建设工程会议，研究了过去工作中存在的实际问题，安排了1957年的工作。

12月17日 交通部在北京召开全国交通技术（公路交通部分）座谈会，讨论了关于民间运输车辆的技术改良，汽车使用挂车、代燃料和汽车保修作业的改进，现有公路技术状况的改善，以及新建公路的技术要求等问题，并研究了汽车保修基地的建设，保养厂、场的分工，以及筑路机械和试验设备的统一管理与集中使用等问题。

12月 河北省赵州古代石拱桥整修完工。

12月 交通部编制公路交通技术科学研究十二年规划，主要内容：充分发挥车辆动力及经济性能，节约燃料，提高保修技术；改善运输装卸和服务设备；建设新线，改善原有道路，提高公路建设的工业化水平；降低运输及建设成本。

1957年

2月 国务院任命孔祥祯为交通部副部长。

3月 交通部颁发《农业机械运价计算办法》。

4月6日 交通部公路设计局组织桥位设计与小汇水面积径流计算学习班，聘请苏联桥梁水文专家包尔达可夫来中国讲学。

5月11日 国务院发布《关于合理组织和运用机关企业货运汽车的指示》。

5月22日 交通部、铁道部、农垦部、水利部联合发出《关于各部门基本建设工程占用公路暂行规定》的通知。

5月23日 交通部、邮电部联合颁发《公路汽车运送邮件原则规定》。

7月18日 交通部发出《修订公路汽车旅客遗失行李、包裹最高赔偿标准的通知》。

9月1日 北京卢沟桥西中国第一座预应力混凝土装配式桥梁开工修建，跨径20米（1958年1月3日完工）。

10月5日 新（新疆叶城）藏（西藏阿里地区噶大克）公路建成通车，全长1179公里。

12月 交通部政治部撤销，王赤军调离交通部。

1958年

1月27日 中国公路运输工会第二次全国代表大会通过《开展安全、节约、20万公里无大修运动》，号召全国公路运输职工为完成第二个五年计划中的公路运输任务而努力。

1月27日 交通部、水利部发出《关于沿公路线兴建农田水利工程需要注意事项》的联合通知。

4月29日 交通部在武汉召开南方片区地方交通工作座谈会，讨论新中国成立以来地方交通建设的经验教训，提出依靠地方党委、依靠群众、普及与提高相结合以普及为主的方针（简称“地、群、普”方针）。会议还讨论了体制下放问题。

4月 西安公路学院成立。

5月13日 交通部向中共中央报告，提出第二个五年计划的主要任务是：充分利用水运，提高水运比重；大力发展公路运输；办好运输合作社，改革民间运输工具；积极发展民用航空运输。

5月 上海市交通局汽车修理厂试制交通牌4吨汽车成功，并投入批量生产。

6月9日 交通部在北京召开北方片区地方交通工作座谈会，内容与武汉座谈会相同。

7月1日 江西省泰和县通向老区井冈山（茨坪）的公路建成通车，全长110公里。

7月 国务院任命孙大光为交通部副部长。

8月15日 交通部将7个直属公路工程局和5个公路勘察设计分院下放地方。交通部公路设计院与水运设计院合并，组成交通工程设计院。

8月 全国人大常委会任命王首道为交通部部长，同时免去章伯钧的交通部部长职务。

8月 李运昌、朱理治调离交通部。

9月17日 中共中央发布《关于征用政府机关载重汽车支援钢铁生产运输的指示》。

9月 交通部颁发《公路养路技术规定》（修订草案）。

9月 交通部发出《关于全民搞运输保证钢铁生产的紧急指示》。

10月 宁夏西大滩至汝箕沟公路建成通车，全长38公里，是宁夏回族自治区一条重要的运煤公路。

11月8日 交通部公路科学研究所成立。

11月17日至27日 全国民间运输工作会议在南京召开，提出民间运输合作社必须向高级形式过渡。

11月27日 交通部公路总局发出积极开展汽车列车化的指示，要求大量制造挂车。

11月 1956年开工修建的山东省潍坊至文登公路建成通车，全长294公里。

12 月 5 日 全国公路科研工作会议闭幕。会议初步确定了第二个五年计划期间的科研规划和 1959 年的具体科研项目。

1959 年

1 月 交通部在北京召开全国交通工作会议，总结 1958 年全党全民办交通的经验，提出 1959 年继续鼓足干劲，力争上游，进一步贯彻全党全民办交通和“地、群、普”的交通建设方针，全面完成交通建设和运输任务。

3 月 交通部发出《关于在全国汽车运输企业中开展安全、节约、车吨月产万吨公里运动的指示》。

4 月 交通部在广州市召开全国汽车运输技术革新、技术革命经验交流会。

7 月 国家经委决定，全国汽车配件的生产和供销业务，归口交通部统一管理。

8 月 国务院任命谭真为交通部副部长。

8 月 国务院任命邝任农为交通部副部长兼民航局局长。

9 月 25 日 中共中央、国务院发布《关于开展群众短途运输运动的指示》，要求短途运输群众运动更健康地发展，更好地为农业生产和城乡物资交流服务。

12 月 20 日 湖南省石（门）清（官渡）公路上的黄虎港石拱桥建成通车，主跨 60 米，全长 103 米，桥高 52 米，跨径和桥孔高度均创纪录，使石拱桥的建筑技术登上了一个新台阶。交通部公路总局召开现场会议，推广了湖南省的经验。

12 月 29 日 交通部发出《关于进一步加强汽车列车化运输的组织领导的指示》，要求合理选定汽车列车拖挂重量，不断提高挂车制造质量。

1960 年

1 月 10 日 经国务院批准，交通部颁发《机动车管理办法》。

2 月 4 日 交通部、财政部联合颁发《关于养路费征收和使用暂行规定》，对交通部门专业运输车辆按营业额的 4%—8% 征收，社会车辆仍按月按吨位征收，不另征收过渡费。

2 月 交通部在江苏省扬州市召开全国交通系统挂车生产会议。会前，经国家经委批准，汽车挂车列为国家主要机械产品，归口交通部管理。

3 月 孔祥祯调离交通部。

4 月 国务院任命彭德、于眉为交通部副部长。

6 月 中共中央批转交通部党组《关于统一使用机关企业自备载货汽车的报告》。

6 月 交通部发出紧急通知，号召开展爱车运动，要求各地交通部门发动群众，加强保养，突击抢修，并加快配件生产与旧件修复，努力提高汽车完好率。

7 月 16 日 苏联政府片面撕毁同中国签订的专家合同和科技合同，并决定自 1960 年 7 月 28 日到 9 月 1 日撤走全部苏联专家。公路总局的苏联专家也一并撤走。

8 月 27 日 交通部颁发《公路交通规则》。

8 月 重庆交通学院成立。

11 月 28 日 公路与水运两个研究所合并，改组为交通部交通科学研究院。同时成立由该院领导的长春汽车运输研究所（1961 年 3 月撤销），西安公路研究所（1970 年撤销），长沙公路工程研究所（1971 年归湖南省交通厅领导），上海公路工程研究所（1971 年归同济大学领导）以及交通科学研究院重庆分院 5 个分支机构。

12 月 交通部公路总局撤销，其业务分别划归新组建的运输总局、基本建设总局和工业局。

12 月　国家经委批转交通部《关于把机关企业自备载货汽车组成地区运输公司的试点工作报告》。

1961 年

2 月 28 日　交通部在北京召开全国交通工作会议，根据中共中央提出的“调整、巩固、充实、提高”方针，讨论交通运输事业 3 年“大跃进”的基本总结和 1961 年的方针任务。

3 月　交通部在广东省台山县召开全国公路养护经验交流现场会议，提出 1961 年的公路工作以养好现有公路为主，把公路养护工作放在首要地位。

3 月　交通部发出《关于认真做好交通工业工作的指示》。

8 月 26 日　国务院发布《关于厂矿企业办运输的几项规定》。指出，厂矿企业的内部运输，由厂矿企业自有的运输工具负责完成，交通部门主要负责搞好社会流通过程中的物资运输。

9 月　云南省昆（明）那（发）公路上的南盘江空腹式公路石拱桥建成通车，桥长 171 米，主孔跨径 112.5 米，是中国第一座跨径超过百米的大型石拱桥。

10 月 1 日　湖南省湘潭公路桥建成通车，桥长 605.2 米，8 孔，跨径各 60 米，是当时中国公路上最大的钢筋混凝土上承式肋型拱桥。

10 月 18 日　交通部颁发《交通基本建设工程验收试行办法》。

1962 年

2 月 26 日　交通部在北京召开全国交通会议，总结一年多来贯彻执行“调整、巩固、充实、提高”方针的经验，部署 1962 年的工作。

4 月　中国民航局直属国务院领导，邝任农调离交通部。

5 月 6 日　中共中央、国务院联合发出《关于当前民间运输业调整工作中若干政策问题的指示》，要求各地对民间运输业采取保护、整顿、恢复并适当发展的方针。

5月20日 交通部颁发《关于民间运输业若干政策问题的规定》（试行草案）。

5月21日 交通部颁发《关于管理地方交通工作范围的暂行规定》，强调既要加强集中统一，又要发挥地方积极性，以加强对地方交通的领导。

6月15日 中共中央、国务院发出《关于加强公路养护和管理工作的指示》，强调今后三五年内，对现有公路应贯彻切实整顿、加强养护、积极恢复、逐步改善的方针，对公路的养护管理，应贯彻统一领导、分级管理的原则。

6月 交通部重新建立政治部，彭德兼政治部主任。

7月16日 国务院批转国家计委、国家经委、交通部《关于汽车运输工作中若干问题的请示报告》和《关于拟订〈国家规定供应配件的汽车车型目录〉的报告》，指出简化车型是汽车运输调整工作中的一项重大措施，要求从1963年起，按照《目录》安排汽车配件生产和控制进口车型。

7月26日 交通部颁发《运输合作社示范章程》（草案）。

8月 交通部颁发《关于公路养护和管理工作的若干规定（试行草案)》。

11月 交通部、第一机械工业部在北京召开全国汽车配件生产供应会议，总结分析1962年汽车配件生产供应情况，讨论安排1963年汽车配件生产供应工作。

12月5日 交通部在福建召开东南地区国防公路干线规划和管理工作会议。

12月14日至19日 交通部在北京召开全国地方交通支援农业会议，研究如何把交通工作转移到以农业为基础的轨道上来，同时安排1963年工作。

1963 年

1 月 5 日 国务院批转国家计委、国家经委、交通部《关于筹设交通部直属汽车运输企业的报告》，同意 1963 年先在华北、华东、西北 3 个大区的重点地区进行试办。直属汽车运输局分别在北京、上海、西安设立。

1 月 30 日 国务院批转交通部《关于全国地方交通支援农业会议的报告》，同意各地恢复在地方财政预算中的交通事业费。

2 月 8 日 国务院批转交通部《关于在现有路面上加铺沥青磨耗层的请示报告》。

2 月 8 日 国务院批转交通部《关于改建公路和农村道路上的木桥的请示报告》。

2 月 8 日 国务院批转交通部《关于完善地把交通部门的工作转向以农业为基础的轨道上来的几个问题的报告》。

3 月 26 日 交通部颁布《汽车运输调度工作暂行办法》。

3 月 28 日 交通部、财政部发出《关于在地方附加收入中安排县乡道路建设费用的联合通知》，要求各地在地方附加收入中对县乡道路建设需用的开支作适当的安排。

3 月 交通部在上海组织江苏、上海、辽宁、湖北、湖南、广东、江西、山东等省、直辖市交通厅（局）联合设计以解放牌货车底盘改装的公路客车，在江苏省松苏汽车运输公司上海保修厂进行试制。当年 7 月样车试制成功，定名为 JT 660 型，并投入批量生产。从此，公路客车的生产列入国家计划。

3 月 1956 年开工的东俄洛至邦达的川藏南线公路建成通车，全长 781 公里。

3 月 河南省交通厅公路部门采用打井“火箭锥”作为钻孔灌注桩工具（包括试桩工作），在安阳王庄桥试验成功。钻孔灌注桩的首创，对加

速桥梁基础建筑意义重大。（这项试验是1960年开始的）

4月23日 国务院批转国家计委、交通部《关于公路水毁的修复和防治问题的报告》。

4月 交通部调整内部机构，基建总局和运输总局撤销，成立公路工程管理局、公路总局（不久改为公路运输局）、民间运输局。

6月18日 交通部、中央工商行政管理局发出《关于加强城镇个体运输业管理工作的联合通知》。

6月24日 交通部、财政部颁发《关于公路养路费征收和使用的补充规定》。

7月1日 青海省玉树通天河公路桥建成通车。大桥位于长江源头通天河上，长188.06米，3孔，净跨各50米。

7月 国务院决定从1963年7月开始，汽车配件的长远规划和生产安排，改由一机部归口管理。

9月5日 国际桥梁及结构工程协会在瑞士苏黎世召开执行委员会会议，交通部公路工程管理局派代表参加。

9月 交通部在青岛召开全国汽车运输技术会议，讨论通过《汽车运输企业技术管理制度》《汽车运用技术规范》《汽车运用技术手册》3个技术文件，并研究了贯彻这3个文件的具体措施。

9月 中共中央任命刘亚雄为中监委驻交通部监察组组长。

10月 交通部重建直属公路建设队伍，第一、二、三、四公路工程局先后在北京、西安、福州、成都成立（第三、四公路工程局不久下放地方）。

10月 交通部第一、二公路勘察设计院分别在西安、武汉成立。同时，撤销交通工程设计院，恢复交通部公路设计院。

1964年

1月20日 交通部在北京召开全国公路工程基本建设会议，王首道部长在会上传达了全国工业交通工作会议精神，并作了如何学习石油部工作经验的报告。

1 月　交通部印发《关于严禁以废旧汽车和维修用配件任意拼装汽车的通知》。

1 月　交通部在唐山召开全国渣油路面会议，肯定了渣油的路用性能，号召大力推广。

2 月 25 日　交通部颁发《汽车运输企业定员标准》（试行）和《公路养护定员标准》（试行）。

3 月　中共中央任命梅盛伟为交通部政治部主任。

3 月　按六级标准修建的福建省水口至漳平公路建成通车，全长 341.5 公里。

3 月　国务院任命肖民、葛琛、朱田顺、陶琦为交通部副部长。

4 月 10 日　交通部在北京召开全国交通会议，贯彻全国工业交通工作会议和工交政工会议精神，表扬了 1963 年全国交通系统 10 个先进单位，其中有广东省罗定养路工区、山东省掖县汽车站、哈尔滨零件厂和新疆 308 筑路队。

4 月　江苏省无锡县交通局试建成功第一座具有民族特色的双曲拱桥。

5 月　潘琪调离交通部。

6 月 10 日　交通部、财政部、农机部联合发出《关于农业部门的拖拉机暂定减免养路费的通知》。

7 月　全国人大常委会任命孙大光为交通部部长，同时免去王首道的交通部部长职务。

8 月　交通部发出关于直属汽车运输企业下放地方代管的通知。下放后，交通部仍保留产权和集中指挥权。

9 月　国家经委决定，将汽车配件的销售业务由交通部移交第一机械工业部汽车工业公司管理。交通部所属中国汽车配件公司及全国六大区配件供应站一并划归汽车工业公司。随后，又决定将交通部直属哈尔滨、北京、重庆、株洲4个汽车配件厂以及地方交通部门所属的20多个汽车配件厂划归机械工业部门。

12月 交通部召开道路渣油表面处治技术鉴定会议，讨论通过了技术鉴定书。

1965年

2月10日 交通部、林业部发出《关于加强公路绿化工作的联合通知》。

3月 国务院任命彭德清为交通部副部长。

4月19日 交通部在河南南阳市召开公路桥梁钻孔灌注桩新工艺技术鉴定会议，讨论通过了《公路桥梁简便钻孔灌注桩的设计、施工须知》。

4月27日 国务院决定从河北、河南、山东3省组织2.6万人工役制公路修建队伍，支援国防公路建设。这支队伍分别由云南省交通厅、交通部第三公路工程局和交通部第一公路工程局负责管理。

4月 交通部、林业部在武昌召开全国公路绿化经验交流会议。董必武副主席书面指示“把植树作为公路建设的组成部分”。

5月5日 交通部在南昌召开全国公路与汽车运输会议，主要议题是：讨论研究危险木桥的改建；通过养路改善公路技术状况；改善汽车运输的经营管理，加速汽车运输队伍的革命化进程，以适应国防建设和国民经济发展的需要。

5月7日 江苏省盐河公路桥建成通车。这是中国公路上首次采用悬臂施工方法修建的预应力混凝土T型刚构桥。

5月30日 中国政府与越南政府签订中国援助越南修建12条公路的协定。

7月16日 交通部、中国人民解放军总参谋部联合发出《关于加强交通战备工作的指示》。

7月31日 交通部发出《关于摘发董必武副主席对公路绿化工作的指示及贯彻这些指示的意见的通知》。

7月 交通部在云南省南华拉鲊公路召开南方13省公路路基土石方大爆破现场会。会后，交通部发出了关于推广云南省土石方综合爆破技术经验的通知。

8月 国家科委颁发《一九六三年至一九七二年公路技术政策的若干规定》（草案）。

9月 国务院任命马耀骥为交通部副部长。

10月1日 徐州至连云港公路建成通车，全长217公里。

10月12日 交通部颁发《关于向民间运输业提取管理费问题的几项规定》，以纠正各地在提取管理费中存在的费用不统一、费用过高和使用不当等偏向。

10月 交通部直属第一汽车运输总公司在四川省成都成立。

12月18日 交通部颁发《公路汽车营运票单统一格式和使用办法》。

12月21日 全国物价委员会、交通部联合发出《关于调整汽车货运运价的通知》，要求各省、自治区、直辖市在今后两三年内将货物运价降低到每吨公里2角钱，并对支农物资实行特价。

12月 中国尼泊尔公路国内段（日喀则至友谊桥）建成通车，全长740公里。

12月 中国援助缅甸修建的滚弄桥建成通车。这是一座跨径160米的钢悬索桥。

1966年

1月15日 交通部颁发《公路路面设计规范》。

2月28日 交通部在北京召开全国交通工作会议、全国交通政治工作会议和全国交通系统学习毛主席著作积极分子代表会议，交流总结学习毛主席著作经验，深入开展以“五好”为目标的“比、学、赶、帮、超”运动，全面实现交通工作革命化。

5月 北京市交通运输局汽车修理公司试制北京130型轻型载重汽车成功。

10月31日 交通部发出通知，从1967年1月1日开始，不分山区和平原，汽车货运运价每吨公里一律为2角钱。

10月 《汽车》杂志停刊。

12月 四川省渡口市（1987年1月改为攀枝花市）建成中国第一座箱型钢拱桥（2号桥），跨径180米。

1967年

1月20日 上海市汽车运输公司修理厂试制载重150吨大型平板车成功。

4月25日 交通部在北京召开建设移动式汽车修理厂座谈会，对建厂的组织领导、厂房建筑、设备供应等问题作了安排。

5月 中共中央发布决定，对铁道部、交通部实行军事管制。

7月1日 位于河北省献县子牙新河钢筋混凝土公路大桥建成通车，全长1049.8米。

7月 交通部颁发《公路桥涵车辆荷载及净空标准暂行规定》。

1968年

7月 中国、巴基斯坦两国政府商定，由中国援助修建的喀喇昆仑公路第一期工程开工。这条公路起自中、巴两国交界处的红其拉甫山口，经吉尔特至塔科特，全长616公里。

12月26日 广西柳州市建成一座大型城市与公路桥，系悬臂浇筑预应力混凝土T型刚构桥，主跨124米。

1969 年

5 月　黑龙江省嫩江至漠河公路十八站至漠河段 358 公里建成通车。

8 月 25 日　交通部在黑龙江省召开国防公路基本建设经验交流现场会议，要求更好地完成 1969 年国防公路建设计划。

8 月　河南省嵩县前河双曲拱桥建成，跨径 150 米。

9 月 28 日　1965 年 3 月开工的北京至原平公路竣工通车，全长 530 公里。

10 月　由交通部公路科学研究所设计、西安筑路机械厂制造的 LB30 型沥青混凝土搅拌设备问世。

11 月 13 日　湖南省韶山至江西省井冈山公路通车，全长 645 公里。

1970 年

3 月　交通部在北京召开交通战备工作会议。

4 月　1966 年开工的陕西省西乡经镇巴至四川省万源县的省际干线公路建成通车，全长 210 公里。

6 月 30 日　交通部在北京召开全国交通工作会议，讨论 1970 年交通工作要点和第四个五年计划要求。

7 月 1 日　交通部、铁道部、邮电部（电信部分归军队领导）合并为交通部。

7 月　河南省辉县人民公社建成跨径 102 米的大型石拱桥（愚公桥）。

11 月　郴州筑路机械厂试制 3500 升沥青洒布车成功。

12 月 14 日　交通部公路设计院与第一公路工程局合并，改组为交通部第一公路工程局设计所。

12 月 30 日　宁夏回族自治区叶盛黄河公路大桥建成，长 591 米。

12 月　山东省平阴黄河桥建成，全长 963.50 米，跨径 96 + 112 + 96

米，这是中国第一座连续钢桁架公路桥。

1971 年

2 月 中国援助巴基斯坦修建的喀喇昆仑公路第一期工程竣工。

5 月 交通部发出《关于学习安全生产典型经验的通知》，并转发山东省潍坊汽车运输公司汽车驾驶员刘学聪连续 18 年安全行车 72 万公里的经验。

9 月 26 日 福建省乌龙江大桥建成，这是一座预应力混凝土 T 型刚构桥，最大跨径 144 米，全长 513 米。

1972 年

1 月 交通科学研究院与铁道科学研究院合并为交通部科学研究院。

1 月 交通部颁发《危险货物运输规则》。

3 月 6 日 交通部在北京召开全国交通工作会议，研究安排 1972 年工作，继续开展“工业学大庆”运动。

3 月 25 日 公安部、交通部联合颁发《城市和公路交通管理规则》（试行）。

3 月 27 日 交通部颁发《公路工程技术标准》（试行），新标准将公路分为四级。

4 月 14 日 交通部在北京召开地方交通、邮政工作座谈会，讨论搞好交通、邮政安全质量，挖掘运输潜力，开展联合运输，以及公路养护等问题。

6 月 19 日 国家建委、交通部在河南新乡地区召开全国渣油路面经验交流现场会议，交流河南、甘肃、山东、河北、北京等省、直辖市修建和养护渣油路面的经验，参观了新乡、安阳地区渣油路面施工、养护和渣油油库建设现场。

9月30日 湖南省长沙市湘江双曲拱公路大桥建成通车，桥长1250米，宽20米。

9月 上海市汽车运输公司修理厂试制载重300吨的大型平板车成功。

10月1日 山东省北镇黄河公路大桥建成通车（后改称滨州黄河公路大桥）。这是一座正桥4孔，跨径112米的栓焊连续钢桁架，长1391米。1987年，北岸引桥又接长30孔、20米跨径的钢筋混凝土T型简支梁，全桥长2931.5米。

10月 河南省辉县至陵川公路上的向阳隧道竣工，全长1400米，宽7.5米。

11月 交通部在长沙召开双曲拱桥技术经验交流现场会议。

11月 四川省丰都县建成九溪沟石拱桥，跨径116米，是中国跨径最大的石拱桥。

12月 交通部颁发《公路汽车货物运输规则》（试行）和《公路汽车旅客运输规则》（试行）。

12月 交通部直属第一汽车运输总公司由四川省成都迁至北京，改组为交通部汽车运输总公司。

12月 四川省攀枝花市建成一座钢筋混凝土箱型拱桥（6号桥），跨径146米。

1973年

1月 交通部在江西省上饶召开全国公路片区检查汇报座谈会。全国公路分片检查是1972年10月中旬至年底进行的。

3月5日 交通部颁发《渣油路面施工养护技术规范》（试行）。

3月23日 交通部颁发《公路工程基本建设管理办法》（试行）。

3月 交通部颁发《公路工程概算定额》《公路工程预算定额》《公路基建工程设计概算、施工预算编制方法》。

4月 交通部在河南省周口地区召开全国公路绿化经验交流现场会，

推广周口地区实行合作植树，加强公路绿化的经验。

7月17日　交通部颁发《公路基本建设工程设计文件编制办法》。

10月2日　吉林省前扶松花江公路大桥建成通车，全长1389米，桥面车行道宽9米，两侧人行道各宽1.5米，主跨49米。

11月　交通部在湖北省召开全国渣油路面经验交流会议。

11月　国务院批转交通部《关于加强交通运输安全工作的报告》，要求采取坚决措施，迅速扭转安全情况不好的局面。

12月　横跨雅鲁藏布江的西藏岗嘎公路大桥建成通车，桥长416米。

12月　交通部在江苏省徐州市召开全国公路养护机械选型配套经验交流会议。

1974年

2月16日　交通部颁发《公路桥涵设计规范》（试行）。

2月　国家计委批准交通部进口载重能力200—600吨的公路大件运输车组。由交通部汽车运输总公司经营管理，并筹备成立天津、武汉两个大型车队，承担公路大件运输任务。

4月　河北省沧州市交通局制成载重400吨大型平板车。

5月　公路设计所与第一公路工程局分开，成立交通部公路规划设计院。

9月　辽宁省沈（阳）抚（顺）南线竣工通车。这是中国建设的第一条一级公路，全长21.24公里。

9月　交通部在江苏省无锡市召开双曲拱桥设计方法科学研究成果汇总会议。

10月　中国人民解放军基建工程兵交通部办公室成立，简称“交通部兵办”，伍坤山任主任。1985年1月改称中国人民武装警察部队交通指挥部，简称“武警交通指挥部”，统一领导中国人民武装警察部队交通第一支队（原为103大队，1976年4月组建），交通第二支队（原为851大队，

1966 年 8 月组建），交通独立支队（原为 852 大队，1971 年 5 月组建），承担国防公路和重要公路干线的修建任务。

11 月 由交通部公路科学研究所设计，西安筑路机械厂试制的容量 6 吨、铺宽 1.7—4.5 米的 LT6 型沥青混凝土摊铺机成功。

1975 年

1 月 根据第四届全国人民代表大会决议，交通部与铁道部分开设置（邮电部已于 1973 年 3 月恢复建制）。叶飞任交通部部长。交通部设公路局，掌管全国公路工程、公路养护、公路运输和公路交通工业等工作。

1 月 孙大光调离交通部。

2 月 交通部科学研究院改组，交通、铁道科研机构分开。交通部分仍称交通部科学研究院，下设公路、水运、标准、电子、科技情报 5 个研究所。

4 月 1 日 浙江省钱塘江上游的兰江公路大桥建成通车。该桥位于兰溪县境，全长 1041 米，宽 11 米。

4 月 交通部、公安部联合发出通知，增加机动车号牌代号。

5 月 12 日 交通部在北京召开改善京、津公路座谈会。

7 月 8 日 交通部颁发《公路双曲拱桥设计施工技术规范》。

8 月 四川省交通厅组织所属汽车修理厂联合设计试制成功 450 吨大型平板车。

9 月 25 日 交通部颁发《公路养护管理暂行办法》。

10 月 15 日 交通部在广东省肇庆、佛山地区召开全国渣油路面经验交流会，总结交流油路修建养护的经验，讨论提高油路质量的措施，检查油路“四五”计划的完成情况，制订油路建设“五五”规划，并初步安排了 1976 年油路建设计划。

10 月 潘琪调任交通部副部长。

10 月 彭德清恢复交通部副部长职务。

10 月 国务院任命曾生为交通部副部长。

1976 年

2 月 交通部在安徽省五河大桥召开钻孔灌注桩经验交流会。

3 月 交通部颁发《石灰土路面施工技术规范》（试行）。

7 月 6 日 滇（云南下关）藏（西藏芒康）公路建成通车，全长 716 公里。这是继川藏、青藏、新藏公路之后，又一条通往西藏的公路干线。

7 月 28 日 唐山、丰南一带发生强烈地震。唐山、天津地区公路桥梁破坏极其严重。交通部立即成立抗震指挥机构，组织人力、物力，抗灾救灾。河北、辽宁、北京等省、直辖市公路交通部门派出大批汽车支援灾区运输。

7 月 交通部在河南省辉县召开全国公路交通支农现场会议。

12 月 15 日 福建省闽清大桥建成通车。这是一座 8 孔、跨径各 76 米的钢筋混凝土箱型拱桥，全长 733.7 米，桥面宽 11.5 米，采用缆索吊装法施工。

1977 年

1 月 2 日 河南省洛阳黄河公路桥建成通车。这是一座 67 孔、跨径 50 米的预应力混凝土 T 型简支梁桥，全长 3429 米。

3 月 21 日至 4 月 2 日 交通部在北京召开全国交通工作会议，讨论加快工业学大庆的步伐，掀起生产建设新高潮。

3 月 中国援助苏丹修建的迈达尼青尼罗河桥建成通车。这是悬臂施工预应力混凝土 T 型刚构桥，全长 507.5 米。

6 月 18 日至 25 日 交通部在江苏省苏州市召开公路客运支农经验交流会议。

7 月 15 日至 25 日 交通部在甘肃省召开全国公路基本建设会议，交流国防、边防和县社公路建设以及老路改造的经验，并商讨了“五五”后三年的工作和“六五”公路建设发展的初步设想。

7月 河北省洺河预应力混凝土箱型连续梁公路桥建成通车，桥长354.58米。

9月2日 交通部颁发《公路工程抗震设计规范》。

9月27日 交通部颁发《厂矿道路设计规范》(试行)。

10月 国务院任命周惠、郭建为交通部副部长。

11月26日至12月5日 交通部在湖南省常德市召开全国公路设计革命化经验交流会议。

12月16日 安徽省五河淮河公路大桥建成通车，全长1031米，桥面车道宽9米。

1978年

2月 交通部印发《实现汽车保修机械化、检验仪表化方案》。

3月 在全国科学大会授奖仪式上，65项公路交通优秀科技成果获奖。

3月 中共中央任命汪少川为交通部政治部主任。

5月10日 交通部颁发《公路预应力混凝土桥梁设计规范》(试行)。

5月23日 交通部、石油部联合颁发《关于处理石油管道和天然气管道与公路相互关系的若干规定》(试行)。

5月24日至31日 交通部在北京召开全国交通工作会议，讨论贯彻执行《工业30条》，落实企业整顿工作，研究实现交通运输现代化的规划和措施。

5月 国务院任命曾直为交通部副部长。

5月 交通部在广东省佛山市召开全国公路客车生产技术经验交流会议，制定了有关技术标准和《长途客车系列型谱》。

7月1日 中国第一座抗高烈度地震公路桥——河北省滦河新桥竣工

通车，桥长979米，能抗10度烈度地震。

7月 国家经委召开集装箱运输会议决定：从铁路站、点到货主仓库之间的集装箱运输，由地方交通部门承担。

8月 交通部在河北省石家庄市召开全国公路交通工业会议，总结28年来公路交通工业发展正反两方面的经验，并讨论研究了公路交通工业发展规划和客挂车产品归口管理等问题。

8月 国务院批转国家计委、交通部、财政部《关于整顿公路养路费征收标准的报告》。

8月 中国公路学会在江苏省无锡市召开成立大会。

9月 国务院任命王西萍、贺崇陞、程望为交通部副部长。

11月14日 交通部颁发《交通监理工作任务和职责》(试行) 和《交通监理人员守则》(试行)。

11月25日 江苏省淮河公路、油管两用桥建成通车。大桥位于盱眙、洪泽、泗洪三县交界处，全长1922.9米。

11月 交通部在北京召开京、津、冀交通部门公路联运会议。会后报经国务院批准，在北京成立中国集装箱运输公司。

11月 国家计委决定：汽车挂车及其配套件，由交通部归口生产和分配。

11月 周惠调离交通部。

12月 交通部发出关于开展内陆集装箱运输的通知，要求各地交通部门积极兴办公路集装箱运输。

1979年

1月 经国务院批准，交通部决定从1979年1月起，全国公路交通监理人员统一着装，佩戴帽徽和臂章，持用《中华人民共和国交通监理证》。

1月 交通部颁发《汽车运输企业定员标准》和《公路养护定员标准》。

2月12日 经国务院批准，中国公路桥梁工程公司成立。它的主要业务是，承包国外公路、桥梁、房屋建筑及其他土木工程。

2月 全国人大常委会任命曾生为交通部部长，同时免去叶飞的交通部部长职务。

3月29日 交通部颁发《公路工程竣工验收办法》（试行）。

4月20日 交通部召开交通基本建设工作会议，要求认真清理在建项目，集中力量打歼灭战，切实搞好施工管理，大力开展增产节约运动。

5月24日 交通部颁发《公路养护质量检查评定暂行办法》。

6月 国务院任命汪少川、李清、李维中为交通部副部长。

7月16日 国务院批转交通部《关于统一组织管理机关企事业单位汽车的情况报告》。

7月29日 交通部根据国务院《关于扩大国营工业企业管理自主权的若干规定》精神，颁发了《关于汽车运输企业管理体制的意见》。

8月 交通部在北京召开全国汽车运输座谈会，根据“调整、改革、整顿、提高”方针，讨论加强运输市场管理和改革汽车运输管理体制等问题。

9月15日至22日 交通部在辽宁省旅大市召开全国公路养路费使用管理工作座谈会，讨论管好用好养路费问题。

9月24日 国家计委、交通部、财政部、中国人民银行联合颁发《关于公路养路费征收和使用的规定》。

9月 社会主义国家铁路合作组织第十一专门委员会的专家会议在民主德国召开，交通部派中国公路代表团出席（这是中国自“文化大革命”以来第一次恢复参加这个组织的活动）。

9月 内蒙古自治区呼和浩特至包头公路按二级标准改建完成，长143公里（系1976年5月开工改建）。

9月 江苏省南京至六合一级公路建成通车，长24.7公里。

11月23日 国务院批转交通部《关于坚决制止乱砍滥伐公路两旁树

木的报告》。

11 月 29 日 交通部颁发《关于严格制止平调集体所有制运输企业资金的通知》，强调指出，任何部门、单位和个人，不得以任何形式平调集体运输企业的资金。

12 月 1960 年停刊的《公路》杂志复刊。

12 月 纵贯新疆南北的大河沿至喀什公路扩建工程完成，全长 1370 公里，全部铺筑沥青路面。

12 月 马耀骥调离交通部。

12 月 湖北省川汉油管伴行公路江陵至鱼泉口段建成通车，全长 531 公里。

1980 年

1 月 12 日 中共中央总书记胡耀邦在《国内动态》第 89 期上对搞好边远山区公路建设问题作了重要批示，认为这是开发和发展这些地方经济的前提条件。

2 月 4 日 交通部颁发《中华人民共和国机动车制动检验规范》（试行）。

3 月 沟通川黔两省的赤水桥建成通车。这座桥位于贵州省赤水县城与四川省合江县九支区间的赤水河上，全长 243.7 米。

4 月 2 日 交通部公路局召开部分省、直辖市参加的国道经济和交通流量情况调查工作经验交流座谈会，总结前一阶段调查工作的经验，并参照国外有关公路经济调查的做法，研究确定今后调查工作的有关问题。

4 月 5 日至 15 日 交通部在北京召开全国交通工作会议，总结两年来的工作，分析在新形势下出现的新问题，并讨论落实今明两年的工作任务和措施，研究制订交通运输的发展规划。

4 月 国务院任命林岑为交通部副部长。

5 月 10 日 国家农委、交通部、全国供销总社向国务院呈送关于加快山区县社公路建设的报告提出：应把山区公路建设作为开发山区和建设山区的首要任务来抓，力争五年左右作出显著成绩。初步设想，在五年内，每年修建县社公路2万公里，到1985年共修建10万公里左右，实现95%的人民公社和70%以上的生产大队通公路，力争1990年全部修通。

5月10日 交通部颁发《全国汽车客运管理暂行规定》。

5月21日 湖北省光化汉江公路大桥建成通车，桥长1999.88米，桥面宽12米。

5月30日 交通部颁发《汽车运输企业和修理企业技术管理制度》。

5月 于眉、朱田顺调离交通部。

7月8日 国务院发布《关于在公路养护和修建中合理使用农村社员义务建勤的指示》。从1981年起，每个社队整劳力每年义务建勤，由过去的5个标准工作日改为3个标准工作日。

9月 交通部、建材部发出《关于推广水泥混凝土路面的联合通知》。

10月30日至11月6日 交通部在湖南省长沙市召开全国公路汽车客运工作经验交流会，着重讨论公路汽车客运面临的新情况，以及如何发挥自身的优势，开展竞争，促进联合的问题，并讨论修改了《公路汽车旅客运输规则》。

11月22日 交通部颁发《公路汽车旅客运输规则》。

11月23日至27日 交通部在北京召开《中国公路交通史》编写工作座谈会，研究讨论编史工作中的有关问题。

11月 按一级标准施工改建的北京至密云公路竣工，全长71.3公里。

1981年

1月21日 广东省惠阳东江公路大桥建成通车，全长805.73米。

2月 全国人大常委会任命彭德清为交通部部长，同时免去曾生的交通部部长职务。

4月14日 国家计委、交通部、财政部、中国人民银行发出《关于征收公路养路费中发生的问题，请各省、自治区、直辖市酌情处理的联合通知》。

5月1日 跨越葛洲坝三江航道的公路大桥建成通车，全长762米，最大跨径158米，高44米。

5月22日 交通部颁发《公路工程技术标准》。在原来4个等级的基础上，增加高速公路，成为5个等级。

6月16日 交通部就关于划定国家干线公路网问题，向国务院提出报告：尽快在全国建立一个以国家干线公路为骨架，与铁路、水运、航空相协调，四通八达的公路运输网。国家干线公路网（试行方案）共计线路70条，全长10.9万公里。

6月 标准、电子、科技情报3所直属交通部。交通科学研究院设公路与水运2个研究所。

7月10日 按三级标准修建的宁夏宜川至甘肃兰州公路建成通车，全长949.8公里。

7月29日 国务院批转交通部《关于制止平调、挪用公路养路费的报告》。

8月14日 胡耀邦在听取山西省晋东南地区和长治市委汇报时，对公路建设问题作了重要指示：要发展经济，就要把路修好。修公路是最好的出路。

9月 经国务院同意，国家经委和交通部发布《关于加强公路运输管理的暂行规定》。

10月4日 交通部颁发《公路土工试验规程》（试行）。

10月 辽宁省长兴岛斜拉桥建成通车，全长355米，最大跨径176米。

11月17日 胡耀邦同国家计委、国家经委、国家建委、交通部、铁道部领导座谈时指出：对公路建设，第一，要把断头路好好解决；第二，修国防公路要慎重；第三，把路养好。

11月 经国务院批准，国家计委、国家经委、交通部联合发出关于划定国家干线公路网的通知，正式颁发了交通部提出的《国家干线公路网》（即国道网）试行方案。

11 月 交通部发出《关于对行驶城乡公路的拖拉机加强管理的通知》。

12 月 JT 663 型客车试制成功，首次使用 JTKD－1 型客车专用底盘。(1985 年年底通过国家鉴定，并获国家、部、省科技成果奖和优秀新产品奖)

1982 年

1 月 17 日 交通部颁发《公路客运职工守则》《公路客运汽车驾驶员守则》《公路汽车客运站（乘）务员守则》《先进客运汽车站（队）标准》《先进客车驾驶员标准》《先进客运站（乘）务员标准》。

1 月 交通部颁发《公路工程优秀设计标准》。

2 月 8 日 交通部批准公路规划设计院成立中国公路工程咨询公司，对外承接设计咨询业务。

2 月 12 日 交通部颁发《公路桥位勘测设计规程》（试行）。

2 月 24 日至 3 月 2 日 交通部在北京召开全国交通工作会议，主要讨论在新形势下如何放宽搞活，加速发展交通运输问题。

4 月 27 日 国务院办公厅发出《关于农用拖拉机从事非营业性运输范围的通知》。

4 月 国务院发出《关于限期接通国家和省级干线断头公路的通知》。

4 月 全国人大常委会任命李清为交通部部长，同时免去彭德清的交通部部长职务。

4 月 国务院任命钱永昌、子刚、王展意为交通部副部长。

4 月 程望调离交通部。

5 月 13 日 交通部颁发《公路工程概算定额》《公路工程预算定额》《公路基本建设工程概、预算编制办法》。

5月25日至30日 交通部在江西省南昌市召开全国公路客运部门文明礼貌活动经验交流会，讨论如何深入持久地开展五讲四美三热爱活动，人人争做传播社会主义精神文明前哨兵的问题。

5月 国务院任命郑光迪为交通部副部长。

5月 新疆若羌经且末至民丰公路建成通车，全长600多公里。

6月7日 交通部颁发《公路路面石灰土基层施工技术规范》。

6月8日至14日 交通部在北京召开修通干线公路断头路规划会议，贯彻落实国务院关于修通断头路的指示，并研究部署了“六五”期间国道建设的重点。

6月16日 上海泖港斜拉桥建成通车，全长391.8米，主跨200米。

6月 交通部颁发《关于改善和加强公路运输管理的暂行规定》。

6月 山东省济南黄河公路大桥建成通车，桥长2023米，主跨220米，为预应力混凝土连续梁斜拉桥。

7月5日 交通部颁发《公路工程水泥混凝土试验规程》《公路工程石料试验规程》《公路工程金属试验规程》。

9月9日 交通部颁发《公路货运职工守则》《公路货运先进汽车站（队）标准》《公路货运先进班组标准》《公路货运先进职工标准》。

9月10日 交通部颁发《公路养护工程分类范围暂行规定》及《公路养护工程管理办法》（试行）。

10月1日 四川省泸州长江公路大桥建成通车，全长1252.5米，主桥5孔，净跨170米，为预应力混凝土T型刚构和40米挂梁组成。

10月25日至11月1日 交通部在山西省晋东南地区召开全国县社公路建设现场会，听取山西省公路建设先进地区、县、社的经验介绍，讨论研究如何开创县社公路建设的新局面。

10月25日 新疆阿拉尔塔里木河公路桥建成通车，大桥全长1600米。

10月 中国第一座玻璃钢公路试验桥在北京市密云县建成通车，跨径20.24米。

10月 北京八达岭过境公路建成通车。这条全长38.4公里的山区二级公路，起自昌平县十三陵道口，止于延庆县莲花池，在妫水河与京（北京）张（张家口）公路相接，被评为国家优质工程，获银质奖章。

10月 京（北京）张（张家口）公路西三旗至昌平路口段的一级公路建成通车，全长21.2公里。

10月 JZ221B型转子发动机通过部级鉴定，1983年投入小批量生产，并获部颁重大科技成果一等奖。

11月15日至20日 交通部在广西南宁市召开全国公路客运站务工作会议，广泛交流了客运站务管理工作经验，讨论修改了《公路汽车客运站务管理办法》（试行）。

11月 交通部颁发《公路运输统计指标及计算方法规定》。

12月7日 青海省尕马羊曲黄河双曲拱公路桥建成通车，桥长131.04米。

12月 国家经委和交通部决定开辟徐州至商丘公路直达客运，以分流铁路短途旅客。

12月 辽宁省丹东市沙河口建成一座无风撑156米大跨度中承式箱型钢筋混凝土肋无铰拱桥，全长223.5米。

1983年

1月1日 中共中央发出《关于当前农村经济政策的若干问题》的通知，明确规定允许个人或联户购置小型拖拉机从事生产和运输，对购置大型拖拉机和汽车现阶段也不禁止。

1月1日 陕西省咸阳渭河公路桥建成通车，全长453.8米。

1月28日 交通部颁发《公路汽车站务管理办法》（试行）。

2月17日 交通部颁发《公路工程基本建设管理办法》。

2月20日 国务院发布《关于公安与交通部门交通管理工作分工问题的通知》，规定105个城市的交通管理工作由公安部门负责，其余均由交通部门负责。

2月25日　交通部颁发《汽车货物运输质量管理办法》（试行）。

3月7日　交通部在北京召开全国交通工作会议，主要讨论贯彻中共中央关于改革的重要指示。李清部长提出有河大家走船，有路大家行车。并把进一步发挥公路运输的作用，提高公路运量的比重列为打开交通运输工作新局面所必须抓好的三个重点之一。

3月　国家经委、国家计委、交通部、铁道部联合发出《关于逐步将铁路短途物资改由汽车承运的通知》。

3月　交通部在长沙召开全国交通运输质量工作会议，讨论通过了《交通运输企业全面质量管理小组工作条例》《质量管理小组成果发表办法》《交通部优质运输奖励暂行办法》《交通职工职业道德准则》，并于11月正式颁发。

5月24日　交通部、财政部联合发出《关于个人机动车辆征收公路养路费的通知》。

5月26日　交通部颁发《关于汽车货物运输质量指标统计和考核的具体规定》（试行）。

6月7日　交通部颁发《公路里程和公路养护统计指标及计算方法的规定》（试行）。

7月9日　国务院发布《关于加强路政管理保障公路安全畅通的通知》。

7月15日　交通部颁发《公路工程沥青混合料试验规程》。

7月21日　国家经委、交通部联合发布《关于改进公路运输管理的通知》。

7月　中国交通运输协会和国务院技术经济中心在长春联合召开公路运输发展问题座谈会，就公路交通运输在经济、社会发展中的地位和作用，公路运输量的发展趋势及预测，公路及汽车工业发展目标、政策和措施，以及汽车运输管理问题进行了讨论，并提出了《发展公路运输的紧急建议》。

9月5日 山西省晋城县丹河大桥建成通车。这座桥是采用当地料石砌成的单孔空腹式石拱桥，长175米，主跨105米。

9月15日至17日 联合国亚洲及太平洋地区经济社会委员会与中华人民共和国交通部在北京联合召开农村道路建设、养护座谈会。

9月 按三级标准修建的新疆独山子至库车的天山公路建成通车，长531公里。

10月1日 安徽省合肥客运站建成，建筑面积9577平方米，停车广场可同时停放待发班车200辆。

10月8日至15日 国际道路常设委员会第十七届世界道路会议在澳大利亚召开。中国派代表6人参加了会议。

10月19日 内蒙古包头黄河公路大桥建成通车。这是一座预应力混凝土连续梁桥，采用顶推法施工，主跨65米，全长810米。

10月 国家物资局、交通部、山西省人民政府在北京联合成立晋煤公路外运联合经销公司。

10月 浙江省上虞县章镇斜拉桥建成通车，桥长300米，最大跨径72米。

11月1日 交通部颁发《公路沥青路面施工技术规范》。

12月10日 山东省沂河公路大桥建成通车。这座桥位于临沂城东，全长1553.94米。

12月 交通部和中国公路运输工会在云南省昆明市联合召开全国改善养路工人生活经验交流会。

12月 河北邯郸至山西长治公路邯郸至武安段一级公路竣工通车，长29公里。

12月 徐州至商丘公路安徽省境秦庄至杨集段按二级标准建成通车，长76.7公里。

1984 年

1 月 国家经委颁发《加强国际集装箱港口疏运工作暂行办法》，要求港口和内地间的整箱运输，路程在200公里左右的，原则上安排汽车运输。

2 月 6 日 交通部颁发《汽车运价规则》。

2 月 21 日 交通部颁发《关于集体所有制运输企业若干政策问题的规定》（试行）。

2 月 27 日 国务院发布《关于农民个人或联户购置机动车船和拖拉机经营运输业的若干规定》。

3 月 中共中央任命刘昌为中共交通部党组纪检组组长。

5 月 1 日 广西柳州市河东箱型连续梁公路大桥建成通车，桥长776.60 米。

5 月 11 日 交通部发布《公路汽车客运站级别核定和建设要求》部颁标准。

5 月 交通部发出《关于进一步加强危险货物运输管理的通知》。

6 月 交通部在南京召开零担货物运输会议，要求各地区和运输企业之间加强横向联系，大力发展汽车零担货物运输，以适应城乡商品生产发展的需要。

6 月 全国人大常委会任命钱永昌为交通部部长，同时免去李清的交通部部长职务。

7 月 全国道路交通标志和交通标线预审会宣布，中国将实行统一的道路交通标志和交通标线。

8 月 25 日至 30 日 交通部在黑龙江省肇州县召开全国公路客运部门建设文明车站经验交流会，根据中共中央“五讲四美三热爱”工作会议精神，研究如何在公路客运部门进一步贯彻落实，把两个文明建设推向新阶段。

8 月 中共中央书记处、国务院在北戴河联合听取了交通部党组的工作汇报，原则同意《交通部党组汇报提纲》，并作了重要指示。要求交通运输部门努力探索一条具有中国特色的社会主义交通运输的发展道路，改革管理体制，政企分开，简政放权，搞活运输市场，加强行业管理，使各级交通行政部门真正成为行使国家职权的机构。

9月 浙江省温州瓯江公路大桥建成通车，主桥长726米。

11月2日 中国公路工程咨询公司与美国路易斯·博杰国际工程咨询公司在北京建立合营的“华杰工程咨询有限公司”的合同在北京举行签字仪式，并于1985年1月开业。

11月 中共中央和国务院决定，从1984年冬开始，在3年内，从商业库存中拿出一部分粮食、棉花、棉布，拨给贫困地区，用以工代赈的方式兴建道路和水利工程，帮助群众脱贫致富。

11月 广东省利用外资修建的广州至珠海公路上的4座预应力混凝土连续梁桥先后竣工通车。三洪奇大桥，长697米，跨径54米，1984年1月竣工通车；细滘大桥，长643米，跨径54米，1984年3月竣工通车；沙口大桥，长916米，跨径90米，1984年8月竣工通车；容奇大桥，长1023米，跨径90米，1984年11月竣工通车（此桥被评为银质设计奖）。

12月1日 交通部在四川省眉山县召开全国公路交通发展问题座谈会。会议交流了贯彻中共中央关于加快公路建设指示的情况；学习和推广四川省，特别是眉山县依靠地方、依靠群众改造公路的经验；根据中共十一届三中全会精神，研究进一步加快公路交通发展的措施。

12月1日 西藏横跨拉萨河的达孜悬索桥竣工。索塔间跨径达500米。

12月1日 西安汽车站落成。建筑面积1.08万平方米，营运线路覆盖陕、甘、宁、晋、豫、鄂等省、自治区80多个县、市，形成以西安为依托的多功能客运站。

12月21日 上海至嘉定高速公路开工，全长20.4公里。

12月25日 国务院第五十四次常务会议确定：公路建设要以经济发达地区为重点，实行从大小经济中心向外辐射，从沿海向内地辐射的方针。并对扩大公路建设资金来源，作出提高养路费标准、征收车辆购置附加费等重要决定。

12 月 27 日 交通部颁发《公路路线设计规范》《公路工程水质分析操作规程》《公路水泥混凝土路面设计规范》。

12 月 第一次中心城市交通体制改革研讨会在南京市召开，全国 17 个城市的交通部门及有关单位参加了会议，就中心城市交通体制改革问题交换了意见。

1985 年

1 月 交通部颁发《全国公路客运文明车站的评比办法》。

1 月 联合国亚太经社会在泰国曼谷召开亚太地区主管公路的部长级会议，强调运输和通信在本地区的重要性，并决定开展亚太地区公路运输和通讯十年活动。交通部副部长王展意率中国代表团出席了会议。

2 月 14 日 交通部颁发《公路桥涵设计通用规范》《公路砖石及混凝土桥涵设计规范》《公路钢筋混凝土及预应力混凝土桥涵设计规范》。

3 月 21 日 李鹏副总理在天津市召集有关部门负责人研究京津塘高速公路建设和天津火车站的改造问题。

3 月 25 日至 31 日 交通部在北京召开全国交通工作会议，认真分析全国交通运输的新形势，总结了交通系统两年来进行改革的经验，讨论了进一步改革交通运输体制和加速交通事业发展的措施。李鹏副总理到会讲话。

4 月 2 日 国务院发布《车辆购置附加费征收办法》，决定自 5 月 1 日实行。

4 月 6 日 交通部、财政部、中国工商银行联合发布《车辆购置附加费征收办法实施细则》。

5 月 3 日至 18 日 交通部在北京举办全国公路交通工业产品展览会。展品有客车、挂车、筑路养路机械、汽车保修机械、汽车配件等 500 多台件。李鹏副总理出席了开幕式。

5月9日至13日 交通部与国务院技术经济研究中心联合在江苏省无锡县召开“公路与汽车运输发展战略座谈会”，对公路建设和汽车运输的现状，发展趋势及战略设想，管理体制改革，技术经济政策，以及投资、材料的来源等问题，进行了广泛、深入的探讨。

5月21日 交通部颁发《公路桥涵地基与基础设计规范》。

5月23日 上海至杭州高速公路莘庄至松江段开工兴建，全长20.5公里。

6月7日 中国公路学会第二次全国代表大会在河南省洛阳市召开。会议审议并通过了第一届理事会的工作报告；审议并通过了《会章》；选举产生了第二届理事会理事。并召开了第二届理事会第一次全体会议。

6月17日 交通部颁发《公路养护技术规范》，自1986年1月1日执行。

6月27日 交通部颁发《公路路线勘测规程》。

6月 国务院任命林祖乙、黄镇东为交通部副部长。

7月1日 交通部颁发《公路工程质量检验评定标准》。

7月1日 湖北省沙洋汉江公路大桥建成通车，全长1818.5米，其中主桥长792.7米，是“六五”重点建设项目。

7月2日 浙江省龙泉县严山岭公路隧道交付营运，长1037.42米。

7月4日 交通部颁发《公路隧道勘测规程》。

7月5日 国务院发出《关于立即制止在公路上乱设卡、滥罚款、滥收费的通知》。

7月31日 交通部颁发《公路土工试验规程》。

8月26日 青藏公路按二级标准改建工程通过了国家验收，全长1937公里，平均海拔4000米左右，是世界上海拔最高、里程最长的高原公路。

9月 新疆维吾尔自治区乌鲁木齐长途汽车客运站建成交付使用，建筑面积近6千平方米。

10月 在国家科学技术进步奖评审委员会首次评定核准授予国家级科

技进步奖中，公路交通方面的项目（包括1978年以来的重大成果），获一等奖的有山东省济南斜拉桥1项；获二等奖的有天山公路设计、预硫化胎面翻胎新工艺等7项；获三等奖的有预应力高强精轧螺纹粗钢筋施工体系和汽车不解体检验设备等7项。

11月12日至16日 全国23个城市交通部门及有关单位在重庆市召开中心城市交通体制改革第二次研讨会，就中心城市交通体制改革面临的问题和任务交换意见，并提出加快改革进程和加强行业管理的设想。

12月3日至18日 中国公路学会接待了美国公路建设与养护访华代表团。代表团是由美国人民友好协会组织的。访问期间，代表团在北京、沈阳、哈尔滨、成都、昆明、南京、广州等地与中国公路界人士进行了座谈和学术交流。

12月5日 交通部颁发《公路路面基层施工技术规范》《公路路面基层材料试验规程》。

12月6日 交通部发布《公路工程估算指标》（试行）。

12月 国家“六五”科技攻关项目，JT 1118H大型后置卧式柴油机大客车试制成功，并通过国家鉴定。

12月 京（北京）塘（塘沽）疏港公路天津市勤俭道至引河桥8公里，以及天津市1号桥至塘沽胡家园34.9公里，按一级公路改建竣工通车。

12月 江西省南昌至赣州公路，全长422公里，按二级标准改建完工。

1986年

1月24日 国家计委颁发《沥青路面施工及验收规程》。

1月 交通部撤销公路交通工业公司，另行成立中国公路车辆机械公司，并组建北京公路客挂车联营公司。

2月14日 交通部颁发《公路路基设计规范》《公路路基施工技术规范》。

2月19日至25日 交通部在北京召开全国交通工作会议，提出“七五”期间交通基础设施建设要先行。公路建设的重点是经济干线、疏港线和重点旅游线。李鹏副总理到会讲话。

5月1日 经中国和巴基斯坦两国政府批准，地处帕米尔高原中巴公路两国接壤处的红其拉甫口岸，从即日起向第三国开放。

5月3日 交通部部长钱永昌就陕西省临潼、长安两县的“路霸”事件向新闻界发表谈话，要求全国交通系统要以查处这个典型事件为突破口，联系实际，举一反三，坚决纠正交通行业的不正之风。

5月21日 交通部汽车运输总公司更名为中国汽车运输总公司。

6月9日 交通部决定自1986年度起，对7类交通工业产品实行生产许可证制度，其中有公路客车、汽车挂车、路面机械等。

6月11日 交通部发出《关于以查处“路霸”事件为突破口，认真纠正交通行业不正之风的通知》。

7月8日 交通部召开加强老、少、边贫困地区交通建设会议，总结“六五”期间扶持贫困地区交通建设情况，就“七五”期间扶持贫困地区交通建设和为贫困地区培养交通专门人才等问题作出安排。

7月15日 宁夏中宁县黄河公路大桥建成通车。这是一座预应力混凝土T型梁桥，全长927米。

7月21日 国务院批准交通部《关于京津塘高速公路设计任务书的报告》。高速公路起自北京市四环路十八里店，终于天津市塘沽区河北路，全长142.19公里。其中139.9公里按高速公路标准建设，2.29公里按一级公路标准建设。高速公路路基宽26米，双向4车道，设计行车时速120公里。

7月24日至25日 交通部党组在北京召开29个省、自治区、直辖市和7个计划单列市交通厅、局长会议，传达贯彻中共中央书记处对交通系统职工队伍建设的指示，研究部署交通运输职工队伍建设工作。会议强调，要在交通系统狠刹带行业特点的不正之风。

8月 交通部在辽宁省沈（阳）大（连）公路召开全国公路机械施工

现场会，以推动高等级公路施工机械化的发展。

8月 云南省公路机械厂和交通部公路科研所设计制造的HB－10沥青混合料拌和机，吉林省公路机械厂生产的LHB大型滚筒式沥青混凝土搅拌机，获交通部1986年度优秀科技成果三等奖。

9月10日 交通部颁发《公路桥涵钢结构及木结构设计规范》。

9月14日 以王展意副部长为首的中国公路代表团访问匈牙利和民主德国，考察高速公路。

9月16日 河南省郑州黄河公路大桥建成通车，桥长5549米。它的建成，使京广公路跨越黄河畅通无阻。国务院副总理万里参加了通车典礼。

9月17日 全国汽车更新领导小组发布公告：1973年以前投入使用的140种进口汽车和91种国产汽车，到1987年年底，都不得再投入运行。同时，国家经委、国家计委、交通部等10个单位联合制订了《关于加速老旧汽车报废更新的暂行规定》，要求公安、交通监理部门结合年度检验，对达到报废标准的汽车吊销牌照、停止供油，并规定各单位不得将符合报废标准的老旧汽车转卖给其他单位和个人。

9月20日 黑龙江省哈尔滨松花江公路大桥建成通车。这座预应力混凝土连续梁桥，长1656米，宽24米。

9月23日 长春至吉林公路按二级标准改建竣工通车，长112公里，路基宽15米，设反光标志。

9月25日 宁夏回族自治区银川汽车站竣工，建筑面积5千多平方米，日发送旅客8000人次。

9月30日 湖南省常德沅江公路大桥建成通车。这座预应力混凝土连续梁桥，全长1410米，主孔最大跨径120米。

10月6日 内蒙古自治区呼和浩特至喇嘛湾二级公路建成通车。这是开发建设露天煤矿——准格尔煤电基地的前期工程之一。

10月6日至11日 第三次中心城市交通体制改革研讨会在沈阳市召开，钱永昌部长到会并讲了话。会议围绕实现“两个转变”等问题进行了认真讨论，并修改了《关于中心城市交通运输行业管理的意见》（草稿）和《关于中心城市交通运输横向联合的意见》（草稿）。

10 月 7 日 交通部颁发《公路自然区划标准》《公路柔性路面设计规范》。

10 月 7 日 国务院决定改革道路交通安全管理体制，由公安部主管城乡道路交通安全工作。交通部的交通监理机构成建制地划归公安部；地方各级交通监理机构，包括人员、编制、房产、场地、设施、装备等，成建制地划归地方各级公安部门。

10 月 18 日至 22 日 交通部在四川省珙县召开全国动用粮棉布以工代赈修建公路、航道经验交流会。王展意副部长出席会议并作了《认真搞好贫困地区公路、内河建设，为脱贫致富作贡献》的讲话。

11 月 1 日 沈（阳）大（连）线沈阳至鞍山段（93 公里）一级公路建成通车。李鹏副总理为公路通车剪彩并题词。同时决定，将沈大公路全线建成高速公路，沈阳至鞍山段也按高速公路配套，并另修一条辅道供拖拉机、马车、行人使用。沈大公路原长 420 公里，高速公路避开了沿线城市、村镇，里程缩短为 375 公里。

12 月 1 日 交通部颁发《公路货物运输合同实施细则》。

12 月 1 日 交通部颁发《公路工程地质勘测规程》。

12 月 1 日 呼和浩特汽车客运站竣工投产。

12 月 10 日 中日政府间技术合作的第一个公路项目——沪（上海）宁（南京）高速公路工程可行性研究第一阶段的调查工作结束。日方向中方提出了报告书。（1987 年年底，日方向中方提出了沪宁高速公路工程可行性研究最终报告书，完成了合作项目）

12 月 10 日至 14 日 交通部在厦门召开全国汽车零担货物运输工作会议，王展意副部长作了《发挥优势，促进联合，把汽车零担货物运输推向新阶段》的讲话。

12 月 12 日 交通部、国家经委、国家工商行政管理局联合颁发《汽车维修行业管理暂行办法》。

12 月 13 日 河北省沧州至东光汽车专用公路建成通车。这是沧州至德州公路的一段，长 49 公里；原有公路保留，供拖拉机和非机动车辆行驶。

12 月 25 日 陕西省西安至临潼高速公路开工修建，全长 23.8 公里，4 个车道，设计行车时速 120 公里。

12 月 28 日 广东省广州至佛山高速公路开工修建，全长 23 公里。

12 月 29 日 交通部、国家经委联合发布《公路运输管理暂行条例》。

12 月 公路交通部门 1986 年获交通部优秀科技成果二等奖的有贵州省剑河大桥等 2 项；三等奖有 6 项；四等奖有 4 项。

1987 年

1 月 广东省决定修建广州市环城高速公路，长 57.3 公里。一期工程横沙至三元里瑶台路段 7.5 公里正式开工。

2 月 9 日 国家计委颁发《水泥混凝土路面施工及验收规范》。

2 月 9 日 交通部发布《公路工程名词术语》。

2 月 24 日 为增强企业活力，交通部颁发《全民所有制交通企业厂长（经理）任期目标责任制管理办法》（草案）。

2 月 交通部、财政部、国家经委、国家计委联合发布《公路养路费使用管理规定》。

3 月 4 日 全国公路绿化总里程达 33 万公里，路树保有量达 2.5 亿株，成活率达 90% 以上。中央绿化委员会第六次全体会议授予交通部全国绿化先进单位。

3 月 27 日至 31 日 交通部在北京召开全国交通系统厅局长会议，着重研究深化交通体制改革的近期方案和加强行业管理的办法。李鹏副总理接见了出席会议的部分代表。

4 月 23 日 广（州）深（圳）珠（海）高速公路举行开工典礼。这条公路全长 302 公里，是广东省利用外资兴建的规模最大的公路交通工程。

5月4日 交通部颁发《公路工程投资估算编制办法》。

5月 312国道安徽境内周庄至合肥段一级公路开工修建，长140公里。

6月2日 广东省南海县西樵公路大桥建成通车，桥长708米，宽16米，主桥为斜拉桥，塔柱高68米，顶层设有320多平方米的观光厅，可供游人远眺珠江三角洲的田园风光。

7月26日 福建省福州至马尾公路上的鼓山双线隧道建成通车，隧道长3138.4米，高7米。

8月1日 青海省人民政府和西藏自治区人民政府命名青藏公路为“文明青藏公路运输线”。“文明青藏公路运输线”纪念碑同时在西宁、格尔木、拉萨落成。

8月18日 中共交通部党组颁发《交通行业“窗口”岗位人员职业道德规范》(试行)，规定了驾驶员、售票员、乘务员、站务员、服务员、调度员、理货员、装卸工、养路工、餐务员以及监督、执法人员等各种职业道德标准。

9月30日 山东省东营黄河钢斜拉桥建成通车，桥长2817.46米，宽19.5米，主桥长682米，主跨288米（1985年12月开工修建）。

9月 国务院决定从1987年9月开始，用库存低档工业品采取以工代赈的方式，分别在四川省、江西省和宁夏回族自治区的贫困地区进行试点修建道路，帮助群众脱贫致富。

10月1日 福建省厦门高集海峡公路大桥开工修建，桥长2070米，桥面宽23.5米。

10月1日 广东省深圳市至沙头角的梧桐山公路隧道竣工通车，全长2314米。

10月1日 陕北绥德县跨无定河的石拱桥建成通车，桥长310.77米。石雕艺人制作了1000只神态各异的石狮子装饰在大桥上，“千狮桥”因而得名。

10月13日 国务院发布《中华人民共和国公路管理条例》，自1988

年 1 月 1 日实行。

10 月 15 日 青海省隆康黄河预应力混凝土 T 型梁公路大桥建成通车。这座桥是为开发黄河上游梯级电站而兴建的，长 167. 3 米。

10 月 23 日 京津塘高速公路土建工程承包合同签字仪式在北京举行。这条公路是中国第一个利用世界银行贷款和通过国际招标方式进行建设的公路项目。李鹏副总理出席了签字仪式。12 月 10 日开工修建。

11 月 11 日 107 国道北京市六里桥至赵辛店段 14 公里建成通车（北京市命名为全封闭全立交快速公路）。田纪云副总理参加了通车典礼。

11 月 24 日 交通部颁发《汽车运输企业成本管理办法》《公路养护单位成本管理办法》。

12 月 2 日至 8 日 为适应海南建省和加快海南建设的需要，钱永昌部长率工作组考察海南岛交通情况，对海南公路、水路运输的建设和发展作了调整和部署，并向国务院提出《关于考察海南岛交通情况的报告》，李鹏副总理和国务院其他领导审阅同意。

12 月 3 日 经河南省人民政府批准，河南省公路建设、养护由交通厅大包干。

12 月 9 日至 13 日 全国中心城市第四次交通体制改革研讨会在广州市召开。

12 月 江苏省六合至扬州一级公路（58 公里）建成通车。

12 月 公路交通部门 1987 年获交通部科技进步一等奖的，有青藏公路多年冻土地区路基路面试验研究和公路桥梁钻孔灌注桩的推广 2 项；获二等奖的有 JT 1118H 型后置柴油机专用底盘大型公路客车等 3 项；获三等奖的有 YLY7000 液态沥青运输车等 16 项。

附录二

中华人民共和国公路交通基本情况统计

说明：1. 附录二所有图表的统计数均未含中国台湾。

2. 附录二的资料来源：1988 年《中国统计年鉴》，1988 年《中国交通年鉴》，交通部计划统计局统计资料。

（一）全国民用汽车增长速度及定基指数

（1949—1987年）

单位：万辆

定基：1949年
单位：倍

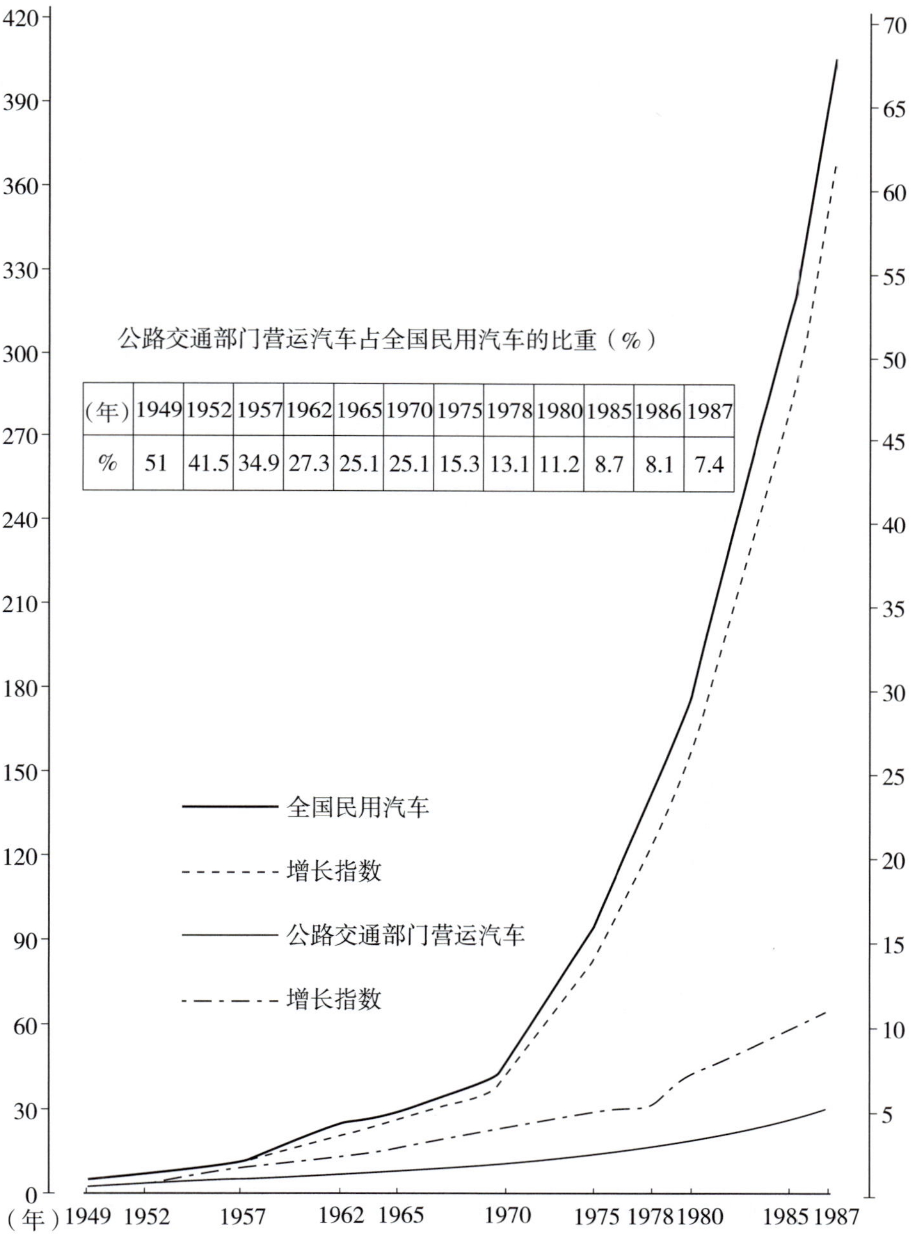

公路交通部门营运汽车占全国民用汽车的比重（%）

（年）	1949	1952	1957	1962	1965	1970	1975	1978	1980	1985	1986	1987
%	51	41.5	34.9	27.3	25.1	25.1	15.3	13.1	11.2	8.7	8.1	7.4

（二）公路客运量增长速度及定基指数

（1949—1987年）

单位：亿人　　定基：1952年为100

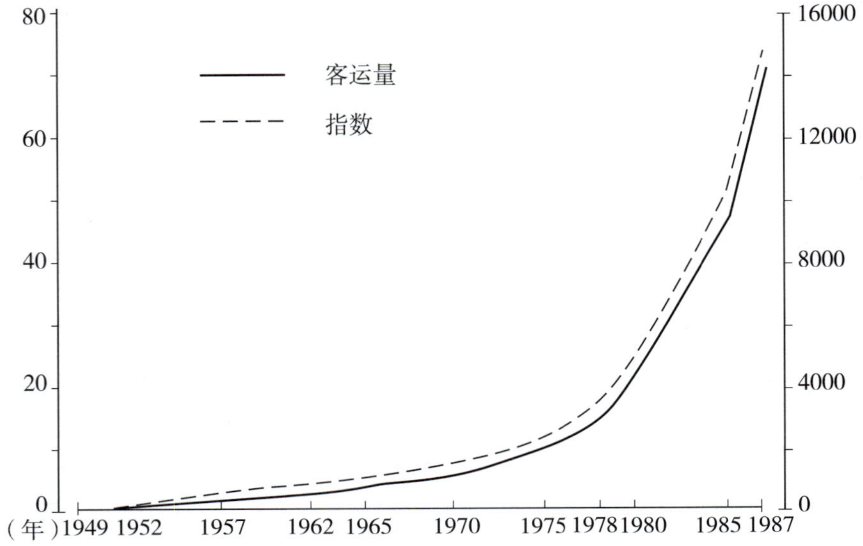

（三）旅客周转量构成

（以全社会客运量总计为100）

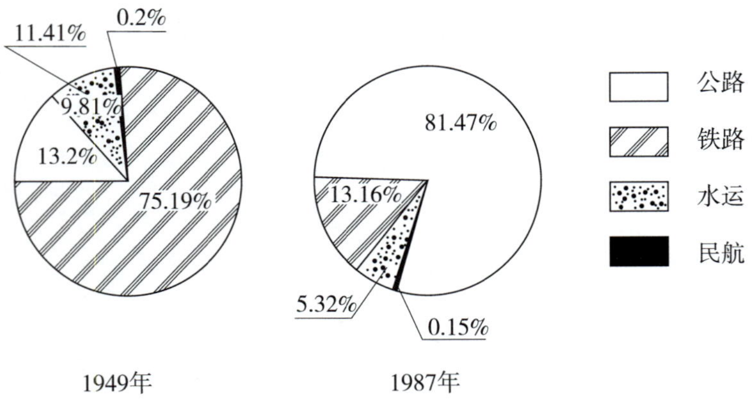

注：公路部分从1985年起包括非公路交通部门的客运量

（四）公路旅客周转量增长速度及定基指数

（1949—1987年）

单位：亿人公里　　定基：1952年为100

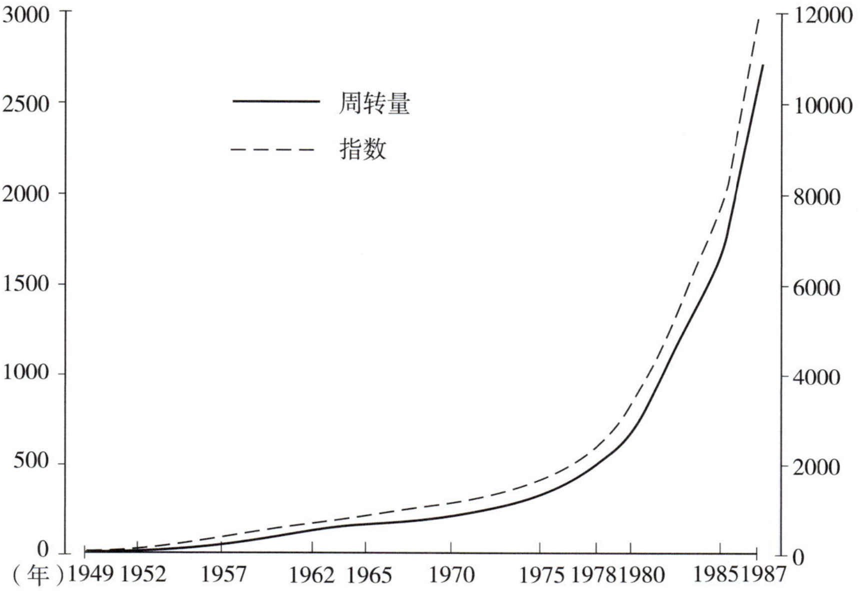

（五）旅客周转运量构成

（以全社会旅客周转量总计为100）

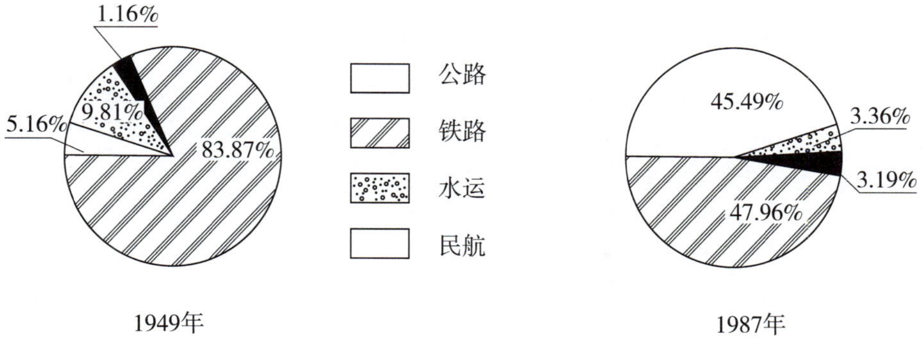

注：公路部分从1985年起包括非公路交通部门的旅客周转量

（六）全社会公路货运量增长速度及定基指数

（1979—1987年）

单位：亿吨　　　　定基：1952年为100

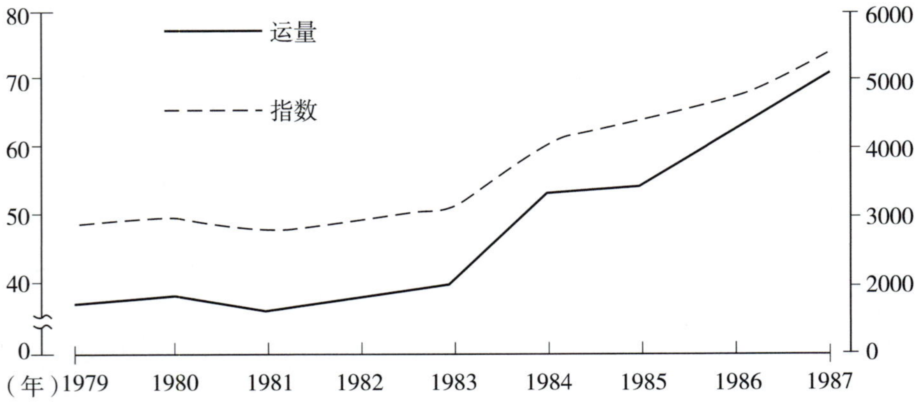

（七）公路交通部门货运量增长速度及定基指数

（1949—1987年）

单位：亿吨　　　　定基：1952年为100

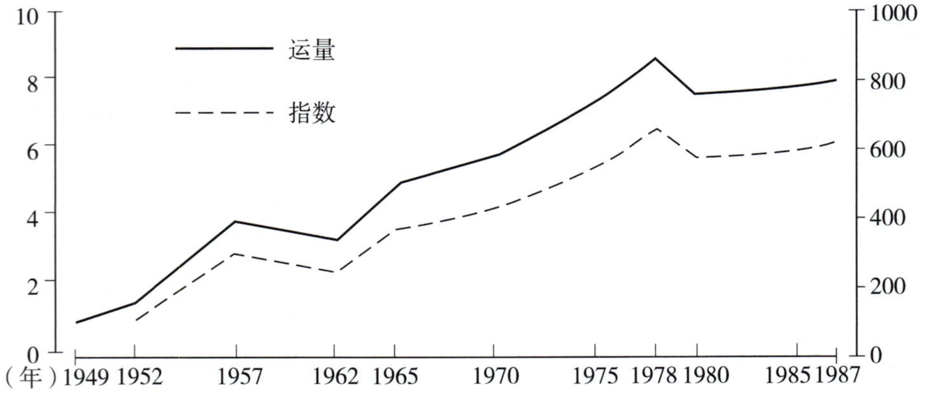

（八）全社会公路货物周转量增长速度及定基指数

（1979—1987年）

单位：亿吨公里　　　　定基：1952年为100

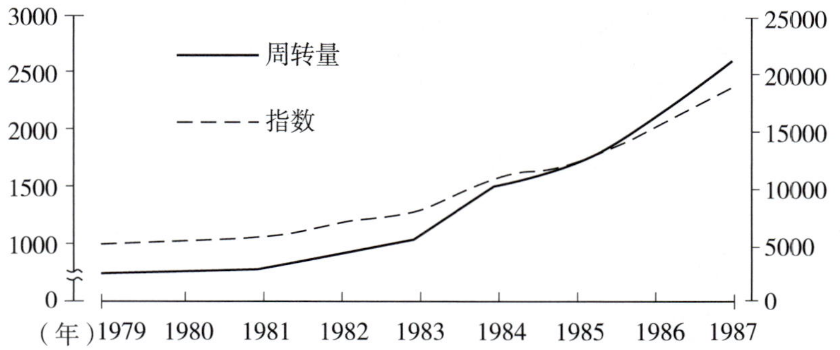

（九）公路交通部门货物周转量增长速度及定基指数

（1949—1987年）

单位：亿吨公里　　　　定基：1952年为100

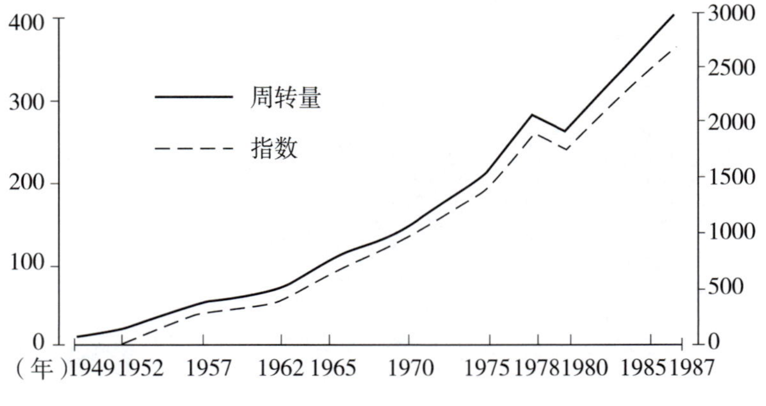

（十）货运量构成

（以全社会货运量总计为100）

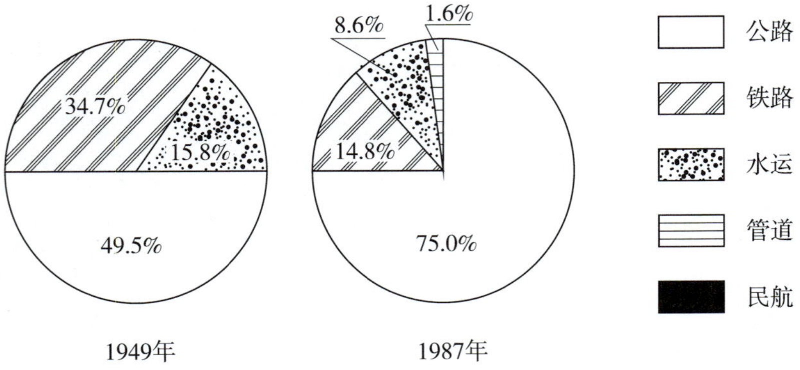

（十一）货物周转量构成

（以全社会货物周转量总计为100）

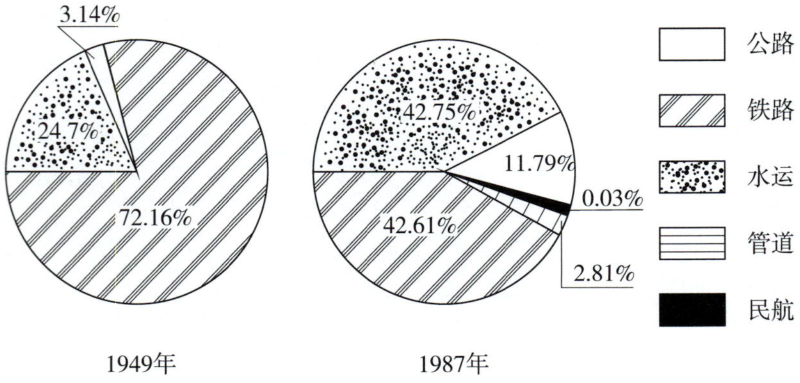

（十二）公路里程

（1949—1987年）

单位：万公里

公路里程分期年均递增率%

分期	1949—1952	1953—1957	1958—1962	1963—1965	1966—1970	1971—1975	1976—1978	1979—1985	1985—1987
%	16.22	14.98	12.73	3.54	4.35	4.24	4.34	0.82	2.09

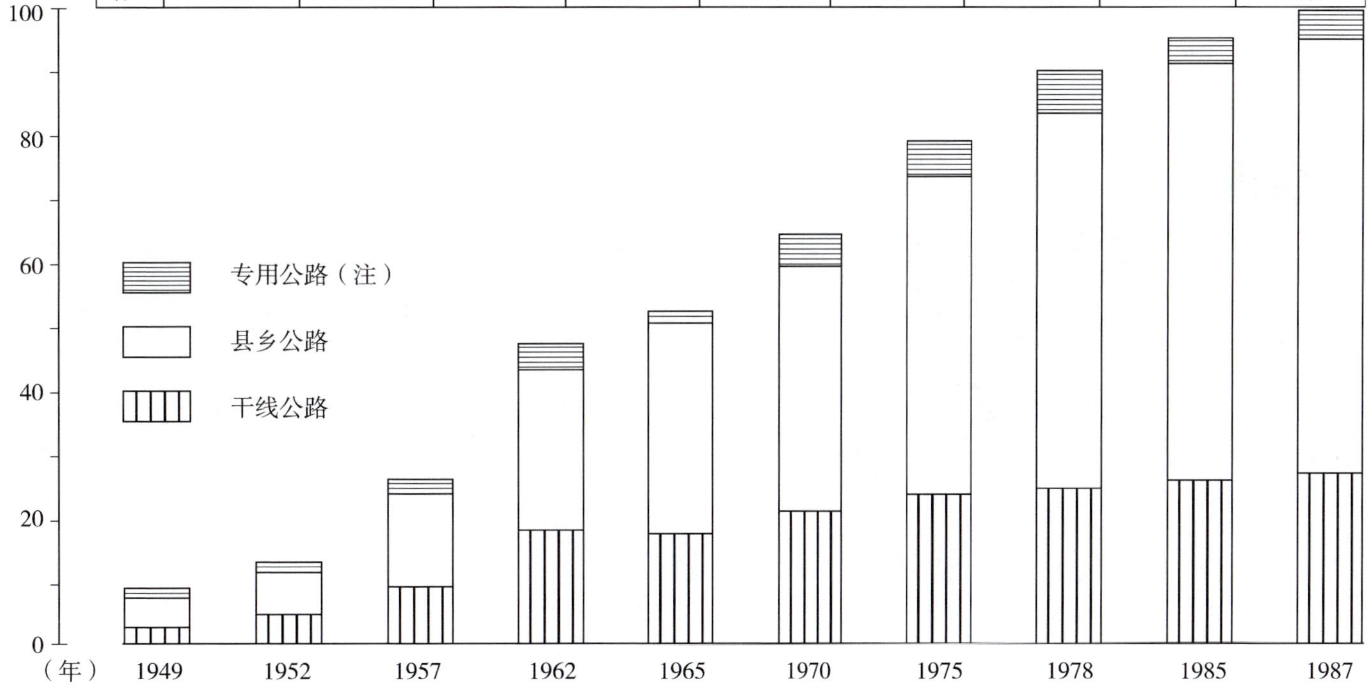

注：专用公路系指工矿企业与公路交通部门管理的公路相连接并由企业投资自行管养的线路。

（十三）公路等级里程及构成

单位：公里

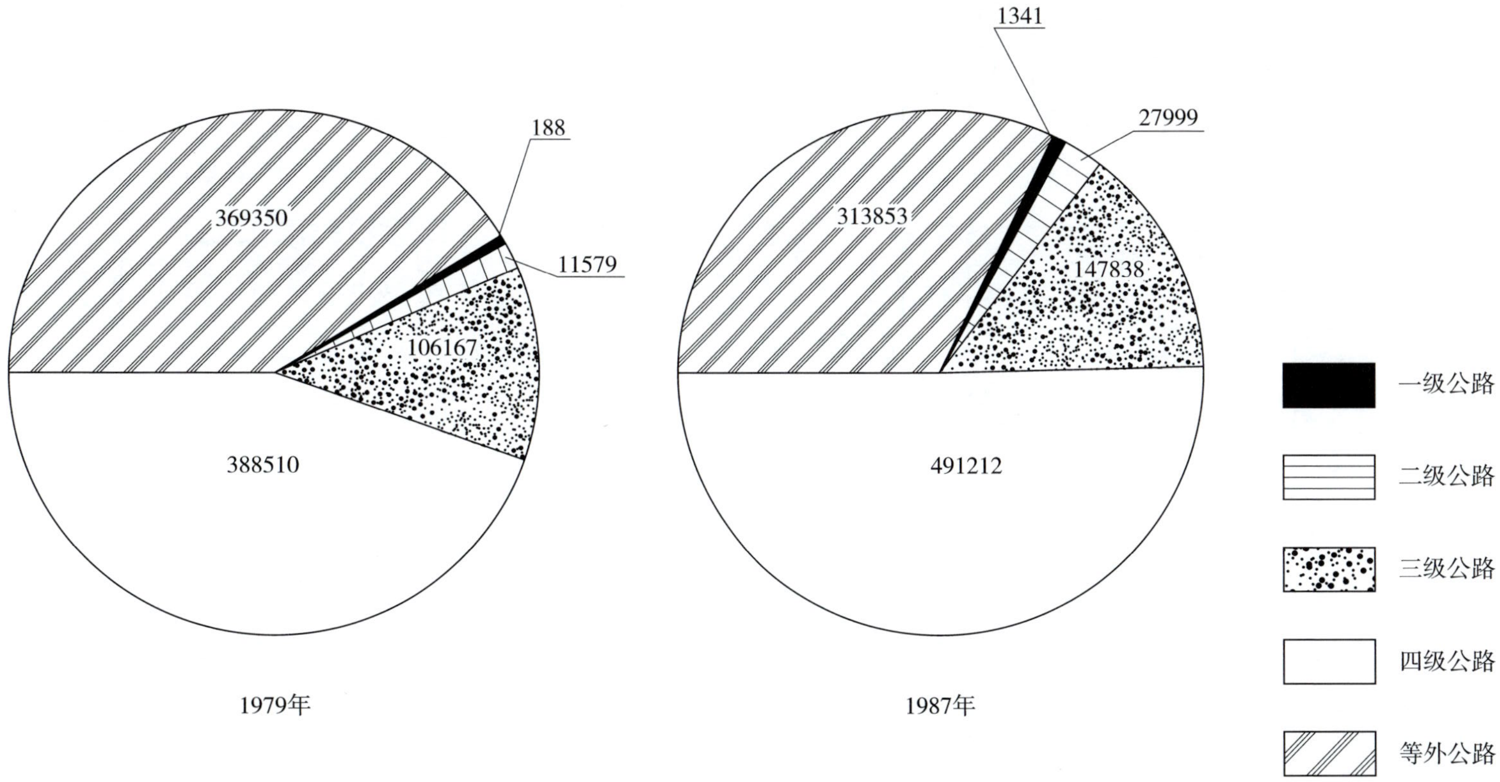

（十四）公路路面

（1950—1987年）

单位：万公里

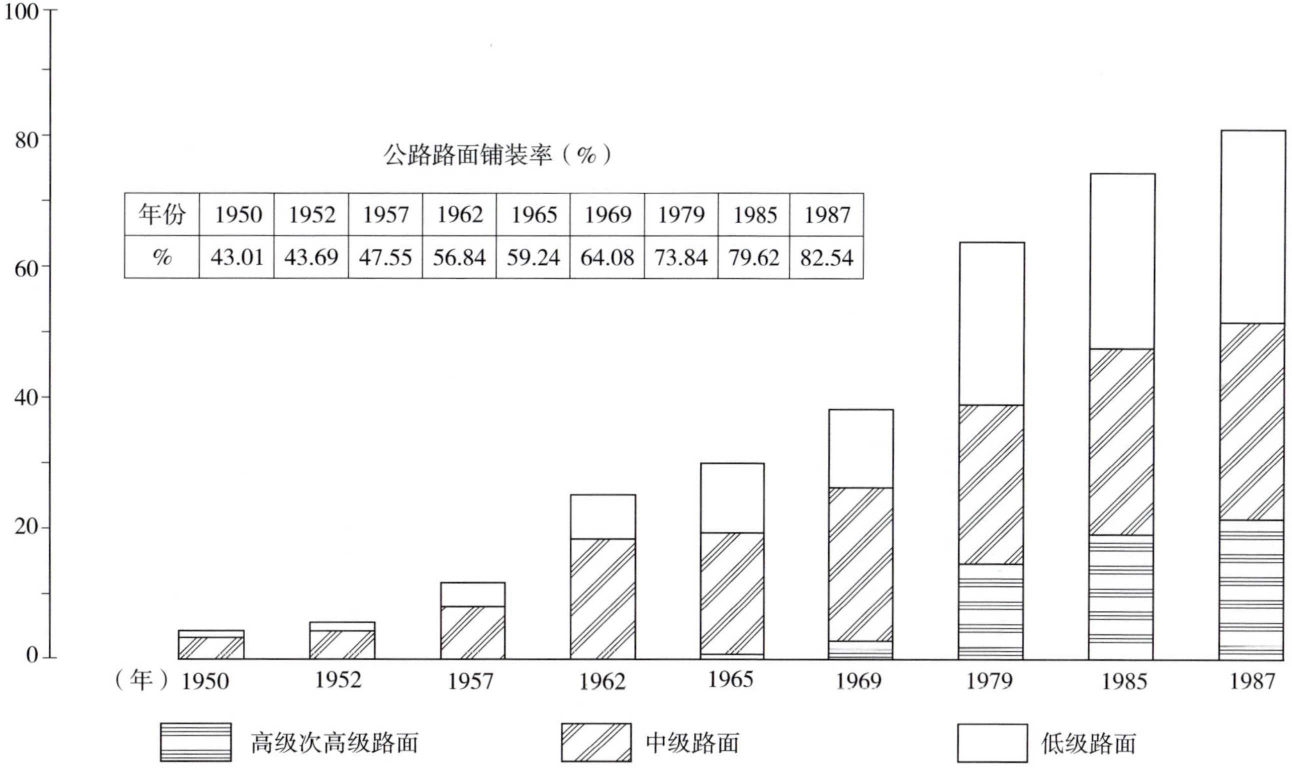

公路路面铺装率（%）

年份	1950	1952	1957	1962	1965	1969	1979	1985	1987
%	43.01	43.69	47.55	56.84	59.24	64.08	73.84	79.62	82.54

（十五）公路桥梁

（1957—1987年）

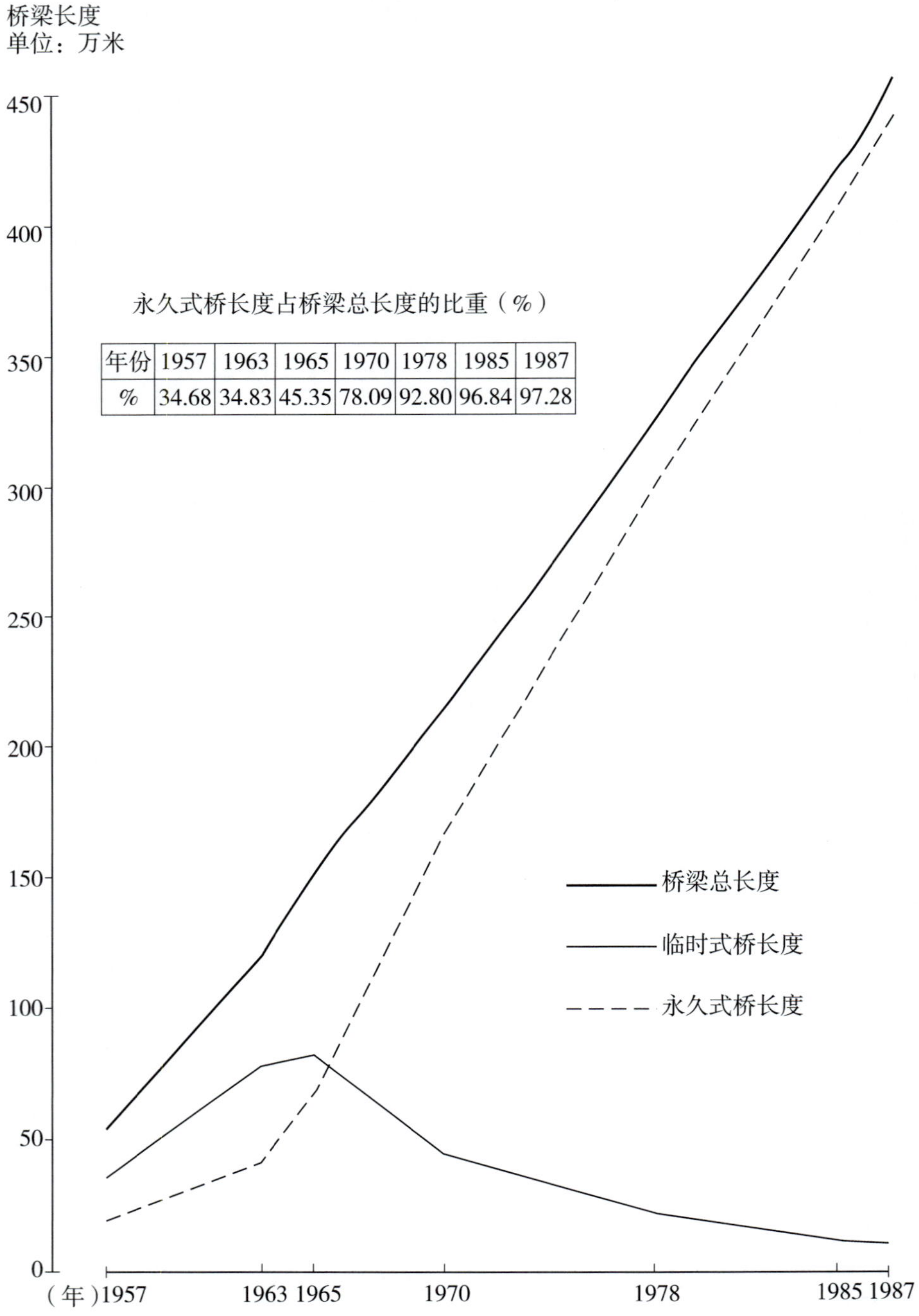

永久式桥长度占桥梁总长度的比重（%）

年份	1957	1963	1965	1970	1978	1985	1987
%	34.68	34.83	45.35	78.09	92.80	96.84	97.28

（十六）公路养护里程

（1950—1987年）

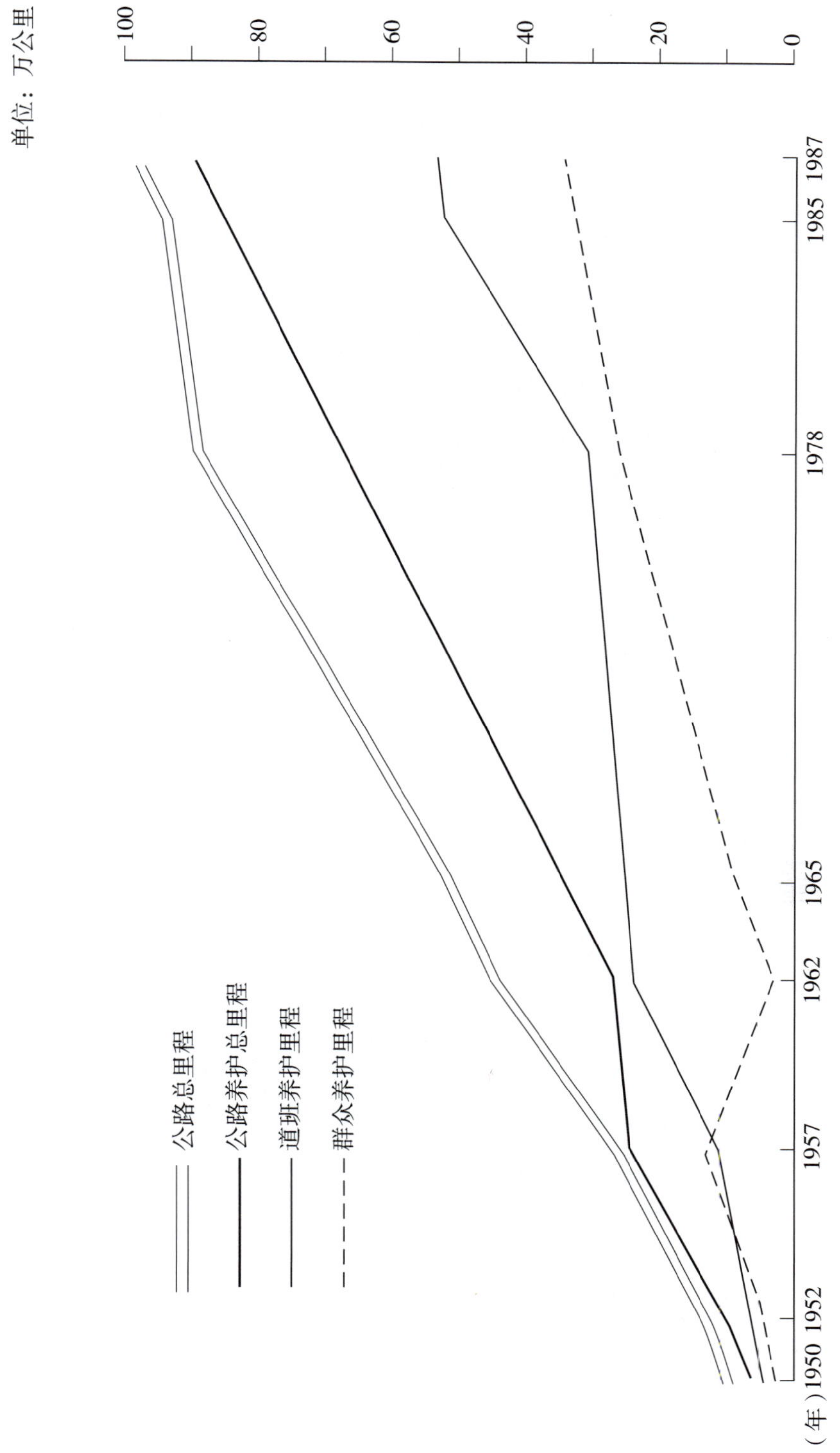

（十七）公路交通工业总产值及构成

（1958—1987年）

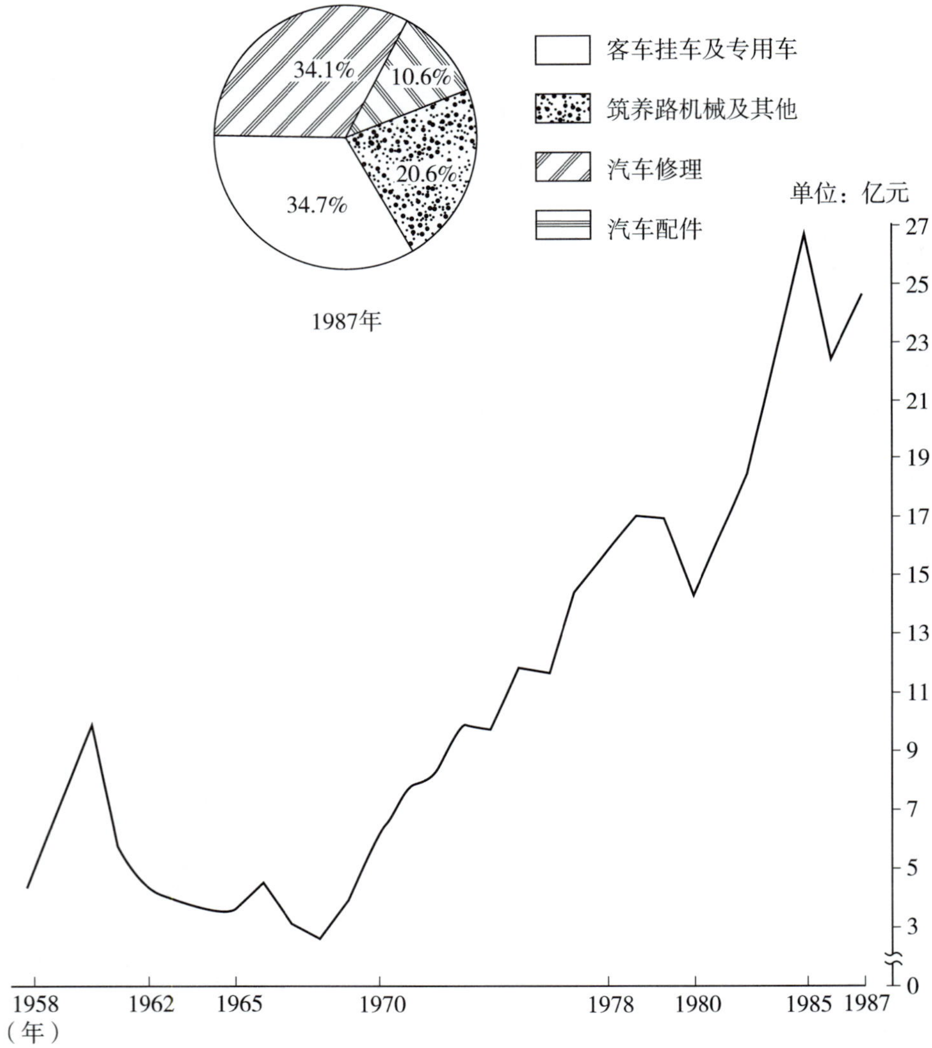

（十八）公路客车汽车挂车产量

（1962—1987年）

单位：辆

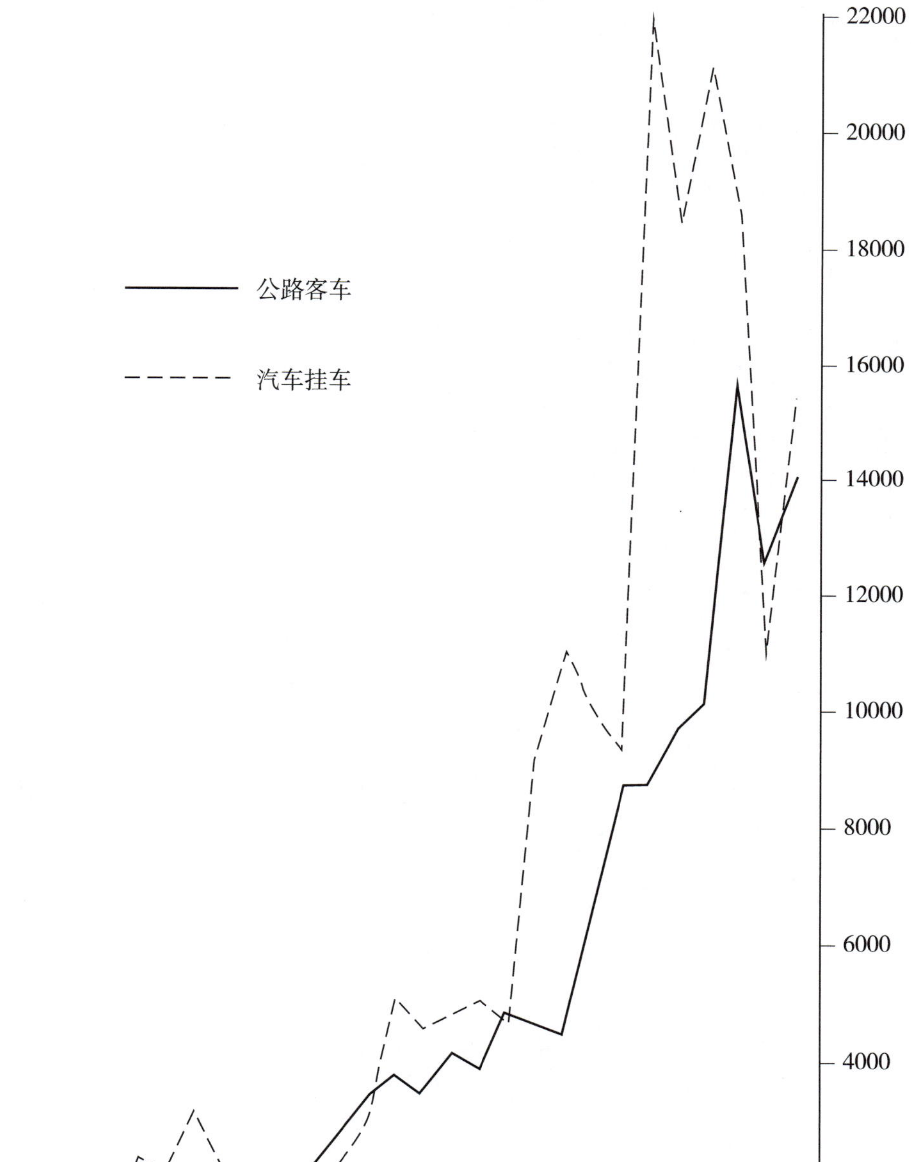

（十九）1987 年全国民用汽车拥有量

单位：辆

地区	民用汽车总计	其中		公路交通部门营运汽车总计	其中		私人拥有汽车总计	其中	
		载货汽车	载客汽车		载货汽车	载客汽车		载货汽车	载客汽车
全国总计	4080689	2812068	1114622	303170	205327	96301	422866	349124	73430
直属合计	—	—	—	2829	2829	—	—	—	—
地方合计	—	—	—	300341	202498	96301	—	—	—
北京	193171	121893	63435	5983	5308	675	7148	3520	3628
天津	100090	69732	23531	5579	5374	94	4125	3858	267
河北	234158	168810	58885	16051	12822	3046	39996	30386	9591
山西	160646	124420	31398	10085	8069	2008	23230	19274	3947
内蒙古自治区	97912	68618	24883	5702	3868	1833	11857	10080	1777
辽宁	268076	187041	65964	11789	8751	2916	30514	23539	6962
吉林	118871	83625	27994	7627	5301	2060	13106	9142	3933
黑龙江	193837	142603	47898	7149	4838	2302	25266	17776	7490
上海	121791	66131	39922	7079	6921	157	3966	1834	2132
江苏	198320	123994	66564	16208	10095	6066	6971	4409	2562
浙江	108529	77991	30538	10387	6070	4288	8954	7105	1849
安徽	121105	88559	29440	13288	8868	4334	14532	13389	1143
福建	83405	54763	27341	8777	4798	3946	10869	9289	1579
江西	94415	70029	22704	6943	3706	3237	11144	10169	970
山东	282528	194306	80041	21887	17244	4490	20703	16729	3932
河南	214367	151022	54952	17555	11728	5827	45038	38978	6052
湖北	167070	111136	49451	14864	9642	5182	9023	8078	933

续表

地区	民用汽车总计	其中		公路交通部门营运汽车总计	其中		私人拥有汽车总计	其中	
		载货汽车	载客汽车		载货汽车	载客汽车		载货汽车	载客汽车
湖南	148780	109529	35714	12463	6388	6002	26427	24105	2316
广东	295659	182332	108466	12596	3892	8561	18251	14916	3335
广西壮族自治区	96160	64056	27021	6880	3314	3566	15430	12616	2659
四川	237558	171279	57263	28355	17312	11043	22316	20602	1714
贵州	73637	51327	19625	6730	4277	2447	7360	6841	519
云南	106821	76871	26247	14925	10970	3926	12665	11436	1228
西藏自治区	18322	12892	5023	2620	2408	211	2859	2819	40
陕西	105916	71582	29539	8934	5784	2978	11091	10145	946
甘肃	80866	53177	23252	6516	4461	2052	7404	6978	418
青海	31892	21893	7919	2988	2451	526	3143	2675	468
宁夏回族自治区	22632	15476	6419	1619	1014	590	2623	2355	266
新疆维吾尔自治区	104155	76981	23193	8762	6824	1938	6855	6081	774

（二十）1987 年全国公路线路里程

单位：公里

地　区	公路里程	等级公路					等外公路
		小计	一级	二级	三级	四级	
全国总计	982243	668390	1341	27999	147838	491212	313853
北　京	9103	8398	195	517	2854	4832	705
天　津	3918	3814	122	561	1248	1883	104
河　北	41577	31975	72	2584	12486	16833	9602
山　西	29428	23271		693	5467	17111	6157
内蒙古自治区	41984	30406		553	10942	18911	11578
辽　宁	37134	33367	263	1726	8506	22872	3767
吉　林	24688	20960	7	426	5861	14666	3728
黑龙江	46090	44343	162	780	10361	33040	1747
上　海	2681	2655		111	1352	1192	26
江　苏	23818	19213	169	1731	2664	14649	4605
浙　江	25834	17862		714	1746	15402	7972
安　徽	28581	23429	28	1824	4320	17257	5152
福　建	38148	22275	10	164	3087	19014	15873
江　西	31878	16522		549	879	15094	15356
山　东	37530	36122	268	4191	12558	19105	1408
河　南	39713	34280		1748	10056	22476	5433
湖　北	46991	23120		631	4977	17512	23871
湖　南	56930	26312	17	320	3464	22511	30618
广　东	66010	42317	7	987	2864	38459	23693
广西壮族自治区	33928	17604		139	1763	15702	16324
四　川	93666	48196	21	217	4164	43794	45470
贵　州	29823	9074		13	685	8376	20749
云　南	49879	36183		93	5678	30412	13696
西藏自治区	21695	6750		632	76	6042	14945
陕　西	37698	28688		587	7722	20379	9010
甘　肃	34187	25074		574	9186	15314	9113
青　海	16578	11359		1033	4568	5758	5219
宁夏回族自治区	7704	6434		513	2508	3413	1270
新疆维吾尔自治区	25049	18387		3388	5796	9203	6662

（二十一）1987 年全国公路路面里程

单位：公里

地　区	公路里程	路面铺装				土　路
		小　计	高级次高级路面	中级路面	低级路面	
全国总计	982243	810711	216027	303484	291200	171532
北　京	9103	8655	4120	1545	2990	448
天　津	3918	3405	3188	87	130	513
河　北	41577	27693	21373	1416	4904	13884
山　西	29428	20664	8241	5136	7287	8764
内蒙古自治区	41984	30672	5676	5235	19761	11312
辽　宁	37134	34024	7563	311	19150	3110
吉　林	24688	15669	4597	1993	9079	9019
黑龙江	46090	39813	4822	17687	17304	6277
上　海	2681	2681	1916	765		
江　苏	23818	22346	6098	14504	1744	1472
浙　江	25834	25834	3663	22171		
安　徽	28581	26365	8419	13733	4213	2216
福　建	38148	32661	4563	15794	12304	5487
江　西	31878	31815	3845	15964	12006	63
山　东	37530	32527	19387	3640	9500	5003
河　南	39713	29110	17800	6125	5185	10603
湖　北	46991	36900	10029	14799	12072	10091
湖　南	56930	55524	7819	36156	11549	1406
广　东	66010	50816	10089	12615	28112	15194
广西壮族自治区	33928	32590	6995	8679	16916	1338
四　川	93666	86720	9839	50157	26724	6946
贵　州	29823	29526	3045	20965	5516	297
云　南	49879	38159	8369	15119	14671	11720
西藏自治区	21695	6093	661	2	5430	15602
陕　西	37698	24568	8834	4967	10767	13130
甘　肃	34187	27206	9663	2714	14829	6981
青　海	16578	13814	3149	610	10055	2764
宁夏回族自治区	7704	5003	1994	71	2938	2701
新疆维吾尔自治区	25049	19858	10270	3524	6064	5191

（二十二）1987 年国家干线公路线路里程

单位：公里

地　区	公路里程	等级公路					等外公路
		小计	一级	二级	三级	四级	
全国总计	106078	92627	899	16553	42100	33075	13451
北　京	818	818	192	195	431		
天　津	399	399	37	258	96	8	
河　北	4403	4403	62	1311	2572	458	
山　西	3347	3306		466	1997	843	41
内蒙古自治区	5874	5336		249	4281	806	538
辽　宁	3612	3550	220	1005	1584	741	62
吉　林	2790	2771	7	204	1979	581	19
黑龙江	3011	3011	40	365	1592	1014	
上　海	168	168		32	136		
江　苏	2035	1980	138	805	727	310	55
浙　江	1939	1902		494	522	886	37
安　徽	2744	2692	12	672	1085	923	52
福　建	2122	1925	10	105	1050	760	197
江　西	3284	2302		447	412	1443	982
山　东	3946	3946	149	2033	1597	167	
河　南	3266	3147		756	1861	530	119
湖　北	3796	3416		469	1432	1515	380
湖　南	4111	3825	17	170	1418	2220	286
广　东	5114	4472	7	759	1499	2207	642
广西壮族自治区	4417	3703		94	902	2707	714
四　川	7212	3958	8	95	950	2905	3254
贵　州	2950	1095		8	259	828	1855
云　南	6166	5776		77	2656	3043	390
西藏自治区	5602	3808		573		3235	1794
陕　西	3794	3671		455	2106	1110	123
甘　肃	5161	4789		476	2975	1338	372
青　海	4378	4378		808	2545	1025	
宁夏回族自治区	912	912		313	599		
新疆维吾尔自治区	8707	7168		2859	2837	1472	1539

（二十三）1987 年国家干线公路路面里程

单位：公里

地区	公路里程	路面铺装				土路
		小计	高级次高级路面	中级路面	低级路面	
全国总计	106078	102249	72762	18319	11168	3829
北京	818	818	818			
天津	399	399	399			
河北	4403	4273	3610	398	265	130
山西	3347	3324	2688	419	217	23
内蒙古自治区	5874	5152	3059	1584	509	722
辽宁	3612	3612	2852	440	320	
吉林	2790	2724	1772	360	592	66
黑龙江	3011	2987	1386	1430	171	24
上海	168	168	168			
江苏	2035	2035	1947	88		
浙江	1939	1939	1537	402		
安徽	2744	2734	2229	505		10
福建	2122	2122	1756	299	67	
江西	3284	3284	2010	1231	43	
山东	3946	3946	3798	116	32	
河南	3266	3213	2593	508	112	53
湖北	3796	3796	2861	905	30	
湖南	4111	4111	3170	941		
广东	5114	5112	4258	717	137	2
广西壮族自治区	4417	4417	3575	555	287	
四川	7212	7211	3829	1811	1571	1
贵州	2950	2950	1494	1456		
云南	6166	6166	4588	1492	86	
西藏自治区	5602	3611	574		3037	1991
陕西	3794	3718	3402	301	15	76
甘肃	5161	5146	4235	354	557	15
青海	4378	4378	2204	210	1964	
宁夏回族自治区	912	912	902		10	
新疆维吾尔自治区	8707	7991	5048	1797	1146	716

（二十四）1988 年全社会公路旅客运输量

地　区	客运量（万人）		旅客周转量（亿人公里）	
	合　计	其中：公路交通部门	合　计	其中：公路交通部门
全国总计	650474	456295	2528.2	1972
北　京	2989	2779	12.2	11
天　津	372	203	1.9	1
河　北	21266	13152	107.6	70
山　西	10589	7762	51.7	39
内蒙古自治区	6395	5180	38.6	34
辽　宁	28366	19772	96.0	69
吉　林	16507	9317	47.9	36
黑 龙 江	11866	9705	46.9	39
上　海	511	314	1.5	1
江　苏	41152	38985	182.0	171
浙　江	49245	26931	147.3	96
安　徽	34667	23678	128.0	106
福　建	24142	16671	87.2	67
江　西	17551	14558	70.3	59
山　东	21755	18038	132.3	110
河　南	50384	33925	184.5	145
湖　北	34371	28908	128.9	116
湖　南	52511	38837	163.3	131
广　东	58404	29968	265.3	160
广西壮族自治区	22560	14807	101.0	69
海　南	14198	3463	40.7	20
四　川	70704	56226	193.3	176
贵　州	12345	7644	44.1	30
云　南	10209	8865	68.8	65
西藏自治区	60	43	2.2	2
陕　西	17449	12564	68.8	52
甘　肃	8305	6871	39.4	37
青　海	1521	1229	8.5	7
宁夏回族自治区	2825	1980	16.0	12
新疆维吾尔自治区	7255	3920	52.0	41

（二十五）1988年全社会公路货物运输量

地　区	货运量（万吨）		货物周转量（亿吨公里）	
	合　计	其中：公路交通部门	合　计	其中：公路交通部门
全国总计	732315	76509	3220.6	421.3
直　　属	273	273	2.7	2.7
地方合计	732042	76236	3217.9	418.6
北　　京	47289	4415	65.5	10.6
天　　津	15291	3822	62.5	9.5
河　　北	42931	4629	210.5	32.7
山　　西	32655	2507	162.2	25.0
内蒙古自治区	14537	971	77.2	7.3
辽　　宁	71024	5961	206.1	19.6
吉　　林	23728	2001	88.2	7.2
黑 龙 江	31130	1905	169.4	7.0
上　　海	24195	9936	38.4	13.3
江　　苏	28671	4733	139.7	24.5
浙　　江	20216	2199	90.4	15.8
安　　徽	21241	3173	111.4	18.1
福　　建	19369	1733	93.2	11.9
江　　西	14958	1143	69.6	6.6
山　　东	43135	5477	256.6	45.6
河　　南	27162	3907	130.3	25.4
湖　　北	24328	3545	99.9	19.0
湖　　南	29875	2164	131.4	10.0
广　　东	61530	2054	214.0	6.6
广西壮族自治区	13811	1103	82.0	5.7
海　　南	7356	61	17.0	0.2
四　　川	58259	4010	314.3	26.6
贵　　州	10464	551	50.9	5.7
云　　南	15109	1410	102.8	25.0
西藏自治区	681	41	8.8	4.7
陕　　西	9403	1404	65.3	7.9
甘　　肃	9669	551	48.1	7.2
青　　海	3628	210	22.8	3.6
宁夏回族自治区	2561	162	14.4	1.5
新疆维吾尔自治区	7836	458	75.0	14.9

（二十六）1987年公路交通工业概况

地区	企业个数	职工人数	工业总产值（万元）	主要产品产量产值			
				公路客车（辆）	汽车挂车（辆）	汽车大修（辆）	汽车配件（万元）
全国总计	1329	256349	247127	14018	15484	40506	26115
直属合计	7	4443	5545				
地方合计	1322	251906	241582	14018	15484	40506	26115
北京	21	4681	3962		264	1871	727
天津	12	6737	3356		44	443	633
河北	64	6114	5985		355	3427	428
山西	26	9839	5094	330	1036	1061	701
内蒙古自治区	36	7267	2932	157	419	757	448
辽宁	65	15293	12414	783	477	1345	1296
吉林	10	6773	3411	543	9	418	175
黑龙江	12	7587	9090	1159	847	329	
上海	35	20252	15842	795	924	1945	3693
江苏	81	10892	18392	1407	1027	2421	2366
浙江	108	9094	14092	802	779	453	1304
安徽	25	9792	6568	595	464	1858	
福建	68	6564	5509	247	78	1279	554
江西	41	3407	5305	405	303	2464	243
山东	89	11697	14024	753	2451	2315	1340
河南	122	13694	10552	653	515	2269	361
湖北	43	8956	9066	704	2367	1540	889
湖南	134	13375	16359	622	811	2200	715
广东	32	10991	11365	588	68	1353	278
广西壮族自治区	24	5922	7755	587	125	2200	715
四川	151	27061	31909	1454	439	2852	3128
贵州	33	5536	4388	177	194	546	1901
云南	30	6179	5402	240	487	2035	709
西藏自治区	7	1616	1161			110	
陕西	20	6242	4332	388	192	586	117
甘肃	9	2850	3740	294	39	418	825
青海	11	3264	2750	236	6	380	164
宁夏回族自治区	3	146	276			223	
新疆维吾尔自治区	30	10176	6541	99	814	1297	535

后　记

《当代中国的公路交通》一书脱稿付印了，谨向热心支持我们工作的公路交通界的领导、专家、学者致以敬意。

编写过程中，省、自治区交通厅（局），直辖市交通运输局、市政工程局，都组织了编写班子，专门为本书总结了 30 多年来各自的正反两方面的经验和若干专题资料，并且作过多次补充。交通部教育局、交通部科学技术情报研究所、人民交通出版社、中国公路桥梁工程公司，也都组织了专家撰写各自的发展历程。交通部办公厅档案处提供了大量历史档案。交通部公路局、计划局、科技局，或审稿，或提供资料，从多方面给予关注。所有这些，都为编写工作奠定了良好基础。

编写过程中，我们先后开过几次编写工作座谈会和审稿会。河南、四川、江苏、江西、陕西省交通厅和交通部重庆公路科学研究所投入了大量人力、物力，并从经济上给予资助，为开好会议，使其达到预期目的作出了贡献。

编写过程中，交通部公路规划设计院和北京市公路管理处为编写组长期提供了办公场所，保证了编写工作得以顺利进行。

应该特别感谢的是，原交通部部长李清，副部长潘琪、朱田顺、王西萍，原武警交通指挥部主任伍坤山；公路交通界的许多老领导、老专家：杨肇杰、李天柱、刘玉更、李振江、卢炳升、肖寿千、李高、刘承先、李廷举、周赤民、杨克、王芝、谢明、张先辰、杜恒淦、张佐周、林祥威、陈在山、刘伟、戚扬、董先为、徐一宁、李文高、刘治文、赵振邦、关崇焜、周丰、顾松年、张承炯、薛昌魁、陈琦、樊金林、王纯、陆士井、程公、余荫源、孔德埴、狄雁；以及更多的在职的领导和业务技术专家：陈本还、曾威、顾敏浩、吕惠元、金增洪、刘中夫、赵淑庸、杨靖、王天富、徐如镜、沈华春、郭生海、李宗琦、米增福、李舜范、岳彩图、张恺骅、杨守立、黄家德、王德贞、夏越超、王化民、周有才、王成、张文慧、张亚民、杜存信、郭恩德、周强华、申福星、石道全、王肃仪、武崇理、杨力强、桑树森、邓晋兴、周昌柏、朱大均、史鹏、杨巨盛、李南轩、周治敦、欧华国、黄登明、伊国清、周明新、魏文焕、王者兰、章胜章、张元正、杨杞栋、张纪成、姜涛、李连祥、李刚、陈潮等都为审阅稿件付出了艰辛劳动，并提出了许多宝贵意见，这是对我们的极大支持。

《当代中国的公路交通》一书，时间跨度较长，涉及公路交通全行业，尽管我们付出最大努力，但限于水平，且缺乏编写经验，难免有些疏漏不足甚至错误之处，敬请读者批评指正。

编写组

1989 年 12 月